为自由而生

布朗普顿折叠车品牌成长之路

[英]威尔·巴特勒-亚当斯 & [英]丹·戴维斯◎著　赵小康◎译

Born for Freedom: The Story of
BROMPTON

PREFACE 前言

布朗普顿折叠自行车的发明与诞生源于一个人的需求。发明者安德鲁·里奇（Andrew Ritchie）想要为自己制造一辆自行车，同时他认为如果这方案能解决自己所遇到的问题，那它应该对其他人也有用。尽管当时他的资源不足，但他有时间去优化、演化并简化他的设计，直到他找到一个优雅的解决方案：

整个后轮，包括固定后轮的三脚架，从座管连接处解锁，朝链轮下方前移，并折叠到主车架下方。因链条张紧臂与三脚架整体一起移动，可以保持链条平时运行的绷紧度。然后连接前轮的主车架的带有一定角度的铰链松开后与后轮平行折叠，以便前轮可以锁定在链条后叉支架上，同时保持前轮的方向仍然朝前。接着，松开把立管上的铰链，车把在重力作用下折叠，并被锁紧机构固定在前叉上。最后，降下座杆，稳固地锁定整个组合，完成完美折叠。

如果你曾经折叠过布朗普顿折叠自行车，或者见过一个折叠好的布朗普顿自行车，你可能会意识到，这就是它的折叠原理，仅用百余字就能概括总结。现场演示比文字解说更容易，但是一旦你理解了此原理——就像学会骑自行车一样！——便能轻松掌握。布朗普顿就是这样一个"恰到好处"的产品。但要做到"恰到好处"不是一件容易的事。它渗透在工程细节中，贯穿于整个设计理念之内。我们将在本书中介绍这些有趣的内容。

除了设计折叠自行车，安德鲁·里奇还创办了布朗普顿自行车有限公司。而创办公司可不一定如同设计产品那么优雅或者专业，也不是天才设计师的独特创作。这是一项常规的业务工作，涉及人力资源、物流、公司运营、零售等多个方面，而这些领域并不总是适合用工程思维解决。随着时间的推移，公司的变化要比自行车的变化大得多。自 2002 年我首次加入公司以来，我们已经从 35 名员工发展到 835 名员工，年营业额从 200 万英镑增长到超 1 亿英镑。我们已经两次搬迁工厂，以适应从每年 6000 辆增长到 95000 辆的产能。

"形式遵循功能"的原则贯穿我们所做的一切。一切都需要精益求精并创造实际价值。我们推崇聪明的想法，喜欢亲力亲为，更欣赏物有所值且成本合理的事情。这一原则适用于任何企业，无论是制造芯片、食品添加剂还是园艺工具。然而，在许多企业中，员工认为做"事"是他们的"忙碌"职责，但这并不是我们想要的。事实上，我们的世界充满了太多毫无价值的东西——那些冗余的、无用的产物。我们希望在每个业务环节中能有更多的深思熟虑，能有时间进行优化，从而打造清晰、简单的成果，推动我们向前进。

在这本书中，我们将探讨这些原则是如何塑造布朗普顿，以及布朗普顿如何反过来塑造折叠自行车。我们会深入剖析每一个零件，并问"它是如何变成这样的？为什么采用这样的形状和材料，而不是其他的？究竟经历了什么样的过程，才使布朗普顿自行车成为今天的样子？"其中有些非常重要的部件，比如铰链；而有些似乎微不足道，比如固定链条推杆板的外六角轴套。

然而，在每一个实际案例中，正因为遵循"形式遵循功能"的原则，对每个零件形式的解释本身，构成了对其功能演变过程的完整阐述。

  我希望传递的信息是——真正合理的设计并不一定复杂。正确的方向通常是显而易见的，但往往并不容易实现，并且需要勇气。在全球化制造的环境下，如何保护自身的知识产权是一项艰难的挑战。如何让一块300Wh 的电池与自行车完美结合，既能轻松拆卸，又不影响携带，也并非易事。而如何从一位天才发明家手中完成管理层的平稳交接，更是个棘手的问题。然而，这些挑战虽然困难，但并不复杂。它们需要深思熟虑和坦诚务实的态度，而非无休止的会议、充满自负的讨论，或是写满白板的愿景宣言和抽象理论。

  我们有一个清晰的愿景：很简单，我们希望改变人们的生活。布朗普顿是一辆折叠自行车，在你不需要它时，它几乎隐没，而当你需要时，它便能随时出现。你可以把它带上公交或火车，在城市中疾驰，或带着它去探索未知。它或许算不上革命性创新，既不是世界上唯一的折叠自行车，也不是第一辆折叠自行车。但正是凭借独特的铰链设计，它真正成为一辆人们愿意携带上公交和火车、愿意骑行穿越城市、愿意带去世界各地探险的折叠自行车。

  假如你每天骑车 6 公里上下班（早上 3 公里，晚上 3 公里），而不是乘公交地铁甚至开车堵在路上，那么一年下来，你的骑行里程将达到 300 公里。相当于消耗约 40000 卡路里，换算下来大约是 5 公斤的体重。这或许不会让你拥有完美身材，但对于任何年过二十的人来说，每年是增重 5 千克还是保持体重不变，长期累积下来的健康影响不可忽视。更重要的是，骑行不仅带来身体上的益处，更是一种令人愉悦的生活方式。它让人心情愉快，使思绪更加清晰——而这，至少对我来说，是不可或缺的。这一切听起来似乎理所当然，但现实中，很多人并未真正意识到这一点。而这，正是我们的愿景。我们知道，自己正在做一件让生活变得更美好的事情，因此，我们做得越多，带来的快乐也就越多。

要实现这一愿景，首先需要建立一家公司。然而，一个常见的陷阱是误以为产品足够出色，公司就一定会成功。事实上，每年都有无数拥有优秀产品的公司破产。如果我们真的想通过自行车改变人们的生活，首先要让他们知道它的存在。当他们了解到这款产品后，还需要找到购买的渠道，这意味着必须建立完善的分销网络。甚至，仅仅是生产足够多的布朗普顿自行车以满足市场需求，也从不是一件简单的事。事实上，公司大部分时间都在努力解决这一挑战。创业者容易陷入的另一个误区，是认为这些问题都极为复杂，能尝试解决它们的人一定非同凡响。事实上，如果能用正确的方式看待问题，并找到合适的团队，一切都会变得清晰可行，尽管过程未必轻松。

这就是布朗普顿自行车的故事，也是这家公司如何诞生、如何发展，以及我们为何这样做的故事。它涉及铜焊、钛合金、分销网络、管理层收购，甚至油漆检测。从我的角度出发讲述，难免会带有个人偏见和盲点，但我已尽力保持诚实，并咨询了那些可能对某些细节记忆不同的人。如果你是布朗普顿的粉丝——布友，你会在这里找到关于这款折叠自行车的研发历程，以及一些极其细节的技术要点。但这不仅是关于一款产品的故事，更是一家公司的故事——它如何运作、如何管理团队，以及如何将一根根钢管变成一款深受喜爱的产品。如果你还没有拥有一辆布朗普顿，你可能会对这家公司如何逆势而上、在伦敦坚持制造，并成长为全球知名品牌的历程感兴趣。而如果你有自己的创新想法，希望这本书能为你提供灵感和启发，让你在创业道路上少走弯路。

在你深入这个故事之前，我想先说一句话。这很简单：生命短暂，我们的时光稍纵即逝，如同我们的祖辈一样，我们终将化作回忆。我每天都会思考这个不争的事实。既然我们的时间如此有限，就更应该充分利用它，去创造最大的积极影响。我们共同生活在地球上——这个壮丽而渺小的蓝色星球。我们彼此相连，也依赖着支撑我们的自然环境。然而，在过去的 250 年里，商业世界一直以股东利益为优先，甚至不惜一切代价，导致社会和环境在全球范围内遭受破坏。

然而，那些经营企业的人，以及管理团队，本身就是幸运的——他们拥有良好的教育、财富、社会稳定和医疗保障。我始终相信，商业的特权伴随着责任，我们有义务去丰富社会、守护环境，而不仅仅是为股东创造利润。企业不依赖于股东，而是以客户为上。企业的生与死取决于其在客户中的声誉，而这绝非理所当然。客户所寻求的是"价值"——一款真正能改善生活的产品或服务，而不仅仅是广告宣传的美好承诺。要想真正带给客户愉悦的体验，我们需要一群充满信念、用心工作的员工，他们不仅热爱自己的工作，更关心自己的付出如何影响客户。

在布朗普顿，我们希望改变人们在城市中的出行方式，让他们获得真正的都市自由，并因此收获更多快乐。这才是我们衡量成功的标准，而不是财务报表上的 EBITDA（税息折旧及摊销前利润）或资本回报率。当然，公平来说，如果我们不关注 EBITDA、现金流和盈利能力，我们的愿景也无法持久。最后，如果我们做对了这一切——那些曾在布朗普顿创立初期给予支持、用辛苦赚来的积蓄投资我们的股东，运气好的话，也将收获一份不错的回报。

因此，这本书是关于如何创建企业的个人见解。无论你是身处商界，还是一位忠实的布朗普顿粉丝，我希望它能引起你的兴趣，甚至带来一些有价值的启发。

威尔·巴特勒 – 亚当斯

Born for Freedom: The Story of BROMPTON

  我早年的职业生涯是在伦敦金融城担任分析师，试图预测股价走势。当时，我刻意避免深入了解所涉及的实际业务，因为过度依赖自己的投资建议或将股票与公司本身混为一谈，可能会带来极大的风险。我们每个季度才会与公司管理层交流一次，而他们通常被迫出席，回答一系列关于短期收入和利润的尖锐问题。

  也正因如此，能在一年内投入近 80 个小时（相当于布朗普顿公司实行的"九天两周"工作制度）与一家成功制造企业的首席执行官交流，深入探讨驱动业务增长的各个要素，并了解这家企业如何在现实世界中克服挑战，以每年 20% 的速度实现营收增长，对我而言是一种难得的体验。本书的主体内容主要基于威尔的讲述，由我整理、编辑，并按主题架构呈现，以便完整展现故事脉络和核心理念。必要时，我也补充了一些背景信息，以便读者更好地理解布朗普顿及整个自行车行业的相关情况。

  19 世纪，经济记者乔治·多德（George Dodd）撰写了一本名为《在工厂的日子：大不列颠的制造业》的书。这是一项非凡的研究，他在书中记录了自己走访的 25 家工厂、啤酒厂及作坊，尽可能详细地描述了原材料如何进入工厂、经历了哪些加工工序，以及最终如何出厂销售。当然，如果整本书都围绕单一公司进行类似的技术性描写，可能会显得过于枯燥。事实上，单纯的技术叙述往往无法反映企业的全貌，忽略其中的人物故事会导致视角失衡。但我希望你能认同，有时候停下来思考一下，在一个产品的制造过程中，一个中等规模的公司如何协调众多环节、组织各类资源并解决复杂问题，确实是一件颇具趣味的事情。

  我保证，所有涉及的工程和管理术语都会在适当的地方加以解释——不过，有时不会在它们首次出现时立刻进行定义，以免干扰叙事节奏。

丹·戴维斯

关于布朗普顿自行车工厂的说明

布朗普顿折叠自行车工厂自创立以来一直在伦敦西区生产,随着规模的扩大,工厂也在不同地点不断扩展。一些生产基地名称相似,可能会让人感到困惑。早期,安德鲁·里奇在邱园车站旁开设了一个小型作坊,随后布朗普顿于1988年搬迁至布伦特福德的一处铁路拱廊空间,并在那里正式启动生产。1993年,公司在奇西克的博罗巷设立了一家小型工厂,1998年又搬至布伦特福德邱桥的更大厂房,并在2011年扩展了邻近的"19号单元"。最终,2015年,布朗普顿迁入格林福德的全新工厂,占地约9300平方米。

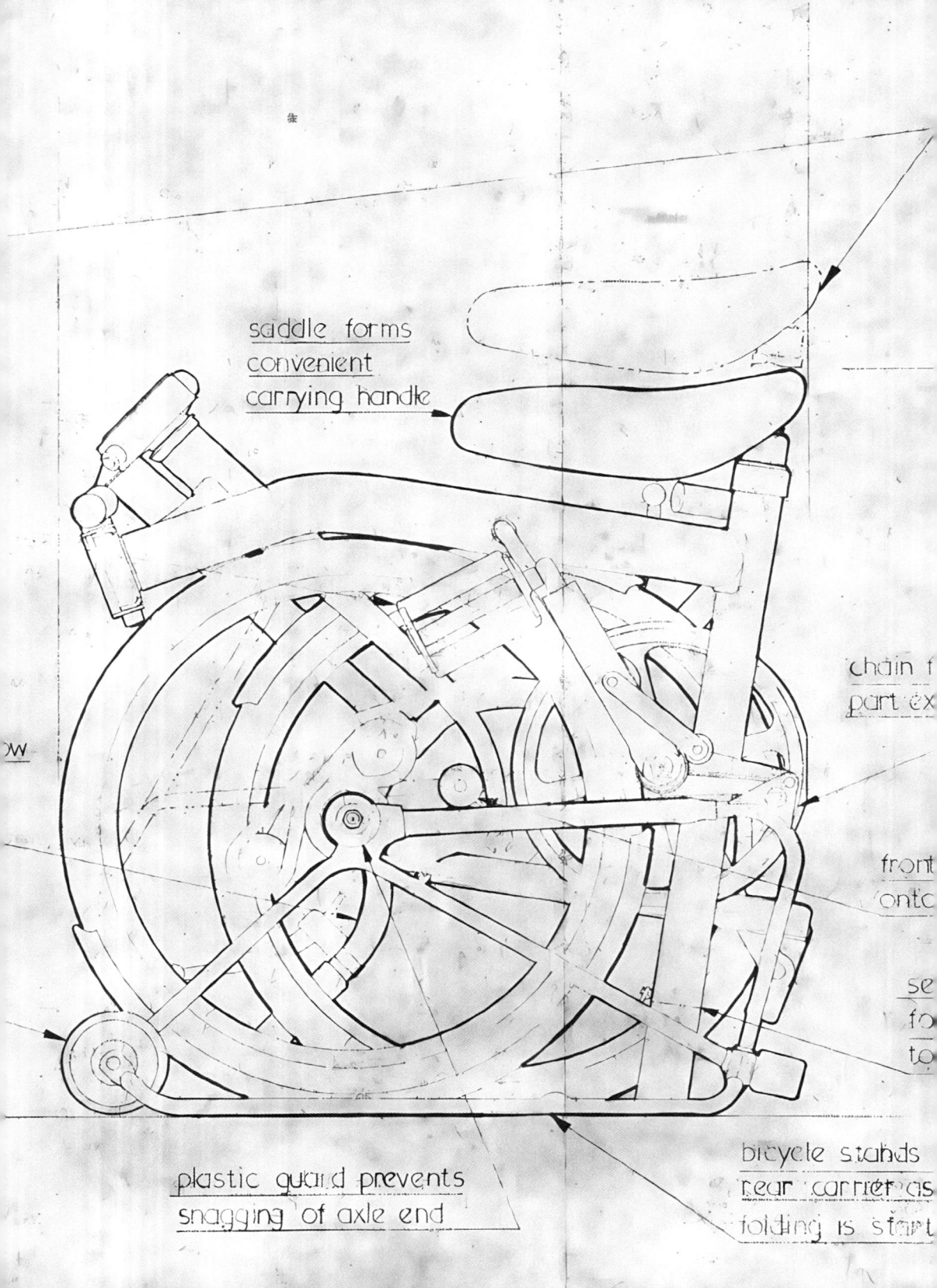

ACKNOWLEDGMENTS 致谢

希望这本书已经清楚地展现，布朗普顿的故事是由成千上万人的共同努力所创造的。首先，要感谢安德鲁·里奇，因为他发明了这辆"魔毯"般的折叠自行车，由此开始了一切。还要感谢所有曾在布朗普顿工作过的同仁，无论是过去还是现在。虽然无法逐一提名，但每一个人都值得被铭记。我要感谢全球各地的布朗普顿骑行者，他们以我们从未设想过的方式享受着这辆自行车。实际上，感谢每一个因为布朗普顿而改善生活的人。

威尔·巴特勒－亚当斯

感谢布朗普顿工厂的每一位同事，感谢你们的支持与交流。感谢安德鲁·富兰克林，他为我提供了关于如何从大量转录文字中提炼故事的宝贵建议；感谢保罗·福蒂，他帮助这本书顺利完成出版过程。最后，我特别想感谢一位忠实的布朗普顿用户——我的母亲希拉里·戴维斯。她对此项目的热情远远超过我过去所有的工作，当我在创作过程中感到艰难时，正是她的鼓励让我坚持了下来。

丹·戴维斯

THE BROMPTON

年表　　　　　　　　　　CHRONOLOGY

1975年　安德鲁·里奇开始设计折叠自行车的原型。

1976年　制造出第一批原型车，并成立了布朗普顿自行车有限公司。

1981年　布朗普顿自行车首次生产，制造并销售了 500 辆。
铰链零件供应商破产，安德鲁开始寻找资金支持。

1987年　朱利安·维雷克投资布朗普顿并加入董事会。
布朗普顿折叠自行车在 Cyclex 贸易展上获得"最佳产品"奖。

1988年　生产基地迁至伦敦城西布伦特福德的铁路拱廊，恢复生产。

1992年　与中国台湾制造商成立名为"尼奥自行车"的合资公司。

1993年　布朗普顿自行车公司从铁路拱廊工厂搬到伦敦奇斯威克公园工厂。

1995年　布朗普顿折叠自行车获得女王出口奖。全年生产 3633 辆自行车，营收 96.1 万英镑。

Born for Freedom: The Story of BROMPTON

1998 年 布朗普顿自行车公司搬到布伦特福德邱桥的一家工厂。

2000 年 在俄罗斯科罗廖夫制造了第一台钛合金后车架原型。
内变速器斯特米－阿切尔公司破产,斯特米公司首席设计师史蒂夫·里克尔斯加盟布朗普顿。布朗普顿拥有 31 名员工,生产 6855 辆自行车,营业额为 205 万英镑。

2002 年 威尔·巴特勒－亚当斯加入布朗普顿自行车公司。
推出搭载六速变速器的布朗普顿折叠车。

2003 年 山寨布朗普顿折叠车开始出现在市场上。

2004 年 推出全新主车架铰链设计,工厂引入全自动 CNC 数控机加工系统。
全年生产 9888 辆。

2006 年 尼格尔·萨福瑞加入,担任精益制造经理。
启动电助力自行车项目,推出超轻型布朗普顿折叠自行车,采用钛合金的后车架和前叉。
在西班牙巴塞罗那举行了第一场布朗普顿世界锦标赛。

2007 年 开始重组生产线。布朗普顿公司已经拥有 71 名员工,年产量达 14401 辆,营业额为 528 万英镑。

2008 年 公司完成管理层收购,威尔晋升为董事总经理 / 首席执行官。
铸造件的生产从英国的沃尔索尔转移至波兰的卡托维兹。
布朗普顿 M3L 型折叠自行车被美国底特律的亨利·福特博物馆收藏。

2009 年　罗恩瓦利加入布朗普顿公司担任财务总监。

2011 年　19 号单元厂房扩建工程启动,以缓解布伦特福德工厂的压力。
第一家落户日本神户的布朗普顿自行车专卖店开业。
第一家布朗普顿自行车租赁站于英国吉尔福德(布朗普顿码头)开业。
首次公布计划推出电助力布朗普顿自行车的日期。

2012 年　安装智能油漆检测系统,配置了布朗普顿自行车企业网站。
员工增至 132 名,当年营业额为 1670 万英镑。

2013 年　第六家布朗普顿自行车专卖店在伦敦考文特花园开业。
布朗普顿公司与弗莱彻公司成立合资企业,在英国生产钛合金车架。

2014 年　布朗普顿公司收购比荷卢经销商,开始整合分销网络。

2015 年　布朗普顿公司从布伦特福德工厂搬到格林福德工厂,产量达 42941 辆,营业额为 2749 万英镑,员工增至 225 名,新的投资者被引入。

2016 年　第一代 CHPT3 合作款布朗普顿自行车发布。

2017 年　电助力布朗普顿发布。

2018 年　美国布朗普顿自行车专卖店在纽约格林威治村开业。

Born for Freedom: The Story of BROMPTON

2020年 成立"布朗普顿铜焊学院"。
本年度拥有 432 名员工，当年生产 59062 辆自行车，营业额突破 5704 万英镑。

2022年 全钛框架 T 系列布朗普顿自行车推出。
当年营业额为 1.059 亿英镑，员工达 786 名，年产 93542 辆自行车。
布朗普顿达成第 100 万辆自行车生产，并在全球 12 个国家、18 个城市开启"The One Millionth Brompton Tour"，北京为其亚洲首站，中国的唯一一站。

2024年 布朗普顿世界锦标赛首次落地中国，在北京工人体育场举办。
户外探索的全新尝试 G 系列上市。

2025年 布朗普顿迎来 50 周年诞生纪念，持续书写折叠自行车行业的传奇。

CONTENTS 目录

引言：一切是如何开始的 001

017
第 1 部分　制造自行车

1. 了解工装治具　025
2. 铜焊的艺术　038
3. 花鼓内变速器　051
4. 质量与控制　065
5. 超轻量化开发　079

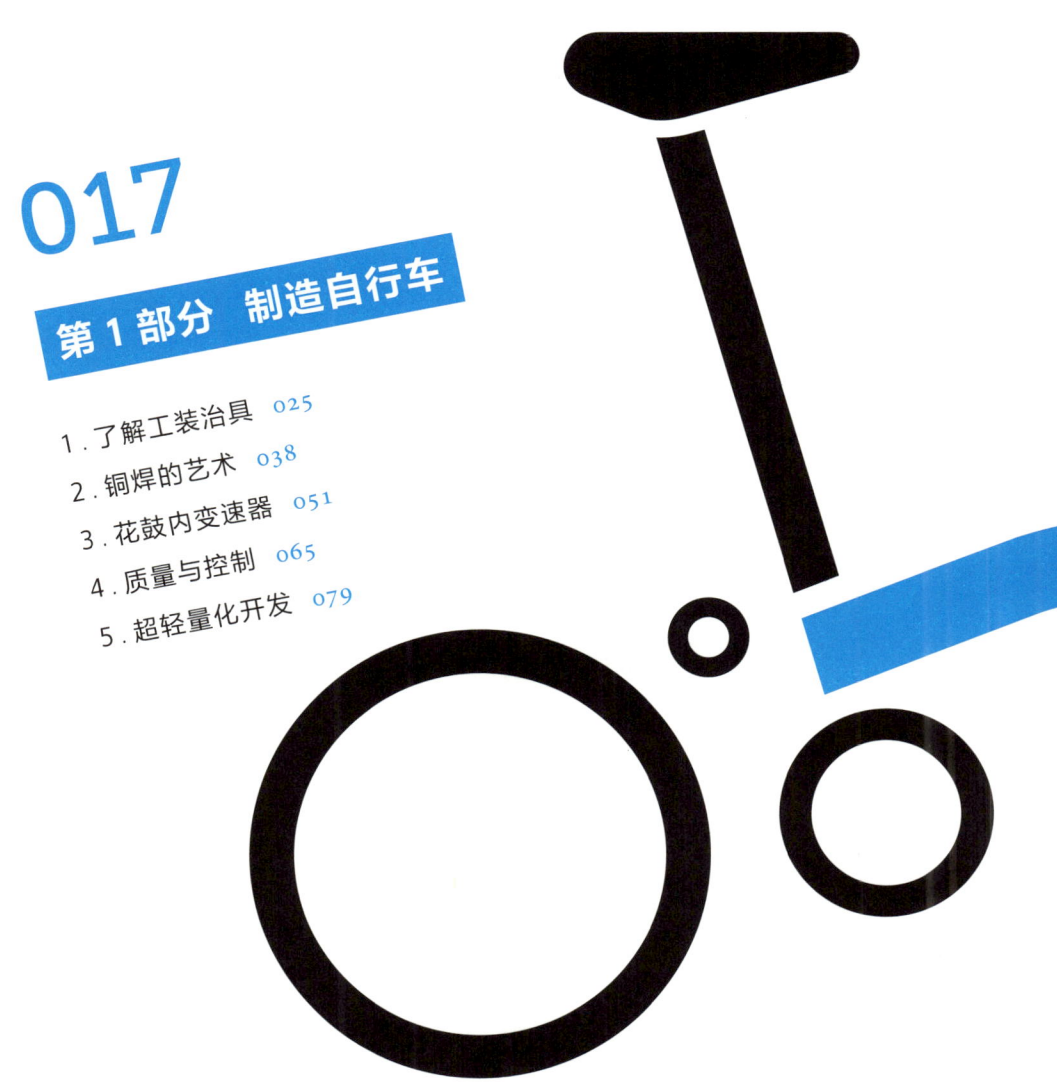

097

第 2 部分　建立公司

6. 战线和战斗 105
7. 金钱的真正含义 121
8. 生产空间以及如何获得 135
9. 与董事们打交道 149
10. 做一个完整的人 162
11. 分销网络 174
12. 我们的亚洲之旅 205

215

第 3 部分　改变世界

13. 我们需要解决的问题 221
14. 面向未来 236
15. 品牌、社区和公司 257
16. 永远的布朗普顿 273

引言：一切是如何开始的

1987年，阿卜杜勒·赛义迪（Abdul El-Saidi）应聘了一则招聘广告，是一份提供看似不错薪水的"焊工"工作。他来到伦敦西部布伦特福德的一个小作坊，迎接他的是一个身材高大、语气沉静的英国人。房间四周堆满了钢管，旁边摆放着成箱的零件，整个场景让人联想到汽车爱好者的私人车间。这样的环境对他来说并不陌生。阿卜杜勒最初的职业是制造动力涡轮机，后来因能精准复刻老式汽车零件，在复古车迷圈中被誉为"奇迹工匠"。经过六个小时的试工后，那位雇主几乎漫不经心地对他说："嗯，不错，你明天可以来上班吗？"这时，阿卜杜勒意识到两件事：首先，布朗普顿自行车是一款非凡的产品；其次，这份工作与他原本以为的"焊工"完全不是一回事。

事实上，布朗普顿自行车的方方面面都不同寻常。它的车架并非传统焊接，而是通过"铜焊（brazing）"工艺，用熔融的黄铜将钢管固定在一起。它的车轮直径仅为40厘米。而它最核心的特点是巧妙的折叠铰链设计，使整辆自行车可以折叠成一个紧凑的形状，所有油污部件都巧妙地避开你的衣物，让携带变得干净又方便。此外，这款自行车约80%的零部件都是专门定制的，市场上找不到任何通用替代品。像这样的产品，绝不可能出自普通的公司。

本书主要讲述我在布朗普顿自行车公司工作期间学到的一切。在我看来，这是一家独特的公司，生产着一款独特的产品，而这款产品拥有改变世界的潜力。但与此同时，它依然遵循着物理法则，在全球经济体系中运作，由普通人组成。因此，尽管我的经历中有许多与布朗普顿公司密不可分的独特之处，但更多的内容其实基于广泛适用的原则。我将尝试解释我认为这些原则是什么，并阐述它们如何基于一些简单而基本的事实——我把这些事实称为"工程原则"。全书分为三个部分，内容相互衔接，因为无论是制造自行车、建立公司，还是推动变革，我们总能发现同样的经验不断重现。但在正式展开讨论之前，我想先谈谈这家公司的起源——布朗普顿折叠自行车的发明故事，以及它的缔造者安德鲁·里奇。

阿卜杜勒当初来到工厂面试，可谓是一番艰难历程。早在1975年，安德鲁·里奇就发明了折叠自行车及其核心的中央铰链。安德鲁身材高挑，习惯抽高卢瓦（Gauloises）牌香烟，在工厂车间里总是穿着工作服，以近乎苛刻的眼光监督每一个细节。他的故事几乎像是电影情节——甚至可以想象休·格兰特（Hugh Grant）在银幕上饰演这样一位年轻的发明家，一边在园艺生意中奔波，一边抽空打造自己的创新设计。但这一切都是真实的。安德鲁的确是在自家棚屋里制作原型零件，在厨房的餐桌上绘制设计图。而透过窗户，他能看到骑士桥上的一座新古典主义教堂，距离哈罗德百货公司不过几步之遥。这座教堂名为"布朗普顿礼拜堂（Brompton Oratory）"，也正是他为公司取名的灵感来源。

安德鲁是一位工程天才，对时代有着独特的远见。在自行车行业几乎完全转向运动和休闲用途的年代，他却想重新定义自行车，让它回归二十世纪上半叶那种实用的城市交通工具形态——当然，是经过现代化改造的版本。他设想中的自行车可以折叠得足够小，以便轻松带上公共交通工具，同时也足够轻便，可以舒适地随身携带。它就像一块"魔毯"，能带着你

布朗普顿公司的第一个正式制造工厂，设在伦敦西部布伦特福德的一处铁路拱廊下，生产始于1988 年。左上角照片中是安德鲁·里奇

Born for Freedom: The Story of BROMPTON

穿梭于城市之间，比汽车更快、更便捷地到达目的地。

　　但要实现这一愿景，光有想法远远不够，还必须真正将它变成现实。为此，安德鲁在朋友的投资支持下创立了布朗普顿自行车有限公司，最初的目标是制造几台原型车和概念车，然后将设计方案出售给成熟的自行车制造商。然而，这些制造商对此毫无兴趣。（1977年，兰翎公司拒绝他的来信）这让安德鲁意识到，如果想让这辆自行车真正诞生，他不仅要做设计师，还必须成为制造者。

　　这对他而言并不是一个轻松的决定。之所以投入到折叠自行车的设计中，部分原因是他渴望拥有一辆完美的折叠车——现有的产品在他看来都不够理想。但更重要的是，他认为这正是一个最适合单人操刀的项目——几乎是一个人能够独立完成的最大、最复杂的工程。（在计算机辅助设计尚未普及的年代，工业设计意味着手绘数百张图纸，并用手工制作木制模型。）这也意味着他无需将任务分派出去，而是可以全权掌控设计，所有细节都能牢牢掌握在自己的脑海中。对他来说，这是必不可少的。妥协和走捷径几乎不在安德鲁的词典里。有句谚语说："你很少能在高山之巅找到'理性'的人。"对于那些能凭一己之力完成工程壮举的人来说，这句话同样适用。

　　安德鲁早年的经历无疑成就了他凡事亲力亲为、力求掌控全局的能力。他首创了一种早期的众筹模式——在自行车尚未完成时，就先预售了三十辆，以此筹集资金购买材料和零件，并亲手进行组装。最终，他以这种方式造出了大约五十辆自行车。虽然进展缓慢，但到了1981年，这一概念已被完全验证。随后，安德鲁成功从布朗普顿自行车的第一批投资者那里筹集资金，并在邱园附近的一座废弃发电站内建立了生产线。然而，在生产

朱利安·维莱克（Julian Vereker）骑着一辆早期的布朗普顿折叠自行车。他在20世纪80年代后期的紧要关头投资并成为董事长，挽救了布朗普顿

了500辆自行车后，一场突如其来的危机让一切陷入停滞——供应铰链的公司破产了，导致整个生产线被迫暂停。更糟糕的是，首批500辆自行车几乎没有任何利润。但安德鲁经过测算后认为，只要再获得4万英镑的投资，就能建立更高效的生产流程，在保持原价的同时实现盈利。他原本预计，

Born for Freedom: The Story of BROMPTON

找到新的铰链供应商需要大约六个月,理论上这段时间足以完成融资。然而,现实远比他想象的残酷。在接下来的四年里,他向每一家银行申请贷款,却无一成功——所有的申请都被拒绝。至今,布朗普顿公司仍然保留着那些拒绝信件。

企业的早期经历不仅塑造了人,也深刻影响了公司的发展轨迹。布朗普顿自行车公司在创业初期所学到的经验教训,几十年后仍然影响着它。例如:"资金永远紧张,所以要发挥想象力,寻找创造性的解决方案。""这个世界到处是不靠谱的人,所以要尽量掌控所有重要的事情。"或者"几乎没人真正重视折叠车,所以得建立一个真正理解它的社区。"以及最重要的,"永不妥协。"无论好坏,这些信念都塑造了布朗普顿的企业个性。

然而,转机终于到来了。布朗普顿公司或许缺乏好运,但它最大的优势是——买过它的自行车的人,都对它爱不释手。其中一位忠实用户便是朱利安·维莱克,一位杰出的发明家,也是 Naim Hi-Fi 放大器系列的创造者。朱利安是500名最早的布朗普顿车主之一,他一口气买了六辆(因为在他的游艇上非常实用),但他还想再买几辆。而他的朋友们看到后也纷纷想要一辆类似的折叠车。然而,所有的500辆自行车早已售罄,而新的生产至少需要等待六个月。这个所谓的"六个月"很快变成了一年、两年……最终拖延到了整整四年。眼看布朗普顿公司迟迟无法恢复生产,朱利安做出了一个关键决定——既然买不到,那就自己来投资,推动生产线重新启动。

朱利安比许多人更能看到布朗普顿折叠自行车的商业潜力。他在苏格兰的一家工厂生产自己的产品,因此没有陷入"只有大公司才能制造产品"的误区。最终,他为公司担保了银行透支额度,并成为布朗普顿公司的主席,而安德鲁也终于筹集到足够的资金,在布伦特福德的铁路拱门工厂重启生产,这里距离他的公寓只有几步之遥。正是在那里,安德鲁在伊灵就业中

为自由而生：布朗普顿折叠车品牌成长之路

2009 年，我（左）和安德鲁·里奇在布伦特福德工厂

心刊登了招聘广告，寻找具备火炬焊接技能、能够适应自行车车架钎焊工艺的工人。

如今回顾那些日子，从最初用打字机制作财务报表到后来用点阵打印机打印账目，最令人惊讶的是，启动一项事业所需的资金其实远比想象中少。朱利安是个富人，但即便在1987年，仍有不少人能轻松开出支票，购买他那价值4.6万英镑的股份——那年伦敦普通住房的均价是6.6万英镑。根据管理层的声明，到了次年，公司"已完成了整个工装模具的开发，并生产出首批自行车且建立了一定库存"。银行透支额度也从2万英镑增加到了5万英镑。总的来看，要让布朗普顿真正走出困境并成为一家稳定的制造企业，安德鲁大约需要不到10万英镑。而到了1993年，仅仅五年后，布朗普顿的资产负债表上已拥有10万英镑现金，并偿还了所有银行透支贷款。自行车开始赢得设计奖项，获得媒体认可，公司不得不搬迁至伦敦西区的奇斯威克，以获得更大的生产空间。

然而，这一切并非一帆风顺。朱利安和安德鲁似乎是同一种类型的人。尽管朱利安的专业知识备受重视（部分通过投资外的咨询协议获得报酬），但并不总是被欣然接受。到了2000年，两人已无法继续共事，朱利安出售了全部股份并退出董事会，而令人遗憾的是，他不久后因癌症去世。但不可否认的是，他的参与对公司产生了不可磨灭的影响——他赋予布朗普顿成长的雄心和改变世界的愿景，并坚持聘请有能力的管理者和工程师来建设一家真正具有竞争力的企业。1997年，朱利安引入了迈克·西尔（Mike Sear），一位音频行业的资深人士（他曾就职于生产西蒙斯电子鼓的公司，而这种鼓几乎出现在20世纪80年代的每一张迪斯科唱片中）。迈克和布朗普顿的技术经理格雷格·史密斯（Greg Smith）都坚定认为，公司需要一个更大的工厂，以满足未来的增长需求。

到20世纪90年代末，布朗普顿赢得了女王出口成就奖。然而，第一

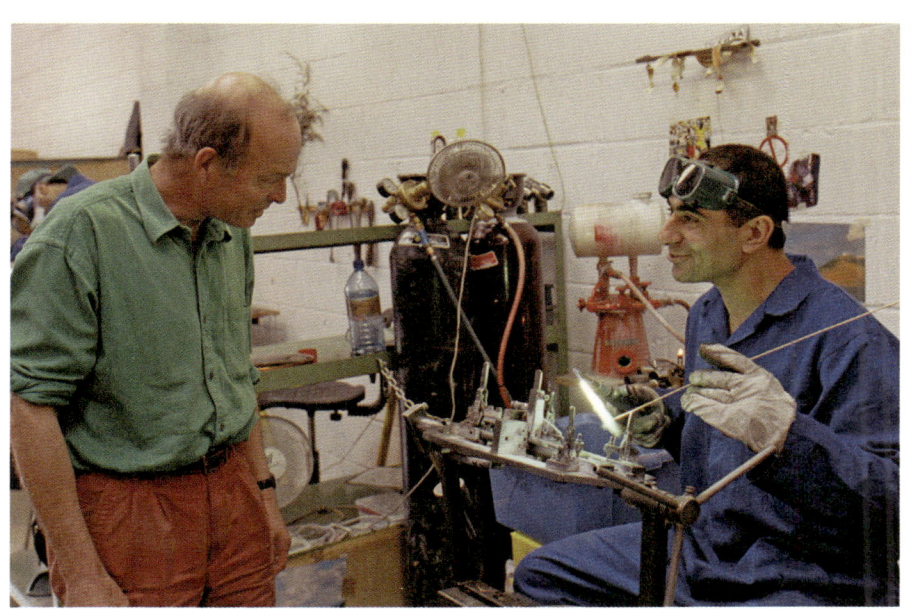

安德鲁·里奇在奇斯威克工厂与一名叫萨伊德·艾哈迈德（Yahia El-Sayed Ahmad）的铜焊工交谈

次尝试将布朗普顿推向全球却催生了一场颇为失败的冒险，至今仍偶尔带来一些问题。早在1992年，公司的年产量仅为几千辆，已陷入瓶颈。这一产量不仅无法满足英国本土市场需求，更别提出口欧洲，进入亚洲市场更是遥不可及的梦想。为了解决这一问题，布朗普顿与中国台湾制造商欧泰（Eurotai）成立了合资企业，授权其生产布朗普顿的特许版本。协议规定，该合资企业将在未来十年内按销量向布朗普顿支付特许权使用费，并且在英国本土产能问题得到解决后，布朗普顿可能会回归市场，销售其原装正品。这家合资公司被命名为尼奥自行车（Neobike）。至少在当时，这似乎是个不错的主意。

Born for Freedom: The Story of BROMPTON

那是 20 世纪 90 年代初期。彼时，只有少数大学生拥有电子邮箱账户，Windows 版的计算机辅助设计（CAD）软件尚未出现。布朗普顿无法简单地将几兆字节的数据传输给中国台湾的尼奥自行车公司，而是不得不复制并通过邮寄或快递寄送成千上万份纸质文件。更糟糕的是，安德鲁还需要复制工厂的工装夹具并运送至中国台湾地区，然后通过电话解释所有细节。毫不意外，这种合作模式导致合资生产的自行车质量欠佳。它们销量惨淡，布朗普顿几乎没有收到任何特许权使用费。当然，所有的产品缺陷最终都影响到了品牌形象；无论质量如何，它们从外观上看都与布朗普顿如出一辙。

如果安德鲁得知自己被牵扯进一件做工糟糕的产品中，他肯定会勃然大怒。更糟糕的是，尼奥自行车公司管理层在此基础上"火上浇油"——他们选择了一种特殊的品牌推广方式，使得这些台湾制造的布朗普顿成为唯一带有英国米字旗标志的版本。最令人愤怒的是，几年后，人们发现尼奥自行车公司违背了协议：按照约定，一旦授权期结束，他们应归还布朗普顿的设计和生产设备，但他们并未履行承诺，仿制品随之流入市场，并且至今仍在流通。这次经历对公司而言既是成长的阵痛，也是深刻的教训，它再次印证了一个事实：必须牢牢掌控关键事务。这些事件最终塑造了一种企业文化。

即便经历了这样的挫折，甚至在朱利安离开之后，公司依然渴望继续发展。接替董事长一职的是蒂姆·吉尼斯（Tim Guinness），他是安德鲁在金融界的老朋友，对一家拥有独特产品的公司的价值有着深刻的理解。加入布朗普顿后，蒂姆偶然参加了在泰晤士河畔亨利（Henley-on-Thames）举办的"天鹅标记（Swan Upping）"仪式——这是一项极具英国传统风情的活动，由伦敦城各行业协会成员进行，象征着对这些本应属于皇室的天鹅的历史性管理权。在从亨利火车站前往活动会场的巴士上，他偶然遇到了一位年轻工程师，后者正渴望寻找一份有趣的工作。

那个年轻的工程师就是我，威尔·巴特勒-亚当斯。当时，我正准备攻读 MBA，但在与蒂姆同乘的这次巴士旅程中，我察觉到了一个非同寻常的机会——一个能让我投身于真正有趣事业的机会。蒂姆邀请我去拜访安德鲁，参观工厂，并深入了解这款自行车，我欣然接受。那次参观让我清晰地意识到，我将不得不走出自己的舒适区。从一个高度流程化、结构严谨、等级分明的大型企业出来后进入一个快速增长、略显混乱的环境，尤其是在最初阶段，这个环境仍然深受发明者本人强烈个性与愿景的影响。但这辆自行车实在是太出色了！尽管当时我并不是狂热的自行车爱好者，但布朗普顿的工程设计之美让我深深着迷。我愿意冒这个险。

就这样，我最终在 2002 年来到了布朗普顿工厂。与阿卜杜勒·赛义迪的经历颇为相似，我花了几周时间在不同岗位轮岗学习，并熟悉安德鲁的工作风格，最终被告知："嗯，你可以留下。"我的正式头衔是"新项目经理"（与我同时期加入负责市场运营的那个家伙就没有这么幸运了，他只坚持了三周）。

在此之前，我的工作经验来自在米德尔斯堡附近的雷德卡郊区的威尔顿 ICI 公司——一家大型化工厂的维修服务工作。它被称为梅琳娜 2/4，该工厂每天生产大量 PET 塑料颗粒，用于制造可口可乐瓶。原本，这个职位应该由两位更有经验的经理担任，但他们先后拒绝了这份工作。最终，公司只好把这个重任交给一名刚从管培生计划毕业的年轻人——也就是我。

布朗普顿工厂的情况与我之前的经历形成了鲜明对比。在化工厂，项目的运作高度依赖团队协作和严格的流程控制——一个失误就可能导致灾难性的后果，甚至上新闻。因此，类似这样的工厂讲究的是"控制、流程、团队合作和反复检查"。而我当时负责的是一个相对较小的技术团队，尽管资源有限,但任务仍然十分复杂。由于几乎没有足够的准备时间,我很难立刻掌握所有细节。我既年轻,也无法靠虚张声势来掩盖经验不足。因此,为了让事情顺利进行,我必须学会倾听、赢得团队的信任,并给予他们充分的授权。最关键的是,即便我不完全理解或不一定认同某些决定,我也要给予支持,确保他们能顺利完成工作。

从表面上看,这种管理经验似乎与布朗普顿的情况完全契合——天才发明家和一位擅长与人沟通、习惯有序管理的年轻工程师相辅相成,似乎

最早的布朗普顿原型折叠自行车(1975年)

是理想的搭配。但事实证明,"愿意授权"与"希望掌控"并不总是能够兼容。它们其实是两种截然不同的管理哲学,在接下来的二十年里,这种分歧会带来不少挑战,也会让我们学到许多宝贵的经验。

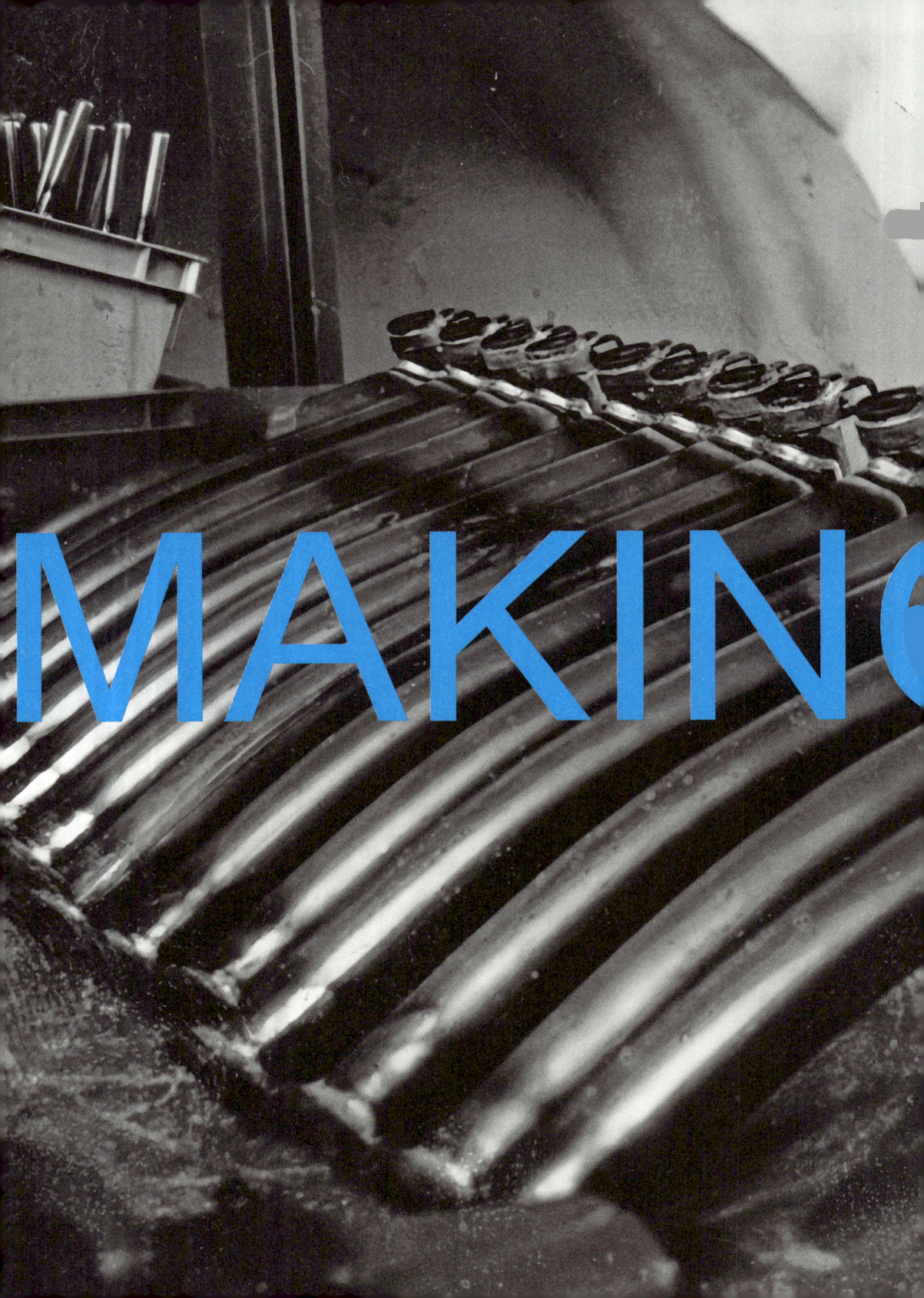

第 1 部分
制造自行车

如今，大多数人已难得一见产品的制造过程。在英国，如果一家初创公司的地址中带有"工厂"一词，通常意味着它坐落在一座 19 世纪的砖砌建筑里，内部可能是一个改造后的开放式办公室。我们倾向于将嘈杂、污染的工业制造过程推向城市的边缘地带，或安置在工业园区，甚至更进一步，将生产外包至海外，让其他国家承担繁重的制造工作，而把高价值、高利润、干净整洁的工作留在市中心明亮的办公室里。我并不认同这种经济模式，之后会再详细探讨。但在讨论文化、金融、设计、知识产权，或现代管理者的日常事务之前，我想先花些时间聊聊我在工厂工作二十年间学到的关于布朗普顿自行车制造的事情。

只要仔细观察，你总能发现事物中有趣的一面。这一点在布朗普顿折叠自行车这样的发明上尤为明显。它的核心折叠结构极具巧思，几乎每个主要部件的设计都源于工程师对复杂技术难题的解决方案。工厂不仅充满了棘手的技术挑战，也汇聚了许多性格鲜明的人才。因此，如果想理解工业制造的基本原理，与其阅读图表或抽象推理，不如听听工厂里发生的故事，它们往往能更生动地传达关键理念。不过，我之所以从制造谈起，还有一个更重要的原因——现代社会不仅在地理上将制造业推向城市边缘，

Born for Freedom: The Story of BROMPTON

1993年，布朗普顿团队搬到奇斯威克博洛巷的新址不久，最左边是安德鲁·里奇

尽管制造过程中面临诸多挑战，布朗普顿自行车自问世以来便屡获业界大奖

也在思想层面将其边缘化。伽利略曾亲手研磨透镜，牛顿制作自己的实验仪器，达·芬奇更是热衷于发明各种机械装置。然而，如今我们却很少认为，单靠"制造"本身就能带来深刻的认知，这是一个令人遗憾的误解。

自工业革命以来的数百年间，工厂管理者一直在应对不断出现的难题，并总结出了许多行之有效的通用解决方案。这些经验构成了一套完整的知识体系——它虽然并非一门独立的学科，但其中的部分内容在工程学院和商学院均有涉及。遗憾的是，从未有人系统地整合这些方法，将其作为通识教育的一部分传授给本科生甚至高中生。实际上，这些经验远不只适用于制造业或商业管理，而是普遍适用于复杂系统的管理。每个人都需要应对复杂事务、处理交互系统、掌握不易习得的技能，以及面对海量信息时

Born for Freedom: The Story of BROMPTON

迅速做出决策。而这些,正是我们必须掌握的核心能力,才能把一车钢管变成一百辆折叠自行车。至于其中涉及的物理与化学原理,倒是可以随时查阅书籍获取。

制造业的伟大之处在于,一切都可以被直观地看到、触摸到。而在其

1995 年,在奇斯威克工厂安德鲁·里奇被授予女王出口奖

他行业，人们常常谈论抽象概念，有些甚至难以量化。业绩衡量标准需要经过协商，可能会被反复争论。不同部门和运营之间的联系通常体现在组织架构图上——有时甚至并不清晰，因为这些联系可能是隐性的。这也导致商业哲学和管理原则往往趋于抽象。但在工厂里，因果关系清晰可见，就摆在眼前。虽然对产出或所需投入可能存在一定争议，但在工厂环境中，客观现实更具说服力。各个环节的连接、工作流程和瓶颈都会迅速而明显地展现出来——实物要么堆积如山，要么供不应求，这一点是无法掩盖的。

　　这意味着制造业是一个学习经验教训的理想场所，这些经验同样适用于各类企业。每家公司都会遇到瓶颈、质量控制问题以及新流程引入的挑战。所有企业都会随着成长而发生变化——那些在创业初期行之有效的方法，随着公司的发展往往难以照搬。人际冲突在所难免，而每位管理者都必须面对一个现实：个人的精力和时间始终是有限的，不可能事事亲力亲为。在学习制造自行车的过程中，我从工程经理一路做到总经理，最终成为首席执行官。在这个过程中，我犯过许多错误，但我希望这些错误是清晰可见且我能从中汲取教训。因此，本书的第一部分将聚焦于制造过程，并通过这些实际案例，展示一些解决问题的重要策略。如果你足够仔细地观察，你会发现，仅仅从折叠自行车中，就能学到许多关于世界的知识。

1. 了解工装治具

在工程语境中,"公差"是测量精度或组件尺寸允许偏差的度量。通常在常规自行车制造行业中,公差在 2 毫米内是正常的。而布朗普顿自行车的单独测量公差可达 0.01 毫米,整体公差控制在 0.2 毫米。

"你这是在浪费钱……完全没有必要……超越了你的权限……太荒谬了!"这是我在布朗普顿的第一笔设备投资——一台数显电子秤,花费了 21 英镑。没想到,这却引发了安德鲁·里奇的一场大发雷霆。

工作中的争论在所难免,但这次争论让我记了整整二十年。这件事发生在我加入公司不久后,也是安德鲁第一次真正对我发火。从各方面来看,这其实是个微不足道的争论,甚至可以说有些可笑——毕竟,一台电子秤就是用来给零部件称重的。如果想减轻自行车的重量,就需要精确地知道每个部件的重量,精确度不仅要达到克,还要精确到 0.5 克。安德鲁反对的理由是,他觉得工厂里已经有一台红色塑料秤——那是他从厨房里借来的,完全可以胜任这项任务。

这件事一直给我留下心理阴影,因为它太不合时宜了。即使在今天,当人们问到关于我们制造过程，不管技术问题多么复杂，回答似乎总是以一句话开头："嗯，你必须明白，安德鲁是个完美主义者。"他一向对测量精度极为严苛，绝不会随便敷衍了事。因此，这次争论背后，真正的问题并不是电子秤本身，而是更深层次的矛盾——就像任何人际关系中的争吵一样，表面上的话题往往只是冰山一角，真正的问题藏在水面之下。这场争论的本质是，我在工厂里自行做决定，而没有事先告知安德鲁。这意味着，他已经无法再像过去那样事无巨细地掌控工厂的一切。对于一家创业公司来说，这正是典型的"创始人综合征"——而就在这次争论中，我们似乎也触及了他的耐受极限。

在工程领域，"公差"有着非常具体的含义，它代表着测量精度的要求，以及零部件在制造过程中允许的误差范围。这个概念之所以重要，是因为

使用"通止规"检查铰链主轴的公差

设计总是抽象的——在设计图纸上，我们描绘的是完美的圆、精准的重量和严丝合缝的结构，但在现实世界中，所有物理对象都会受到材料特性和加工精度的限制，最终制造出的产品无法做到绝对完美。因此，公差的设定就是一种妥协——有时需要极小的误差范围以确保精密度，而有时则可以适当放宽标准，以降低生产成本。

折叠自行车本质上是一个巨大的妥协。将铰链放置在自行车车架中，从自行车具有的特性角度来看，完全是错误的做法。每一处零件的瑕疵都可能成为不稳定的源头，即使是微小的晃动，骑行者也能感受到。因此，在初步设计上做出的妥协之后，进一步妥协的空间非常有限。而公差往往会不断累积，一个零件的零点几毫米误差，在另一个零件上可能放大，最终可能在长管的另一端达到 3 到 4 毫米。3 到 4 毫米完全足以影响骑行体验，如果你脚下的地板突然移动半厘米，你会感觉就像发生了小型地震一样。

这是关键之所在！在布朗普顿折叠自行车诞生之前，几乎影响了所有折叠自行车的制造，那些制造厂试图通过增加车重来解决晃动的问题。安德鲁·里奇的关键见解之一是，布朗普顿折叠自行车的制造精度必须远远高于普通非折叠自行车。在伦敦格林福德的工厂中，所有零部件通常都需要精确到正负 0.2 毫米的公差。这意味着，所有车架零件组装完成后，整个车轮的定位公差不超过 2 毫米。而普通的非折叠自行车工厂只需关注单一车架的公差，因此它们的公差标准可以是 2 毫米。如果我们照做，车轮的误差可能会达到正负 2 厘米。

这种精度在实际操作中意味着什么呢？你可以尝试将食指和拇指之间保持半毫米的距离持续一分钟，你会发现你做不到，因为肌肉会开始颤抖。在这种精度水平下，你必须考虑工具本身的刚性。其他行业，如汽车和航空航天领域，往往要求更高的精度，并且必须考虑温度变化对金属膨胀的影响。布朗普顿的制造精度，可能已接近手工制品的极限。那么，如何达到这种精度呢？在一家制造工厂，首先你要制造工装治具。

"工装治具"是一个有些过时的词汇，如今已经不再是日常语言的一部分，因为现在工厂里从事这种工作的人员越来越少。然而，一个设计精妙的工装治具，依然令人赞叹不已。其原理很简单：它是一个可调的设备，用来固定零部件，确保工具在每次加工时，路径都是一致的。实际上，工装治具就像是成品的动态雕塑。工装治具的运动范围决定了某些零件形状的处理过程，或者至少是必须执行的操作所遵循的路径。在很大程度上，制造过程是由工装治具所决定的，了解工厂，实际上就是了解它的工装治具，反之亦然。

工装治具的概念不仅限于机械工具的使用。所以，在我们继续之前，理解这个概念是非常重要的。如果你不是工程师或木工爱好者，举一个简单的例子或许更有助于理解。

我曾经需要从扁平家具组装的困境中解救出来，过程需要在一块木板上钻六个新的插销孔。这些孔必须完全垂直，并且深度一致，以确保插销固定稳固，不会从另一侧穿透出来。因此，我临时制作了一个钻孔工装治具，利用一根 8 毫米的钻头与一个普通的棉线轴配合，棉线轴能确保钻头的垂直，并控制钻孔的深度。这个缝纫线轴就像工厂里的夹具一样，限制了工具的运动，确保每次都能精确执行所需的操作。

布朗普顿工厂使用的夹具比这复杂得多，因为它们必须考虑更多的操作。它们也更精确，因为这些夹具是定制的，而不是像我这样临时拼凑的。但原理是相同的：工装治具通过限制操作的自由度，确保每个零件都能够正确地组合在一起。而且，使用相同的原理，我们也可以用来验证这一过程。通止规就是一种类似夹具的工具，用来检查工件是否合格。如果工件能够顺利通过量规设定的某个间隙，但无法通过另一个不同尺寸和形状的间隙（这个概念与婴儿玩具中通过形状分类的排序盒类似），那么该工件就可以进入制造过程的下一阶段。

在日本，通止规的概念已经被扩展到一整套实践体系中。任何能够物理上防止错误发生，或是自动触发警报提示问题的设备，都被称为"防呆措施（poka yoke）"。英国工程师通常发音为"pokey-yokey"。（在日语中，"poka"意指失误，"yoke"则是避免的意思，合起来可以理解为"防止失误"，这是一种比"傻瓜"更温和的说法）。例如，英式电源插头上的突出顶针就是一种防呆设计，它能够防止你在没有接地连接的情况下将火线和零线插入。类似的设计还有战斗机座舱中的有机玻璃保护罩，通常用于防止飞行员误拉弹射座椅的手柄。这里的理念是，解决问题所需的信息是在整个过程中自动生成的。

安德鲁在设计夹具方面非常出色，正如我们的前任制造经理奈杰尔·萨弗里（Nigel Saffery）所说："安德鲁设计的工装治具简直是艺术品。"这些夹具配备了多个轴向活动部件，帮助工人通过放大镜更清晰地观察工件，甚至在夹具上刻上了标识，提醒工人在哪里使用特定的螺丝。安德鲁曾在一份备忘录中写道，奈杰尔可能是唯一一个完全了解工厂所有工装治具的人，这是对他极高的评价。

这种类型的工装治具是大规模生产的基础。十八世纪的木匠可能只依靠一套凿子制作家具，每件作品都需要单独测量，但即使如此，给他打下手的学徒也会使用某种夹具来确保椅子腿的形状完全一致。因此，失去工装治具会是一场灾难，甚至会摧毁一家公司。难以相信，在2004年，我们自己差点经历了这样的灾难。

事情是这样发生的。部分自行车在经过大约十年的高强度使用后，由于金属疲劳，主铰链出现失效。这对我们来说是不可接受的。我们追溯到了故障的根源：连接处的钢材在焊接过程中不可避免地受热影响，导致其强度削弱。为了解决这一问题,安德鲁重新设计了铰链结构,使接头稍显复杂——新增了一段延伸至车架管内部的结构,以增强强度,而非仅仅将两块平面对接。

这一新设计堪称精妙工程。它的疲劳寿命是原设计的三倍,重量却丝毫未增加,同时还让我们有机会将车架加长三厘米——这正是安德鲁一直想实现的改动。然而,这一改进带来了更高的制造精度要求:插入车架管的插座必须完美匹配。而"完美匹配"在这里可不是夸张的说法,因为主车架铰链连接着整辆车架最长的一根管子,即使在铰链处出现微小的误差,也会在远端放大,最终影响整车的骑行体验和使用寿命。哪怕仅有零点几毫米的偏差,都会对整车的结构稳定性产生影响。

令人意想不到的是,新铰链的制造工艺起始于一种已有两千年历史的技术——砂型铸造。我们的做法是,先用铝制模型压入细沙中形成模具,取出模型后,将熔融的铁水倒入砂型中,冷却后便可得到铸件毛坯。然而,要将这些铸件精加工至尺寸精确、表面光洁的成品,仅靠人工操作已无法满足精度要求,因此必须借助计算机数控机床(CNC)。

在金属加工行业中,这类设备被称为 CNC(Computer Numerical Control)机床。你可能会觉得"计算机"与"数控"同时出现有些冗余,但实际上,在 20 世纪电子计算机普及之前,机床主要依靠机械控制,而这一技术可追溯至 19 世纪。即使在今天,一些最复杂的数控机床仍被称为"瑞士车床",这是源于钟表工匠所使用的精密、高度灵活的机械工具。现代 CNC 机床极其复杂,是高端制造领域的核心设备之一。

安德鲁一贯特立独行,他决定自己制造一台 CNC 机床。我对此持怀疑态度。虽然他对市面上的商用 CNC 机床设计有诸多看法,并认为自己可以做得更好,但尽管他的想法在理论上成立,这个项目对于个人而言过于庞

布朗普顿工厂使用的哈斯 CNC 数控机床，
正是用于加工新型主车架铰链的高精度自动化设备

大。无论他有多么天赋异禀，他的时间和专业知识都是布朗普顿公司最宝贵的资源，而开发 CNC 机床显然会分散他在自行车设计上的精力。

在新铰链的开发过程中，安德鲁的自制 CNC 机床已经投入使用，并成功加工了车把立管的铰链。但当面对主铰链时，它却无法胜任。原因在于，这台机床的灵活性不足，无法精准应对主车架铰链在结构上的微妙差异。同时，讽刺的是，它在物理层面上反而"太过灵活"了——尽管机身由巨大的工字钢打造，但其结构刚性仍然不够。在如此严苛的公差要求下，即使是微小的形变也可能造成重大误差。而高端数控机床通常是由整块金属铸造而成，并且重达数吨，以至于在安装前甚至需要加固地基。因此，不论我们如何改进现有设备，都无法克服材料科学的这一基本局限。最终，

Born for Freedom: The Story of BROMPTON

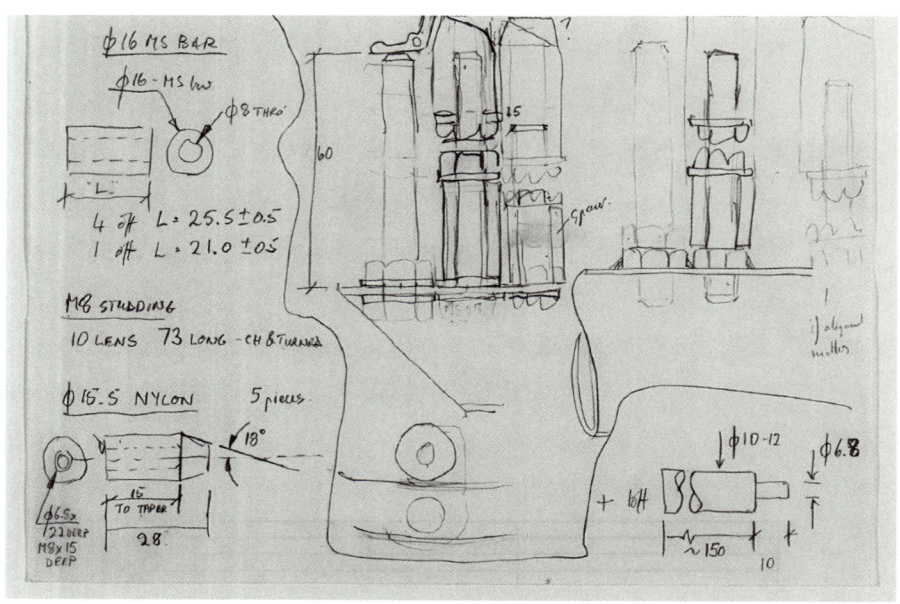

安德鲁·里奇的技术工具草图之一
记录了那个尚未普及计算机辅助设计（CAD）时代的工程思考

我们不得不承认现实——唯一的解决方案，就是投入资金，购买一台专业的 CNC 机床。

随后，我们展开了一场坦率而激烈的讨论。一台数控机床的成本约为 35000 英镑（远远超过任何一套电子秤），而安德鲁对数控机床制造商依然不以为然。然而，我们迫切需要一台这样的设备——我们的产能已经无法满足订单需求，根本没有时间去重新设计一套新的 CNC 系统。即使工字钢的刚性问题能够解决，新款铰链也等不了安德鲁精雕细琢的"杰作"。最终，说服他的关键点在于备件问题。如果定制的机床发生故障，必须自己修理，期间还要想办法维持生产。但商用机床则配有保修服务，制造商提供 7 天 24 小时全天候技术支持，并且备件库存充足，能确保设备迅速恢复运行。

最终，这笔采购合同被总部位于加州的哈斯自动化公司（Haas Automation）获得。这家公司由吉恩·哈斯（Gene Haas）创立，他也是同名 F1 及 NASCAR 车队的赞助商。实际上，市面上并不存在完全标准化的 CNC 系统，而布朗普顿铰链项目正是推动 Haas VF-1 旗舰机型在 20 世纪能力升级的关键因素。作为标准配置，这款机床本身是一台三轴系统，能够让刀具在 X、Y、Z 三个方向上移动。然而，新铰链的加工不仅需要前后移动，还需要旋转。理论上，可以在加工过程中重新定位零件，使刀具能够覆盖所有切削区域。但问题在于，每次拆卸并重新安装零件，都会导致误差——几乎不可能做到精确复位，至少无法达到新铰链所要求的公差范围。因此，我们与哈斯英国分销公司的负责人帕特·芬恩（Pat Fenn）合作，在机床上加装了转盘和带驱动的钻攻装置，使其具备五轴加工能力。然而，真正的挑战在于如何设计工件的夹持装置。铰链必须每次都固定在完全相同的位置，同时又要确保刀具有足够的操作空间。此外，夹持力既不能太松，否则零件可能在加工过程中移位，也不能太紧，否则零件在夹具中会发生变形，导致加工后的尺寸不准确。

满足安德鲁的技术要求并非易事。位于莱斯特的哈斯技术中心经历了严苛的测试，他们甚至在公司官网上特别提及这一项目，以庆祝其工程师团队最终赢得了我们的认可。布朗普顿终于准备好量产新款铰链了，接下来要解决的，就是焊接夹具的问题。

显然，新铰链无法使用旧款铰链的焊接夹具。新铰链的尺寸不同，车架长度也增加了三厘米。但安德鲁并没有选择直接制作全新的夹具，而是决定改造现有夹具。

事后来看，这一决定堪称疯狂。虽然它符合公司一贯"节约至上"的理念，确实也省下了几千英镑的成本，但与此同时，我们彻底摧毁了旧有的生产夹具——这意味着，没有回头路可走！一旦改造开始，原本的生产模式将被彻底终结，直到新的铰链可以投入量产，否则整个车架的生产都会停滞。这无异于一场突如其来的"时间竞赛"：我们每生产一辆自行车，就意味着库存的车架减少一台。

尽管改装后的哈斯 CNC 机床性能强劲，但它尚未准备好立即投入全速生产。随着设备调试的推进，我们才逐渐意识到，这套为布朗普顿特别定制的系统，远比预想的复杂得多。每一把刀具都需要精确校准，夹具的安装位置必须与切削刀头严格对齐。然而，每做一次调整，系统的其他部分往往都会受到影响——误差或许只有零点几毫米，但在这种高精度加工中，每一丝偏差都可能导致严重问题。这是一项极其烦琐的工作，就像为一架超大的三角钢琴调音一样。最难的地方在于，整个过程并非线性推进的——你无法判断自己究竟离成功还有多远，直到所有参数完全就位的那一刻。而在这段紧张的调试过程中，我们的车架库存正在不断减少，生产线也随时可能面临停滞的风险。

最终，我们在最后关头成功调整好了机器，使铰链座的公差控制在了必要的范围内。生产未曾中断，新设计也得以顺利实施。但这一切太过于惊险。相较于因生产受阻可能带来的损失，仅仅为了节省一笔改造旧夹具的成本，最终节约的金额恐怕还不及几十辆自行车的售价。这样做的风险完全不成比例。而当时，正如布朗普顿公司大部分时间面临的情况一样，我们的主要问题并不是销量，而是漫长的等待名单——我们无法生产足够多的自行车来满足市场需求。

回头来看，我们几乎是从错误的起点出发，沿着错误的方向一步步走到了错误的结果。我们确实在解决眼前的问题，但我们的出发点是那个让人兴奋的新铰链。新铰链需要一台新的 CNC 数控机床，于是我们购入了它。

而为了让它安装到自行车上，我们又需要新的夹具，于是我们研究并调整了现有的夹具。在每一个单独的环节，我们都尽可能高效地完成了工作。这看似是工程思维的典范。

然而，事实恰恰相反——这其实是工程思维的错误示范。正确的做法，首先应该围绕整个系统最根本的目标展开，即确保工厂能够稳定、高效地生产自行车。其次，我们应该认识到，高精度公差的制造本身就极具挑战，而调试 CNC 数控机床又是一个难以预估时间的复杂任务（工程训练确实有助于培养这样的认知——有些工作具有"整体完成之前，一切都不算完成"的特性，且一个环节的变动往往会影响到其他环节。但讽刺的是，即便知道这一点，人们依然很容易忽略眼前的问题）。

如果我们能在一开始就意识到这两个基本事实，那么显然，我们会直

哈斯机床需要精确设置和校准，托尔斯腾是负责项目的工程师之一

Born for Freedom: The Story of BROMPTON

接花钱制造新的夹具，甚至可能会提前计划保留一定库存的旧款车架。然而，这次经历带来的教训并不是"不要改造生产夹具"这种简单的技术问题，而是更深层次的道理——当我们着手制定计划或解决问题时，必须认真对待它，必须尊重问题本身。

在招聘新人时，我发现这一点有时很难传达。还记得我在梅琳纳化工厂工作时，那里的每个人都能轻易地理解质量的重要性，因为一旦出现问题，后果往往是直接且灾难性的。而对于自行车，人们却容易把它当成玩具，并认为其所涉及的问题也不过是"玩具级别"的小问题。这种想法极其危险。如果你的自行车发生故障，骑行者可能会摔倒在柏油路面上，磕掉门牙，甚至摔断骨盆。如果运气特别糟糕，还可能被汽车或卡车撞上。全球已经有近百万辆布朗普顿自行车在路上行驶，我们必须对每一位用户负责，保障他们的安全。

尊重问题，意味着你必须意识到自己所做的一切都会影响最终的产品，而这些产品最终将由客户使用。如果某个工作对最终产品毫无影响，那它就没有存在的意义。因此，我们的分析应该从终端开始——从最终的价值创造出发，然后沿着因果关系，层层回溯到我们要做的具体事情，比如新机器的购入或零件的重新设计。理论上，这个思路其实很简单，但真正的挑战在于，是否有足够的理性与定力，去始终如一地坚持这样的原则。

2. 铜焊的艺术

布朗普顿自行车车架是在 900℃ 的温度下进行的铜焊。这明显低于钢铁熔接焊的温度，也意味着在金属上的热应力要小得多。每个铜焊工都有自己的标记，这些标记会留在他们制作的每个铜焊接头上，从而确保焊接质量可以追溯，精确反映他们当时的工艺水平。

丽贝卡·弗朗西斯（Rebecca Francis）19 岁时加入布朗普顿，当时她还姓萨默斯（Summers）。在被美发沙龙裁员后，她进入公司，从事"预装配"工作，负责组装最小的零部件。她适应力强、勤奋努力，且愿意学习，因此逐渐在公司站稳了脚跟。后来，她注意到收入最高的工人都在铜焊部门，而这里没有一位女性。布朗普顿公司有一项规定，任何人都可以申请成为铜焊工，丽贝卡决定挑战自己。十年后，她成为世界顶尖的铜焊工之一。之所以能做到这一点，是因为她是布朗普顿最优秀的铜焊工，而在这一工艺领域，布朗普顿绝对是行业翘楚。

布朗普顿车架中的接头采用铜焊而不是电熔接焊。在铜焊过程中，钢材本身不会熔化，而是通过熔融的填料金属将其牢牢黏合在一起（最早用于铜焊的填充材料是黄铜，因此得名"brazing"）。这种工艺对金属管的热损伤较小，使焊接处更加坚固，因此可以使用更薄的管材，从而减轻车架重量。铜焊不仅是布朗普顿设计理念的核心，更成为品牌的标志性工艺。如果你参观布朗普顿工厂，会发现员工休息区——甚至咖啡吧台——许多物件都是铜焊而成。黄铜填充金属在钢材接缝处形成的金色线条，不仅是布朗普顿独特的视觉符号，更是连接钢管的最佳方式。因此，铜焊部门的一举一动都会对整个公司的生产产生深远影响。

正如阿卜杜勒·赛义迪在布伦特福德铁路拱门厂第一天所发现的那样，铜焊比熔接焊更困难。铜焊的本质是表面张力，与水浸入纸巾或被树根吸收的物理毛细现象原理相同。填料金属熔化后，会流入两个表面之间的毛细裂缝中，然后将它们黏合在一起。但要确保填料金属能够顺利流动，焊接表面必须干净，表面之间的要精确到位

工件固定在铜焊夹具中，确保两块金属在正确的位置保持适当的接触。对接面的类型以及夹具的形式取决于焊接接头的类型。例如，对于底部支架，焊接接头是"对接铜焊"，即将两块金属端对端紧密贴合。我们在上一章中谈到的重新设计的主铰链是"角接铜焊"或"插接铜焊"，二者原理相似，具体取决于是否专注于在一整块金属中制成的插入孔，还是在另一块金属延伸部分来适配。

还有助焊剂的问题。从词源上讲，焊接助焊剂是"有助金属在焊接过程的流动性"。从化学角度看，它的主要目的是除去铜焊表面的氧化层。因为氧化层能隔绝底层金属，从而降低了铜焊强度。因此，助焊剂的用量必须精准控制——太少会导致铜焊焊料无法正常流动形成虚焊；而过多则多余的助焊剂会烧结成玻璃沉积残留物，从而损害焊接接头的强度。一般的铜焊车间会用助焊粉剂或助焊膏剂，然后在焊接加热前将其清除。布朗普顿工厂采用气体助焊系统（gas fluxer）——通过让乙炔气泡穿过液态助

头管接头展示了良好的"线性流"铜焊的示例

焊剂，使其在焊枪燃烧时同步输送。同时，布朗普顿工厂的铜焊工艺会根据焰色反应通过目视来判别，中性的乙炔燃烧时呈白色焰，布朗普顿工厂的铜焊系统设定为绿色焰，经验丰富的铜焊工可以从火焰颜色判断焊剂是否需正确调整。

焊接时，必须加热被焊接的金属，而不是直接加热焊丝。初学者常犯的一个错误是直接熔化焊丝，然后滴在接头上，这种做法会导致"冷接头（cold joint）"，无法形成牢固的连接。"冷接头"这个名称恰如其分地概括了问题所在：由于接头内部的温度不足，焊料在流入缝隙之前就已凝固，无法充分渗透进去，而是仅仅附着在表面，形成一个脆弱的连接点。

如果一切操作得当，那么理想的焊接接头应该呈现"线性"状态——熔融的焊料像是一股平稳流动的溪流突然凝固，没有凸起、涂抹痕迹或横向摆动，它反映了焊接过程中稳定而协调的动作。良好的焊接接头不会呈现玻璃状（这表明助焊剂使用过多），也不会变色（这表明温度过高）。焊道上微微突起的"波纹"或"鱼鳞状"纹理不仅美观，还能增强接头的强度。这便是我们所说的"原始清漆标准"——即使不上不透明涂层，仅用透明漆保护，裸露的焊接接头依然美观。而稍逊一筹的焊接接头可能不够线性，或焊道不够均匀，适用于不透明漆面涂装。这也是布朗普顿对焊接质量的最低标准。至于冷接头或不牢固的焊缝，自然是绝不会允许出厂的，因为车架的每个焊接点都是关乎安全的关键部位。

工厂确实使用自动焊接设备来处理铰链部件，但目前还无法实现车架的自动焊接。实际上，自动焊接机的调校甚至比数控机床还要复杂。除了精准的工件定位外，还需要精确控制气体混合比例，而喷嘴往往容易被助焊剂堵塞。工厂最早的一台自动焊接机由安德鲁设计，当时只有一名员工能熟练操作。后来他离职后，我不得不接手这个工作，连续操作了三个月。随着技术的进步，我们陆续引进了新设备，例如第二台设备配备了热成像摄像机，可以模拟经验丰富的焊工观察火焰颜色并进行实时调整。而第三代设备甚至内置了空气冷却系统，无需使用对钢材不利的水冷方式降温。

然而，这些机器无一例外都是庞大而昂贵的工业设备，每次设定都极为严谨。车架上有多个插入式和对接式的焊接接头，每个焊点都需要调整工件角度、在不同夹具中重新定位，因此，全手工焊接仍然是唯一现实的选择。

要手工焊接出高质量的接头，并不是任何人都能胜任的。除了稳定的手部控制和良好的空间感，焊工还需要极高的专注力与耐心。他们必须精准地控制火焰前端，同时兼顾焊丝尖端的熔融状态，引导焊料流向正确的位置，并确保其持续流动。这虽然不是外科手术，但在某种程度上，它和神经外科医生的手部操作并无本质区别。优秀的焊工需要进入类似运动员比赛时的"心流状态"，高度集中，而这种状态是很耗费精力的。稍有不慎，就会出错，打破节奏，就像高尔夫球手挥杆偏离轨迹一样令人懊恼。因此，并非每个人都能掌握这门技艺，即使掌握了，也未必能达到高效生产的水平。

换句话说，这是一项艰巨的工作，一个好的铜焊接头就是一件工艺品。布朗普顿工厂的每个铜焊部件都刻有铜焊者的姓名首字母，这不仅是质量追踪的一部分，更是对焊工技艺的认可——每一件产品，都是独一无二的、由工匠亲手打造的。正因如此，熟练焊工的短缺成了生产上的瓶颈。我刚加入公司时，工厂里只有六名全职焊工，这意味着如果两人休假、一人病假，生产效率就会骤降50%。曾经，车架库存不足时，组装工人只能临时转岗做其他工作，因为没有足够的车架供他们组装。

如今，铜焊几乎成了一门"失传的技艺"。你无法在报纸上刊登招聘广告，或通过猎头公司找到十几个经验丰富的焊工。最初，安德鲁只能尝试招募气焊工，希望在十几个应聘者中能找到一个有潜力转型的人。为了扩大生产规模，布朗普顿最终决定自己培训焊工，从零开始培养新一代的工匠。

在这方面，我们非常幸运地拥有阿卜杜勒·赛义迪——一个性格豪爽、为人慷慨、对熔融金属技艺天赋异禀的人。阿卜杜勒最初在一家汽车修理厂学习焊接，后来在黎巴嫩一个大型涡轮机项目的现场进一步磨炼了技艺。可惜的是，这个项目因1979年的战争而被迫中断。他在那里师从一位德国工匠大师——他偶尔会形容这位师傅是"焊接教授"——对方不仅技艺高超，还组织了来自世界各地焊工的比赛。自与安德鲁合作的早期阶段起，阿卜杜勒就一直是指导他人、改进工艺的关键人物。他甚至发明了一种提升后车架耐腐蚀性的方法——去掉两个原本用于防止管内冷却时形成真空的小孔。因此，选择他担任培训经理可谓理所当然。

2010 年，铜焊工匠大师阿卜杜勒·赛义迪在布伦特福德工厂

我们面临的最大问题，是如何阻止阿卜杜勒承担过多的责任——他不仅要管理铜焊车间，还要培训新人，同时还总是比车间里任何人焊接更多的车架。我们曾尝试与当地大学和学院合作，希望他们能参与培训工作，然而，虽然他们可以提供化学与物理方面的理论支持，但讲师往往来自熔接焊接领域，而缺乏我们所需的精细铜焊技艺。事实上，有时候人们甚至难以相信，我们要求工人完成的这些高超工艺竟然是纯手工制作的。问题

Born for Freedom: The Story of BROMPTON

在于，至少在英国，能够持续进行高水平手工钢管铜焊的地方屈指可数，除了布朗普顿工厂，就只有少数定制车架制造商，而其中许多人本身就是布朗普顿的前员工。这意味着，我们几乎没有可以分担培训与研发成本的同行或合作方。

不过，这一挑战也可以转化为优势。既然我们必须自行培训铜焊工，那么我们就能将他们培养成最适合布朗普顿的焊接专家。我们的培训几乎完全围绕特定的工艺展开，学员的进阶标准，是他们能够通过认证完成布朗普顿车架上的特定焊接节点。这种自主培养方式的好处在于我们能确保每个细节都按照自己的标准执行，而不必因供应商的需求而妥协。这种理念不仅适用于设备与零部件，也同样适用于人才培养。

铜焊工的技艺极为特殊，业内人数稀少，并且在整个生产流程中至关重要——因为整个生产线的效率，最终取决于车架焊接的速度。在自行车比赛中，车队的成绩通常由最快的选手决定，所有队员都会围绕着领骑者展开战术配合，甚至不惜牺牲个人表现以协助团队夺冠。然而，在制造业，甚至在几乎所有的商业领域，情况恰恰相反——决定整体产能的，往往是最慢、最具挑战性的环节。而在我们的生产流程中，最大的瓶颈一直是车架和铜焊工艺。因此，铜焊工无疑是工厂车间里的"顶流"。

这一点已经成为公司文化的一部分。如果我们完全站在资本利益角度，确实可以在薪资和福利上对铜焊工层层压榨，毕竟他们的技能在布朗普顿之外的市场需求有限。但这样做不仅不道德，更会对企业的声誉造成极大的负面影响——如果我们在员工投入大量时间和精力学习公司核心技艺后，反而苛刻对待他们，那又怎能指望其他员工信任公司、愿意为之付出？因此，我们选择尊重并嘉奖这些技艺。我们持续鼓励任何员工追随丽贝卡学习铜焊技能的脚步。作为阿卜杜勒最得意的门生，她如今已成为培训主管，与他一起管理我们花费数十年才建立起的"铜焊学院"。这个学院将确保我们能持续培养更多焊接人才，为未来的产能扩张奠定基础。如果我们一开始就要求焊接经验或学徒背景，或许永远无法找到像丽贝卡这样杰出的代表人物，也难以培养出如此优秀的培训师——她的成长经历，本身就是对那些从未想过自己能成为金属工匠的学员们最好的激励。

丽贝卡和阿卜杜勒的教学风格各有不同，但他们的共同点是沉稳与耐心。在培训过程中，他们的一项重要职责，是在学员沮丧甚至濒临放弃时，耐心安抚并鼓励他们坚持下去。尽管铜焊是一项薪资优渥的好工作，但许多学员在培训初期便决定放弃，因为他们无法忍受枯燥重复的训练，或者无法保持足够的耐心与专注力。相反，那些最终成功的学员，往往有一个共同特点——他们愿意倾听并认真学习。丽贝卡认为，这或许意味着未来的顶级铜焊技师中，女性的比例将会逐步上升。目前，在我们五十人的铜焊团队中，女性只占10%，但在培训学院的27名学员中，女性已达5人。

这一技艺不仅要求手艺精湛，更包含心理素质的培养——可以说，它有一种"铜焊的内在修行"。在任何一个需要高度专注的岗位上，员工的心理状态和工作环境，都会直接影响生产力。因此，我们需要确保焊接工人能沉浸于自己的"专注泡泡"之中。例如，过去，每位铜焊工都会有自己专属的工作台和设备，特别是个人习惯使用的焊枪和喷嘴。这不仅是一种个人空间的归属感问题，对铜焊工来说，这些设备的稳定性至关重要。即便是焊丝厚度的微小变化，或者材料中的微小杂质，都可能影响焊接效果。而即便是同型号的喷嘴，不同品牌之间的细微差异，也可能让火焰的表现有所不同——这种变化虽小，但足以让经验丰富的焊工感到不适。焊枪的平衡感、重量的轻微差异，甚至都会影响他们的操作精准度。这就像让一位音乐家临时换上一把陌生的吉他——有些人能勉强适应，有些人会感到别扭，而有些人则完全无法发挥正常水平。

在布朗普顿旧工厂的铜焊车间，布局最初是围绕铜焊工个人进行设计

丽贝卡·弗朗西斯（左）和亚历山德拉·斯莫尔纳（Aleksandra Smakna），
布朗普顿最好的两个铜焊工

的。每位工人都有自己的焊枪和专属工位，他们会在夹具上固定自行车车架或车架部件，并在面前进行焊接。随着不同部件的连接完成，车架会从一个工位传递到下一个工位，焊工之间依次接力完成。

然而，这种设计违背了制造工艺中的一个基本原则——工位应围绕工作流程而非工人个体来布局。每当焊工需要切换任务时，都必须将夹具从支架上取下，搬运到存储架，再找到下一步工作所需的夹具，将其带回工位并重新安装。随后，还要搜集所有相关的零部件、金属材料和焊丝，进行摆放和准备，最后才能正式开始工作。即便一切顺利，这个过程也至少需要半个小时。

更重要的是，这种情况每天都会发生。铜焊工需要频繁更换任务，以

为自由而生：布朗普顿折叠车品牌成长之路

亚历山德拉·斯莫尔纳在她的专业工作站上进行铜焊

Born for Freedom: The Story of BROMPTON

零件由工装夹具固定在正确位置，以便进行铜焊

维持车架生产线的平衡，同时也需要偶尔调整工作内容，以避免重复性劳动带来的疲劳和倦怠。但如此频繁的搬运和准备工作，意味着大量宝贵的时间被浪费在搬运重型夹具和物料准备上，甚至可能导致单个班次的产量损失高达10%。此外，这种模式也让工位的人体工学优化变得困难，零部件无法高效地放置在工人触手可及的地方。

这一问题的解决过程历时数年。最终，我们找到了一种方法，使焊工可以安全地从"节能系统"（用于分配燃气和氧气的系统）上拆卸焊枪，并随身携带至不同的工位。如今，当焊工需要更换任务时，他们移动工位，而不是更换夹具。每个工位都预先配置了相应的夹具，并摆放好所需的部件，以确保焊工能够快速、顺畅地取用。随着车架焊接的逐步推进，它们会依次从一名焊工传递到下一名焊工的工位上继续作业。

虽然这一改进并未完全消除生产瓶颈，但显著优化了生产流程。更重要的是，我们建立了一个可以灵活扩展的系统。当丽贝卡和阿卜杜勒的学员完成培训，正式进入生产线时，我们不需要为每位新焊工增设独立工位，而是能够高效利用空间，使焊接车间以平衡的方式扩展。

从价值链的核心——自行车车架成品——出发，沿着因果关系倒推，找出导致延误的关键环节，并结合对人力和设备等因素的深入理解，我们可以精准预测未来的发展。例如，如果希望在未来几年内将产量翻倍，那么今天就必须开始培养一些新的学员，并规划何时、何地新增工位以及燃气供应系统的扩展。这正是"工程师思维"的体现——关注的是整体方法论，而不仅仅是具体问题的解决方案。即便所面临的挑战是一个几近失传的百年传统工艺，真正的答案并不是单纯培训工人如何举起焊枪，而是建立一所铜焊学院，让这项技艺得以延续和发展。

3. 花鼓内变速器

布朗普顿自行车由 1200 多个零部件组成。其中，约 70% 是布朗普顿内部制造的。这与大多数其他自行车制造商非常不同，后者倾向于使用由几个全球性公司制造的可互换组件。

2000 年底，在我加入布朗普顿公司的前几年，当时布朗普顿公司遭遇一次生死存亡的危机。那天，安德鲁·里奇孤身一人，带着支票簿，驾驶一辆厢式货车抵达诺丁汉的一处停车场。在一家工厂即将关停的最后几个小时里，他设法从厂门口购入了一千多个自行车花鼓，以拯救布朗普顿公司。他甚至来不及通知任何人——时间根本不允许。但如果没有这些花鼓，布朗普顿公司将不得不关门停业。

安德鲁孤身奔赴诺丁汉的这次"夜袭"，不仅拯救了公司，也引发了一系列连锁反应，将我们最终引向了自行车车架上的一个小小零件。制造业的一大特点是，因果关系往往一目了然。然而，有时候事情的发展会错综复杂，甚至环环相扣，最终形成难以解开的"死结"。没有什么比那个名为"拨链板推杆轴套（chain-plate pusher boss）"的小零件更能让我深刻

Born for Freedom: The Story of BROMPTON

理解问题解决的奥妙了。

安德鲁深夜赶往的供应商是斯特梅－艾奇（Sturmey-Archer），一家历史悠久的英国企业。该公司以发明内三速内变速器的工程师命名，并且近一个世纪以来，这一直是他们的核心产品，此外还生产其他零散的自行车配件。自行车的变速系统大致分为两种：一种是拨链式变速（derailleur gears），通过拨链器将链条从一个链轮推至另一个链轮；另一种是变速花鼓（hub gears），通过安装在后花鼓内的齿轮组来调整传动比。在工程术语中，"链轮（sprocket）"指的是与链条啮合的齿轮，而"齿轮（gear）"则是与另一齿轮啮合的轮盘。不过，在这个故事里，这一专业区分并不会影响理解。

自 20 世纪 80 年代以来，内变速逐渐被拨链变速取代，因为它的齿比选择较少。然而，对于布朗普顿自行车来说，内变速有着无法取代的优势——它结构紧凑，节省空间，且耐用可靠。然而，这种变速系统存在两个巨大问题。首先，全球仅剩三家制造商，而其中两家的产品与布朗普顿的车架不兼容。其次，布朗普顿唯一适用的供应商斯特梅－艾奇，近期被其母公司出售给了一家名为雷纳克（Lenark）的投资公司。雷纳克是一家专门收购"困境企业"的资本公司，由一群伦敦金融城口中的"特立独行者"掌控。其中一位董事、同时也是公司的主要股东，常驻美国，自称"职业赌徒"；而这笔交易背后的商业分析师，竟然是一名尚未解除破产状态的债务人。鉴于他们的背景，被雷纳克收购的公司往往没有好下场。

斯特梅－艾奇的"死亡螺旋"令人胆战心惊。该公司于 2000 年 6 月被卖给雷纳克，不到三个月，财务状况已然枯竭，甚至连工人的遣散费都无力支付。最终，该公司被台湾制造商圣瑞斯（SunRace）收购，但在当时看来，诺丁汉工厂现存的成品库存，很可能是世界上最后一批适用于布朗普顿的内三速花鼓。听闻破产管理团队已进驻工厂，安德鲁毫不犹豫地驾车北上。

史蒂夫·里克尔斯，布朗普顿宽速比三速内变速花鼓的设计师

当他抵达时，工厂已人去楼空，只剩少数员工在做最后的整理。他当场买下了 1000 余个花鼓，为布朗普顿争取到了宝贵的缓冲时间，让公司得以与 SRAM（全球仅剩的另两家花鼓制造商之一）展开谈判，并对车架设计进行适当调整，以兼容新的花鼓产品。

在诺丁汉的工厂停车场，安德鲁遇到了斯特梅-艾奇的首席设计师史蒂夫·里克尔斯（Steve Rickels）。此时斯特梅公司已经沦落成只剩几个骨干员工，当时史蒂夫只是在等待不可避免的结局。作为业内最顶尖的专家，这意味着他是世界上对齿轮内变速花鼓最了解的人。安德鲁为他提供了一份在布朗普顿公司工作的机会，于是史蒂夫开始的第一个项目就是一个新

Born for Freedom: The Story of BROMPTON

布朗普顿的宽速比内三速变速花鼓,与拨链器配合使用能有6种速比调速,且重量并未增加

变速齿轮系统的研发设计。

在很大程度上，变速齿轮其实是一个市场问题，装配到自行车上成了制造问题。人们喜欢在自行车上配备更多挡位的齿轮，如果有五速和三速两版本选择，五速会卖得更好。斯特梅-艾奇制造了一种五速花鼓，我们采用了，但其实很烦人。五速花鼓是通过将两个三速齿轮系安装在单一的花鼓内来实现的，第一个花鼓的轴驱动第二个花鼓的齿轮，然后驱动实际连接到车轮的花鼓。出于这个原因，它不仅更重，并且在某些挡位上变速缓慢且效率低下——因为在两组齿轮系损失的情况下会明显损失了变速的工作效率。

我们从来都不喜欢内五速花鼓，当安德鲁冲向诺丁汉采购时，恰巧我们的库存也所剩无几。新供应商速联 SRAM 公司确实也制造了内五速花鼓，但太宽导致无法使用。而且，他们不准备为我们制造更窄的版本。没想到桑瑞斯会把重新开始制造斯特梅的内五速花鼓作为优先事项。而事实上，他们开始制造内变速花鼓可是花了一段时间，安德鲁最终不得不派史蒂夫·里克尔斯去台湾帮助他们。

这意味着，我们将面临销量损失的问题，因为五速版本在市场上仍然广受欢迎。于是，我们决定换个角度思考。史蒂夫提出，可以将一款紧凑型的双速拨链器（derailleur）与三速变速花鼓组合，从而打造出六速的布朗普顿自行车。这一方案是一种折中选择，让我们能够重新进入市场，并提供消费者心理和商业上更具吸引力的"六速"体验。然而，我们始终认为仍有改进空间。拨链器的确拓展了速联三速花鼓的传动范围，使其在高低挡位上都有更大的覆盖，但在中间段，它实际上只是将原有的齿比切分得更细，并没有真正扩大变速范围。

为了解决这个问题，史蒂夫最终设计了布朗普顿宽速比三速花鼓。如

Born for Freedom: The Story of BROMPTON

果单独使用，这款花鼓的齿比跨度太大，几乎无法适应日常骑行需求。但当它与双速拨链器组合时，就能形成六个均匀分布的挡位，变速范围相当于一款八速花鼓，但重量和体积却与普通三速花鼓相近。当桑瑞斯的生产逐步稳定后，我们成功说服他们量产史蒂夫的新设计，因此，从某种意义上来说，斯特梅－阿彻依然在为布朗普顿生产变速花鼓。我们还进一步优化了花鼓本身，以提升性能。史蒂夫发现，如果在 CNC 数控机床上多花一些加工时间，去除多余的金属，就能在保证成本可控的前提下显著减重——每减少 1 克重量，成本仅增加 30 便士。此外，在某些对强度要求不高的部位，我们用更昂贵但更轻的铝合金零件替代了原来的钢制部件。最终优化后的花鼓重量仅为 780 克，而类似设计的禧玛诺（Shimano）Nexus 8 花鼓系统重达 1.7 千克。

这正是定制化设计的巨大优势。大型制造商生产的零部件，通常是为适配各种普通自行车而设计的，因此，它们的目标是兼顾安全性、耐用性和成本效益。这并不意味着它们的产品"更差"——事实上，这样的对比毫无意义。只是这些零件并未针对我们的需求进行优化。对于大多数自行车来说，减轻 1 千克重量的意义不大，因为骑行时主要的重量仍然来自骑手自身。因此，市面上的变速系统很少会以"高成本换轻量化"为目标。但对于我们而言，这样的权衡是值得的——在设计和模具开发成本摊销后，以每克 30 便士的代价换取更轻量的变速花鼓，无疑是一次极具性价比的优化。

然而，解决一个问题的同时，往往会引发新的问题。接下来，让我们看看布朗普顿的后拨链器——史蒂夫的这一"杰作"虽然解决了变速问题，但其中的一些小零件，却成为未来十年持续困扰我们的隐患。正如斯特梅－阿彻的变速花鼓事件所示，生产链的复杂性在于：零部件之间是相互依赖的。如果花鼓短缺，不管车架库存再多，整车组装仍会陷入停滞。因此，我们一直保持适量的零部件库存，以确保装配线不会因为供应短缺而停工——这一策略早在斯特梅花鼓事件之前就已确立。而事实证明，这一库存管理方式在应对供应链危机时，发挥了至关重要的作用。但除了零部件供应稳定，它们之间的匹配精度同样至关重要。

变速拨链器的工作原理，是通过将链条从一个链轮拨到另一个齿数不同的链轮上，以改变骑行速度。这一过程必须平稳进行，而变速操作则是通过车把上的拨杆拉动变速钢缆，进而带动拨链器完成的。实现这一过程的方法，是让链条绕过一对导向轮（即两个小链轮），它们安装在链条的后下半部分，该部分在踩踏时不会受到张力的影响。导向轮的作用是引导链条顺畅地从轴的一侧移动到另一侧，从而完成变速。

推动导向轮的部件，通常被称为"链条拨杆"。当作为备件购买时，它看起来像是由两个零件组成：其一是采用注塑成型的尼龙塑料部件，内部包含轴承，并通过细钢缆与变速杆连接，拨动变速杆时，它会带动链条拨杆从一侧移动到另一侧；其二是一块不锈钢板，固定在塑料部件上，并带有两个外伸的翅片，这正是实际推动导向轮的关键结构。如果仔细观察这块不锈钢板，可以发现其表面略有变色，这是由于它是在极高压力下冲压成型的痕迹。此外，如果你对自行车的重量十分讲究，想要减少10克重量，还可以选择由亚洲的知名售后市场制造商提供的钛合金推杆板。

然而，当链条拨杆作为整车的一部分来看，它实际上由三个关键组件组成，而非两个。注塑部件需要牢固地固定在车架上，而这一固定点必须具有极高的稳定性。为了实现这一点，该组件被拧入一个小型的六角防脱凸台，在此前已通过铜焊工艺牢固地焊接在车架上。

导链压板必须在精确的位置接触导向轮才能平稳运行。推杆机构的行程是有限的，只有当压板的"翼状凸起"与导向轮的齿轮边缘恰好在设计的位置接触时，链条才能顺利拨动。对与错之间的差距并不大，大约是毫米级的偏差。然而，如果链条拨杆未能正确对齐，换挡就不会平顺，链条在从一个链轮切换到另一个链轮时会发出"咔嚓咔嚓"的声音，骑行者很快就会注意到，这是非常令人烦躁的噪声，甚至在极端情况下，齿轮根本无法换挡。这时，自行车的问题就非常明显了。

  这种问题令人沮丧的地方在于，它在质量控制过程中很难被发现。首先，常见的公差累积问题存在：导向基座、压杆和导链板相互组合，因此在最糟糕的情况下，偏差的总和可能是这三者的累积结果。导向基座的主要问题通常是在接头处可能有多余的金属，影响压杆组件的配合。压杆本身在形状和导向基座配合方面存在一定的公差，而这与导链板的冲压公差相互作用，导链板是从外部供应商购买的零件。这两个零件的安装可能存在轻微的偏心。如果是同一批零件中始终存在相同的缺陷，问题就容易解决了——只需训练好铜焊工和检查员，确保他们小心检查。但由于涉及三个部分，追溯到具体是哪个部分出了问题就变得更加复杂。

  这并不是链条拨杆唯一可能出现的问题。作为一个活动部件，它不可避免地会受到磨损，尤其是翼形板，它的作用就是推动链条运动，因此必然会在使用过程中逐渐磨损。此外，注塑件的中央带有轴承，长期受力作用下，整个组件的匹配精度可能会逐渐偏差。正因如此，链条拨杆配备了定位螺钉，可使用内六角扳手进行松紧调整，以维持其正常运作。

  当链条开始发出"咔嚓咔嚓"的异响时，骑行者通常会首先求助于自行车维修店。如果只是调整螺丝的问题，这属于常规维护；如果螺钉调整已无法恢复正常，且拨链杆出现明显磨损，那么更换零件也是合理的。对于企业而言，自行生产大量核心组件的优势之一，就是能够更好地掌控备件供应（这一点在本书后文还会涉及，因为它直接影响我们与经销商及零售商的合作方式）。然而，在过去的经验中，人们偶尔会发现，即使零件

斯特梅-艾奇的内变速花鼓现在由他们在中国台湾圣瑞斯工厂生产

并未明显磨损,定位螺钉却已拧至极限,仍无法达到合适的调整范围。

  这可能是"公差累积"问题的一种更隐蔽的表现形式。单个零件或许能够通过质量检测,整个组件在组装后也可能符合标准,但如果处于公差的极限范围内,就会导致一旦出现轻微磨损,组件便迅速超差,从而引发故障。是否会发生这种情况,很大程度上取决于运气——如果骑手变速时力度较轻,或者踩踏不那么用力,甚至仅仅是恰好避开了临界误差,他们可能不会经历过度磨损,因此也不会察觉到潜在问题。相比之下,间歇性故障比稳定性故障更难以诊断和维修,因为它不会在相同条件下始终如一地出现。在这种情况下,我们唯一能做的,就是进一步缩小组件整体的公差范围,这意味着需要重新调整工装治具、通止规及检具,同时确保生产

Born for Freedom: The Story of BROMPTON

人员接受充分培训，并保持对潜在问题的警觉。

随着时间推移，一个新的问题出现了。我们使用工装和量具来确保产品的一致性和精度。然而，在生产了几千个零件后，工装本身开始出现磨损。如果回想一下我曾经分享过的DIY技巧——自制治具来完成家具组装，就会明白这并不是一个永久性的解决方案。比如，自制的木工钻孔夹具，打了几个孔后几乎就会损坏。同样，即便是精心设计、精准制造的工装，也无法完全避免磨损。它们不会立即报废，但随着时间的推移，工装会逐渐磨损，本应保持刚性的结构可能会出现轻微的弯曲或松动。我们需要关注的不仅仅是自家的工装。例如，用于弯折不锈钢制造导链板的冲压模具，随着使用时间的增长也会发生磨损。因此，我们在接收供应商零件时，必

2004年的圣瑞斯工厂

须进行严格的质量检测，以确保零件符合标准。

随着产能的提升，这逐渐演变成了规模化生产的问题。但在很多方面，到 2017 年左右，也就是大约十年后，我终于能够告诉自己，链条拨链器不再需要持续关注了。这并不是因为我们做了某项特别的改进，而是因为整个系统发生了变化，使得我们不再反复制造相同的问题。随着布朗普顿的年产量达到数万辆，我们可以开始进行更长远的投资，例如提前更换工装治具，或者在工具磨损前主动进行维护。真正的教训在于，这不仅仅是一个关于如何花十年时间优化一个零售价格不到 20 英镑的部件的故事，而是关于管理的核心理念。

只想到如何应付问题不会有好结果。如果作为管理者你认为工作只是不断地解决问题，那你干到退休也不会开心，因为每天都会有新的问题发生。比如，你做的每一个工装治具最终都会变形，每一把量具都会出现偏差，而那些你以为已经解决的问题，也会重新组合，变成新的间歇性故障。任何复杂系统产生问题的能力，都远超你解决问题的能力。要避免陷入这种困境，唯一的方法是预见问题并建立系统性的解决方案，而不是仅仅被动地应对。如果你的公司规模始终被控制在你个人能够解决问题的范围内，那你可能会误以为自己掌控了一切，但事实是，你可能只是限制了公司的发展。即便你雇用了一批与你相似的人来帮忙解决问题，最终，授权和管理的压力仍然会让你焦头烂额。如果你依靠一个个单独的解决方案来应对问题，最终整个体系都会在自身的重量下崩溃。因为试图一个接一个地解决问题，并不是一个可持续的管理方式。就像"打地鼠"游戏一样，你无法通过换上更大的锤子来赢得比赛，问题总会层出不穷。真正有效的做法，是建立一个能够自我优化的系统，让问题在出现之前就得到控制和解决。

实际上，你要做的是建立流程，让人们自己发现并解决问题。这与单纯建立信息反馈系统并不完全相同。想象一下，如果人体的免疫系统是通过给你发送短信来运作的——每次你吸入细菌时，它都会提醒你去药房购买合适的药物，那你很快就会被无数信息淹没，甚至可能在一年内因无法及时应对而丧命。而一个良好的、可行的系统，其运作方式应当是让问题的解决几乎成为问题本身的直接因果结果。因此，一个合理的主动维护系统意味着当工装治具开始出现偏差时，它应能自动触发一系列操作，最终确保该治具得到修复或更换。同样，如果供应商提供的不合格零件被拒收，这应当引发一系列调查和调整，以确保下一批货物符合规格标准。而当客户的退货反馈暴露出问题时，我们需要从中吸取经验教训，并建立相应的改进流程，而不仅仅是针对单个客户的问题进行补救。

真正关键的一点是，解决问题的过程需要在最接近问题本身的组织层面进行。你需要信任并授权给一线员工，让他们能够在问题出现时立即识别并解决。如果作为管理者的我发现了某个问题，反而应该感到担忧——为什么这个问题在传递到我这里之前没有被发现和解决？在本书中，我将探讨布朗普顿公司在当前规模下的真正核心竞争力。我们并不仅仅是在制造自行车，甚至也不仅仅是在制造生产自行车的机器——尽管在2010年的采访中，我曾这样描述过。如今，我们的核心能力在于构建一套系统，让人们能够制造机器，并最终生产出自行车。

管理制造型企业的工作不是解决问题，而是建构流程，让人们在系统里发现并解决问题。

到目前为止，我们已经探讨了工程培训如何塑造了我的思维方式，以及我如何从与优秀人才的合作中学到了制造自行车的核心经验。同时，我也尝试将这些经验总结为一种系统性的方法论。从工装治具与防呆设计的基本概念出发，我们逐步过渡到如何构建能够自我优化、自动解决问题的系统。我们研究了瓶颈管理，并开始理解产品和流程的设计如何影响控制方式。这些洞见中的每一个，都是我通过实践和反复试验才获得的。然而，一旦问题被解决，我们不仅学到了个别案例的经验，更能够将这些方法应用到更复杂、更难以掌控的问题之上。

4. 质量与控制

布朗普顿公司有很多家外部供应商,主要提供钢管和螺栓紧固件等标准化零部件,同时也供应部分复杂精密的制造组件,这些组件由于技术或成本原因并不适合自行生产。

尽管优化链条变速拨杆的过程令人头疼,但至少它不会对人身安全构成威胁,而这可不是所有外部供应商的零部件都能保证的。在自家工厂之外,我们对生产过程的掌控力大幅下降,而管理这些不确定性曾让我身处波兰的公路旁被冻得瑟瑟发抖,也曾在沃尔索尔铸造厂小心翼翼地躲避飞溅的熔融金属。然而,深入供应链管理的最大优势在于,我们得以与相对少数的核心供应商建立稳固的合作关系。在此,我将分享与供应商合作的三个故事:一个关于企业成长,一个关于如何成功避免灾难,另一个则是最令人愉快的合作经历。

自己掌控生产的主要优势在于能够获得量身定制的解决方案,尽管这并非绝对。例如,布朗普顿的宽速比内变速花鼓是在中国台湾生产的,这虽然是个例外,但恰恰印证了这一原则。我们的目标是优化每个组件的设计,使其在整车系统中发挥最大作用，并完美契合既定的性能需求。而这样的策略也带来了一个额外的优势——我们创造了许多独具特色的产品，使竞争对手难以复制。

具有布朗普顿公司"特性"的零部件，其设计可能十分简单，也可能相当复杂，但无论如何，我们都会在制造过程中不断学习和掌握相关技术。我们的员工会接受完整的制造流程培训，我们的工装夹具可能已经迭代至第十代，而零件本身也可能经历过多次重新设计。然而，如果我们将生产过程的详细要求交由供应商执行，并对其产出进行监控、反馈和调整，那么随着时间的推移，与该零件相关的专业技术知识就会逐渐从我们的工厂转移到供应商的工厂。他们的员工会掌握生产诀窍，不久之后，他们的工装夹具可能已经发展到第二十代。这种知识转移是我们必须警惕的风险——一旦技术流失，我们不仅会失去对该零件的独占性，还可能丧失未来优化和重新设计它的机会。

当然，并非所有零部件都具有真正的"布朗普顿特性"，因为有些零件的生产并没有多少技术可言，也不会带来新的知识积累。例如，在布朗普顿自行车的车架上，有几个用于整理刹车线和变速线的"束线夹"，确保它们在折叠过程中不会缠绕或妨碍操作。这个夹子的设计并无独特之处，它只是由一根钢丝弯折成型。当我们在内部生产这些零件时，需要工人先剪切五百根钢丝，完成第一道折弯后，重新调整压力折弯机，再进行下一批五百次折弯，如此循环，直至生产出足够的成品。然而，这个过程不仅耗时一到两天，而且由于手工操作，难免会出现一些偏差和废品。对于布朗普顿当前的生产规模而言，这种方式已接近可行性的极限。

然而，数控折弯机的出现解决了这个难题。这种设备可以在短短半小时内生产一千个束线夹，而且每一个都精确无误。我们没有理由地为这样的机器投资，但专业的线材折弯公司可以。同样，工厂采购的钢管通常是

一名工人在编织和校正车轮之前,需要先将辐条装入花鼓

以直角切断的,而铜焊工则需要末端能够与另一根管材严丝合缝的管件。这种加工方式并不涉及任何特殊设计,只是根据特定直径切割出一个圆弧形的接口,以便管件更好地对接焊接。在这种情况下,如果专业的钢管切割公司已经投资了激光切割设备,能够以高效且精准的方式完成这一工序,我们就没有必要再手工切割这些"鱼嘴形"管口了,因为这样做既费时又

Born for Freedom: The Story of BROMPTON

缺乏竞争优势。

　　这正是工业和工程领域的一个核心原则——"质量"与"控制"始终是相辅相成的。你对其中一个的需求越高，就越需要加强另一个。这一原则不仅适用于制造流程，还贯穿于整个生产管理体系，我将用几个现实案例故事来做最好的展示说明。

　　在第 1 章中，我曾提到插入式铜焊铰链的制造。为了生产它，我们不仅需要采用新的铜焊和加工工艺，还不得不购置新的 CNC 数控机床。实际上，铰链本身的材质也发生了变化——它不再是传统的低碳锻造钢，而是采用了白芯可锻铸铁。简要解释一下这一材料的特性，不过多涉及冶金学的细节：这种铸铁之所以被称为"白芯"，是因为其表层的碳元素已被完全氧化，而内部则由珠光体组成——这是一种极其坚固的铁碳晶体结构。由于经过热处理以降低金属晶体的脆性，它具备良好的延展性，并且是通过铸造工艺制造的。铸造，即先在砂模中压制出零件的形状，再将熔融的金属倒入形成的型腔，冷却凝固后便得到最终的铸件。

　　我们之前曾经提及过自古罗马时代以来，砂型铸造的基本方法本质上没有大的改变，只不过不同的铸造厂在技术革新上的步伐有所不同。2003 年，当采用白芯可锻铸铁的插入式铰链首次投入生产时，我们选择的铸造厂是位于伯明翰郊区的沃尔索尔的迪雷斯铸造厂。这家铸造厂仿佛仍停留在 19 世纪末"浴血黑帮"时代，唯一的变化似乎只是工人们的着装风格。这里是一个令人惊叹的地方，非常值得一看。在厂房的一端，矗立着一座中频感应电炉——体积不过相当于那些人们偶尔用作户外酒桌的木桶大小——用于熔化废旧金属。一名铸造工人站在炉前，不断向熔融的金属中加入炭粉颗粒，直至成分达到理想状态。厂房内烟尘沉积，窗户因长期积累的烟雾变得昏暗，地板上覆盖着几十年来堆积的铸砂和尘垢。

铁水倒入以前的铰链供应商迪雷斯铸造厂的钢包中

随后,一名工人手工填充更多型砂,将模具两半合拢。接着,两名工人从感应炉中取出熔融金属,倒入一个长柄浇勺般的金属桶中,再小心翼翼地将其倒入砂型模具。五分钟后,铁水冷却凝固,铸件成型。此时,工人们开始清理铸件表面的砂层。他们先用锤子敲击铸件,去除"浇口"和"冒口"(即为金属流入模具及排气所预留的通道)。随后,他们用钳子夹起铸件,放到推车上,准备进入下一步热处理工序,使其从脆硬状态转变为具有良好延展性的材料。

这令人着迷但也很可怕,尤其是对于一位年轻的经理来说,他唯一的工作经验是在布朗普顿公司相对现代化的工厂车间,而在此之前,则是在高度科学控制的化工厂环境中。铸造工人们无疑值得尊敬——要想在这样的工艺流程中实现高质量产出,必须具备极高的技艺。那位向熔炉中倒入碳粉的铸工,技艺丝毫不亚于米其林主厨,而工厂里的每个人都是自己领域的匠人。但也正因如此，这些工匠很难与我们一同成长并维持质量标准，因为整个流程都依赖于这小部分的工匠。

我们尽力与迪雷斯铸造厂合作。在浇注之前我们要求更多的文档记录工作和材料认证，要求提供铸件样品等。但是，实际上是不可能将现代工业的质量控制手段直接套用于前工业化的基本流程中。无论多么优秀的工匠，我们总是担心——如果那个唯一掌握关键技艺的工匠生病了怎么办？如果有人结婚举办婚礼，全厂都出去庆祝怎么应对？最终，我们将铸件供应商改为斯万谢帕德铸造厂。这是一家较大的公司，专门生产雕塑类等大型定制铸件，并将其大规模的生产业务转移到波兰生产。不幸的是，迪雷斯铸造厂不再营业了。铸造厂的旧址改成了一个商贸地产，现在归一家汽车拍卖公司所有。迪雷斯的名字只存在于复制的复古足球衫的胸前，这些球衣仍在销售，以纪念1983-1984赛季由迪雷斯赞助的沃尔索尔足球俱乐部。

参观位于波兰卡托维兹的斯万谢帕德铸造厂是一个全新的探索发现。我本来考虑过波兰的天气可能会很冷，但以为不过是类似英国冬季的寒冷，没想到迎接我的是零下20℃的严寒。甚至在从机场前往铸造厂的途中，我们还经历了一次汽油耗尽的尴尬，这让我真正体会到了这里的极端环境。而铸造厂的规模之庞大，更是让我大开眼界——一切都承袭了曾经的大规模工业体系。在沃尔索尔的迪雷斯铸造厂，一次最多只能铸造八个铰链，生产速度始终难以跟上我们的订单需求。而在波兰的卡托维兹工厂，他们是将模具装在一台巨大的机器上——称为"迪萨迈提克（DISAmatic）"，由获得该工艺专利的"Danske Industri Syndicat"命名，模具由两大块部件组成，每块含有三十六个铰链型腔。他们花两个小时就生产了我们一个月的铰链需求量。事实上，我们的订单量甚至不足以让他们启动这台机器。

他们的熔炉有游泳池那么大，磁力起重机能吸附起整台汽车或烤箱吊入熔炉熔炼，并且能连续地进行电子监控与测量以确保钢水的质量。我站在一旁观看，尽管熔炉边很热，我还是冷得身体颤抖，尽管我穿着从斯万谢帕德铸造厂的冶金专家普热梅克那里借来的外套。

在这样的运行环境下工作，我们也逐步提高了自己的水准，并开始着手持续改善，推动迪萨麦提克的铸造设备向其所能达到的极限性能发展。我们发现，将模芯适当放大，铸造出略微大一些的铰链铸件，然后通过机加工去除多余金属，是一种更为优化的做法。这样可以改善液态金属在铸型中的流动性，从而使碳元素更容易氧化，提升材料质量。出于类似的考虑，我们重新设计了浇注系统，并在每个铰链上刻印生产批号，以便于追溯生产批次，确保精准的质量控制。我仍然时不时去拜访普热梅克，当然，最好是在夏季。

这种对原材料质量的严格把控，必须贯穿于整个生产过程——毕竟，优质的自行车绝不可能由劣质材料打造而成。布朗普顿自行车的每根管材都采用成分略有不同的合金钢，以满足特定的性能要求。但这不仅仅关乎合金成分的差异，供应商的选择同样至关重要。就像烘焙面包的人都明白，不同品牌的面粉在使用时会有不同的表现，即便都是标注"硬面包粉"或"00型粉"，其具体特性仍可能存在显著差异。

钢材的生产亦是如此，公差范围可能较大。优质供应商会严格控制产品一致性，使其尽可能接近标准规格，并因此收取一定的溢价。而我们愿意为此支付额外成本，因为在我们的产品制造中，材料特性的波动会直接影响最终质量。如果不得不针对公差的最极端情况进行设计，就意味着必须增加额外的材料，以确保安全余量，这无疑会导致重量的上升。

我们曾经用安德鲁发明的一个很棒的装备来检测我们的钢管质量。他可真是一个发明天才，日常流程是每批货都需要进行检验，因为一次卸货就可能包含数千辆自行车能用到的钢管量。如果出现质量事故需要召回，这可足以严重损害到公司。而对材料的屈服强度试验，即测试钢材强度的标准方法，实际上是不能完全适应进货过程的检测。试验过程包括先切割出标准试块，然后装夹到拉力机上进行强行拉开，测量施加在试块上的力并在其材料屈服变形时绘制出受力曲线。试验所需要的拉力机很大，速度又慢而且昂贵。供应商应进行常规定期的测试试验来确保产品符合规格性能，并随每批材料提供测试认证，我们也会不定期将样品送到专业机构进行复检。但我们真正需要的，是建立一套系统化的进料质量审核机制。

安德鲁的解决方案就是神奇的"挤压测试"。他的方案就是从管子的末端截下最后两公分的材料，制成一个小钢环，然后对钢环进行精准测量，以确保测试的钢材尺寸准确。接下来，在相比屈服强度测试机小得多的压力机上将其逐步压扁，测量弯曲它所需的力，然后再继续施压，最后使其达到永久变形点。根据给钢环施加的压力和挤压程度绘制出曲线，可以得到与标准屈服强度测试相对应的结果。每六个月，我们都会持续发送一个样品，来检查挤压测试套件的校验，但实际上，精准的数值并不是关键，我们可以通过比较新批次的测试曲线与既往数据，判断材料是否符合标准或存在偏差。

这种测试方法曾在关键时刻拯救了我们。负责钢管检测的技术员艾伦发现，一批新到的主车架管材"软得像黄油"。在反复测试三四次，确认无误后，我们不得不联系供应商。这次沟通并不容易——对方是一家大型钢铁公司，而我们只是一个小客户，并且材料认证一切正常。然而，最终事实证明，是他们在运输过程中出了差错，误将原本应该发往其他地方的一批材料送到了我们这里。

如果没有"挤压测试"，我们可能会生产出2000辆存在安全隐患的自

为自由而生：布朗普顿折叠车品牌成长之路

车架疲劳试验机可以仿真多年的日常骑行在车架上的应力作用

行车，而这些车在三年后就会分崩离析。这次测试避免了一场灾难。有趣的是，这次失误偏偏发生在布朗普顿公司。如果这些钢管被送往其他自行车制造商，几乎没有人会发现问题。虽然这些管材远远超出了我们的公差标准，但仍在常规安全范围之内。如果它们被用于儿童自行车，车架可能只会被偶尔使用几年，最终随着孩子长大而被淘汰、回收，而不会有人察觉其材质存在异常。

这样的工程原理对于塑造企业至关重要。不仅"形式遵循功能"，连设计流程本身也受到功能和形式的影响。一切都始于自行车本身的构造特点，它决定了我们能容忍的变量范围。公差是质量的衡量标准，而质量与控制密不可分，因为超出可控范围的程度，决定了我们必须为最坏情况做多少准备。这些，正是我从安德鲁·里奇身上学到的重要原则。

当然，我们也有过更愉快的供应链合作经历。我希望所有的供应商关系都像与赫森家族的合作那样顺利。他们在达德利经营"骑士牌（Knight Cycles）"自行车业务，曾是我们最优秀的供应商之一。这种合作关系略有不同，因为他们一直供应我们的车轮，直到2015年才终止合作。布朗普顿车轮带有公司深厚的品牌基因，但我们当时既缺乏相关专业技术，也没有充足的生产空间，因此选择了外包。迈克·赫森（Mike Hesson）是老派的自行车爱好者，一个很棒且充满魅力的男人，曾经拥有自己的定制自行车制造业务。当我到布朗普顿公司工作时，他已经停止了车架制造，但他的定制车轮仍然很受欢迎。制作车轮是一项高度专业化的工艺，辐条必须编织到轮辋中，并且需要细致地调整每个辐条上的张力，使车轮呈现出完美的圆形并平稳旋转。迈克和他女儿安吉会在他们的工作室手工完成这项工作，无论天气如何，迈克每天都从伍尔弗汉普顿的家骑行20公里到公司上班。

随着布朗普顿的生产规模不断扩大，对布朗普顿自行车的车轮的需求也是日益增长。我刚加入公司时，每年生产5000辆自行车，意味着需要1

万只车轮,再加上约 1000 只备用轮——相当于每天至少生产 40 只车轮。显然,如果按照当时的生产方式,赫森家族无法满足日益增长的需求。要实现产量增长,车轮生产必须机械化。

迈克对这一想法持怀疑态度,他不相信机器能比手工制作出更高质量的车轮。他的观点值得认真对待——毕竟,他经验丰富,深知产品质量至

自动化的典范,全自动自行车车轮真圆度校正机

关重要。而我们之所以依赖外部供应商，就是因为布朗普顿内部并不具备车轮制造的专业知识。为此，我们带着迈克前往荷兰阿姆斯特丹，考察由荷兰机器公司生产的自动编辐和调校设备。

荷兰机器公司本身是一个家族企业，由伍尔特·范多尼（Wouter van Doornik）经营。他和迈克一拍即合，两人都更注重质量而非金钱。迈克逐渐被自动化车轮编织技术的复杂性与精密度所吸引，尤其是激光传感器的运用——这些传感器可以让机器旋转车轮，并自动判断需要调整的辐条位置，以确保轮组的精准度。最终，我们与伍尔特达成了一项协议：布朗普顿公司购买了一台他的设备，并将其租赁给骑士自行车公司，而我们的租金支付方式则是以更优惠的价格采购车轮。通过这种方式，迈克不仅增加了总收入，还能提供更多的车轮，同时助力我们的研发工作。

事实很快证明，让赫森家族参与进来是正确的决定。当然，我们在阿姆斯特丹看到的所有复杂的演示，都是在全尺寸自行车车轮上完成的。以前没有人使用过荷兰机器来制造40厘米的车轮，因为这种尺寸的车轮通常与儿童自行车有关，它们被认为不值得进行车轮真圆度整形调整。正如我们在学校所教的那样，圆的面积由 πr^2 计算得出，这意味着这台设备的工作空间因不同半径的平方而大为减少。此外，较短的辐条更不容易弯曲，因此更难调整它们。而荷兰机器公司的自动化车轮辐条组装编织机本身就是一个精密而贵重的工程设备，无法承受粗暴对待。

迈克的知识和专业技术使他可以稳定控制辐条自动编织机，并向荷兰工厂提供反馈，帮助伍尔特和他的团队调整和改进设备，以适应较小的车轮尺寸。当我们在2015年搬进格林福德的新工厂时，骑士自行车公司仍在为我们制造车轮。最终，我们决定将车轮生产引入内部，一个重要原因是迈克计划退休。他已经七十五岁，不想购买第二台荷兰机器公司的设备并雇用更多的员工来满足我们的需求。即便如此，在我们内部工厂进行车轮组装制造后，我们仍设立了为期两年的交接期，以便迈克可以传授他在机械自动化处理与机器人方面的专业知识。

但是，为了与供应商建立这种关系，你必须得投入时间。这是我在被录用时第一次尝试让自己变得更有价值的方式之一。安德鲁不太喜欢出差，他更倾向于认为，要么供应商符合他的标准，要么就可以直接放弃。而我亲自去中国台湾、沃尔索尔或威尔士的油漆店实地考察，并因此受益匪浅。质量和控制不仅仅关乎测量数据，更多时候，它取决于你对合作方的信任程度。随着公司的发展，这一经验变得越来越重要，我们稍后会再谈到这一点。

5. 超轻量化开发

布朗普顿自行车车架中使用的钛合金管被称为"9 级"钛材。牌号为 Ti-3-2.5，因为它含有 3% 的铝和 2.5% 的钒。这并不是强度最高的钛合金材料，但强度已经非常接近顶级。（8 级钛材，即 Ti-6-4 钛合金材料，常用于航空发动机部件，非常坚固，但作为钛合金管难以焊接与加工成型）

我过去总是抱怨布伦特福德工厂的物品仓库（我们戏称为"阿拉丁洞穴"），在整理和零件存储方面的混乱管理，但它确实是隐藏了宝藏的物品仓库。2004 年的某一天，当我整理东西时，我发现了一个钛合金材质的后车架。起初，它并不是特别的令人激动——测量结果出来后，发现装配链条拨链杆的轴套焊接在完全错误的角度。但即便如此，它仍然是一个钛合金自行车车架。考虑到当时我们对车架减重的痴迷，我不禁觉得它非常有用。安德鲁显然曾经一度为此付出了相当大的努力，让我惊讶的是，他竟然从未谈论过这件事。于是，我把它作为一个私人项目，经过大量的锉削、弯曲和整形，最终，我找了一些零件装上车轮后去试骑。至今我仍然保留着它——有史以来第一辆钛合金布朗普顿自行车。

Born for Freedom: The Story of BROMPTON

　　这是讨论制造业的最后一章,其中我会尝试总结几个相关的理念和经验,展示我们如何在具有挑战性和复杂环境中如何应用它们。主要内容是关于我们为如何始制造钛合金后车架而经历的过程展开。这一次,我们不会再犯本末倒置的错误。在权衡材料与工艺选择之前,我们需要先考虑最终的产品价值与意义。所以我们从钛合金材料开始讨论,因为这个实验其目的就是减轻车架的重量。

　　我们的第一位市场经理埃德·唐纳德(Ed Donald)总是试图提醒我们,有 50% 的潜在市场是女性市场,而女性客户会更加在意自行车的重量。这

超轻款布朗普顿:Superlight S2LX —— 早期部分采用钛合金的布朗普顿车型

一点其实并不如看上去那么显而易见。事实上，车架重量对许多自行车制造商来说并不是特别重要。当你作为休闲骑行时，例如骑行BMX（Bicycle Motocross）自行车或公路赛车，自行车加上骑手的整体重量才是重要的。一千克的差额仅为这一总重量的1%左右。虽然自行车爱好者总是喜欢减重，但是这种减重在日常生活中并不是特别明显。因此，大多数自行车并不是围绕"强度与重量的取舍"而制造的，因为这样做不仅增加了成本，而且用户可能几乎察觉不到变化。但是另一方面，折叠自行车是要便于携带的，重量因此成为了至关重要的因素。

一般来说，重量范围指标，介于个人体重的10%~15%，被认为是普通人能接受的"携带重量"。这个范围的最大值，等同邮递员携带满载邮政袋的重量。根据邮政工会的标准，一名身体素质良好且熟练的邮递员，在符合人体工学的情况下，邮递任务的重量不能超过16千克；如果邮递任务涉及爬山或爬楼梯，则需要更轻重量。在这个范围的最小值，大约是十个月大的婴儿平均体重——不到9千克。对于健康的父母来说虽然不会刻意期待长时间抱着，但在日常购物或外出游玩时，仍然能够接受。如果再轻一些，就会进入购物袋或学生背包的重量范畴——这种重量的物品，人们甚至可以整天携带，而不会刻意去注意它的存在。在体重90千克的普通男性可以舒适携带的重量上限与体重60千克的普通女性可以携带重量上限之间，大约存在一个7千克的理想重量区间。这也是我们在设计折叠自行车时，所重点考量的一个关键因素。

在布朗普顿折叠自行车之前，市场上仅有的几款折叠自行车在重量上更接近满载的邮政袋。它们主要设计用于放入汽车后备箱内，并运送到休闲游乐设施的起点。虽然勉强可以携带，但并不舒服。借用早期笔记本电脑行业术语来说，它们更像是"可搬运的"，而非真正的"便携式"。为了使折叠自行车成为通勤者的日常工具，它不仅需要折叠得足够小，以乘坐公共交通工具，而且在拿起时也需要符合人体工程学。这意味着它的重量最好不超过10千克。市面上唯一接近这一标准重量的是毕克顿（Bickerton）折叠自行车，但它的刚性存在问题。而事实上，正是因为安德鲁对毕克顿折叠自行车其糟糕的"果冻式"骑行体验感到沮丧，才激发了他最初发明布朗普顿折叠自行车的灵感。

折叠自行车要解决的关键问题是在刚性和强度之间找到平衡，而增加强度的简单的方法是在结构中使用更多的金属。反之，制造重量更轻的自行车最简单的方法则是从中去除一些金属，在条件相同的情况下，这会使结构变得更脆弱。布朗普顿的核心技术和知识产权（除了一些纯粹的美学修饰）都包含在我们的设计和制造技术中，这使得我们能够在强度与重量之间找到最佳平衡点——在需要强度的零件上设计增加其强度，在无关紧要的地方就去除多余的金属。

其中的一个设计理念创造了双速布朗普顿自行车的诞生，这是一个真正横向思考的胜利，并完美诠释"少即是多"的原则。如果你采用六速变速器并舍弃宽速比花鼓，那么你拥有的是一辆带有两个变速挡位的自行车：其中一个变速齿轮用于爬坡或越野，另一个则用于巡航。这样设计并不能适合每一座城市的路况，但对于只是用于日常通勤而并不是去旺度山（Mont Ventoux）完成骑行赛的骑手来说，这个设计可以节省近一千克的重量，而且自行车的制造成本也更低。

然而，真正地要将车身重量降低到标准的舒适可携带范围，则需要从如何解决车架的主零件的重量入手，这不可避免地会增加成本。我们尝试从平衡取舍的角度来思考，计算出每减轻一克重的成本，但这不是线性递增的——大幅度的减重会产生巨大的成本影响。此外，许多看似可行的解决方案在实践中很快会被淘汰，前提是始终从产品的实际使用需求的思路去思考，而不是着迷于"酷炫"的新技术吸引，试图为其寻找应用场景。

例如，碳纤维是某些自行车车架的绝佳材料。它非常地轻，通过模具成型，能制成金属管难以实现的形状。但对于结实耐用型的通勤自行车来说，碳纤维材料并非完美的选择。即便是微小的碰撞或划伤就可能导致看不到的细小裂纹（"应力集中点"），可能造成自行车框架在没有任何预警的情况下发生破裂而解体。真正重视车身重量的赛车发烧友可能会在每个周末都仔细检查他们的车架，但对于一辆需要频繁穿行于城市、随手折叠收纳的通勤自行车来说，这样做是不切实际的。首先选择我们认为风险可控的零部件开始使用碳纤维材料制造，如超轻型号的前叉和车把。然而，采用全碳纤维车架并不符合我们用户的需求，也不适合布朗普顿的产品定位。

而另一方面，钛合金是一种颇具吸引力的材料。它很轻且兼具适当的

安德鲁·里奇的"疲劳试验机"可以测试设计变更对框架强度的影响。
如今，这项任务主要由计算机建模来完成

刚度和柔韧性。钛合金具有耐腐蚀性，因为暴露在空气中的任何钛合金表面都会形成一层薄而牢固的化学稳定氧化层。事实上，这种氧化层非常稳定且快速形成，你必须用氩气覆盖刚清理干净的钛表面才能焊接它们。它比钢贵，但又不会贵到无法接受的程度。

不过，工厂仓库中那款原型钛合金后车架的诞生，并非出于如此严谨的理性考量。鲁伯特·威尔伯拉罕（Rupert Wilbraham）通过朋友的朋友联系上了安德鲁，鲁伯特是那类极富冒险精神的年轻人之一，在苏联解体后便立即前往该地区，寻找可能的机遇与挑战。他一直在运营一个项目，专门寻找并整理在第二次世界大战中失事的飞机，并在此过程中结识了许多有趣的人，其中一位将他引荐给了一家名为拉彼得（Rapid）的公司。拉彼得公司总部设在莫斯科郊区的苏联"科学城"科罗廖夫，这曾经是苏联太空计划的中心，在此之前主要是生产导弹和坦克的中心。和那个时代和那个区域的其他许多公司一样，拉彼得汇聚了一批才华横溢的科学家和工程师，在后苏联时期苦寻自身技术的全新应用领域。他们曾在航空航天工业中广泛使用钛合金，而如今似乎正积极探索这种材料的更多可能性——那时，他们还为马戏团制造专业的钛合金设备。

在 2001 年我加入布朗普顿公司之前的一段时间，安德鲁对钛合金材料很感兴趣，于是交给鲁伯特一个后车架让他带到俄罗斯拉彼得公司，看看他们能否做些什么。但事情似乎很快就偏离了预期。拉彼得团队试图复制布朗普顿车架，他们在没有夹具和工具的情况下制作了一副车架，一个看起来像零部件的东西。但是由于缺乏工装夹具，仅凭外观仿制无法确保精确度和可行性。鲁伯特热情地将其视为概念验证，并带回了一件样品，但这件作品的命运与许多其他不成熟的试验一样——最终未能通过安德鲁的严格审查。该样品在很多方面都是不精确的，安德鲁认为这种样品制造水

冷锻铝合金花鼓，中国台湾乔森（Chosen）公司制造

中国台湾安泰克工厂，曾为早期超级轻量车型生产钛合金前叉

准表明俄罗斯工厂将来是无法交付所需要的标准产品,因此,该项目并不值得继续执行下去。

在这里,事情本该就此告一段落。然而,纯属巧合,我和鲁伯特同父异母的兄弟是朋友。(世界真小,鲁伯特的另一个兄弟后来还娶了我妹妹。)我到布朗普顿公司不久后,在社交场合认识了鲁伯特,他向我讲述了他曾经参与过的项目。这也是我为什么开始寻找那件遗失的原型,并在成功让它重新运作后,确信这个项目值得再尝试一次。经过一番劝说,安德鲁终于同意重新审视这个项目。不久,我便开始自己前往科罗廖夫的旅程。在与运营和工程团队探讨完所有技术细节后,我还需要与工厂的老板达成协议,而这意味着要经历一系列盛情款待。对俄罗斯方面而言,这笔交易不仅仅是金钱往来,他们还想确认我的人品。于是,他们的尽职调查方式就是无休止的伏特加,再配上盛在当地黑面包上的巨型橙色鱼子酱。等到他们终于认定可以与布朗普顿合作时,我已被这番"款待"折腾得不轻,而返回莫斯科的旅途也异常难熬。

事情进展几个月后,我们认识到,这个项目确实是可行的。如果能够确保稳定的供应,我们就能推出一款搭载钛合金后车架和前叉、配备两速拨链器的布朗普顿折叠车,而整车重量将不足 10 千克——这才是真正配得上"超轻量"之名的自行车。当然,我们仍需做大量工作,并且冒一定的风险。工作部分花费了一整年。首先,我们必须将所有设计蓝图(包括许多安德鲁当年的手绘铅笔稿)转换为能与俄罗斯系统兼容的 CAD 文件。接着,我们需要制造一批专门用于钛合金车架的特殊工装夹具,而鲁伯特每次从英国回去,都会带着装满这些夹具的大号手提箱。经过多轮调整,我渐渐习惯了俄罗斯式的"伏特加款待",直到我们终于准备好迎接真正的挑战。

钛合金供应商的问题由来已久,主要难点不在质量控制,而在于如何说服他们稳定供货。许多主要的"海绵钛"生产商（海绵钛是从矿石中提炼出的初级钛晶体，可进一步加工成钛锭和钛管）都位于中国、乌克兰和哈萨克斯坦的偏远地区。这是一个极为特殊的行业，你不仅要面对陌生的商业环境，还要学会与形形色色的人打交道，同时调整自己对财务风险的承受能力。

当你决定投入一大笔资金到一个可能血本无归的项目时，会有一种奇妙的眩晕感，而这种感觉往往比理智更强烈。安德鲁和我曾多次因资金问题争论不休，而在2005年，我们共同做出了一个或许是最大胆、最疯狂的决定——向位于科罗廖夫的拉彼得公司进行银行转账。我们已经为他们提供了一些工装夹具和设备，以解决早期原型的质量控制问题，但很快发现，要想真正让第一批钛合金车架问世，我们必须进行融资业务。当时，拉彼得公司正处于后苏联时代经济动荡的环境中，距弗拉基米尔·普京首次上台的政治动荡期也没有多久。俄罗斯的银行系统状况堪忧，每个人都要求先付款后生产。我们本可以向他们下一个价值10万英镑的订单（这对我们来说是一笔巨款，当年公司利润也不过30万英镑），但这笔钱远不足以让他们预购钛合金管。唯一的解决办法，就是我们先行垫资。

这绝对不是一件轻松的事。商业媒体上充斥着人们在俄罗斯混乱法律体系中被敲诈的报道。我见过拉彼得公司的老板，和他一起喝过伏特加，我挺喜欢他，但我们对他和他的公司究竟了解多少？对于那些应该向我们供应钛合金的人，我们又了解多少？安德鲁和我反复讨论这件事，最后在一阵肾上腺素飙升的冲动下，决定把货款转出去。当时，我们甚至无法确定，我们车架所需的材料是否已经从地下挖掘出来。但幸运的是，鲁伯特和他的团队信守承诺——我们的信任得到了回报，我们最终得以在2006年的产品目录中推出超轻车型。

我们的另一家钛合金供应商是中国台湾的安泰克公司。由于之前在与尼奥自行车合作时遭遇了一些不愉快的经历，我们最初对向亚洲供应商提供过多的工装夹具持谨慎态度。然而，相较于后车架，布朗普顿的前叉专属技术含量较低，而安泰克又是一家值得信赖的公司。因此，我们决定与其合作。这在一定程度上提升了我们供应链的稳定性。毕竟，来自科罗廖夫的钛合金后车架供应偶尔会出现延误或中断，而前叉的稳定供应让我们能够维持超轻车型的生产，而无需囤积大量备用库存。安泰克将制造工作外包给其位于中国宝鸡的专业子公司。于是，我觉得自己必须去亲自考察一番。

如果说参观俄罗斯科罗廖夫的拉彼得工厂只是轻微的文化冲击，那么参观宝鸡的钛矿厂则是另一种震撼体验。这座工厂直接建在一整座钛矿山里，矿石便是从这里开采出来的。整座山雄踞四方，周围几百公里内杳无人烟。矿工们在每个班次的交接时成群结队地进出矿区，宛如人潮涌动的洪流，让人仿佛置身于《指环王》中的"魔多"之地。矿石经过处理后，先被制成海绵钛，再加工成固体金属坯块，然后由卡车运出矿山，最终安泰克制成用于我们前叉的 9 级钛合金。

不出所料，经营这类工厂的人都是久经磨炼的行业资深老手。这里的偏远感令人难以忽视——如果你不适应这里的环境，也没办法随手叫辆出租车离开。更何况，商业上的不确定性无处不在。我们始终只是个相对较小的客户，而在亚洲，商业关系很大程度上依赖于人与人之间的信任与交流。当你坐在小镇上唯一的餐馆里，工程师频频举杯敬酒，高粱酒一杯接一杯地端上来，突然，一群年轻貌美的女子意外现身，这时，各种复杂的念头便会在脑海里盘旋。幸运的是，她们只是来和我们合唱卡拉 OK，虽然这已经足够让人尴尬了。如果供应商是英国或欧洲的公司，我可能当场就得找借口离席。但在这里，维护良好商业关系的代价不过是一次头疼的宿醉，以及几张略显尴尬的自拍照罢了。国际商务的艺术在于——既要真诚而热

我第一次访问安泰克是在2004年。托尼·林（Tony Lin，左）和皮尔斯·黄（Pierce Huang，在我旁边）现在是我的好朋友

情地感谢对方的款待，同时也要巧妙地传递一个信息：在非工程学的语境下，你们的"操作"已经超出了我们的"公差范围"。

幸运的是，钛合金的实材通常不会出现太大的公差问题，因为钛合金的制造精度远高于钢材。不会像迪雷斯铸造厂那样，通过向熔炉里倒入一袋袋木炭来增加碳含量。钛合金要么是纯金属，要么是按照严格配比掺入精确剂量的铝和钒等元素。更重要的是，钛合金的主要客户来自航空航天、医疗设备和核废料处理等行业，这些领域对材料公差的容忍度远远低于普通自行车制造商。因此，钛合金材料的整体质量标准比钢管更严格。

然而，即便使用最优质、精度最高的材料，如果设计不当，产品仍然可能在意外的情况下断裂，从而对用户造成伤害。即使是钛合金车架，如果设计有误，仍然可能存在安全隐患。尤其是当车架中同时包含钢制部件时，

2008年，日本艺伎御藏，由日本经销商水谷敏（Toshi Mizutani）提供。
出国旅行通常可以带你走出舒适区

若钛合金部分的受力方式不同，钢制部件可能会承受完全意想不到的应力，进而导致结构问题。

为了模拟应力，我们使用一种被称为疲劳测试机的设备。这台机器能够在短短一个下午内模拟产品长达二十年的使用压力，其测试方式是对零件施加远超正常承载能力的负载，并每隔几秒钟施加额外冲击力。布朗普顿工厂最早的疲劳测试机是安德鲁亲自设计制造的，它的性能堪称卓越——采用气动动力，完全精确可靠。在我们对车架或铰链进行革新时，它可没少纠缠我，那期间我会带着嗡嗡作响的耳鸣音入睡。

如今，大概不会再有人经历如此多代疲劳测试设备的迭代了，因为计算机技术的飞速发展，使得在桌面电脑上进行"有限元分析（Finite Element Analysis, FEA）"成为可能。有限元分析系统的原理与一款极其精准但枯燥乏味的视频游戏类似——它通过设计文件对物理对象进行建模，将其分解成庞大的（但有限的）多边形集合，然后利用高度精准的物理模拟计算，分析外力作用在各个点上时如何引发形变，以及对整体结构性能的影响。每个计算单元本身并不复杂，但整个系统的运算量极为庞大，需要处理数万甚至数十万次计算，以达到足够的真实度。

回到2002年，有限元分析系统仍是大型汽车制造商或技术研究机构的专属工具，因为它们需要强大的计算能力，昂贵且远非一般企业所能负担。而如今，你甚至可以下载免费试用版。但即便是最先进的软件，只有建立在对问题本质的尊重之上，才能真正发挥作用。如果没有几十年的实战经验积累，或者缺乏像安德鲁那样敏锐的直觉来提出正确的问题（最好二者兼备），那么你就必须额外增加几层安全冗余，以弥补对未知风险的认知缺陷。

关于测试与实际应用之间关系的深刻理解，早已深深植入布朗普顿的企业基因，而这要归功于安德鲁在创业初期所吸取的一课。讽刺的是，他当年在融资方面遭遇的困难，某种程度上反而拯救了公司。由于资金短缺，布朗普顿不得不在生产第一批预售给亲友的自行车后，暂缓了长达五年的规模化生产。而正是在这段时间里，不少早期布朗普顿自行车因金属疲劳问题返厂维修，安德鲁得以从这些失败案例中分析金属疲劳的模式，并相应优化设计。如果当初他直接投入大规模生产，市场上可能会流通数千辆存在设计缺陷的自行车，而因大规模召回所造成的经济损失，或许会让布朗普顿公司直接破产。

自行车的实际性能，只有通过大量用户的长期使用才能真正掌握。然而，一旦积累了这些知识，就能带来极大的掌控感。从零开始设计一款产品往

Born for Freedom: The Story of BROMPTON

往令人焦虑，因为你很难预见可能出现的薄弱环节，不知道该重点测试哪些部件。但在设计钛合金车架时，我们已经拥有丰富的经验和数据，知道该重点关注哪些关键因素。

超轻量折叠自行车是一款畅销产品，对于我们的许多客户来说，通过将重量降低到他们可以舒适携带的水平，大幅提升了布朗普顿折叠自行车的实用性。然而，我一直有个雄心壮志——打造一款全钛合金的布朗普顿折叠自行车。要做到这一点，我们需要将稳定的供应链和专业知识结合起来。制造完整的钛合金车架，需要积累大量专业技能，并对产品有极其深入的理解。这样的核心技术与工艺应该掌握在布朗普顿公司内部，而非外包给其他工厂。因此，我们试图尽可能多地了解冶金知识，探索钛合金的奥秘，并逐步在小范围而且气氛友好的互联网"钛社区"中结交一些朋友。

2015 年，我受邀前往谢菲尔德大学创新中心，了解金属注塑成型，这是一种极其先进的铸造工艺，常用于比自行车车架更复杂的医疗部件的生产。在那里，我遇到了史蒂夫·柯克（Steve Kirk），他是弗雷切尔的核工业和航空航天公司的总经理。之后我们进行了交谈，一致认为金属注塑成型技术可能不适合我们任何一方。但这次会面让我产生了更进一步的想法——而不是把这次会谈当作一次愉快的交流就此搁置，我决定主动联系史蒂夫，并安排参观他的工厂。我在现场看到弗雷切尔正在研究航空发动机的大型组件，他们拥有的正是我们需要的那种对材料工艺的理解和知识。当我问史蒂夫是否可以帮助我们找到在谢菲尔德制造钛合金自行车车架的方法时，他看着我好像我疯了一样。

当时的传统观点认为这在经济上是不可行的。布朗普顿公司曾考虑收购英国本土少数几家钛合金自行车制造商之一，但他们也没有焊接能力。每个人都认为钛合金的采购，制造和焊接各工序基本上都是昂贵的，因此用它制造消费品的唯一方法是利用海外较低的劳动力成本。但史蒂夫和我讨论这个想法时，我们开始意识到，这不一定是对的。特别是许多焊接成本，高昂的根源并不在于钛合金本身的材料特性，而更多是因为它传统的应用方式。

大多数钛合金产品用于制造飞机发动机零件、盛装放射性物质的特殊容器，或其他高度精密且受严格监管的组件。这些应用场景要求极高的制造标准，导致成本居高不下。然而，从本质上讲，人们支付的高昂费用，并非仅仅是钛合金材料或其加工成本，而是生产过程中每一步都必须经过的严格认证体系。钛合金制造的最大困难在于：当钛合金金属加热到焊接温度时（不适用铜焊工艺），钛金属材料会将氧气吸入晶体结构，导致材料变脆，而且会快速形成氧化层的表面。这就是为什么钛合金材料通常必

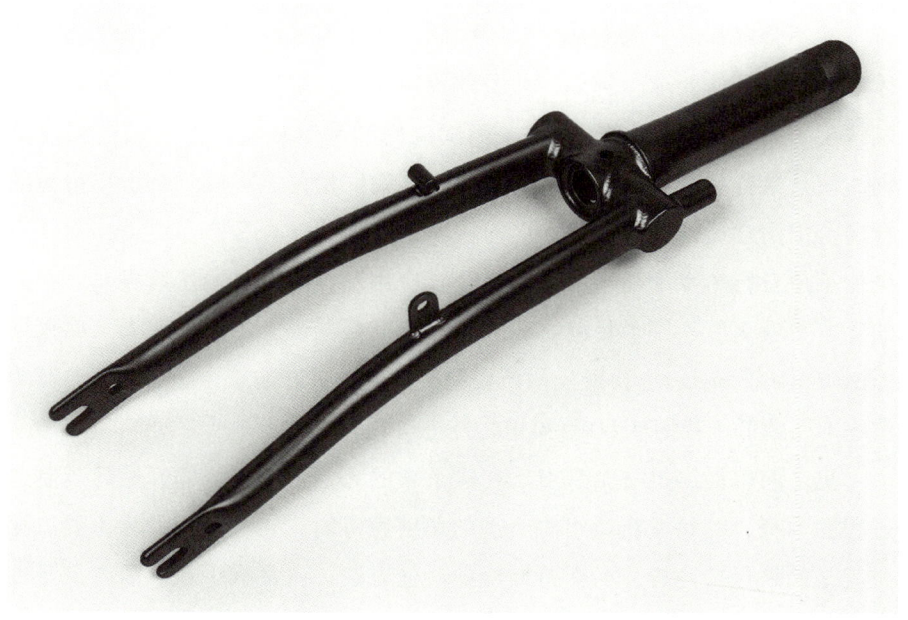

钛合金前叉：布朗普顿与弗莱彻的合资公司证明了钛合金自行车零件可以在英国经济高效地制造

Born for Freedom: The Story of BROMPTON

须在充满惰性气体的环境中焊接的原因。与大多数其他金属不同，钛合金焊接设备不仅必须确保焊缝和焊枪尖端的熔融金属表面，而且要使整个焊接金属结构都要在冷却之前完全隔绝氧气，避免脆化。

因此，对于航空航天或核工业应用，是需要严格监管原材料在运输与生产流程中的每个节点，并在每次进行焊接时都需要仔细检查整个零部件。通常也比任何自行车零部件生产过程都要精细得多。弗莱彻的钛金属焊接工人训练有素，而且有相应的报酬，但他们所培训的很大一部分是他们生产流程必须满足的合规性要求，以及确保每个签署认证的工程项目都达到不可容许失败的严格标准。

相比之下，自行车行业需要满足严格的安全性和可靠性标准，但自行车并不会爆炸或从天上掉下来。因此，制造商可以通过相对宽松的认证体系来达到行业要求。例如，在布朗普顿，我们培养铜焊工的方式是从装配线上选拔富有潜力的年轻人，测试他们的基本技能，然后通过系统培训，使其具备制造高质量车架的能力。当我们将公差降低到自行车行业的合理范围内之后，可以在成本上与俄罗斯和中国钛合金产品竞争；而一旦增加了由自行车专家而不是通用钛合金应用工程师设计的工装夹具，我们的竞争力就更胜一筹。目前，我们与弗莱彻共同成立的布朗普顿·弗莱彻（Brompton Fletcher）合资公司正在制造世界上最好的钛合金后车架，其单位成本已经低于我们从6000英里之外进口的成本。

我之前曾提出过一个观点，在接下来的几章中，当我们开始超越制造过程的本身，并站在企业组织管理的角度思考时，它将变得尤为重要。秘诀就是始终保持纯粹，而保持纯粹的最佳方法，就是减少系统需要满足的不同目标。瑞士军队不一定是世界上最好的军队，但在执行特定任务——保卫瑞士方面，它无疑是最精锐的。因为瑞士将军们知道，他们永远不必在沙漠中或海洋上作战，因此，他们可以围绕唯一的核心目标优化战术、装备和训练体系。

换句话说，就是设计一个"通用系统"来解决特定的问题。很多时候人们会以相反的方式工作，试图制作多用途流程，结果却不得不逐一排除各类问题，最终让系统变得越来越复杂。同时，持续获取并分析关键数据，是优化系统的必要条件。这就是我学会制造自行车的方式，这些概念是我开始将这种思维应用于公司发展的基础。

第 2 部分
建立公司

The Raleigh Cycle Co. Limited

Nottingham
England   NG7 2DD

telephone 0602 77761 - Ext
telex: 37681 (Ralind Nottingham)
telegrams: Ralind Nottingham

21st April 1977

A. W. Ritchie, Esq.,
Director,
Brompton Bicycle Ltd.,
53 Egerton Gardens,
LONDON S W 3

Dear Mr. Ritchie,

Following your visit here on 1st April and the demonstration of your prototype Brompton Bicycle, we have shown the sample only to senior members of the Technical/Marketing and Sales operation of Raleigh Industries.

We have looked at your device very carefully as indeed it has considerable merit. However, it is the concerted view of those senior members that while the device shows much ingenuity it would not be a practical proposition for us to enter into manufacture as it would require a considerable degree of re design; but, perhaps more importantly, that we do not believe that the device could open up a market of sufficiently high volume at the price it would have to be sold at.

The bicycle has already been returned to you at your request and we have your confirmation that it is in your possession.

Thank you very much indeed.

With kind regards,

Yours sincerely,

A. P. OAKLEY
DESIGN DIRECTOR

建立公司与制造自行车完全不同。首先，公司会由更多的动态成分组成；更重要的是，这些动态成分是由员工组织而成的。他们并不总是以可预测的方式做出反应，你无法在文档中查找他们的公差。许多原则是相同的，但他们必须适应一个不太确定并且一切都在变化的世界。

　　公司是一个活生生的，不断发展成长的实体。随着规模的扩大，它会变得越来越复杂。这可能是工程发明家和工程企业家之间最大的区别，这两种技能很少在同一人身上兼具。自从我从安德鲁的手中接过布朗普顿的管理权以来，我们的产量多次翻番。在如此不同的规模下是不可能以同样的运营方式进行的，这就像试图在环法自行车赛阶段连续两公里的冲刺一样，根本无法持续。

　　同时，有些核心要素必须得保留。产品的完整性是不能妥协的，俗话说，"万变不离其宗"。我尽力使这些变化循序渐进，并且保持与公司的发展一致，以便整体感觉是逐步演变的。但事情总是可能出现偏差的。工厂的升级不可能一蹴而就，你也不可能让一半的员工以流水线模式工作，而另一半员工仍以手工艺方式工作。这样的割裂模式只会带来混乱，而不是高效的转型。

　　因此，负责公司运营并不等于找到更高效地制造自行车的方法。作为公司首席执行官，你必须考虑不同的事情，比如空间规划、人员管理和现金流控制等。售卖自行车和制造自行车是不同的业务，员工的培养不同于机器安装。很多时候，你必须面对一些不想做但无法避免的困难。从我加入公司之前，我就一直在考虑所有这些，在我正式成为首席执行官的时候，我已经承担起更多的管理责任。所以我很幸运地经历了向新角色的过渡，这是一种渐进的变化，而不是突然的冲击。

在本书的第二部分，我将重点分享关于公司管理的经验，而不仅仅是自行车制造。我将首先谈谈现金流和控制。在我看来，这两者是相辅相成的，因为盈利能力是掌握公司命运的基础。如果公司不赚钱，迟早会把某种形式的控制权交给愿意提供资金支持的人。从这个意义上说，企业盈利是公司的首要目标，也是实现任何其他目标的先决条件。就像维持生命不仅需要血液循环，更是要保持营养物质能流动到所有重要的组织器官才行。当然，控制权也可以以其他方式实现。我将会讨论如何在管理层收购过程中成为首席执行官，以及这种模式如何通过资本运作来换取企业控制权。

细看财务数据，也能为我自接任首席执行官职位以来布朗普顿作为实体公司在历史上的一些关键事件提供背景支持。这些数据不难解释，公司公开的财务报告都可以在网上找到，标题头条讲述了它们背后的故事。布朗普顿公司成立于 1976 年，旨在推广安德鲁的原始设计。然而，由于制造和融资的困难，公司直到 1990 年才盈利，也就是在朱利安·维莱克尔投资几年之后。当我在 21 世纪初加入布朗普顿时，这是一家稳健的小企业，年营业额为 200 万英镑，年利润为 25 万英镑，每年销售约 5000 辆自行车。到我在 2008 年接手管理层时，我们的年销量已近 2 万辆，年营业额达到 670 万英镑。截至 2022 年 3 月，我们上一个报告年度的布朗普顿销量超过 9.3 万辆，而且经历了英国脱欧事件以及全球疫情的冲击，年营业额为 1.09 亿英镑。此外，单辆自行车的平均收益也在稳步增长，部分原因是我们推出了高附加值产品，例如车载包与附件装备等周边产品；另一方面，我们对分销网络的掌控能力也进一步增强——不仅自主出口到多个关键市场，还直接向消费者销售。当然，世界上出售的每辆自行车都意味着相关的后端配件销售，而在这一领域，我们占据了很大一部分市场份额。这是因为我们不仅生产自行车，也销售大量的布朗普顿折叠车及其周边产品。

　　因此，本章节所述的事件涵盖了当时布朗普顿以十倍速扩张发展的时期。在我接手首席执行官时，我是怀着明确的成长发展的雄心。我们的目标就是改变人们在城市中的生活方式，带来自由，让人们的生活更快乐。但是，当时的布朗普顿并没有充分发挥自身潜力：我们的产量远远无法满足市场需求，在全球范围内仍然缺乏知名度。如果人们甚至都没听说过布朗普顿折叠自行车，又如何能指望他们主动购买呢？要改变这些状况，需要一项庞大的改革计划，但显然第一个就是提高产能。而且必须在不造成损失或者危及公司财务的情况下去完成。企业的股东不仅是安德鲁的朋友，还有我自己的朋友和员工们，他们是从一开始就支持公司的愿景，并理应得到回报。十多年来，公司的发展一直是最重要的任务。为了做到这一点，我们必须彻底重组生产流程、搬到更大的工厂，并重构销售网络和分销体系，以便让布朗普顿触达更广阔的市场。事实上，工厂的搬迁不仅仅是物理上的转移，更是一场深远的组织与管理变革。我们需要思考的，不仅是为什么需要搬迁，还包括需要改变哪些核心环节，以及如何建立一个更高效、更可持续的运营机制。最终，我们选择了格林福德作为新工厂的所在地。这一决策不仅涉及运营调整，同时也涉及了一些重大的财务和管理变化。

　　由于他们独特的技能，铜焊工一直是布朗普顿公司收入最高的员工。除此之外，人的因素也至关重要。在许多方面，管理的核心在于信任——即信任你的团队能够高效完成任务。如果你事无巨细、亲力亲为地干预每个环节，那你实际上并不是在管理，而只是自己在做具体工作。我在工程制造领域所学到的一切，同样适用于企业管理的基本原则。

Born for Freedom: The Story of BROMPTON

建立品牌不仅仅是零件的组合

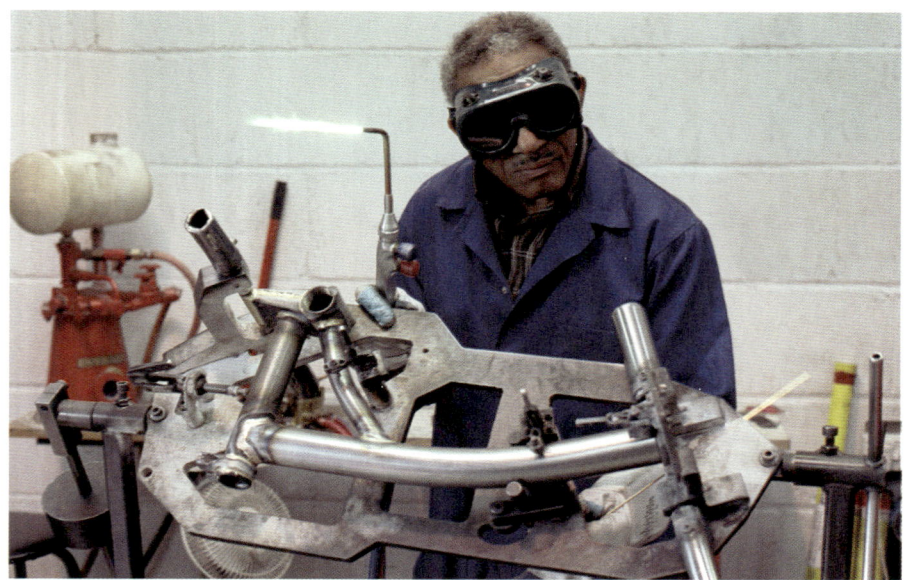

2009年，莱斯·弗朗西斯（Les Francis）在布伦特福德

不过，乐观的部分可以留到后面再谈。现在让我们来回顾那些最困难的时刻。作为创业公司的第二任首席执行官，这个角色注定不容易。众所周知的"创始人综合征"——创始人尽管已经正式交出控制权，但仍然希望保持影响力，仍然期望被咨询并对关键决策拥有话语权。我在布朗普顿公司的管理层也不例外。在履职之初，我做了一些我认为的（并且至今仍然认为的）完全必要的决定，但它们并不令人愉快，并且引发了不小的争议，安德鲁毫无保留地表达了他的反对意见，甚至对我的部分决定持有截然不同的看法。

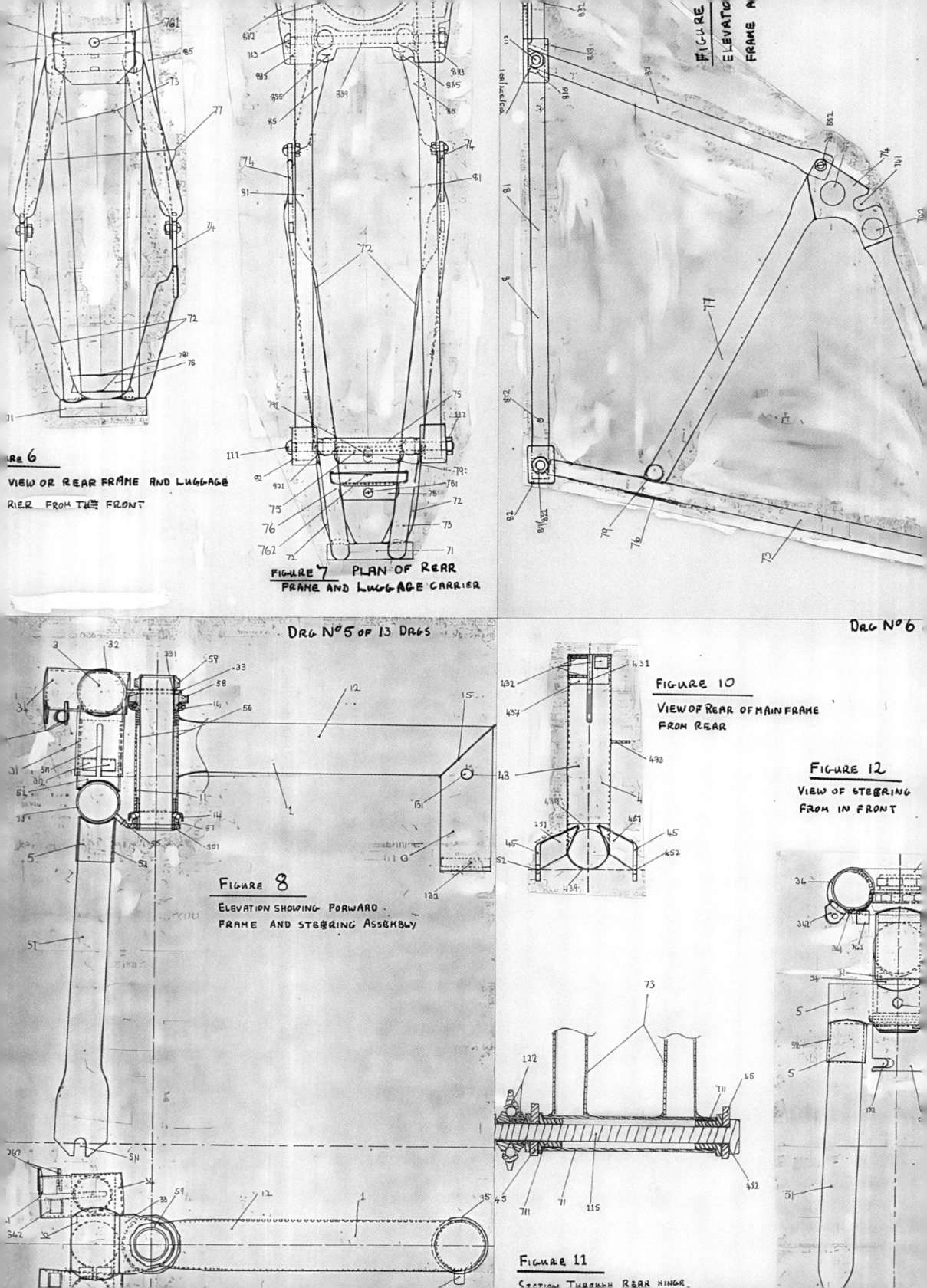

6. 战线和战斗

当联合工会被邀请参加劳工组织会议时,代表们特意骑着布朗普顿折叠自行车出席,以示支持。但这种善意的举动却适得其反。工会虽然认可了合同的公平性,但工厂里却开始流传一个谣言,说管理层用自行车贿赂了代表。

这是一种宛如加尔文派诗歌的场景。我们有最出色的装配工,他只需扫一眼粉红色的工单,就能迅速判断出每辆自行车上的装配选项。然后像一名舞者,动作精准而优雅将车架以完美的角度重新放置在准确的位置上,一遍又一遍地重复着这个过程,仿佛进入了一种令人着迷的"心流"状态。他可以在一个标准工时内完整地组装出二十辆,甚至三十辆布朗普顿折叠自行车,而其他工人却只能完成七辆。

但如果有一天,你不得不告诉他——这种精湛的工艺已经不再需要了,你该如何开口?

当企业扩张十倍时,事情的本质便会发生变化。事实上,你不是只做十倍于同样的事情,而是意味着所有潜在的问题都会被放大,并直接影响效率。在小规模运营时,一些细微的问题或许并不明显,但一旦扩大规模后,出现可能会成为一个令人震惊的问题。这意味着改变，而改变意味着冲突。人们总是倾向于坚持自己做事的方式，尤其是当他们逐步发展出适应现有流程版本的特定技能时，这种惯性就会变得更加根深蒂固。作为一家公司，布朗普顿的早期经历塑造了公司文化。我希望保留其中积极方面，并强调灵活性和开放性。就如同一个人的性格，公司文化同样被那些"不太受欢迎的部分"以及它试图回避的问题所定义。

降低员工流失率的核心意义在于培养经验丰富、技艺精湛的团队。以整个公司来说，员工必须有一定的认同感和连贯性。但正是这些因素，使变革成为最难突破的障碍。作为首席执行官，我必须不断面对这些挑战，有时需要打破系统的平衡，以适应不断变化的环境。但这恰恰是工作中最具有挑战性甚至让人不愿面对的部分。当我升职时，我知道，必须改变布朗普顿公司的整个系统，而这绝不会是一件轻松的事情。

布朗普顿公司之所以难以调整产能，底层逻辑是其运营模式缺乏灵活性。要理解这一点，可以从其销售模式如何受季节变换影响的角度切入。布朗普顿折叠自行车不同于儿童休闲自行车，在圣诞节假期那样，因礼品需求而销量激增。相反，它的销售高峰通常出现在夏季。原因是在极糟糕拥挤的公共交通条件下，骑车通勤的想法似乎更具吸引力。尽管有很多全年都骑行的人，但很少有人会在黑暗寒冷的冬日清晨，顶着雨雪出门，而第一次萌生购买折叠自行车的念头。这种消费者心理，决定了市场对布朗普顿折叠自行车的需求具有很强的季节性波动。

另一方面，工厂在任何特定工作日的潜在产能是恒定的。如果不加以管控，要么在冬天库存过剩，要么在夏天供应不足，甚至两种情况交替发生（就像早期实际发生的那样）。生产多余的自行车产品库存，会造成其总体效率非常低下，在财务上也极为不利，多余的库存会拉大成本和收入之间的周转周期，使现金流受阻。同时，这也带来了商业上挑战：如果公

2016 年格林福德工厂的新装配线

司在前一年的十一月份预测次年五月份哪种款式和颜色的车会畅销而据此安排生产，预测往往会出现偏差。市场的缺货和预售制度在一定程度上缓解了这个问题，但经销商普遍认为布朗普顿的产品供不应求，因此会在能拿到货时尽可能多囤积库存。结果，部分存货从布朗普顿的资产负债表上转移到他们的资产负债表上。但这并不是根本性解决问题的方式，甚至造成了新的问题。不止一次，我们意外发现，正是我们自己造成销售渠道的滞塞——由于经销商早期订购过多的产品，公司反而无法销售预期数量的自行车。

显然，最好的解决方案是提高工厂的生产灵活性。而在早期，这几乎不可能实现。布朗普顿的一些车型虽然经典浪漫，但生产方式已经过时，每一辆自行车都是由某一位工匠独立制造的。正如铜焊焊工的签名是其个人骄傲的标志，也是质量的保证，装配工在工厂中与铜焊工或检查员一样有很高的地位。他们做着高技术含量的工作，需要经过大量的培训和实践。他们采用计件工资制，所以如果他们有足够娴熟的技能和操作能力，他们可以赚到远超标准工时工资数倍的酬薪。装配工从预装配供应商那里得到模块化组件（如车把组件、后车架等），而布朗普顿自行设计的小型部件（如齿轮和链条推杆）有专门的供应商生产，而不是从台湾购买。

在某种程度上，这会产生与"魔方效应"类似的问题：产品型号会随着不同组件的自由组合而成倍增加，导致管理复杂度迅速失控。最初，布朗普顿的组装手册是由安德鲁亲自编写，内容详尽，将工作分解为几个阶段。随着新车型和新设计的推出，手册的具体细节也在不断调整。但通常需要一个小时来制造一辆布朗普顿自行车，其过程分为二十个任务，每个任务平均需要三分钟，而装配工在每个任务中，往往需要在五个不同的选项之间进行选择。

在这里体现的是工艺装配生产和流水线装配生产之间的区别。关于流水线装配模式，每个工人可能只需学习五个选项中的一项的任务。工厂将装配所需的零件放在他们的工作站旁边，并合理设置工具位置，以符合人体工程学设计。而在工艺装配生产过程中，如果一个人具备完成所有二十项任务的能力，其综合能力的可能性就会成倍增加。事实上，按照每个工序有五种选择计算，工人需要掌握的组合方式超过 9 万亿种。这不仅凸显了人类思维的可塑性和适应性，也证明了训练和经验在掌握复杂技能中的重要性。工艺装配工与老工厂的铜焊工处于同等地位——并非所有人都能胜任他们的工作。与铜焊车间一样，工艺装配车间的产能也是基本恒定的。尽管我们可以尝试引入灵活的工作方式，例如鼓励每个人在九月份而不是五月份休假，但季节性需求波动带来的问题仍难以彻底解决。

  这里的因果关系不难理解，但其中有一些微妙之处。你或许简单认为，装配工作站是生产瓶颈，但比这更糟糕的是，整个组织就是一台生产瓶颈的机器。每当增加装配工位时，我们都需要增加一整套全新的工具，并确保为装配工位提供每种选项中的所有需要的零部组件。这意味着需要更多的空间，还会显著增加生产的复杂性，导致产能不仅受限于季节性波动，也难以适应长期的增长需求。为了解决这一问题，我在 2006 年聘请了奈杰尔·萨弗里（Nigel Savery）担任精益制造经理。奈杰尔拥有赫特福德大学硕士学位，精通精益制造，曾在迪索特工具厂负责工厂的组织优化。这几乎成了我们两个人之间的"口号"，"当我们制造 50000 辆自行车时，这将会是什么样子？"

  值得注意的是，因装配工序的产能瓶颈与铜焊工序的瓶颈所形成的原因不同，使得解决方式也有所不同。铜焊工需要多年的时间来训练，因为这项技能本质上极为复杂，要求工人具备肌肉记忆、精准的理解力和高度专注的能力。而装配工需要数年的时间来训练，是因为他们必须学习多种组合的训练。这是一项复杂的任务，而不是一项艰巨的任务——"复杂"和"艰巨"是两个不同的概念。当然，亨利·福特（Henry Ford）在开启现代工业的制造模式时，便找到了解决方案：即将复杂的任务分解成单一工

Born for Freedom: The Story of BROMPTON

我和奈杰尔·萨弗里在 2006 年，第一届巴塞罗那布朗普顿世界锦标赛上分享公司的愿景

序，并创建生产流水线。相比于解决二十个面的立方体，解决六个面的魔方难题要容易得多。就这样，每年夏季，我们都会招聘临时工。这并不难，

对于只是想赚点外快的学生，他们作为临时工只需要掌握两三个相对简单的任务。而对我们来说，这无疑是最现实可行的解决方案。

公司坚持工艺装配生产，而不是转向自动化流水线模式，有两个主要原因，这也是支撑工艺装配模式持续发展的强大动力。举个例子，一家软件开发公司，许多瓶颈工作和拖延可以追溯到这样一个事实：软件中的关键组件程序是否依赖于某位程序员的特殊技能，而这名程序员是唯一知道如何将程序组合在一起运行的人。管理者之所以容忍这种情况，通常有两个原因：第一，他们认为软件系统无法面对因程序改变导致的系统冲突崩溃；其次，他们不知道如何将任务分解成更小的单元。

任务分解很困难，而如何安排其执行顺序更是复杂。生产线的最佳顺序不一定是构建单辆自行车的逻辑顺序。例如，你可能会从外到内组装，或者按照组件在最终成品中的位置来组装。关键的原则是生产线要保持生产节奏的平衡，使其尽可能符合"理想的二十道工序模式"——即每个单一任务需要三分钟完成，并安排在符合人体工程学的最佳工位。这是一种与手工艺生产截然不同的思维模式。

要得到理想的轮班制度，可参照地铁站自动扶梯上的人流输送现象。公共交通专家发现了一个反直觉的现象：提高进出站效率的最快方法是让人们并排站立，统一进入自动扶梯。尽管这会降低个别行走乘客的速度，但是由于并排站立能更充分地利用自动扶梯的空间，每分钟输送的总人数反而会更高。向你的同事解释这个现象，大约四分之一的人无法理解两者的差异。类似的道理也适用于生产：单个工序的加速只有在不会导致半成品堆积于下一个工位时，才真正有助于提升整体效率。

这在任何新的生产线系统刚启动或者进行重大变更时尤为明显。你往往会发现，任务的初始分解会有偏差，例如可能将几个两分钟的任务设置到一个接近五分钟的任务中。或者更棘手的是，对于某些配置来说，其中一个任务比其他配置更复杂，因此可能需要更长时间。处理这种问题的方法，是从更大的任务分解开始，再逐步优化细分。维持生产线平衡是一项动态工作，必须随时根据实际条件来调整配置。

奈杰尔在迪索特尔公司的工作经验正是解决这一问题的关键。他和我一起研究任务划分和空间组织。但在初始阶段，生产线仍然偶尔失去平衡，效率并不稳定。

这恰恰体现了流水生产线系统的优点之一。如果生产线上遇到问题，你不能通过偷工减料或者匆忙地在后期补救来掩盖缺陷。这种透明度至关重要，因为它为持续提升生产效率提供了必要的信息。从更高的组织层面来看，这让我再次意识到制造自行车的核心经验：让系统高效运转的关键，在于将所有生产流程转化为信息流，从而使企业具备自我优化的能力。

但是当你试图向那些一开始就对整件事持怀疑态度的人解释这些优秀时，流水生产线的好处可能有点理论化和无足轻重。此时，如果你直视工厂车间，会发现大多工人站在那里无所事事，而某一个工位却聚集了一群人，围绕着一个焦头烂额的工人，旁观者纷纷提出意见，试图解决堆积如山的半成品问题。

我不确定安德鲁让我关注生产线瓶颈问题的意义何在，这并没有激励我，也没有让他安心下来。当时，车间已经重新规划，要回到以前的十几个单独的工作区域而再次搬动所有东西是不切实际的。但安德鲁并不是唯一对生产模式变革感到不安的人。围绕工厂的诸多分歧，是基于根本利益的对立，而不是对制造理念的偏好。

一个主要问题是，对生产线的任何改变都是对计件工资制度的直接攻击。这一变化非常不受欢迎，但最让我惊讶的是安德鲁对此的强烈反对。我一直认为，他更喜欢"每辆布朗普顿折叠自行车都是由一个人制造"的理念，但流水线装配的效率远高于工艺装配。当我和奈杰尔努力解决安德鲁的异议时，我们了解了更多关于他提出这些反对意见的真正原因。而在最终实施变革时，我们也从他的质疑中学到了更多。

安德鲁对生产线系统的核心抵触，源于他天生的个人主义倾向。在他看来，理想的工作方式是由一个技艺精湛、聪明灵巧的工人独立制造一辆自行车，并且通过计件制获得与自身能力匹配的高薪。理论上，一个才华横溢的员工，收入是没有上限的。事实上，当布朗普顿工厂转型流水线生产的过程中，几个铜焊工和装配工的收入甚至比我作为总经理或作为创始人所有者的安德鲁的收入还要多，而他对此完全不介意。

相比之下，流水线本质上是一种集体主义模式。它的效率取决于最慢工位的节奏，即便某位工人速度远超同事，他在完成任务后也只能空等前序工位交付半成品。这种模式削弱了个人责任感，检查员也难以明确追责。但这并不是生产线变革的副作用，而是其核心理念——集体责任制。因此，我们开始研究"基于技能的薪酬制度"取代计件制酬薪制度。铜焊工将根据他们拥有的资质以及焊接质量来获得报酬，并且能够按照最高外观标准工作的需要溢价。此外，装配工的工资将取决于他们能胜任多少个不同的工位。事实上，这种薪酬模式反映的，正是我们生产哲学的变革：我们不再仅仅奖励个人努力，而是更看重员工对整个工厂与公司的整体贡献。因为在流水线模式下，个人产出的提升并不一定直接转化为更高的自行车产量，而团队协作的优化才是推动生产效率的关键。

从计件酬薪制转向基于技能酬薪制，意味着我们 80% 的工人薪资将有适度的增长。但为了保持整体工资水平不变（我们确实做到了），其余的 20% 的工人则面临非常明显的薪资削减。对于在计件制中表现优异的铜焊工和装配工来说，这种削减可能高达他们收入的 20% 甚至 30%。布朗普顿

Born for Freedom: The Story of BROMPTON

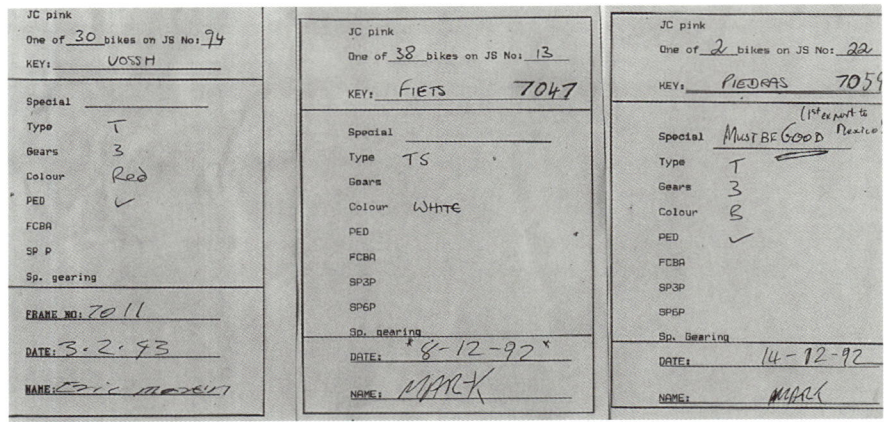

"粉红工单"——为装配工列出每个订单的型号配置的指示条

布兰科,我们最好的组装工之一,一天可以组装出二十个或更多的布朗普顿折叠车
布伦特福德(2006年)

公司制定了一个计划来缓解这个矛盾，避免让工人的家庭收入大幅减少。该计划的另一部分是在变革初期引入年度生活成本调整机制。我们提议先冻结顶级生产者的收入，直到年度加薪与基于技能的薪资水平相匹配。

然而，这实际上意味着布朗普顿公司计件工资制的"黄金时代"正式终结。尽管 80% 的人从该计划中收益，但那些收入下降的人依然对此深恶痛绝。按照设计，在新制度下受损失的，恰恰是我们最好的员工——最熟练的铜焊工、最快的组装工，那些一天可以制造二十辆自行车的顶尖工人。他们过去一直是被当成工厂的明星模范，是所有人学习的榜样，甚至是我自己在探索生产优化时仰望的人。布朗普顿公司长期以来的核心挑战是无法制造足够的自行车来满足市场需求，而这些员工正是为解决这个问题做得最大贡献的人。

现如今，不会再有工艺装配大师了，每个人都被分配到更细化的预组装任务。鉴于流水线必须保持稳定的生产节奏，我们不再鼓励工人加快个人生产速度。在装配站点旁精湛演绎手工技艺的"舞者"不复存在。

从管理层的角度来看，工厂的转型几乎就像人类的免疫系统。在抵御外来病菌——流水生产线模式被定义为"外来威胁"，引发了激烈的反抗。如果安德鲁的感觉敏锐，他会发现曾经一位总是带着友善的笑容、乐于交谈的高管，一夜之间变成了"恶棍"，成为无情的经理，正在撕裂安德鲁逐步建立的团队。从 2007 年到 2010 年，我三次被告上就业法庭，面对员工关于不公平解雇或者"技巧性解雇"（就是雇主通过恶劣的工作环境迫使员工离职）的指控。可悲的是，在大多数情况下，包括那些刚刚辞职的人，离开的员工都是真正热爱公司的。他们只是过于留恋布朗普顿过去的那个特殊时代，无法适应变革。换句话说，他们所热爱的，是在 2003 年至 2004

计件制内在的激励措施意味着装配工必须始终保持最快的工作速度

年特定年份，最能反映他们自己的才华与抱负的布朗普顿。

常理来说，面对劳资纠纷，妥协和解是最现实的选择。法庭听证会不仅昂贵、耗时，而且情感消耗极大，几乎没有赢家。但是，我坚持完成所有的劳资纠纷官司，并全部胜诉。如果这些法庭只是在正常情况下出现，那么采取简单解决方法的诱惑将是巨大的，但毫不夸张地说，这是一场关于公司灵魂的较量，更是对我作为新任管理者权威的考验。虽然每个案件的具体情况各不相同，但纠纷的基本原因是一样的：薪酬制度的变革与流水线生产的推行。如果我不亲自出现在法庭上为这些改革辩护，就等于承认自己并不完全相信它们的合理性，而这将动摇整个计划的根基。执行这一变革的唯一方法，是坚定而诚实地相信，这是公司发展的正确道路。

此外，我必须在法庭之外同样清晰地阐述我的立场，并不断为这项变革提出有力的论证。这不仅仅是人们太固执、抗拒面对事实的问题。即便是安德鲁·里奇——我所认识的最聪明、最关心布朗普顿的人之一——都在这场变革中感到痛苦不堪,这足以说明问题的复杂性。在上一章中,我们谈到了企业成长和管理复杂性的关系。但在这一章中,我们一直在关注更高层次的管理灵活性和信息责任。正如我们之前所发现的,信息流通和产品质量在工程学的意义上是密切相关的,因为它们是一个问题的两个不同的方面。

很显然,你不可能在单独的工艺配装站,每年产出 500 万辆自行车。同样,你也不能使用装配流水线,年产出只有 500 辆自行车。但是布朗普顿的合理生产规模到底是多少?在旧生产体系中,每年产出 5 万辆自行车并非不可能。假设一个装配工每天可以产出 10 辆自行车(略低于旧计件系统规定的标准产量),那么在每年 250 个工作日内,公司只需要 20 名装配工即可完成目标。再为假期和病假留出一些余量,公司需要培训 30 个装配员工,并配备 20 多个组装工作站。反对新系统的员工,并非完全缺乏现实依据。在某种理想状态下,每辆布朗普顿自行车仍可以由一名员工独立组装,并刻上自己的名字。

然而,现实可行性并非唯一的问题。我们首先考虑了布朗普顿公司如何应对市场需求的季节性波动。在旧体系下,库存积压严重消耗现金流。如果你有二十几个工艺装配站点,那么即使忽略你必须租用非常大的工厂空间来放置它们,你所做的每一项投资也必须放大二十倍。举个例子,在某些生产阶段,螺栓固定需要使用高精度扭矩扳手,这些工具配备电机和传感器,价格可能高达五位数。在流水装配线上,仅需一台即可全天使用,而在工艺装配站,我们需要购买十四或十五个,一个小时内可能只有三分钟在使用。

过多的库存积压或重复设备投资,都会占用原本可用于研发和技术创新的资金。即使现金不受限制，计件制的存在也意味着，大部分生产效率提升所带来的收益，最终都会进入掌握新技能最快的员工口袋，而非用于推动半自动化投资。现在我们所做的每一项改进都会影响整个工厂，而不是单一的工位。因此转型的核心目的之一，是建立一个具备可持续发展能力的系统，使公司能够随着业务扩展不断调整生产模式。如今，工厂生产的特征是零件被装载到推车上，工作站点被固定，电力线路悬挂在上空。所有这些都表明，一旦需求发生变化，我们可以灵活调整生产线。

但另一个基本要点，就是关于流水装配线系统的"集体责任制"，需要切实地融入到日常生产中。实现这一目标与废除计件制一样，是一场巨大的文化变革，也同样充满争议。

回顾工艺装配生产模式，装配工、检验员和铜焊工在工厂地位不相上下，构成了布朗普顿公司"三大顶流"员工。他们根据安德鲁制定的如《圣经》般庞大的作业标准来组装生产自行车。如果一辆自行车需要一个小时来组装，那么检验可能就要占去半小时，而一旦发现缺陷，车辆可以被退回，由装配工在自己的时间内进行修正。不仅降低他们的工作效率，也成为人力资源冲突和真实或想象的个人恩怨的持续来源。但问题远不止于此。

在一个小型的工艺产品生产体系中，可以通过检查并修复缺陷来确保高产品质量，但必须能处理好全部的这类问题。而重组流水生产线的核心目标之一，正是确保产品质量是设计阶段就已被充分考虑。我们之前讨论过关于质量控制方面的防错防呆措施，通止规的使用和不良品的即时处置，其目的在于，在每一个生产环节确保质量的一致性。由于最终产品是各个阶段的总和，因此一旦建立了构成要点检查的机制，几乎所有的检验工作都会随着自行车的完成而同步结束。通过这种方式，企业的增长不再成为一个带来复杂性和管理难度倍增的挑战，而是可以被有效掌控。你肯定不能接受因正常的增长趋势而产生复杂性和扩散性问题，而是去设计并建立体系，使信息流的生成速度能够与业务扩展产生的复杂性保持同步，甚至超前一步。

Literature available

1. **General report** setting out the facts relevant to commercial exploitation of the Brompton Bicycle.

   The market, production requirements, strategies for production and proposals for sale of rights or joint venture agreement are dealt with.

2. **Appendices.** 1. The Market - U.K. and overseas sales
   a) The Market — U.K. and overseas sales figures.
   b) Remaining development work.
   c) Tooling and jigging requirements.
   d) Costings per bicycle.
   e) Assumptions and calculations for proposed strategies.

3. **Patent specification**

4. **Technical information**, drawings etc.

5. **Specific proposals** for sale of rights and joint venture scheme.

For further information please contact:
A. W. Ritchie,
Brompton Bicycle Limited,
53 Egerton Gardens,
London SW3
Telephone: 01-581 2282
© Brompton Bicycle 1977

PRINTED AND DESIGNED BY CRAMMOND NEWALL LTD., 215 DAWES ROAD SW6

7. 金钱的真正含义

威尔·巴特勒被布朗普顿公司招募的四年后，于 2006 年加入布朗普顿董事会。2008 年，他领导了该公司的管理层收购，并投资五十万英镑购买了安德鲁的部分股份。

最初，我有点咳嗽，随后影响到了胸腔，感觉这咳嗽永远不会离开我。当时，我工作太辛苦了，白天在工厂忙碌了一整天，晚上又要与投资者开两三个会议。理智的做法是需要好好休息几天，让身体逐步恢复。但这正是管理层收购过程中最关键的时刻，我需要说服新的投资者向公司注资，还需要争取现有股东支持这笔交易。我将成为首席执行官，而安德鲁需要退出运营管理。所以我只能硬撑着继续前进，尽管我的状态已经越来越糟。在漫长的一天结束时，我艰难地回到家，我的妻子看了我一眼。三个小时后，我因急性肺炎被送往海威科姆医院急诊室，接受治疗的同时还被温柔地奚落一番。

促使我坚持下去的，是对公司的责任感。我当初愿意加入布朗普顿，同时清楚，如果事情进展顺利，我将有机会得到晋升。2002 年，蒂姆·吉尼斯招募我时，我们已经讨论了将来，他认可我有潜力成长为能够经营公司的管理者。这并不是安德鲁一开始所预料到的，但在四年后，我的角色已经远远超出了最初的"新项目经理"范畴。我开始明白，公司需要成长才能实现其潜力。为了发展壮大，必须进行变革——重组生产线，引入新的工作模式，并对车间进行现代化改造。如果要做到这些，我必须负起更大的责任，其中包括资金的管理。

在商业决策中，资金代表很多东西，但最重要的是，它决定了你能否控制自己的命运。就如产品的品质依赖于数据、公差和不确定度一样，资金状况同样与企业的发展息息相关，二者不可分割。如果公司盈利，你就能掌控未来的发展方向；如果利润足以支付你想要进行的投资，那么你可以完全独立自主，发展业务、尝试新事物，甚至是支付股息——完全由你决定。但是如果你缺乏现金，情况就截然不同——你将不得不将部分控制权让渡给他人。例如，向银行贷款意味着你的首要任务将是偿还利息，明年的第一笔收入就可能用于支付这笔账单。出售股票，实际上是在让渡投票权，短期来看似乎无碍，但可能会失去未来的某个决定否决权。如果引入风险投资或私募资金，那么公司的发展方向往往将由投资者的利益决定，而这些投资人很可能与你素未谋面，对你的愿景也毫无兴趣。

当然，并非每家公司都能避免债务或出售股权。布朗普顿很幸运，能够通过自行车的销售来支付其投资成本。然而，最糟糕的事情莫过于无意间让控制权从指缝间流失。这可能是因为财务系统和商业计划脱节，或者因为你低估或否认了公司的内在盈利能力。我见过太多企业徘徊在盈亏平衡点上下，始终无法积累足够的资金去做他们想做的事情，并且仍然认为在某种程度上他们是公司的老板。

有些人是在商学院学习如何理解公司商业模式的财务影响，而我比较

早期账目全部由安德鲁·里奇手工精心保存

幸运，在三十三岁时，我免费接受了一场价值数千英镑的教育。这门课程名为："如何竞标收购布朗普顿自行车有限公司？"给我上这门课的是英国最富有家族之一的投资办公室雇用的银行家。在会议酒店做项目介绍的一年前，我通过家庭关系认识了一个人，他建议这家投资办公室认为布朗普顿有一个了不起的产品，但仍有很大的潜力尚未开发。我还能说什么呢？朱利安·维雷克早在二十多年前也说过同样的话。

当时，布朗普顿的董事会会议并不十分正式，议程不多，讨论内容往往漫无边际。在一次会议即将结束时，我随口问了身旁的一位与会者："我们是否应该采取一些行动？"他的回答是："首先要弄清楚，大家愿意支付多少？"当然，这样的问题不可能仅靠询问就得到答案。在管理层收购的过程中，投资者需要大量的详细信息，并且在收购公司时，往往对公司的未来方向有强烈的主张，包括对董事会的改组。我当时的工作是会议记录员，确保会议内容被清晰准确地记录下来。

接下来的三个月里，我与银行家们反复交流，带他们参观工厂，向他们解释公司的分销模式，以及从日本的增值税率到钛合金价格等方方面面的运营细节。作为回报，他们向我展示了如何评估一家公司，或者更准确地说，如何避免低估其价值，如何清晰地展现自己对公司的贡献。在日常生活中，谦逊是一种备受推崇的美德，但在商业谈判中，你必须学会为事物赋予清晰的估值。在制定合理的激励机制、规划关键人员管理方案以及未来管理层架构时，这些知识让我受益匪浅。我最终得出的结论是，银行家们之所以能获得高额报酬，正是因为他们能够坦然面对那些让普通人感到尴尬的问题。而这次投资者提出的最令人尴尬的一点，就是要在董事会中排除安德鲁，甚至考虑取代蒂姆。

这笔交易最终没有达成，因为安德鲁和蒂姆都不可能接受被排除在公司治理之外。这在我的意料之中。然而，这次经历让我能够以独立的估值和激励方案为基础，推动公司变革。唯一的不同是，我必须自己筹集资金，而不是依赖家族办公室的投资。在接下来的时间里，我向董事会提出了自己的建议，证明公司需要扩张，而安德鲁应该停止过度劳累，开始享受他所创造的财富。同时，我也表明自己有能力承担未来的重大变革。我借鉴了之前的估值框架，采取了一种更加分散的融资策略，向多个投资方筹集资金，而不是依赖单一的银行或投资者，以避免放弃过多的公司控制权。最终，我筹集到了 250 万英镑。对于一家当时尚未广为人知的公司而言，这绝非小数目。

我的融资演示文稿内容与典型的公司五年发展计划类似，其中包含柱状图，展示业务的持续增长；饼状图，描绘出口市场的扩张进程。当然，这些预测与现实之间存在一定偏差，但这并不重要。商业预测的真正目的，是帮助我们发现关键问题，而制定计划的意义在于确保组织能够快速适应变化。我需要超越那些演示文稿和财务报表，建立一种清晰的思维模式，展现公司业务如何在财务数据上体现出来，并理解这些数据背后的真实业务逻辑。

财务数据的一个重要优势在于其一致性。复式记账法确保了所有资金流向都能被追踪，但它的缺点是往往无法展现业务发展的根本原因。公司的经营状况，往往需要用几句话概括，并解释为何某些数据指标发生了变化。而这些数字，实际上是数十甚至上百个业务事件的总结。理想情况下，财务数据应当被视为一种管理工具，就像飞机仪表盘与飞行计划的关系一样——它能告诉你是否偏离了既定航线，或者是否即将进入风险区域。

从宏观角度来看，长时间跨度的数据分析能够揭示业务的本质。例如，我们可以看看"布朗普顿的十年期单车平均营收"这一统计数据。在 2010 年 3 月至 2020 年 3 月的十年间，我们总共售出了 45 万辆自行车。此外，我们还销售了各类配件、车灯、车包和骑行服等商品，但如果单纯计算整

Born for Freedom: The Story of BROMPTON

第一次出现在伦敦库茨银行总部广告牌上的体验
2012 年企业家精神促进会

车销售收入，平均每辆自行车的营收正好是 700 英镑。

我们可以对成本和收入进行同样的分析。在经审计的账目中，费用分为两大类：一类是直接产品成本，包括制造自行车所需的原材料、零部件及直接劳动力成本；另一类则涉及我们销售的相关周边商品。基于这些数据，布朗普顿公司过去十年的单车平均营收略低于 410 英镑。

然而，不能指望一家规模化运营的公司，每一笔支出都能直接归因于某一特定产品。所有的生产、营销、产品研发，乃至高管薪酬，都是公司运营不可或缺的一部分。与同行相比，布朗普顿的管理费用在同期生产的自行车中摊销后，刚刚超过每辆 230 英镑的营收。这种划分基本对应了固定成本与可变成本的区别——并非每售出一辆自行车，销售成本都会同比增加；也不能说管理费用始终保持不变。但这一计算提供了合理的近似值，与从财务报表中能获取的信息基本一致。

因此，无论过去十年间布朗普顿的车主实际支付了多少（这个数字会因增值税、进口关税、运输成本以及零售商和分销链的利润而有所不同），我们的单车平均营收约为 700 英镑。其中，410 英镑对应客户实际获得的产品成本，230 英镑涵盖了研发、营销及公司运营的其他必要支出。最终，布朗普顿公司从这辆"平均单车"中获得的税前利润约为 60 英镑，利润率略低于 10%。按照这个数据回推，45 万辆自行车乘以 60 英镑的利润，总计约 2700 万英镑，与公司实际利润数据高度吻合（虽然由于银行存款利息等因素，会有轻微的偏差）。

这是否能准确反映布朗普顿的经济状况？既可以说是，也可以说不是。过去十年间，我们的年产能从 2 万辆提升至 6 万辆，同时经历了精益制造模式的引入、流水线生产系统的建立、搬迁至更大工厂、出口市场的剧烈变化、英国脱欧、电动自行车的研发等诸多重大变革。十年间的单车平均营收为 700 英镑——从早期略高于 500 英镑，到后期接近 1000 英镑。随着钛合金车型、电助力自行车及其他高附加值产品的推出，以及分销体系的重大调整，我们的供应链收益也随之增长。然而，这个"十年期平均单车营收"只是一个财务模型中的概念指标，实际年度数据从未完全匹配过，甚至不会直接出现在财务报表中——毕竟，财务报表本身也是对商业现实的高度简化。

尽管如此，作为财务分析，这种计算方式仍然具有参考价值。数值的大致量级是准确的，上述计算展示了制造一辆自行车的成本、每售出一辆的收益，以及两者之间的利润率在10%左右。在工程术语中，这可以被视为"公差范围内"——利润空间足够大，可以容纳一定的损益波动，并为未来投资留有余地。因此，尽管这并非严格的财务数据展示，但计算结果确实揭示了布朗普顿公司的一个基本事实：从财务角度来看，公司运营是受控且稳健的。

如果沃伦·巴菲特向你询问布朗普顿公司的商业模式，你的回答重点应涵盖三个方面：公司如何分配利润、公司的成长情况，以及公司如何投资未来业务。质疑财务报表中的数字本身就是一种核心能力，许多顶级投资者掌握了这项技能后，便无需再做太多额外分析。

在2008年管理层收购（MBO）过程中，我积累了不少应对财务数据质疑的经验。这次收购的方案相对简单，执行过程也相对公平。安德鲁计划出售他的股份，不再作为大股东；我计划购买其中约一半的股权，而剩余部分由公司回购。为了抵扣部分所得税，公司还临时承担了一些债务，并在短期内偿还。此外，我们正好需要扩建布伦特福德的工厂，因此这笔交易总共需要筹集250万英镑，其中25万英镑由我个人出资。

然而，当时我并没有这笔钱。我无法通过薪资积累六位数的资金，也不能直接出售股票来购买股权。唯一可行的办法，是动用我在房地产投资中积累的收益。大学时期，为了节省住宿成本，我成为巴克莱银行"购房出租抵押贷款"计划的早期客户之一。在银行经理的鼓励下，我不断投资，通过房价上涨获得贷款，再购入新房产。在 20 世纪 90 年代，这种模式相对新颖，而随后的房地产繁荣使资产迅速增值。因此，在我的房地产投资组合中，最终积累了足够的资金来购买布朗普顿的股权。对我个人而言，这是一个充满风险但最终幸运的决定——特别是在房地产市场大幅下跌前，我刚好成功套现。我认为，这正体现了主动控制人生的价值：如果布朗普顿无法履行财务义务，那一定说明公司出了严重问题，而这将是灾难性的。

其余资金需要通过外部投资者筹集。通常的做法是直接联系银行家，但我不希望这么做——这种方式不仅昂贵，而且难以筛选真正有助于公司发展的投资者。我希望找到愿意支持和推动布朗普顿成长的人，而非仅仅出现在银行通讯录中的前几位联系人。然而，私人投资的招募过程出乎意料地艰难，问题并不在于有人犯错，而是工作量过于庞大。在寻找私人投资者时，通常成功率仅为 20%，意味着至少需要与五个潜在投资者洽谈，才能吸引一位实际投资者。每位投资者都会提出一系列问题，因此若要成功招募五位投资者，就需要安排至少 25 次会议，同时还需大量出差——而且这些出差往往发生在正常工作时间之外。此外，你无法控制投资者的决策节奏——大多数人倾向于在最后一刻做出决定，这使得资金筹措的不确定性极大。而一旦某位投资者决定投入超出目标金额，可能还需要削减其投资额度；反之，如果某位投资者退出，你则必须紧急寻找替补资金。正是这种高强度的工作让我最终累倒住院。最终，投资者名单中包含了很多朋友和家人，但这笔交易最终顺利完成了。

我之所以向股东们游说收购，部分原因是公司将引入一些新的高管，并扩大非执行董事会。我清楚自己的弱点——无论是真实的还是外界的认知——并希望能够加以弥补。我做事有时缺乏条理，本质上过于乐观，而且常常不假思索地答应太多事情。因此，我需要一位首席财务官，他必须是一个可靠的"压舱石"——真正坚持原则，经验丰富，头发略显斑白，同时对公司的发展方向有清晰的规划。我们最初的财务总监在战略方向上出现了偏差，他对管理一家快速成长的公司缺乏足够的经验。他的管理方式在一个发展相对稳定、可预测的环境中或许奏效，但在布朗普顿这样高速扩张的公司，他的节奏显得过于迟缓。例如，3月的账目直到4月中旬才完成。我们开始对公司的真实财务状况失去掌控，甚至误认为当年盈利，但实际上已经濒临亏损。庆幸的是，会计师很快发现了财务漏洞，而那位财务总监在意识到自己的管理不适合公司后选择离职，未让问题恶化到灾难性的程度。

就这本身就是一个教训，而这样的内容并不会出现在MBA的课程大纲里。首先，你必须理解业务，其次，要明白财务数字的重要性。更进一步地说，关于核心业务模式的分歧，最终都会反映在对财务数据的不同解读上。当我们对工厂进行重组时，安德鲁作为布朗普顿的创始人，而我是首席执行官，我们在可变成本的问题上始终存在分歧。对于自行车的几乎所有零部件，我们既可以选择自主生产，也可以外包给供应商。从财务计算的角度来看，任何生产成本都包含两个部分：一是单个产品的直接成本，二是公司运营、组织生产所需的部分间接成本。

当我们选择自主生产零部件时，其直接成本会计入产品的销售成本，而间接成本则计入一般管理费用，这本身没有问题。然而，从工厂运营的角度来看，外购零部件往往比自制更加省心。如果采用外购模式，机器保险、车间取暖、照明等各项费用都会被摊入零件的直接成本；而如果零部件由我们自行生产，这些支出则被归入固定成本的摊销。因此，很多情况下，我们有充分的理由将零部件留在内部生产，但如果忽略这些因素，选择外包生产，的确可以缓解工厂的生产瓶颈，提高整体自行车的产能。这无疑是一件好事，因为它让我们能够生产更多的产品。然而，这种变化对会计

作为安德鲁·里奇的大学老朋友和伦敦金融城专家,蒂姆·吉尼斯在 2000 年至 2019 年担任布朗普顿公司的董事长,并对公司的成功发挥了重要作用

报表会产生有趣的影响——当我们从供应商处采购零部件时，其一部分间接成本会被计入我们的直接成本，使得劳动力成本与材料成本之间的平衡发生变化。

这看似是一个基础性的会计概念，但它却引发了激烈的争论。供应商不可能、也不会向我们提供详细的价格构成表，包括直接成本、间接成本和利润。因此，在布朗普顿，公司创始人若对工厂流程的重组不满意，他们完全可以选择自行生产零部件。可实际操作后，往往会发现并未带来预期的效率提升。

这无疑是一种挫败感。回想当初，我们花费了大量时间，在无数次董事会会议上，仅仅围绕电子表格中的数据争论不休，试图协调不同的成本估算——例如采购零部件的实际成本、工资增长的影响，以及其他各种成本调整。这一切最终都变成了时间的浪费，因为财务数据只是对公司现状的一种描述，而僵化的提案根本无法传达我们真正想要探寻的信息。

在现实世界里，根本不存在所谓的"单位成本"这一概念。没有人会建造一家只生产一辆自行车的工厂，而仅仅计算增加一辆自行车的边际成本，并不能真正帮助我们制定长期的增长规划。这当然是投资者和董事会应该讨论的话题——如果一般管理费用的增长与业务规模不成比例，我们需要质疑和挑战。然而，若仅停留在"成本上升是不好的，成本下降就是好的"这种简单化思维上，而无法更深入地讨论业务本质，那将是极大的局限。要想做出真正合理的判断，必须具备对实际业务及其流程的深刻理解，而非仅仅依赖财务数据试图推断出企业的经营状况。

思考这些问题的最佳方式，是认识到财富本质上与控制权息息相关。关于财务的争论，几乎总会演变成管理层面的较量。安德鲁和我之间的分歧，从根本上并不只是直接成本与间接成本的计算方式，而是关于工厂流程的重组以及零部件外包策略。我认为这样做可以提升布朗普顿的灵活性和成长空间，增强公司在市场变化中的适应能力；而安德鲁则认为，这会推高生产成本，最终导致我们不得不提高售价，甚至可能失去对公司决策的掌控权。我们双方都无法完全说服对方，不论是在具体的商业策略上，还是在财务数据的解读上。

  坦白地说，我们之间的潜在分歧未必仅仅源于工厂管理。当两个人的关系建立在某种既定的框架之上，即使随着时间推移环境发生了变化，他们对彼此的固有认知和感受仍很难轻易改变。虽然安德鲁和蒂姆都支持我的晋升，但在蒂姆眼中，我始终是当年他在公交车上偶遇的那个充满热情的年轻人；而在安德鲁眼里，我仍然是那个固执的工厂经理，一到公司就开始在成本控制上大刀阔斧。但如今，我已经成为公司运营的核心负责人，而由于英国以外的许多人并不理解这个头衔意味着什么，我很快开始自称首席执行官。即便包括安德鲁在内的所有人，在理智上接受了我的晋升，并认可我如今已是（尽管仍然债务缠身的）重要股东，但在情感层面，这种转变远没有那么顺理成章。

8. 生产空间以及如何获得

布朗普顿自行车一直在伦敦西区制造。最早，它诞生于邱园车站边的小作坊，然后搬到铁路拱廊工厂，并在奇斯威克建立了新的生产基地。随着产能的不断扩大，公司迁至布伦特福德，不得不将业务分散在两个场所运营。如今，这些自行车均在位于格林福德、占地约 9300 平方米的工厂中生产。

我们不得不停止生产线，情况变得越来越危险。

伦敦已连续降雨两周，我们不得不将院子里存放的所有物料搬进工厂。我们竭尽全力卸载并收纳所有物品，包括两个长度约为 12.2 米集装箱中满载零件的托盘，它们都必须妥善安置。这一切发生在 2021 年新冠疫情大流行期间，当时市场对折叠自行车的需求激增，即便每天生产 500 辆也无法满足订单。与此同时，我们刚刚引入新的 ERP 资源计划系统，但尚未完全调整到位。其直接后果便是生产制造与客户信贷流程的信息不同步——客户订单数量超出信用额度，而已生产的自行车却无法发货，导致工厂空间被占用。彼时，约 600 辆已完工的自行车滞留在厂内，而工厂的所有空地

Born for Freedom: The Story of BROMPTON

又被两个集装箱卸下的托盘占据，几乎无处可放。

站在工厂二楼俯瞰，车间一片混乱，情况仍在恶化。发货员不得不驾驶叉车在堆积如山的零件间穿行，甚至几乎要爬过一摞摞车架。紧张的气氛弥漫着整个厂房，脾气愈发暴躁，仿佛暴风雨即将来临，任何意外都可能发生。我们的运营总监保罗·威廉姆斯做出了一个果断而明智的决定——立即停产调整，而不是在混乱中强行推进。尽管维持工厂运转至关重要，但有时谨慎行事更为重要。哪怕只是为了传递一个信号——我们更关心员工，而不仅仅是产量。

熬过那一天后，第二天一早，保罗来到办公室，却发现我们的货运公司因厌倦处理英国脱欧后繁琐的报关文件，开始对交货延误和相关事务大发牢骚，甚至拒绝将我们的自行车运往欧洲。这让我深刻意识到，制造业永远不会有片刻的沉闷。

回顾过去，当保罗决定停产调整时，车间的混乱程度，相较于 2002 年我初入布朗普顿、踏进布伦特福德工厂时，已经井然有序得多。当年工厂的库存极为混乱，甚至有的自行车是用闲置长达一年的零件组装而成。这些零部件随意堆放在车间边角，凌乱程度仅略胜于青少年的卧室。关键零件通常依赖手工操作，而一些特殊零件往往被随意塞在一堆夹具下，埋藏在旧的原型件或试验样件之间。

制造 1 万辆自行车，与重复 1 万次制造一辆自行车，是两种完全不同的概念。这是现代工业生产中一种独特而奇妙的现象——当生产规模扩大后，决定效率的已不再是某个具体任务，而是整个系统的运作逻辑。生产速度不再取决于单个工人的手速，而是整个工作流程的优化程度。而随着规模增长，摩擦和混乱也随之增加。举个例子，你可能从未想过折叠一封信、装入信封、封口、贴邮票，这一整套动作需要多少时间。但如果你决定给

为自由而生：布朗普顿折叠车品牌成长之路

1998 年，多图·兰姆吉森，我们的头号检验员在工厂车间英国下议院的每位议员寄一封信，你会惊讶地发现，仅是封装信封这一项工作，就可能耗费五个多小时。

糟糕的是，低效并不会线性增长，而是呈指数级恶化——每一个环节的延误都会叠加影响下一个环节，最终导致整个流程崩溃。在这种情况下，解决方案不是单纯加快节奏或更拼命地工作，而是适时停下来重新梳理，释放系统压力，优化整体效率。

随着工厂的发展，其运作需求也日益增长，越来越多的人力和资源需要投入到系统的组织和维护，而非直接用于生产。这种思维方式在制造业中尤为直观——当你看到工人们因空间狭窄而彼此碰撞时，反直觉的做法是投入更多的空间用于非生产性活动，比如优化物料管理、改善办公环境等。

在布伦特福德工厂的早期，我们曾就此展开过争论。当时，车间有一个夹层，主要存放一些不常用的物品。我决定腾出这片区域，改建为办公室，让非生产员工有更好的环境来组织工作，同时严禁将夹层再次堆满工件、废弃样件或报废品。这一决定，某种程度上让布朗普顿跳出了舒适区。对于任何小型企业而言，增加非直接生产人员通常被视为奢侈——毕竟，额外的工资成本不会直接带来收入增长。但这笔投入是必要的，事实上，我们几乎立即收回了成本。任何能够降低库存、提高周转效率的举措，都会直接改善公司的现金流。

走到这一步并不容易，但空间的短缺最终迫使我们不断优化。当公司发展到一定规模，就必须增加人员，而每一位员工都需要基本的工作空间。2008 年，在清理车间夹层、充分利用现有空间两年后，我们意识到仍然需要更大的办公区域。最终，我们决定投资 10 万英镑新建一层办公室，这笔支出对于当时年利润仅 50 万英镑的公司而言，可谓是一项重大投资。为了增添些许创意，我们请了一位涂鸦艺术家，乘着登高车在墙上创作一幅壁画，来展示当时的公司发展历史。

然而，艺术家意外地在高处感到晕眩，导致壁画的尺寸比我们预期的小了一些，但整体效果依然令人满意。如果没记错的话，当时给他支付的报酬是500英镑和一辆布朗普顿自行车。事实上，人们对工作空间的影响力往往估计不足——明亮、宽敞且赏心悦目的环境，能极大地提升工作舒适度。而如果员工连带孩子来公司都不方便，甚至去趟洗手间还得排15分钟队，那无疑会令人沮丧。

然而，布伦特福德工厂的空间短缺，正一步步扼杀我们的发展。即便新增的夹层仍然不够，我们有很多想法和计划，却因空间限制无法实施。例如，我们的订单量足以支撑两条生产线的运作，但空间仅允许一条生产线，因此不得不改为两班倒，甚至支付1.3倍的周末加班费。我们在院子里设立了临时办公室，并将食堂迁移到户外，但这些权宜之计最终都无济于事。要真正解决问题，唯一的办法是投入更多资源。

我们需要搬迁到一个更大的工厂，并重新彻底规划工作流程。首先，我们必须从第一性原理出发，深入思考，并考虑产能扩张带来的变化。如今已是2012年末，进入2013年初，我们的年产量已超过4万辆自行车。面对未来某个时点产能翻倍的可能性，我们必须思考如何组织和完成这一挑战。这无疑将是一个充满风险和困难的过程。许多中小企业在倒闭前往往会选择搬迁，原因不难理解。而当业务发展顺利时，企业也会希望迁往更具成长空间的厂房。因此，在一段时间内，我们总是在"厂房太小"与"厂房太大"之间权衡。相比于业务规模，企业的日常管理成本和租金成本正逐月攀升。此外，搬迁本身的成本，以及管理层因搬迁而分心，都可能让公司处于脆弱时期。此时，任何收入上的不利变动都可能引发危机。

找到合适的新工厂并非易事，尤其是在伦敦，能容纳布朗普顿这样的

Born for Freedom: The Story of BROMPTON

爱丁堡公爵于2010年参观布伦特福德工厂，后来于2016年公爵再次以正式身份参观了格林福德工厂

企业的场地少之又少。大多数所谓的"工业建筑"实际上只是仓储棚屋，适用于物流和存储，不需要太多改造。而我们的工厂不仅需要稳定的氧气和乙炔供应，还必须保障气源气压，并在车间旁设立办公空间。对于制造企业来说，这意味着最终我们不得不投入大量资金改造一栋租来的建筑，而当租约到期时，这些投入不仅无法收回，反而可能还要支付拆除费用。

所以理想情况下，是购置属于自己的厂房，但这需要一笔巨额投资。我们曾考虑迁出伦敦，以降低成本，但如果搬得太远，员工未必愿意随我

新铜焊工序布局，工作站会针对每个特定的工作任务进行符合人体工学的优化设计

们一同迁移。这对公司将是致命的打击，因为商业模式依赖于一些不可动摇的现实：如果我们因搬迁而失去一半的铜焊工人，重新培养他们需要数年时间，届时别说扩大产能，连维持现有水平都困难。同样重要的是，公司文化的 DNA 也不允许我们迁往远离伦敦的工业区。我们的员工应该能够骑着自己生产的布朗普顿自行车上下班，这不仅是安德鲁最初设计折叠自行车的初心，也是我们推动创新和持续改进的方式。

综合考虑，我们得出结论：必须涉足商业地产领域。布朗普顿在伦敦房地产市场拥有一项独特优势——我们能够为本地提供优质的制造业岗位。因此，我们设想与房地产开发商合作，由开发商寻找足够大的土地用于建造工厂和公寓，并共同向地方政府申请土地用途变更，使该项目能够同时包含工业和住宅功能。作为合作方，我们希望通过贡献自身资源，以合理的价格获得工厂用地作为回报。

在几年时间里，我们尝试了多个类似的合作项目，但总是在最后关头失败。与开发商打交道存在两大难题。首先，土地是固定资产，不会凭空消失，因此开发商通常可以等待更长时间。其次，一旦开发商完成建设，就很难对同一块土地做出重大调整。因此，他们往往不愿妥协，总是期待更高利润的交易。而我们则面临截然不同的时间表——我们需要尽快达成协议。许多时候，当所有细节都谈妥，开发商却在最后一刻更改条款，使我们陷入被动。而如果地方政府未批准他们期望的公寓数量，我们也无法无限期等待开发商寻找新的解决方案。

这种情况在许多企业管理者看来并不陌生，也正因如此，制造业与金融及房地产行业之间往往存在紧张关系。企业成长所需的不仅仅是物理空间的扩展，而是涉及复杂的规模化管理问题。正如我所说，公司空间的局限性代表了企业发展过程中面临的多重挑战。同理，金钱也不仅仅是金钱，而是涉及时间、空间、资源的整体平衡。对每天处理金融和房地产交易的人来说，时间、空间和现金只是商品，但对布朗普顿而言，这三者息息相关，远非如此简单。

  这些年来，我们缓慢且痛苦地吸取了经验教训。自 2011 年起，我们便在为此寻找解决方案，至今已四年。尽管这并非理想方案，我们仍不得不继续租赁厂房。布伦特福德工厂的空间已捉襟见肘，生产规模与组织复杂度的增加，正以最糟糕的方式相互影响。由于场地有限，我们被迫拆分成两个独立区域，调度部门、备件仓库和客户服务团队被安置在 19 号单元——一个藏在 A4 号高速公路后方的所谓"黄金地段"。原则上，骑自行车去 19 号单元只需十分钟，但现实却是可以预见的。尽管我经常刻意去那里，但这样的善意并未奏效。被安置在那里的员工感到被边缘化和忽视，每当遇到问题或困惑时，往往缺乏明确的解决方案，在不确定性中工作。这种

弗雷·德托尔图——我们的第一位铜焊小组负责人，正在使用链式工装治具
2003 年于布伦特福德工厂

情况下，很难指望员工能保持最佳状态，生产出最好的产品。

我们将选择范围缩小到两个选项。一个价格极具竞争力，位置便利，占地面积约 6000 平方米，虽然足以整合目前分散的业务，但并未真正提供未来扩展的空间。另一个则是位于格林福德的场地，面积约为 9300 平方米，是我们现有空间的两倍多。这片场地宽敞到足以容纳此前因空间限制而外包的业务，例如车轮辐条装配线和喷漆车间。然而，即便将这些外包业务搬回，我们仍需在短期内承担大量未完全利用的空间所带来的成本。这是一个艰难的决定，我们甚至在较小的地方举行了一次全体董事会会议，来决定是否应承担这一风险。

幸运的是，有一个非常有力的筹码站到了我们这一边——工厂建筑本身的场地空间。在搬迁启动后的十二个月内，由于团队得以重新整合，整

2016 年，告别布伦特福德工厂，前往格林福德

体运营效率显著提升，我们无需再额外承担租赁成本。我们终于有足够的空间来组织生产线，并付诸实践。

改善效果是巨大的，胜利是轻松的。得益于宽敞的生产空间，我们将两条生产线并排设置，并且取消了周末加班班次。事实证明，我低估了取消外包自制零部件的好处：一是可以省下供应商的一般费用与产品利润，二是优化了布朗普顿自行车的制造流程。我们发现，每辆自行车的油漆成本节省了好几英镑，而车轮成本节省了更多。这些好处开始迅速累积，带来了显著的经济效益。

情形势持续向好，而新增场地的真正价值往往难以在商业计划书中量化——它不仅提供了更大的物理空间，更激发了我们所有人的创新思维和雄心壮志。格林福德公园的布朗普顿工厂外观或许并不抢眼，但内部宽敞明亮，当我们首次踏入时，空间的开阔感令人震撼。正如当年我们在布伦特福德工厂的夹层墙上绘制壁画时，人们会自然而然地感到，不能辜负这样优越的工作环境。过去，我们一直在谈论公司的年产能达到5万辆自行车的目标，但当时几乎没人真正相信，直到我们亲眼见过其他工厂，才意识到，这座新工厂完全具备这样的能力，甚至可能突破这一目标。

而今，我们的装配生产线已全面实现数字化。装配工人到达工位后，首先需登录系统。系统会验证该工人是否接受过相应的岗位培训，并确保当前的标准装配流程未发生重大变更。随后，工人开始作业，工位屏幕会提示他们当前的订单详情。例如，如果客户在官网选择了粉色与绿色的配色方案，屏幕将指引工人核对组装件是否符合要求。确认无误后，工人扫描车架序列号，系统随即建立该产品的可追溯性，以记录具体的装配人员和操作过程。这些数字化屏幕是系统的核心组件，但其成本甚至低于一部智能手机——40英镑的触摸屏由22英镑的树莓派（Raspberry Pi）驱动。树莓派最初是为教育培训设计的廉价计算机控制系统，如今已广泛应用于各类工业自动化需求。

例如，在某个工位，工人需使用扭矩扳手将底部支架安装至主车架。作为关键安全部件，确保正确扭矩至关重要。得益于技术进步，如今市场上已有支持蓝牙数据传输的扭矩扳手，系统可以精准记录每次操作的具体扭矩值，同时监测装配时长及下一件工件的扫描时间。这些数据极具价值，因为保持生产线节拍平衡并非一劳永逸的任务——需要持续分析每个工位的工作节奏，以避免某个环节出现瓶颈，导致整条生产线受阻。

如今，每辆布朗普顿自行车在整个制造和装配过程中都会被赋予唯一的产品识别号。这不仅有助于优化发货计划，并能与客户保持清楚的沟通。此外，该系统还能实时指引物料分配员，准确了解各工位的零部件需求及补给时间。尽管我们仍保留了传统的物料卡片系统用于生产记录，但数字化管理已带来了巨大的效率提升。实时数据分析让我们能够精准掌握生产动态，例如：是否有一个特定的工位的装配速度长期滞后，或者是否需要在流程的某个阶段培训更多操作员，以防止流水线瓶颈现象的发生。

这样的制造执行系统（MES）通常应用于汽车行业，而在一家中型自行车工厂中却极为罕见。传统的 MES 系统价格高昂，通常需要支付巨额软件许可费用，并聘请几十名顾问进行定制化开发。事实上，我们在外部 ERP 计划软件上的投入已达到七位数，以管理库存和零部件采购，但我们并未花费同等成本去定制供应商的 MES 系统并强行整合进我们的工厂。相反，我们构建了一套完全由布朗普顿内部员工主导、自主开发的系统，使其高效运作并与公司现有管理体系无缝衔接。

对我而言，这正是这段经历带来的最终启示——空间、生产规模与企业管理的复杂性之间，存在着能够推动正向循环的反馈机制，而非单纯的制约。当受限于资源时，每一个决定都可能演变成新的难题：你想提升产能以增加产量，但这同时增加了复杂性和对空间的需求；解决这些问题需

2014年，马丁·贝斯特在布伦特福德工厂完成主车架焊接

要大量时间与精力，可能让你在短期内更加捉襟见肘。但如果能在执行过程中调整思路，争取足够的空间——无论是物理空间还是思维空间——以更系统的方式思考问题，就能创造一个环境，使业务增长成为解决方案，而非制造新问题。如果人们没有被现实困境压垮，他们便能推动真正的改善。这一点，我们曾在重新思考自行车制造流程时有所体会。答案并非修正某个单一环节，而是通过观察整体系统，并在其框架内进行有机调整，以促成最优解决方案。

9. 与董事们打交道

威尔·巴特勒在布朗普顿公司的第一个职务是"新项目经理"。自加入公司以来，他先后担任工程总监和董事总经理，现在已升任首席执行官。

    自行车冠军克里斯·博德曼在比赛中如何执行既定战术，有着自己的一套方法。进入计时赛阶段时，他只能依靠自己——那时，他既不知道对手的速度，也不了解他们的状态；他唯一掌握的信息是自己的骑行时间、路程，以及对比赛节奏和速度的感知。因此，他会自问："在剩下的赛段里，我还能保持这种状态吗？"如果答案是"绝对不行"，那意味着形势不妙，必须立刻调整策略；如果答案是"绝对可以"，那同样是个坏消息——因为没有人能待在舒适区里就赢得环法自行车赛段的胜利。最理想的答案，恰恰是"也许"。

    在上一章描述的整个过程中，这样的思考方式始终萦绕在我的脑海。工厂搬迁的故事在商业和工业层面都具有重要意义，但同时，还有另一条不太为人所知的故事线——甚至可以说，外界没有太多理由去了解它。一直以来，我谈论的重点是如何通过构建系统来完成工作，并应对日益增加

Born for Freedom: The Story of BROMPTON

的管理复杂性。而在所有管理架构中，最关键的一个部分，就是公司的董事会。很多人日常都会接触并校准数控机床，但在公司层面，只有少数人能担任首席执行官，而首席执行官在做出重大决策时，还必须获得董事会的支持。因此，董事会的运作方式，是一个值得深入探讨的话题。

　　作为管理者，与董事会和股东们打交道，建立并维护关系的事项会让你远离舒适区。这些不仅耗时，而且与管理工厂或任何其他业务的日常运营非常不同。你很容易告诉自己：我只是要继续手头上的工作，不想"玩"政治。但事实上，为董事会的决议建立共识，往往是一项令人非常不快而且艰难的工作。其中有很多的忍气吞声，以及将想法归功于别人的情况。这也是商业领域最棘手的工作之一，甚至有些能力出众的人，在面对这种局面时都会感到吃力。因为有时候，你需要做的不是提出解决方案，而是静静地倾听，而这恰恰是最难做到的部分。

　　但如果你忽视了董事会和股东们，你会损失更多。首先，你的信息情报来源会变少。大多数的员工不会直接对首席执行官说"不"。即使是那些并不真正为你工作的客户和供应商，也会倾向于把事情美化得漂亮些，以避免让你听到那些不那么愉快的信息。但是，但执行董事和股东们不同意你的观点时，他们可以当面直接告诉你。他们的意见不容忽视，因为他们有能力让事情停滞不前。董事会通常不会对日常运营进行微观管理，但如果沟通不畅或意见分歧，这些问题不会立即在工厂车间的争论中显现，而是会被积压起来，最终在某个关键时刻集中爆发。如果你没有充分准备好应对，没有盟友支持，或者没有提前理解他们的顾虑，那么当你试图推动一项重要的公司战略决策时，你可能会发现自己寸步难行。

　　2008年管理层收购后，我与新董事会的关系一开始并不算融洽。正如我之前描述的，从我加入布朗普顿的第一天起，这些人就认识我。如今，他们要接受这样一个事实——那个曾被聘为年轻工程师的我，如今已升任高层，并负责公司运营。这种转变，难免让人感到尴尬。我知道，如果想要成功，我必须坚持让安德鲁保留他的董事会席位，但同时，他需要退出日常运营管理。这一点，是管理层收购交易中的重要部分，也得到了各方认可。毕竟，这也是安德鲁本人的意愿——减少他的工作量和压力，同时让公司保持高效运作。因此，安德鲁继续在办公室里研究复杂的定价算法、组织和梳理设计理念，但不再直接参与运营管理的细节。

然而，问题在于，这种安排使得安德鲁经常在一天的晚些时候，或在董事会简报，甚至是在会议期间，提出各种质疑，要求重新评估我的决策。这样一来，所有前一个月的细节与操作都会被重新翻出来，通常为时已晚，除了争论，别无选择。我开始质疑自己是否还能像以前那样有效地管理公司。而每次董事会会议，对我而言更像是一场"首相质询"——我仿佛是一个深陷困境、腹背受敌的首相，面对所有人的连番质问，直到他们找到我的知识盲点，然后用接下来的十五分钟来严厉指责我。

随着时间的推移，我努力改变董事会的氛围和组成。当投资者数量较少、彼此熟识时，保持一定程度的非正式运作尚可行。但到 2008 年，我接手时，布朗普顿已成长为一家中型公司，一些投资者投入了数百万英镑，显然需要更正式的管理方式。我们开始设立正式议程，并引入了一些优秀的非执行董事。例如，约翰·普特——一位汽车和赛车行业的高管——最初只是想订购一辆布朗普顿自行车，却被告知需要 16 周的交货时间。他认为我们需要帮助，于是给我们写信表达自己的看法。恰好当时董事会有个空缺，我无法反驳他的意见，于是他加入了董事会。当我们的零售主管乔·斯塔夫利加入后，情况发生了实质性的变化。她曾在凯西·基德斯顿和本奈特等品牌工作，深谙零售行业。当乔出现在董事会会议上时，所有成员的表现都更加得体，部分原因是她是女性，但更重要的原因是，她的商业成就远超我们任何一位董事。

在这种组成的董事会中工作，竟让我联想到全自动铜焊机的操作，首先要进行设备微调，确保物料配比恰到好处，设定最佳温度，并随时观察是否有异常飞溅。而我作为首席执行官的职能，就是要提出问题和策略，而这些方法论，很多都源自制造业的经验。当你处理材料和操作设备时，所有的问题都是与不确定性和公差有关，你需要不断调整以优化流程。在组织层面，控制权本身就是不确定的因素之一，你必须努力确保资源到位，并能有效行使控制权。这在金钱问题上尤为明显，然而在其他情况下，并没有明确的标准来衡量决策能力。作为一名与董事会打交道的首席执行官，我只能通过个人关系和逻辑论证的方法来影响董事会决策。如果想给这种方法起一个名字，可以称之为"影响力"——正如我们在许多系统中看到的那样，影响力决定了组织架构的运作方式。

理论上，股东们拥有的公司控制权与拥有的股份成正比，公司章程也是基于民主原则制定的，至少在决策时，有可能按"一股一票"的方式执行。然而，现实往往并非如此。在小型企业中，如早期的布朗普顿，公司事务主要依赖共识，因为股东、董事和管理层往往是同一批人，彼此必须达成共识。而在公司规模扩大后，股东们通常事务繁忙，难以进行实际管理，他们的时间和注意力有限。因此，如何在这样一个结构中施加影响力，成为管理者必须掌握的关键能力。

正因为如此，从公司的概念上就设立了执行董事会，将大部分决策权赋予董事会，由其进行决策。同样，在小型公司中，董事会和管理层通常有明显的重叠，但随着公司的发展，通常会引入非执行董事。这些董事在董事会任职，但并不直接参与公司日常运营，其主要职责是有效监督，并平衡管理层因信息不对称而可能掌握的过大权力，否则管理层可能会在缺乏股东约束的情况下随意行事。既然必须要有非执行董事，那么找到合适

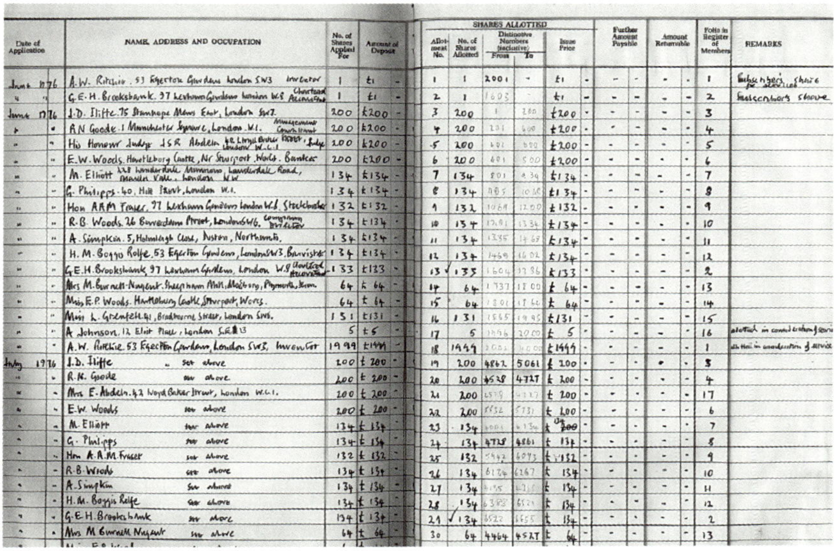

为自由而生：布朗普顿折叠车品牌成长之路

1979 年的原始股东名册，主要由安德鲁·里奇的朋友组成，
其中大多数人至今仍是股东

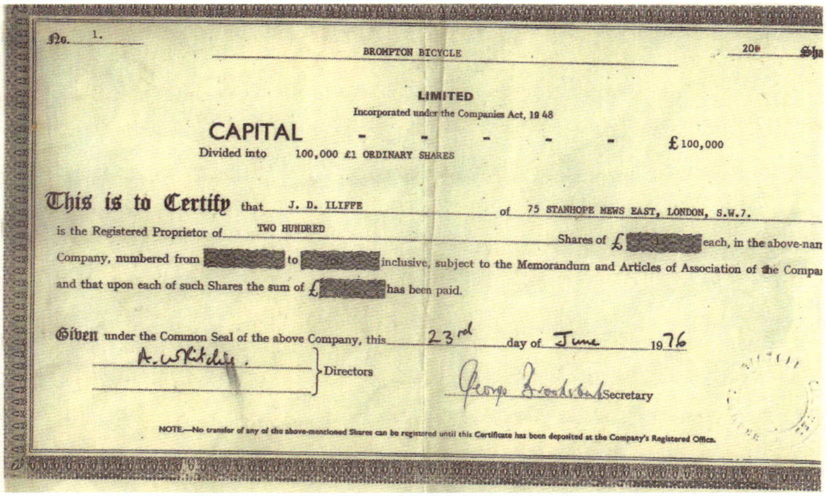

乔·伊利夫的"头号"股票

的人选尤为关键。他们不仅能带来更多的价值，还可凭借各自的专业背景提供独特的见解，如具有制造业和零售业相关经验的人，或者是数据分析能力的金融专家。蒂姆·吉尼斯早在 2000 年就开始引入非执行董事，这是衡量一个公司是否有发展潜力的重要指标。他在公司管理架构上的前瞻性布局，比许多同规模企业都要早。

决策存在不同层级。公司日常事务主要由管理层负责，而首席执行官则处于管理架构的顶端。对于重大决策，我需要董事会的批准，而哪些决定算作"重大"，则由我来界定。然而，董事会成员能够获得相应的报告和信息，并有权将他们关注的事项列入议程。在更高层级的决策中，某些事项还需经过股东投票批准，这些通常涉及股权结构，例如股息分配、资本运作及兼并收购。对于年度分红，通常只是一种形式——拟议的股息分红是基于公司财务状况，很少会受到质疑。但股东们的投票对于增资和控制权的变更很重要，如果你想赢得或控制公司的发展方向，理解其中的利益博弈至关重要。

例如，工厂搬迁是一个重大决定。董事会当时意见分歧，我的优势在于安德鲁的支持，因为他非常赞成我们能有独立的喷漆与车轮辐条组装的车间。然而，蒂姆则以财务角度出发，担忧搬迁风险，因为许多企业在扩大生产规模后反而陷入困境。从他的角度来看，搬迁至格林福德的现成工厂虽然成本可控，但也意味着公司要承担额外的财务压力。

尽管非执行董事们建设性十足，也富有合作精神，他们的职责仍然是让我对股东们负责。公司不希望背负债务，而分红水平在未来几年内会保持相对温和。搬迁涉及的成本将大幅压缩利润，而尽管销售收入这些年持续增长，这种趋势并不一定能长期维持。如果营收放缓，新工厂的租金将

2013年，赢得竞争激烈且鼓舞人心的英国汇丰连线大赛奖

成为沉重的财务负担，削弱公司的现金流和运营灵活性。这种担心是有根据的。销售收入增长的原因与自行车出货数量无关，而是由于我们收购了多个海外分销商，从而保留了更大比例的销售利润。自行车出货量一直徘徊在每年约 4.4 万辆。在我看来，这一定程度是因为布朗普顿公司一直在自

身建设——优化工厂的组织、管理层架构和商业销售网络等,这些固然重要,但自行车产品本身的创新步伐却有所放缓。这始终是一个难以平衡的挑战,我们需要迅速找到新的平衡点。

最终,所有决定都取决于商业计划。如果我的投资计划过于保守,董事会便不会批准任何新投资;而如果画大饼、不顾未来承诺,就总能找到投资理由。这两者之间,便是需要做出精确判断的空间。我决定借鉴前奥运冠军、环法赛段冠军克里斯·博德曼的策略,制定一个"也许可能"的方案——既不过分激进,也不会故步自封。

我的报告既没有夸大其词,也未被操纵,而是巧妙地满足了所有人的预期,同时确保计划略微超出舒适区。与此计划报告相关的销售和管理人员已经和我反复交涉了多次,以确保方案的可行性。事后看来,我承认这是一份为实现结果而制作的文件。考虑到公司的运作方式,至少在初始阶段,我的报告很可能低估而不是夸大那些挑战。因此在决议通过后的一段时间内,伴随而来的很可能是充满紧张气氛的董事会会议。

因此,我建议提供退出机制,让反对搬迁的董事有机会出售持股并退出公司。若布朗普顿是一家上市公司,这一过程将十分简单,持不同意见的股东可随时卖出股票,尽管短期内股价可能受影响,但不会阻碍业务运营。然而,作为一家私营公司,情况复杂得多。我要重新寻找愿意投资的新股东,并在合适的价格上说服现有股东出售股份,而不是继续留在公司并投票反对搬迁计划。

上一次为布朗普顿公司寻找投资者时,由于艰难的过程和压力过大,最终导致肺炎,我并不愿意总是陷入无休止的会议。但设立股份退出机制的目的明确——我始终以尊重的态度面对问题,并通过逻辑推演寻找价值创造的路径。我知道,部分董事持有公司股份已久,享受长期持股的税收优惠,并且他们一直支持布朗普顿的发展。如果能说服他们出售股份,他们将获得相当可观的回报。而新投资者的资金将基于新的发展计划，这不仅包括工厂搬迁至格林福德，还涉及电动折叠自行车的研发——这一阶段需要大量资金投入。因此，那些可能考虑退出的董事，如今有了强烈的动机来支持这一计划。

从政治角度来看，这是一种巧妙的推进方式。最初，这个计划看起来只是我与投资方之间的利益冲突；随后，此计划赢得了安德鲁的支持，因为他相信工厂搬迁对未来业务的意义；最终，那些原本担忧财务风险的董事，也因退出选项带来的潜在收益，逐渐转向支持搬迁。谨慎的反对派开始瓦解，搬迁决策逐渐变得不可逆转，董事会的氛围也开始转向支持。

值得庆幸的是，2015 年寻找新投资者的困难度比我第一次在酒店做演讲时轻松得多。当时，布朗普顿的品牌影响力已显著提升，我个人的知名度也有所增长，全世界还有近 20 万布朗普顿折叠自行车的拥有者，而全球金融危机也基本褪去。大约一年前，我曾参加政府组织的"英国最佳"贸易促进会，这类活动往往能观察到真正的关键人物——通常是那个始终被人群簇拥的人。这次，那个人是华纳兄弟英国总裁兼董事总经理乔什·伯格。当时，我并未急于搭话，而是悠闲地享用烟熏鲑鱼与英国起泡酒。但在晚会结束时，我们在衣帽间偶遇，我借机与他攀谈，并聊到了他最近订购的布朗普顿折叠车。显然，我不能错过这次机会。

于是，我追上他，并在下一个红绿灯处随口说道："不错的车。"就这样，我们聊了起来。乔什·伯格透漏自己是布朗普顿的忠实粉丝，甚至曾经写信给安德鲁，赞扬这是一个多么伟大的发明。（后来我回到办公室查阅了一番，他确实写过。）一年后，在我们寻找新股东时，他显然是潜在候选人之一，与当时谷歌英国董事总经理丹·科布利、风险投资家卢克·约翰逊以及其他各行业的精英同列。乔什·伯格最终成为布朗普顿公司的股东，同时也成为我个人的好友。为了感谢他在美国市场对布朗普顿的推广，

乔什·伯格（Josh Berger，华纳兄弟英国首席执行官）在 2014 年带着为他定制涂装"学院红"色彩的自行车，他将在红毯上骑着定制版布朗普顿自行车参加电影首映式

我们给他定制一辆的专门涂装"学院红"的布朗普顿——这种色调正是奥斯卡颁奖典礼红毯上的经典颜色。

假如人生有另一种选择，我想我可能会成为一名银行投资专家。我喜欢结识新的朋友并且建立起朋友圈，我不会是那种一关门就把人抛在脑后的人。与股东和董事们打交道是比应对日常实际需求更复杂的事情。从根本上说，这一切都关乎信任，而信任建立在两个核心要素之上：保持诚实，并及时沟通。如果有人对他们在董事会会议上发现的事情感到惊讶，那就意味着某种程度上的失败——无论是对他们，还是对我。这说明他们没有为董事会会议做好准备，或者我没有做出足够的努力来确保他们来理解我的计划。

处理这种关系的方法是要提前考虑董事会的需求，而不是等到问题出现时才想着如何通过董事会决议来解决。等到那个时候，往往为时已晚。你不能在收获的季节才开始播种。我曾有过极少数几次不得不撤换董事会成员的经历，每一次都不愉快。当这种情况发生时，被撤职的人往往会感到措手不及，要么是因为他们不相信我会这么做，要么是因为他们更倾向于认为我没有能力做到，或者认为其他董事和战略股东不会支持我。我当然能理解为什么有些人会沉迷于董事会政治——它在很大程度上令人厌倦，让人感到疲惫和尴尬。但不可否认的是，当一个计划最终落地，并成功赢得董事会投票时，那种成就感是无与伦比的。

然而，赢得董事会投票推动工厂搬迁，并成功完成股份交易，在几个月后感觉不像是一场胜利。工厂搬迁至格林福德的计划或许比我预期的还要成功，甚至超出了我向董事会和股东们做出的乐观预测。但在这样的项目中，成本总是先于收益浮现，并且会随着时间的推移而累积。我们每月举行一次董事会，在那次重大投票后的三四次会议中，财务数字看起来并不乐观。销售额仍然持平，间接成本上升，可变成本也有所增加，因为我们仍在适应新工厂，完善流程。

不久，我便习惯了从董事会成员口中听到这样的评价：投资布朗普顿是他们做过的最糟糕的投资，公司已经崩溃得无法修复，而我的商业计划就是一堆谎言。就我个人而言，我并不认为这种夸张的措辞能增加他们观点的说服力，但我还是只能强颜欢笑，默默承受。（后来，我开始反击，因为我意识到我不应再带管理团队成员参加董事会会议，我不想让他们对董事会议室里发生的激烈争论负责。）尽管如此，这仍然是一次有价值的学习经历。

董事会成员会更替，但董事会的组织结构始终保持不变。对首席执行官来说，董事会会议意味着严格的质询，这些都是系统内的职能设定。你可以让讨论保持礼貌友好，也可以让它变得针锋相对，甚至充满火药味，但无论如何，这种冲突是体系运作的一部分，是它的内在逻辑。这是一个围绕人际关系而不是机器和材料构建的系统，就像产品制造过程一样，关注的是质量控制、不确定性和公差。两者遵循相同的原则，并且都至关重要。一个良好运作的系统能自然而然地产出解决方案和信息，而一个无效的系统只能靠消耗个体的精力来勉力维持。

10. 做一个完整的人

> 截至 2022 年，布朗普顿自行车公司拥有 800 多名员工。其中有超过四分之一是在过去两年中加入的。

刚刚，我结束了一通电话，对方是我们的一家零件供应商，他们反馈称工厂的一台冲压机设备出现了故障。冲模上有一个微小的凸起，偶尔会在他们供给布朗普顿的零件上造成小瑕疵。这种缺陷肉眼无法察觉，但在车架喷漆完成后就会显现出来。那时，我意识到，我们需要有一个全职的计算机程序员，而这个岗位最适合的人是凯恩·崔西。

这无疑是个非同寻常的决定。2012 年初，公司员工总数不到 120 人。尽管凯恩曾在 IT 部门工作过，但他并不是软件开发人员，他当时是我们的油漆检查班长。但事实上，这可能是布朗普顿公司当年做出的最佳决策之一。我之所以决定为凯恩设立一个全新的岗位，是因为他曾主动提出建立一套油漆检测系统，该系统能够在车架进入喷涂工序前，自动诊断出由设备故障导致相关的缺陷。如果员工们有这样的创新想法，支持他们去实践无疑是明智的。

如果这提议是由我提出的,我还需要证明雇佣程序员的合理性,甚至可能需要在董事会上进行讨论。为了获得批准,我必须提交一份详细的需求列表,说明为什么公司需要程序员。然而,无论最终聘用的程序员是谁,他都会觉得必须按照这份清单完成所有项目,或者至少取得实质性进展,才能着手自己的创新想法。而油漆检测系统,很可能不会出现在这份清单上。然而,这个系统的影响是深远的——过去十年,公司内许多类似的创新都可以追溯至它,因此值得详细介绍。

对于布朗普顿来说,车架表面喷涂的质量至关重要,因为人们在购买新自行车时,会对外观有极高的期待。这是一个经过深思熟虑的购买决策,消费者首先会对产品外观形成期望,我们也鼓励每个人将其当作一件特别的物品来对待。这意味着,从拿到车架的第一刻,客户希望车看起来绝对完美,就像拆封一部新手机一样。即使十分钟后,他们就会在街上骑着它碾过水坑和碎玻璃,但开箱的那一瞬间仍然至关重要。如果他们在零售店的灯光下发现车架表面有任何瑕疵,要么讨价还价,要么彻底放弃购买。因此,我们必须以最高标准满足这一期望。

与装配线相比,喷涂车间的生产流程更加分散,因此变数也更多。此外,喷涂处理的是液态涂料,而不是固体金属部件,因此涂层质量的公差范围更小,必须加强检测,以防止缺陷出现。漆面检查过程有一整套自己的术语。对于布朗普顿的喷漆涂装车间来说,最大的两个缺陷一直是漆面橘皮纹和漆面杂质。前者类似于橘皮表面的细微纹理,通常是由于车架表面残留污渍,导致涂层无法均匀附着;后者则源于喷涂前未清除的灰尘或空气中的微小颗粒。

像水性涂料常见的"流挂"或"滴漆"问题,在布朗普顿并不存在,这是因为我们的涂装工艺采用的是粉末喷涂技术。布朗普顿的粉末喷涂工

Born for Freedom: The Story of BROMPTON

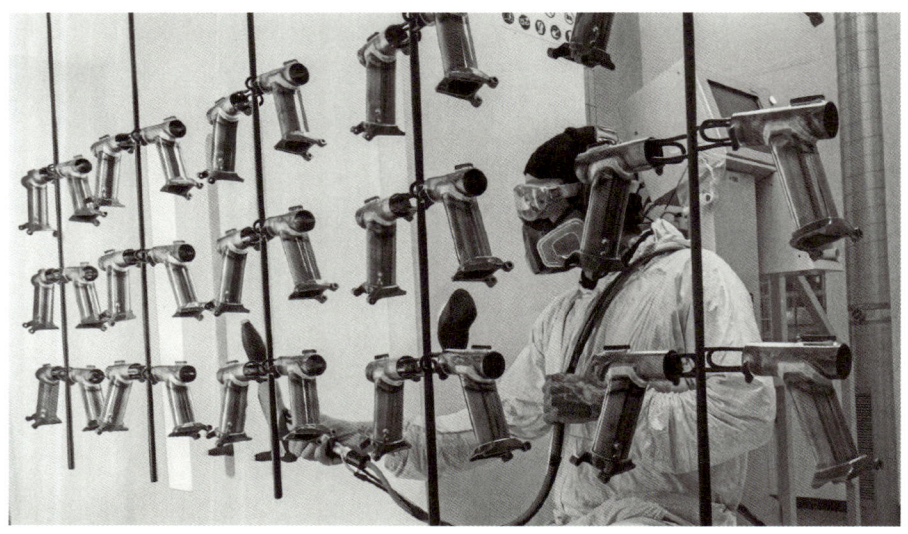

搬到格林福德工厂后增加的漆面喷涂车间，
之前因工厂缺乏足够的场地空间而将喷漆涂装工序外包

漆面粉末喷涂系统的复杂构造

艺利用静电喷枪将极细微的塑料粉末带电，然后依靠静电吸附的原理，使其均匀地附着在车架金属表面。由于电场的物理特性，凸面会吸附更多粉末，而凹陷部位则较难覆盖。因此，喷涂后的车架需要送入烤炉，高温熔化粉末形成均匀的涂层，随后冷却成型。在这一过程中，环境控制至关重要——如果冷却期间空气中有灰尘颗粒，可能会导致漆面产生杂质，从而影响整体质量。

布朗普顿公司的漆面涂装工序需要专门的设备和足够的空间。因此，在搬迁至格林福德工厂之前，我们曾将车架涂装工序外包给位于威尔士的一家工厂。然而，外包不可避免地增加了流程的复杂性，因为半成品零件需要运出进行加工，再被运回组装。而零件上的缺陷究竟出现在哪个环节，并不总是清晰。例如，杂质缺陷可能是在喷粉或冷却过程中进入表面涂层，也可能是源自车架本身的污渍。更糟糕的是，外包工厂距离我们320千米，这意味着每一个有缺陷的零件都会带来更高的时间成本和运输成本。如果在最终检查阶段才发现瑕疵，唯一的解决方案就是拆解整辆自行车，包括铰链和所有组件，然后将缺陷部件送回工厂进行涂层去除、表面防锈、清洁、喷粉、固化和冷却的整个烦琐流程。当车架出现瑕疵时，这一过程更是令人头疼。

这一情况导致了品控团队内部的"标准膨胀"现象。由于发现缺陷的阶段越晚，处理成本就越高，因此最终检查环节的发现往往会向前追溯责任，导致前端检查员面临更大压力。于是，检查员开始采取更严格的检查标准，以避免责任归咎于他们。最终，即便是车架上的微小瑕疵也会被判定为不合格，并被送回重新喷涂。

那么，我们究竟做错了什么？我意识到，必须找到解决方案。在接下来的几周里，我与产品质量负责人一起回顾销售渠道的反馈，最终确定了漆面涂装的质量标准。这个过程实际上类似于编写一套细致的规范——我们根据不同区域的可见程度，将车架表面划分为1级、2级和3级，并明确规定了各区域内可接受的杂质大小、橘皮纹理的容忍度等具体标准。

然而，尽管这些标准被整理成了文件夹，问题仍然没有得到解决。这些标准本身是否合理？答案是肯定的。事实上，它们至今仍是我们沿用的系统基础，并且在文档层面上堪称完美。但它是否解决了问题？完全没有。因为问题从根本上来说不是与涂装相关，而是与人相关。短短几周之内，每个人对标准的理解各执一词，导致执行上的偏差。而过度的退货率和偏执的检查标准依旧没有改变。

就在这时，凯恩·特雷西进入了故事。我们意识到，团队需要一个在漆面涂装质量方面上具备绝对权威的人，作为漆面检查的最终仲裁者，消除所有关于漆面标准的争议与不确定性。事实证明，我们得到了远超预期的结果。凯恩不仅是一位优秀的漆面检查员，他能力出众、工作勤奋，更重要的是，他对这项工作充满热情，这让我对他印象深刻。后来，他向我提出是否可以借一些车架零件来尝试做一个漆面改善工艺的项目。坦白说，我当时并没有抱太大期望，但他最终交出的成果让我大为惊喜。

两三个星期后，我站在凯恩的电脑前，屏幕上显示的是布朗普顿所有车架零件的可旋转3D模型。单击任意零件，都会弹出一个下拉菜单，展示对应的漆面检测标准，并精确定位相关区域，标明缺陷的大小，并提供信息以判断问题是由于搬运过程中造成的，还是供应商方面的责任。

事实证明，这个工具几乎是革命性的。在人体工程学和易用性方面，它远比传统的笔纸记录方式高效得多。然而更重要的是，它让检查员能够清晰、准确地判定眼前的车架是否存在问题，并消除了所有模棱两可的判断。随着数据的记录和积累，我们得以建立一套标准化的样件。与其让关于标准不统一的传言四处传播，我们能更清楚地看到，不同的检查员在判定漆

存放在定制的搬运箱中的车把立管，准备组装成车架

面质量时存在差异——有些人对橘皮纹理的容忍度较低，而有些人对特定部位的杂质更为敏感。基于这些数据分析，我们能够有针对性地开展培训，逐步统一检测标准，确保质量评估的客观性和一致性。

　　这正是我们所需要的——检验过程本身产生了对改进检查过程所需要的信息。随着数据的不断积累，漆面检测系统不仅优化了自身，还帮助改进了其他环节。例如，它能预警供应商冲压设备中的砂砾问题，或在钢管匹配错误时发出警报。此外，我们仍保留着这些3D模型，它们构成了布朗普顿网站"配置器"的核心。这是一个非常受欢迎的功能，让用户自由选择自行车的配件和颜色，并实时预览最终效果。同时"配置器"中使用的标准化描述文件，亦成为制造控制系统的基础，使我们能够通过装配生产线追溯每一辆自行车的生产过程。反过来，该系统不断积累生产数据，为我们提供更深入的洞察，帮助识别问题并提升效率。这一切创新源源不断，而最初的契机，仅仅是因为一位漆面检查员将对计算机的热情融入了日常工作。

这就像攀登一座高山。作为探险队长，你可以决定目标山峰，并规划攀登方式。在此基础上，你寻找具有合适技能和经验的团队成员。然而，一旦组建队伍，就不要指望他们来问你应该选择什么路线，或者该如何准备装备——这些正是他们的专业所在。假如你是一位擅长攀冰的登山者，而目标却是内华达州的一座热岩峰，那么团队中的其他成员将承担大部分决策。这一原则在企业管理中同样适用。很多职场新人在工作的第一天就问老板他们应该做什么，而太多的领导者习惯于直接给出指令，而非指引方向。正确的做法应该是："这是你的职责！我可以告诉你我们想要实现的目标，但你需要自己判断和行动。我们花了很长时间寻找你，正是因为你具备我们缺乏的知识和经验。"

事实上，即使初期招募有经验的员工未必是最佳选择，有时引进外部人才和经验是必要的。但这应是最后的手段，只有在充分评估现有团队的潜力后才进行。识才用才往往需要跳出固有角色的框架，因为职位所设定的职责，往往无法囊括一个人全部的才华与潜力。如果仅凭工作表象来评估一个人，便可能错失更多潜在价值。深入了解、主动询问，并对员工的多维能力保持兴趣，能够极大拓展人才库。

例如，当我们决定在美国设立永久性分公司时，我并没有让家人接手，而是任命了营销经理凯瑟琳·霍斯曼负责北美市场。她同意了，但前提是先休假，并与当时的男朋友里奇·斯宾塞一起去。里奇原本负责车间培训及标准维护，考虑到他的专业背景，我提议让他和凯瑟琳一起驻纽约。他对自行车制造流程了如指掌，因此他顺理成章成为优秀的运营总监。凯瑟琳后来转行成为顾问，但她和理查德分别担任布朗普顿美国公司的第一任和第二任总裁，而理查德最终成为美国顶尖的自行车行零售专家之一。

这一理念并非什么颠覆性的管理哲学。毕竟，每个人都会宣称自己招募优秀人才，营造开放文化，鼓励员工创新（当然，没有哪个管理者会公开表示他们更愿意雇用没有主见的"僵尸"）。但我想强调的是，布朗普顿真正将这一理念落到了实处。例如，我们的分装团队经理克雷格·奈特16岁时加入公司，凭借非凡的勤奋和热情而脱颖而出。虽然他并未接受铜焊培训，但他与公司里的优秀员工阿卜杜勒、丽贝卡一样，始终保持开放的学习心态和精益求精的态度。所以，我开始让他承担装配车间以外的项目，

2007年，美国拉斯维加斯自行车展
我们的展位设计非常简单但充分体现实用主义精神
左起：我、米歇尔·米切尔、阿瑟琳·霍斯曼和爱默生·罗伯茨

甚至一度超负荷工作——毕竟,要完成某件事,最可靠的方法就是交给最忙的人。

不久之后,克雷格展现出卓越的组装优化能力。他天生善于观察和调整工作流程,总能发现低效动作、不合理的人体工学设计和工作量不均的问题。他说,灵感常常在日常琐事中迸发,比如刮胡子或通勤途中,突然意识到某个困扰多日的问题如何改进。

当一个人展现出这样的天赋时,管理者就应该主动培养他。因此,我们开始派他去参加精益制造技术的培训,以理论支持其直觉,并将其应用到更广泛的系统优化中。每次学习归来,他不仅掌握了新知识,更能提出切合布朗普顿工厂实际情况的改进方案。事实证明,这一结果远胜于直接外聘精益制造专家——因为克雷格的学习和发展完全基于公司的实际需求,而不是教科书中的通用案例。这种培养方式确保了他的解决方案始终贴合企业环境,他也一直专注地服务于布朗普顿。

当然,不是每个人都有成为精益制造专家的潜能,但每个人都有可能产生好主意。如果你的朋友或日常接触的人来自不同领域,那么你就拥有了更广阔的学习机会。不同行业的人会遇到与我们完全不同的挑战,但其中可能蕴含着可借鉴的经验。事实上,与这些人交流,往往比单纯向行业竞争对手取经更具价值。我始终鼓励跨行业学习,因此定期组织实地考察与自行车没有直接关系的其他行业,如查尔斯·泰威特衬衫公司、海特尔割草机公司等。我们带着由四五个布朗普顿员工组成的学习小组,进行一到两天的实地参观,并积极提问。在这些过程中,我们发现了许多零部件设计上的相似之处,例如折叠铰链或链条推板凸台等,这些细节往往蕴含着深刻的工艺逻辑。

关键在于,我们必须避免无意中切断自己与潜在信息来源的联系。管理的核心之一，就是如何在自由探索与有序引导之间取得平衡。为了提升企业竞争力，我们必须保持开放的心态，鼓励每个员工充分发挥潜能。人不是机械钻头，不能被简单地限制在单一路径上，而应该被赋予更多学习和探索的空间。如果有人提出一个想法却被随意否决，那么很可能他们在未来一段时间内都不会再愿意发言——甚至可能永远保持沉默。设想一下，当员工鼓足勇气向上级建议改进方案，却被轻率驳回，这种挫败感将极大削弱他们的创新动力。真正高效的管理，不在于提供现成的答案，而在于激发团队成员主动寻找解决方案，并持续推动企业向前发展。

而且，你永远无法预知，什么东西会在什么时候发挥作用。假如我的办公桌是一个扼杀思想的地方，那我可能永远不会遇到提出"两周九天班工作制"的女士——米歇尔·米切尔。我非常信任她。她一开始是办公室主任，当时布朗普顿公司只不过是一个工厂车间，加上一间供人抽烟的休息室，而公司的一切电子表格和资源管理，全靠一台电脑维持。多年来，她对公司运作的理解日益深入，并逐渐对管理业务产生兴趣，尤其是在如何鼓励优秀人才担任主管、规划职业生涯方面。经过一番学习，她最终成为我们的人力资源主管。

2008年的某一天，当时弹性工作制在制造业中还不普及——也许人们隐约听说过有些软件公司开始尝试。米歇尔指出，布朗普顿公司的官方工作制是每周40小时，也就是每两周80小时。这种工作节奏是由车间决定的，所有人必须在同一时间、同一地点工作，而办公室员工也必须按照相同的时间表上班（尽管许多人常常早到晚走）。另一方面，如果我们让非生产员工实行"两周九天九小时工作制"，那么每隔一个周末就能享受三天的长假。对于在伦敦的年轻劳动力来说，这无疑极具吸引力——他们选择在一家自行车公司工作，往往喜欢户外活动。如果你想在周末外出，他们可以避开周五的交通高峰，在周四晚上出发，拥有更充裕的时间享受。事实证明，这制度非常受欢迎。当提出这一选项时，大约 80% 的办公室员工都欣然接受。

这正是布朗普顿善于采纳优秀建议的一个完美案例——无需额外支出一分钱，却让员工更快乐，而且并非照搬其他公司的做法。如今，越来越多的企业开始意识到不盲目随大流的价值，而我们至少领先于时代十年。这一点至关重要，因为我们不仅仅是在建立一家公司，而是在塑造一种独特的社会生态；员工认同公司，他们热爱自己的工作，并希望公司取得成功。

这也让我思考，如果企业文化得当，且公司已经建立有效地解决问题体系，那么，员工的态度比天赋更重要。在布朗普顿，一个真正关心并全情投入我们愿景的人，往往比那些在简历上看似符合岗位要求的人表现得更出色。在筛选简历时，最吸引我注意的，往往是候选人的爱好和兴趣——因为这些信息能揭示他们是否拥有独立思考的能力，是否敢于特立独行。在一个所有人都被鼓励趋同的世界里，愿意不拘一格的人，更有可能为我们的工作带来独特视角，并有勇气提出全新的做事方式，而这正是创新的源泉。

真正把决策权交给所聘用的人，而非一边强调赋权，一边却又事无巨细地干预，这是需要相当的信心。对管理的自信，来自"你为什么要这样做"与"你在做什么"这两个问题的深刻理解。从工程学的角度来看，我对此深有体会，也看到来自不同背景的人在企业管理中践行同样的理念。培养员工、信任员工、赋予他们权力，都来自与工厂组织架构相同的原则。你需要建立解决问题的系统，而不是直接去解决每一个问题；你应该设计出完善的质量体系，而不是靠检查去发现产品缺陷；你应该让员工带着解决方案来找你，而不是你带着指令去找他们。每当有人问"我应该做什么"的时候，不要直接回答这个问题，而是试着弄清楚，他们为什么要这么问。

11. 分销网络

> 自布朗普顿公司成立以来，大部分产品都销往海外市场。截至 2020 年，68%的产品出口海外，其中 30% 出口销往欧洲，另外 38% 出口至世界其他地区。

噢芭啦，噢芭啦，布朗普顿！噢，布朗普顿！噢，布朗普顿！这或许听起来像是一首古老的维京歌谣，但它其实是布朗普顿全球销售会议上的主题曲。由斯德哥尔摩的伽马拉乐队的拉尔斯·弗雷伯格于 2008 年左右创作。每年在经销商会议上，我们都会演唱这首歌。会议期间，来自世界各地的伙伴们聚在一起，分享新产品的研发进展，交流营销市场的观点和想法，讨论哪些措施有效，哪些又需要调整。（当然，偶尔也会有尴尬时刻——比如当我们无法按时交付他们想要的自行车时。）这首歌承载了布朗普顿的发展历程，也与我人生中的某些阶段紧密相连。然而，时过境迁，分销模式已经改变，《欧芭啦》不再像以前那样经常听到。推动这些变革的核心原因，无非是金钱、控制权，以及两者之间的微妙关系。

业务规模的不同，决定了分销模式的调整方式。因此，或许最好的方式是从最初就深思熟虑，并随着时间的推移不断优化。回顾布朗普顿的发展历程，我们一直在不断调整，确保产品能够顺利从工厂交付到每一位期待它的顾客手中。这个过程中涉及市场营销和品牌运营，让我们暂时将"究竟是什么造就了品牌"的抽象且哲学问题留到后面再述。现在，先专注于现实层面，即如何维护并优化经销商网络的运作。

让我们先从基本的定义开始。自行车的供应链是由制造商、零售商和分销商组成。制造商很容易理解——布朗普顿即是。（当然，当零部件由其他供应商生产时，情况会稍微复杂，但整体逻辑依然清晰。）零售商或经销商是顾客日常光顾的实体店铺，也是一目了然。而分销商则是介于两者之间，负责建立库存，向零售商供货，并担当更多的责任。例如，制作产品目录、组织零售商培训、监督产品陈列、确保备件供应等。在现实操作中，这三种角色的界限并不总是泾渭分明（有些分销商也是零售商），但至少在理论上，它们分别承担着不同的职责。

在20世纪初期，我刚加入公司时，并没有对分销和销售架构进行太多思考。当时公司规模较小，市场营销任务主要是整理产品目录，并确保有人接听自行车经销商的电话咨询。对于英国市场，我们则直接扮演分销商的角色。过去，人们常常看到喜欢的自行车就会去询问当地车行如何购买；随着时间的推移，这些咨询逐步建立了我们的销售网络。

对我们来说，建立正确的合作关系尤为重要。布朗普顿折叠自行车既适用于休闲骑行，更被设计为都市通勤工具。如果有人将其用于日常通勤，快速获得维修服务就显得尤为重要——这一点正契合安德鲁最初的理念。虽然自行车的整体寿命取决于主体金属部件的疲劳寿命，但是小零件仍会磨损，而且可能会在不可预测的时刻损坏。

如果你在上午送修自行车，晚上就取回，那你的生活不会受到太大干扰；如果能在周末得到维修服务，并在零件发生故障之前更换，那就更理想。但如果你遇到问题，却要苦等一周仍未解决，那种被辜负的感觉会一直留存。

Born for Freedom: The Story of BROMPTON

2004 年，于布伦特福德，布朗普顿最早的经销商大会

归根结底，人们不仅仅在购买一辆自行车，他们更在意的是这辆车带来的体验与承诺，而这正是布朗普顿长期以来关注的核心。

  从公司成立之初，我们就将自行车销售视为我们与客户建立长期关系的开始。我们一直强调，每家销售布朗普顿折叠自行车的店铺都必须具备持续提供服务的能力。布朗普顿从本质上并不是玩具，也不是凭空设计的；它最重要的特质在于其品牌设计时尚而又不过时。布朗普顿自行车不是普通的自行车，其折叠机构具有独特的应力和磨损方式，以及许多专属组件，因此维修和保养需要经过专业培训。为了保证符合我们的售后服务标准，零售商必须具备充足的备件库存，并拥有至少一名专门接受过布朗普顿培训的机械师。

仅仅在英国市场搭建销售网络已颇具挑战，而在海外建立并管理经销商网络的难度更是成倍增加。海外经销商不仅语言各异，还分布在不同的时区，且身处我们不熟悉的国家和地区。哪怕是整理自行车商店的名录、了解彼此相邻的商铺等最基本的工作，都可能十分棘手。当然，互联网的兴起在很大程度上简化了这些流程。为了推动出口业务，布朗普顿需要寻找海外分销商。在所有既定的海外市场，我们始终坚持由独家运营布朗普顿的销售，即该公司将成为布朗普顿自行车的独家进口商。作为回报，他们需承担更多的售后支持职责，并负责市场推广及培训工作。

在这里，我们遭遇了类似《第 22 条军规》中的悖论：如果你是一个国际大品牌，经销商会主动排队申请合作；但如果你是一个规模较小的品牌，则很难吸引到分销商的兴趣。安德鲁并非热衷推销的人，因此在公司早期，布朗普顿开拓海外市场的方式与英国市场类似——人们听闻这款自行车并对其产生兴趣，然后在贸易展会上去咨询，或直接打电话联系。

许多自行车制造商试图在展会上刻意营造派对热闹气氛，提供免费的酒水，并安排有亲和力的销售人员，以此转移潜在客户对工程制造的注意力。但这从来都不是我们的风格。即使到今天，布朗普顿在展会上的展台依旧简朴低调，毫不浮夸。你会发现一两名员工（通常在前一天晚上自己用扳手组装展台），没有免费的食物和饮料，只是摆放几辆用于展示的自行车。我们希望自行车本身成为吸引人的核心，而不是展台布置，这样我们就可以直接与客户讨论产品本身，以及它能如何融入他们的生活。

这种方式或许显得有些老派，却有效且节省精力。如今的创业公司或

Born for Freedom: The Story of BROMPTON

许根本不会把展会当回事——他们可以通过高估值将公司的股份出售给风投，然后将一半的钱投入大规模的全球广告营销，另一半用于外包提供商和履约服务。但是布朗普顿始终坚持最适合自己的方式。我们的国际分销商网络增长缓慢，但我们与每一位分销商的合作都建立在对产品的信念之上。在20世纪初期，我们签约的每家分销商，都是由真正热爱布朗普顿的人所领导。例如，德国渠道用品分销商汉斯·沃斯，当初只是随意参观了一场自行车展，恰巧遇见安德鲁，于是逐渐将布朗普顿的销售发展成副业，并超越了他原有的业务。还有单奈尔·沃森，一位蓄着翘八字胡的退伍老兵，堪称美国自行车文化潮人的典型代表。他住在加利福尼亚州的帕洛阿尔托，曾要求我们为世界上最后一家制造古董自行车公司运送巨型实心橡胶轮胎。让我感到最有趣的是，单奈尔不仅被布朗普顿的小轮所吸引，也涉足了有史以来最大的自行车轮胎领域。

西蒙·库恩，他是一个高大健硕的荷兰人，甚至在荷兰人当中也算得上是个"大块头"。他不仅心胸宽广，对布朗普顿折叠自行车更是满怀热爱。西蒙是我们早期关键的分销商，自1988年以来，他一直在向荷兰进口布朗普顿自行车，几乎是从产品定型和量产后就介入其中。他不仅对产品的设计提出建议，还深信自己影响了布朗普顿的发展，这种想法其实并非没有道理。在全球各地，我们都有标准的型号代码，以字母S，M或P表示车把的样式，以数字区分不同的链轮配置，并通过字母标注后部配置（是否配有挡泥板或后架）。然而，在比荷卢地区，西蒙却为每款车型都赋予了名字。在某个时候，他对"布朗普顿"作为地名这一事实深感兴趣，甚至翻阅地图集和词典，寻找荷兰语和佛兰芒语中听上去悦耳的单词。因此，在2005年的产品目录中，他列出了"布朗普顿－雷吉斯""布朗普顿－拉夫""布朗普顿－派特瑞克"和"布朗普顿－波特"。

从长远来看，这种做法确实会引发问题，而事实证明，问题的确出现了。

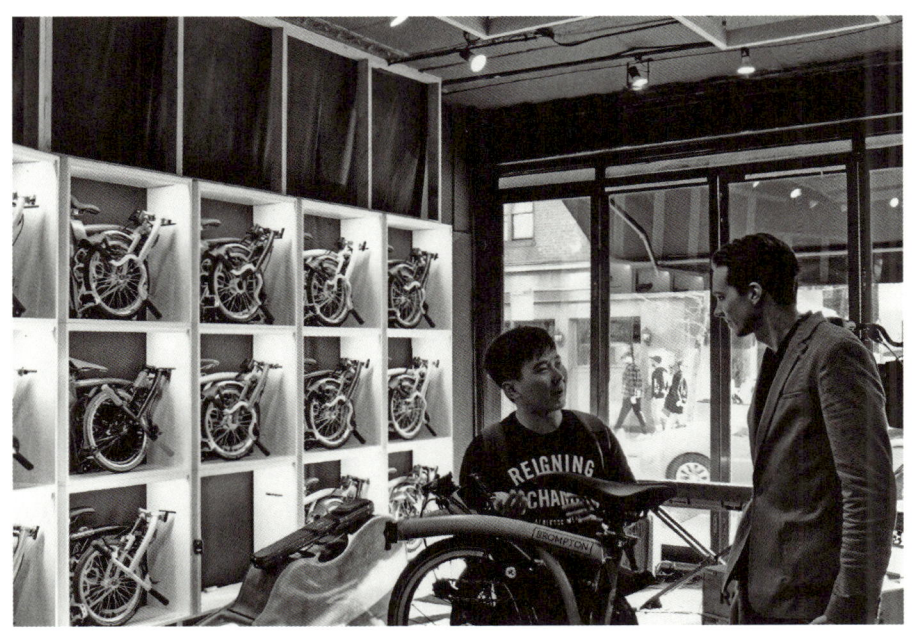

2018 年，为曼哈顿格林威治村纽约驿站的开业做准备

但首先，能够与这么多独特而富有激情的人合作，正是我们真正的优势所在。布朗普顿最初源自安德鲁的个人需求，虽然我们坚信它能为许多人带来价值，但在品牌营销方面，我们并未从一开始就形成清晰的愿景。相反，我们从分销商身上学到了许多，他们各自拥有独到的见解和策略。整个过程就像一个不断实验的实验室，我们一直在探索最有效的方法。

在我加入布朗普顿的最初几年，公司迅速扩展分销商网络，处于"多多益善"的阶段。我很早就注意到，安德鲁不太喜欢出差，因此，我开始主动承担这一责任，希望通过外出拜访、建立联系并签约更多的分销商来提升自己的价值。就这样，我最终在中国台北举行的自行车展上，与一位收集武士刀的人展开了激烈的争论。

"如果这些问题无法解决，我们将找其他的分销商合作。"我知道我不应该以这样的方式与水谷俊先生说话。他是老派的日本商人，比我大三十岁，举止挺拔，戴着金丝眼镜，留着整齐的灰色小胡子，举手投足无可挑剔。此外，他还是日本自行车协会的会长，也是他家族企业的骄傲。对于一个二十九岁的年轻人而言，在会展上当面质疑这样一位德高望重的高管，不仅显得无礼，甚至有些冒犯。起初，他的神情既震惊又愤怒。

然而，真正值得尊敬的人不会因为听到事实而一直愤怒。自1924年便开始制造自行车时始，水谷自行车公司过去和现在都是一家出色的企业。到了20世纪90年代，他们虽放弃了自行车制造，却在市场分销方面保持卓越的声誉。正如人们对水谷俊先生这样的管理者所期望的那样，他们付款准时，信守承诺，并且在物流和经销商培训方面一丝不苟。然而，从布朗普顿公司的角度来看，我们的合作关系却陷入了危机。

问题在于，他们不仅销售正品布朗普顿自行车，同时也销售仿制品。这些仿制的折叠车是在中国台湾生产的，源于我们与欧泰公司长达十年的合资许可协议。然而，这一合作最终以灾难性的方式收场。那是在我职业生涯的早期，当时这许可协议即将到期，整个经历堪称一场痛苦的教训。更糟糕的是，仿制品被直接放置在正品旁边出售。而如果我们要用正品取代欧泰公司的克隆品，整个分销体系的经济平衡将被严重扰乱。这是因为水谷公司通过一家贸易公司进口布朗普顿自行车及零配件，并将其出售给日本零售商店。整个供应链上下游的每个人都在其中获利，而最终售价的制定权归属并不明晰。结果就是，在我们进入日本市场的早期，布朗普顿自行车在日本的零售价远高于世界上其他任何地方。

这不仅意味着市场销售损失，更助长了克隆车和仿制品的生存空间，给品牌带来一种难以消除的不良影响。日本的布朗普顿车主们开始通过互联网获取全球市场的价格信息，他们发现，在欧美市场，同款自行车的售价要低得多。这种价格差距引发了他们的不满,而他们的怨气自然指向布朗普顿公司,而非供应链中的其他环节。可以想见,如果这一问题得不到解决,情况只会变得更糟。毕竟,如果一开始就让日本市场的消费者觉得被欺骗,那么我们将很难与他们建立信任,而这种信任对我们打开日本市场至关重要。

在与水谷先生的公开会议上,我们直截了当地提出了这些尖锐的问题。消息很快就传回了伦敦总部,内部甚至有人用"狂人"或"不可控的炸弹"来形容我。蒂姆·吉尼斯不得不临时增加一站行程,以平息矛盾。然而,一旦所有相关方不得不接受并面对存在的问题,解决方案竟出奇地容易。

2018 年,在曼谷中央火车站,非常热且潮湿
我和我女儿,以及非常热情的布朗普顿自行车经销商一起骑自行车穿越城市

只需在物流和文档工作上多做一些调整，就可以减少供应链上的中间环节，从而削减不必要的利润层级，使得布朗普顿公司、水谷公司和零售商们都有可能在以更合理的价格销售自行车的同时获益。

关于在台北举行的自行车展上的这场博弈，或许不会在宣传视频或品牌文化展示中占据核心地位。但很多时候，回避敏感问题并不意味可以忽视它们。面对水谷先生时，直接而清晰地陈述事实，比假装或希望所有问题都会消失要有效得多。几年后，水谷俊邀请我和我们的亚洲负责人昆顿·普林格一同参观他常光顾的古董商店，这是一家专卖古董刀剑的店铺，通常不太欢迎外行人。当时我微带醉意，随手想去摸一把刀的刃口，水谷迅速阻止了我，并警告说这样做很容易切掉指尖。如果他仍然对争论耿耿于怀，那么这是一个轻而易举可以"报复"我的机会。

厘清日本市场的销售关系，对布朗普顿来说是一个重要的里程碑。对于西方制造商来说，日本不仅是亚洲最大的市场，拥有成熟的法律制度和商业文化，同时也是通往整个亚洲的关键门户。尽管有些人可能不愿意承认，但其他亚洲市场的消费者倾向于追随日本市场的潮流。到了 2008 年，我们已经在中国台湾地区和新加坡建立了分销网络，并将越来越多的产品运往亚洲。

然而，这一策略在短期内并未带来可观的利润。事实上，当时我们在英国境外销售的每辆自行车，都降低我们的整体利润率。因为只有在英国市场，我们才能同时享有制造商和分销商的利润。此外，由于我们的生产能力有限，每出口一辆自行车，就意味着英国市场少了一辆可供销售的车。但我们仍然决定这么做，原因很简单：播种必须在丰收季节到来之前完成。我们当时正努力扩大产能，并担心英国市场即将饱和。如今看来，这种担忧或许显得有些多余，但当时我们无法预见布朗普顿折叠车的市场需求究竟能有多大。因此，在 2002 年至 2005 年期间，我们积极拓展新的分销渠道，这一举措带来的风险在于，我们能否确保在 2006 年至 2010 年间的订单量足够支撑这一扩张。毕竟，从建立分销网络到市场真正成熟，至少需要两年至四年的时间。管理企业增长的关键之一，是要理解市场决策与实际成果之间的时间滞后，并在规划时考虑到这一点。

直到 2014 年，我才意识到，我们在全球建立分销网络所付出的努力，实际上已经到了需要重新调整的阶段。甚至可以说，这一调整的决定已经来得有些晚了。我们拥有一批卓越的分销商，比如拉尔斯·阿克和汉斯（他们的儿子如今已接管了家族业务）、库斯·克罗恩（他成功地将城市自行车文化引入了巴塞罗那），以及其他许多优秀的合作伙伴。他们都是热情且忠诚的分销商，其中不少人是依靠分销业务谋生的小商人。然而，作为小型家族企业，他们很难在市场扩张时进行大规模投资。即便是回报周期较短的投资，也可能导致他们在一两年内无力维持生计。

随着互联网的发展，世界变得越来越透明。人们可以很容易比较不同销售区域的价格和产品，而我们则必须保持全球市场的一致性。例如，在比荷卢三国（比利时、荷兰、卢森堡）市场，每种布朗普顿自行车车型因配置不同而采用了不同的命名方式，长期来看，这种做法显然不可持续。于是，我们开始加强对分销商网络的控制，最初是要求每个分销商签署正式协议，最终还是以收购，完全拥有我们自己的国际销售权。

这个过程既复杂又充满挑战。与分销商有关的法律各国差异甚大，但有一个共同点：供应商和分销商之间的关系，不同于在批发市场上购买钢材或者谷物的商业关系。自行车经销商会自主选择某个品牌，并投入大量资金和时间构建销售网络、拓展市场、提供售后服务。因此，若供应商突然收回品牌代理权，无异于剥夺他们多年的心血与投资，这显然是不公平的。虽然这类法律并不完全等同于劳动法，但在某些方面确实存在相似之处——尤其在南欧，书面协议越少，分销商拥有的权利反而越多。

我们首先要进行的是收购西蒙·库恩在荷兰的布朗普顿自行车分销业务。荷兰法律对分销商的保护力度相对较弱，而我们的协议条款非常详细。尽管我个人对西蒙有着极大的敬意，但在这一问题上，我们别无选择。我们约在布鲁塞尔见面，那是我经历过的最痛苦、最情绪化的一次谈判。

我们的报价远远超过法定最低标准，但仍没有西蒙对布朗普顿品牌预估贡献那么多。多年来，布朗普顿的业务已成为他的生命中的一部分，就像它对我而言一样。这是一笔庞大的金额，需要我们两年的时间去支付。我们希望公平对待他；除了个人关系，我们还必须考虑当时公司的整体情况——我们仍然是一家依赖经销商业务运营的企业，必须考虑其他分销商将如何看待我们与西蒙的交易方式。尽管大多数人都认可变革的必要性，并认为不能再以西蒙的方式继续运营，但他们依旧喜欢他。这笔交易不仅关乎他个人，也影响着其他合作伙伴的信心——如果有人为布朗普顿倾注了几十年的努力和投资，最终却只得到最低法定补偿，那会传递怎样的信号？我希望人们理解这一点，但就我和西蒙的关系而言，伤害已经无法弥补。两周后，我走进他在格罗宁根的办公室。文件已经准备就绪，整个阅读与签署过程不过三十分钟。一切就此尘埃落定，已无更多话可说。

这项交易历经数年谈判，耗费了大量精力。无论好坏，它都在一定程度上分散了我们对改进自行车的注意力。从商业角度来看，收购西蒙的荷兰经销公司是一段痛苦的经历，但任何交易都不可能轻松顺利。本质上，收购就是将某人的全部或部分业务换算成现金，在表格上填上一个数字。这是商业现实：金钱与控制——但有时很难面对这一点。留在舒适区当然容易得多，大家可以一起高唱《欧芭啦》歌曲，表现得好像我们只是一群碰巧销售相同品牌自行车的国际朋友，但这并不能推动公司向前发展。

最终，公司确实从这笔交易中受益匪浅。我们有了更高的利润率和更多的控制权，销售渠道也更加广阔。我们以前与经销商的协议通常是排他性的，所以那时我们不能向更大的连锁自行车销售商供货，也不能直接卖给消费者，但现在，这一切都成为可能。随着我们逐步建立自己的零售经销网络，这一点变得越来越重要。

事实上，在2011年正式收购欧洲分销商之前，我们就已经开始推行这一策略，并仍然通过分销商进行销售。在水谷俊的家乡日本，萝茗自行车行的大石浩向我们提出了一个"概念店"的想法。他是一个极具现代商业思维的自行车爱好者，既大胆又特立独行。他的商店不仅专营折叠自行车，还销售卧式自行车。这里有一个发烧友社区，他们大多认识到另类风格与优越的人体工学一样充满吸引力。大石留着一头白发，身手矫健，热爱骑行，因为这已是他生活的一部分。

他的设想是在日本第七大城市神户开设一家名为"布朗普顿神户萝茗概念店"的零售店。在日语中，这个名字的韵律更加优美。我们不希望这些店铺被直接命名为"布朗普顿自行车店"，而是希望保留一定的品牌独特性。但我们要想出一个更好的名称的话，只有两周的时间，于是公司上下展开了紧张的头脑风暴。最终，在截止日期前不久，我们的亚洲区域经理昆顿·普林格提出了一个制胜之选：我们的真正目的是让布朗普顿爱好者有一个可以聚集交流的地方，而在伦敦，人们常常在克拉汉姆铁路立交桥交汇处的商店相聚，于是我们决定将这类门店命名为"布朗普顿驿站店"（Brompton Junction）。我们甚至尝试将这一概念店标记在伦敦地铁地图上，以便人们能轻松找到。

然而，在神户驿站店开业的前三周，日本遭受了2011年福岛核电站地震和海啸的袭击。每个人都认为这次的发布会将被取消，有些侨民甚至撤离至香港，并提醒我，这时候去日本的想法太疯狂了。我深吸了一口气，仔细看着地图。日本是一个狭长的岛屿，而福岛位于神户以北约500公里处，风向是呈东西走向。在我看来，没有任何被辐射的危险。于是我打电话给

Born for Freedom: The Story of BROMPTON

掌控我们自己的零售店空间布置，可以最新型号布朗普顿自行车能有最佳展示效果
如同我们在伦敦的考文特花园店中展示的那样

大石浩，确认我将会准时出席。这一决定在日本客户心中产生了极大的积极影响——在日本全国人民经历创伤的时候，我们选择站在他们的身边。

神户的布朗普顿驿站店自开业以来一直表现出色，随后，我们在各地陆续开设旗舰店。这项工作涉及多个领域，远远超出了我的舒适区，很幸运我们聘请到了朗内·瓦瑞担任首席财务官。自2009年他从一家叫"行星有机食品公司"加入我们，对零售业务有着深入了解。一般来说，财务总监并不会直接负责销售渠道的拓展，但正如我们始终强调的——人应该被理念和激情驱动，而非被岗位定义和束缚。

驿站店不仅是普通的销售店，更是品牌旗舰店。我们并没有在每个城镇都开一家旗舰店的野心，而事实上，我们的做法是在关键地段建立一个大型展示空间，全方位展示布朗普顿自行车的最佳特性。在布朗普顿公司的发展初期，折叠车往往会被堆在商店的后面，而在我们自己掌控的商店里，人们可以看到多种车漆涂装，并开始想象应用在自己自行车上的效果。他们可能不会立刻购买，但这一品牌印象会留存于心，也许六个月后，他们会从当地经销商处购买一辆布朗普顿。因此，我们打造的不是简单的门店，而是一个能够激发购买欲望的销售生态系统。

此外，这些旗舰店的另一大作用是向其他自行车零售商展示如何高效销售布朗普顿产品。我们在旗舰店进行创新和实验，然后与整个经销商网络共享更有效的方法。这意味着更有可能激发出新的促销创意，也能让门店体验更加专业化，而非仅仅是一个"摆满自行车的仓库"。（在英国与欧洲其他国家，某些男员工对那些周末不骑车的人有些鄙夷。）

2013年，我们计划在伦敦市中心开设一家旗舰店，但没人愿意让我们这么做。我们想要将商店坐落市中心高端商业区，但房东们却不愿租给我们，他们更倾向于引入奢侈品牌，而非一家自行车店。直到最后，一位友好的

Born for Freedom: The Story of BROMPTON

当年的查尔斯王子在格拉斯哥中央车站观看如何折叠布朗普顿自行车的演示

房地产经纪人为我们提供最后的机会——考文特花园朗埃克街 69 号，这家店铺原本属于一家破产的比利时巧克力店。我们需要与原租户协商接手续租，这是唯一的入驻途径。这处店铺位置极佳，但租金高昂，超出董事会批准的预算 2 万多英镑。朗恩和我穿过马路，正想着下一步行动。在我们转身回头看向大楼时，注意到建筑外墙上面有一块绿色的铭牌——一个身穿燕尾服的男人骑着自行车，上面刻着："丹尼斯·约翰逊（1760—1833），于1819年在此设计并制造了有史以来第一辆跨骑式双轮自行车。"这一刻，我们不再犹豫——就是这里了！我们设法让一切运转起来，并最终签署了租约。五年后，当我们在纽约的格林威治村开设旗舰店时，每个人都很欣然接受了我们的入驻申请。

我从最基本的铜焊接头、可锻铸铁和拨链器开始，讲述了整个发展历程。但作为布朗普顿公司首席执行官，我认为公司里应该保持一种能在才智上持续一致性的方式。当你从生产转向管理时，面临的问题会变得更加多样化，但其中逻辑却惊人地相似。一切都源于公差和变量——现实世界的事情与理想状况之间的偏差有多大，我们能在多大程度上防止其偏离预期，以及在面对不可预见的情况时，我们能预留多少调整空间。其中的复杂性、控制方式、组织架构，以及各个因素之间的影响与相互作用，都是企业运作的核心。归根结底，建立一家公司，就是创造一个能够孕育解决方案与激发创意的环境。

但生命的意义并不仅仅是让血液在体内循环——这无异于本末倒置。只有当公司具备可持续发展的潜力，并且能够真正推动创新、创造价值时，建立它才是值得的。但归根结底，企业的存在必须有其实际意义——在谈论了很多关于如何解决问题，或尝试让他们自行解决问题之后，我们也应该回到最根本的问题：我们在这个世界上真正想要实现的是什么？

电助力布朗普顿自行车的上市进程几乎与安德鲁·里奇最初设计经典布朗普顿的时间跨度一样漫长

在格林福德工厂的生产线上，装配工作按照精心设计的逻辑顺序排列，确保每个工位的任务协调一致，从而维持生产线的节拍时间平衡，提高整体效率

艺术品被精确固定在夹具中,以进行填料铜焊

完美的铜焊接头应该是"线性的",金属以规则的"针迹"线条运动

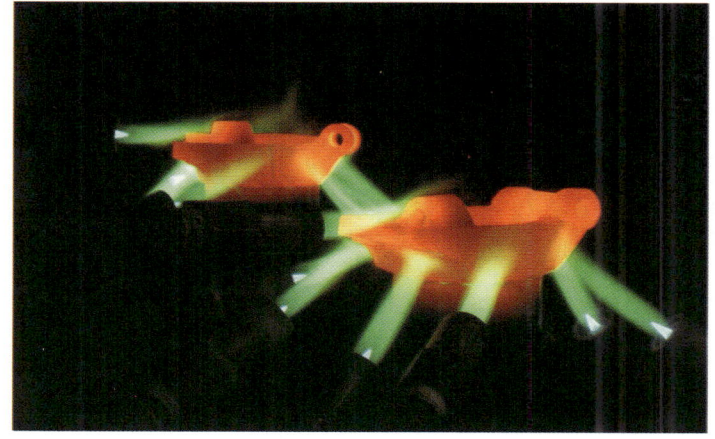

自动铜焊机专门负责焊接最复杂的接头,并配备红外热像仪,实时监测温度

2010年，爱丁堡公爵在访问布伦特福德工厂时，与首席布拉泽·阿卜杜勒·赛义迪（左）和安德鲁·里奇（中）

格林福德的额外空间为工厂提供了更合理的布局，使工作环境更加符合人体工程学原理，优化了生产流程，提升了整体工作效率

这是安德鲁·里奇于1981年制造的首批50台预生产布朗普顿之一

由于弯管工艺的影响,1982年首次生产的 400 台 Mk1 布朗普顿（本示例即为其中之一）在车架设计上呈现出比后续型号更明显的"驼峰"形态

自1996年起,这款 Mk2 布朗普顿便以其经典造型成为品牌的标志性视觉元素

布朗普顿的核心设计是链条

铸造完成后,链条被送入计算机控制的切削工具中,经过精密加工,以确保达到极高的尺寸精度

零件箱将链条固定在指定位置附近

被铜焊到钢架管上

铸造用于布朗普顿链条的可锻白心铁

在氩气气氛中焊接钛部件，有助于防止钛在焊接过程中与空气中的氧气反应

提供不同的配置以适应不同的骑行风格

布朗普顿的重量需要尽可能轻,以便于携带和骑行

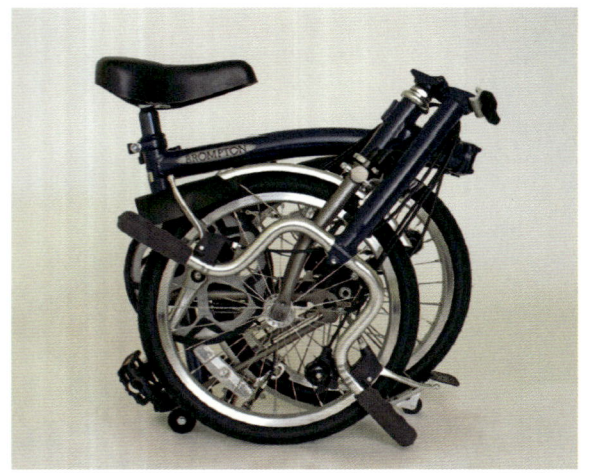

中央链条的设计使自行车能够紧凑折叠,将所有需要上油的零部件安全地收纳在车架中央。这不仅有效避免了外部接触,还保持了整洁无忧的使用体验

格林福德新工厂占地约 9300 平方米

宽敞的空间和充足的光线使工厂车间成为一个让人们倍感自豪的工作环境

辐条手工送入花鼓后,由机器进行"系带"和"校正"

荷兰机械自动车轮系带机采用激光传感器和先进的机器人技术

布朗普顿自行车采用静电涂装工艺，首先将塑料粉末涂覆在零部件上，然后通过加热固化

框架在喷漆车间需要小心处理，以避免出现"夹杂物"和其他微小但可见的缺陷

提供六种标准颜色，此外还有特别版和透明的"生漆"饰面，透过这种饰面可以清晰看到铜焊接点

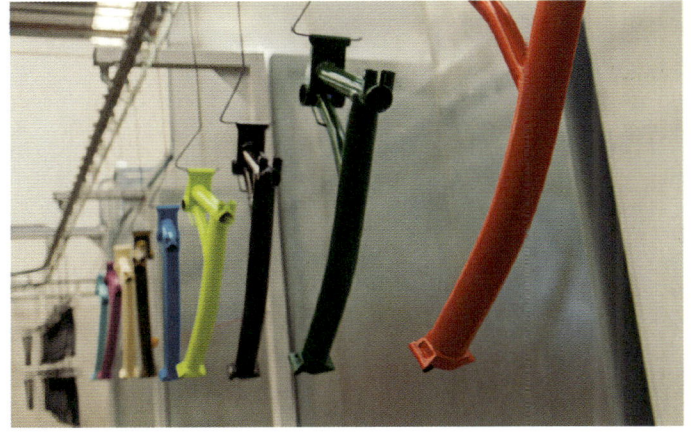

布朗普顿商店的开发旨在展示自行车的最佳效果。目前,已有十六家直营专卖店,其中伦敦、巴黎和纽约的旗舰店尤为突出

2015年,中国北京芳草地布朗普顿专卖店

纽约布朗普顿专卖店

2011年,日本第一家布朗普顿专卖店于神户开业

2013年，我与令人眼花缭乱的定制布朗普顿自行车及其主人于新加坡

Ruth Nicol（露丝·尼科尔）、Mark Woollard（马克·伍拉德）和Andrew Barnett（安德鲁·巴内特，"大黄蜂"）在2014年布朗普顿城市挑战赛期间合影。这是我，蒂姆·伊维斯（Tim Eavis），在伦敦滑铁卢车站拍摄的。马克、安德鲁和我创立了伦敦布朗普顿俱乐部，那一年我们赢得了挑战赛。

托尼·黄和家人在中国台湾北海岸的旧草岭隧道自行车道上，享受着骑行的乐趣

2018年，BBC电台主持人萨拉·考克斯（Sara Cox）在她的电助力布朗普顿上

在布朗普顿上海静安嘉里中心店，和我的两位英国老乡，英国驻上海总领事馆高层介绍 T Line

塞雷娜·怀特（Serena White）的2009年火烈鸟粉色M3R于2013年与她一起从伦敦搬到了澳大利亚悉尼。"骑自行车穿过悉尼海港大桥上班真是太棒了！"

布朗普顿的球迷来自世界各地,参加布朗普顿世界锦标赛。工厂团队通常名列前茅,但尚未赢得"最佳着装"奖杯

布朗普顿北京华贸购物中心旗舰店开业,迄今为止最大的布朗普顿直营店

The One Millionth Brompton Tour 百万辆车世界巡回，亚洲首站在北京

Tom Dixon 特别版的镀铜工艺带来了巨大的技术挑战，但从中获得的经验教训对于未来的发展具有重要价值

12. 我们的亚洲之旅

"世界上最好的自行车店是哪家？"这个问题可以让骑行爱好者们争论一整天，当然，这并没有标准答案。然而，中国香港的飞球自行车公司无疑是最有资格竞争这一称号的车行之一。它已经在九龙扎根七十多年，传承至今由李氏家族的第三代经营。这是一家极具特色的自行车店——两层楼的建筑，楼上设有一个中庭，和香港的许多店铺一样，空间被塞得满满当当。无论是地面还是墙壁，每一寸可用空间都摆满了自行车和相关装备。而距此仅两个街区外，还有一个更像"阿拉丁洞穴"的配送中心。如果你不熟悉香港当地的零售运作方式，这里看起来似乎完全不符合传统仓库管理的逻辑，但却井然有序地运行着。

中国香港并不是一个适合业余骑行者的城市，它与哥本哈根或哥廷根截然不同。这里坡道众多、交通繁忙。在香港长大的大卫·米勒（David Millar）曾说，他在职业自行车比赛的主车群中总能游刃有余地穿梭，与他儿时在九龙街头骑行、在人群间灵活穿梭的经历密不可分。老李是香港自行车文化的重要奠基人之一，他不仅组织了香港首场大型骑行活动，飞球自行车公司更是在香港的骑行文化中树立了"酷"的标杆。当海因茨·施图克（Heinz Stücke）在亚洲旅行时，他总是会在飞球自行车公司停留，进行维修和休整——这家车行是他最早的商业赞助商之一。正是老李第一次向我们介绍海因茨,并建议他骑上一辆布朗普顿折叠自行车继续他的史诗级旅程。

我们的西班牙经销商库斯·克罗恩(Koos Kroon),同时也是海因茨的朋友,最早向老李介绍了布朗普顿。当他在展会上找到我们时,双方都没有抱太大期望。香港的骑行文化虽热情而独特,但它的特点似乎并不适合布朗普顿的发展。但老李先生敏锐地意识到,这是一款出色的工程作品,并认为自己或许能卖出去几十辆。考虑到他已经是多个国际品牌的经销商,而且飞球自行车公司在圈内的知名度极高,我们也十分兴奋,于是决定尝试一笔小规模的分销合作。

事实证明,我们完全低估了香港市场。飞球自行车公司第一年卖出的布朗普顿自行车,不是我们预计的二三十辆,而是近三百辆。他唯一限制销量的因素,并非市场需求,而是我们能够提供的自行车数量。尽管香港的丘陵地形似乎并不适合布朗普顿,而本地骑行者多以休闲运动为主,较少用于日常通勤,但布朗普顿仍然占据了一大优势——它可以折叠得极其小巧。对于住在公寓、缺乏存放空间的骑行者来说,这一点至关重要。

此外,布朗普顿的骑行能力也远超想象。只要变速器调整得当、轮胎充足充气,并且路面状况不至于过于颠簸,那么小轮径所带来的能量损失,与空气阻力造成的损耗相比,实际上并不算劣势。事实上,安德鲁在设计布朗普顿时,便从穆尔顿(Moulton)小轮赛车中汲取了灵感。而穆尔顿赛车之所以最终被国际自行车联盟(UCI)禁止参赛,正是因为它赢得了太多比赛。不出所料,布朗普顿最适合公路骑行的车型是CHPT3,这款车型正是与九龙的大卫·米勒联手打造的。

我们在香港的成功让我更加坚定地意识到,布朗普顿自行车在亚洲的城市生活中能发挥出超出我们最初设想的作用。亚洲的自行车用户对布朗普顿的态度,似乎与我们过去所熟悉的截然不同。

长期以来，自行车一直是亚洲，尤其是中国大众交通的标志性象征。而在当代中国政府鼓励"绿色出行"，并对私家汽车采取了一系列限制措施。"十三五"规划提出要大力推广低碳交通方式，随着这一目标的推进，电动自行车逐渐成为主流。许多中国城市纷纷推出共享单车项目，其中不少由大型私人企业运营。也就是说，中国在短短二十年间，经历了从"自行车时代"到"汽车时代"，再回归到"自行车时代"的过程。最初，随着经济发展，人们有了更多选择，自行车的地位被削弱；但很快，他们也遇到了西方城市曾面临的交通困境。不同的是，在西方，问题是逐步积累的，以至于人们难以察觉，而在中国，城市发展节奏极快，交通困局显而易见。更重要的是，汽车尚未深深嵌入国民身份认同之中，政府也无需顾忌汽车行业的游说压力，因此能够更果断地推行解决方案。

因此，中国城市的交通发展经历了一个独特的轨迹——最初远远落后于欧洲城市，接着经历了一段混乱时期，而后迅速调整，如今甚至走在了世界前列。例如，在厦门，骑行者可以使用全长7公里的世界最长高架自行车道，避开地面交通拥堵；在北京北部郊区，也建成了类似的自行车专道，每天有超过5万名通勤者使用。

中国的这一经验，颠覆了我对城市交通的固有认知，也让我重新思考布朗普顿在全球的定位。中国的骑行者在某些方面与我们的英国用户相似，但在另一些方面却截然不同。我们又能说谁的出行方式才是"正确"的呢？就城市交通的未来而言，中国或许比伦敦更具前瞻性——这里的变化速度远超我们以往的经验。面对这样的挑战，我花了很长时间思考，最终基于布朗普顿在亚洲市场的发展历程，重塑了对品牌的理解。

我们最初在亚洲的布局始于日本，与经验丰富、信誉卓著的自行车经销商水谷公司（Mizutani）合作。然而，在亚洲市场，并非每个国家都能找到像水谷这样理想的合作伙伴。而且，正如我之前提到的，即便是与水谷的合作，也曾经历过波折——我们希望对销售和定价拥有更多自主权，而这与他们的商业模式并不完全一致。即便在日本，早期的销售模式也存在问题，层层分销导致最终售价过高，这种模式在其他亚洲市场恐怕难以为继。

其他公司通常会通过迁移生产来应对这类问题，但在经历了与尼奥自行车（Neobike）灾难性的合作之后，这个选项对我们而言已然不可能。我和安德鲁最担心的，始终是尼奥自行车的制造缺陷可能导致严重事故。正如我之前所说，布朗普顿自行车在重量与刚性之间的平衡已达材料工艺的极限。如果任何主要部件，甚至次要部件的公差超标，都可能引发故障。而一旦故障发生在高速骑行或繁忙道路上，后果不堪设想，甚至可能危及生命。

这正是我们严格执行质量控制流程的原因之一。但如前所述，在现代生产规模下制造布朗普顿这样的产品，仅靠检验无法消除缺陷，必须将"质量"融入工程设计之中。我们通过将公差标准设定为行业平均值的十分之一，确保每个零部件的精准度，同时严格控制所有生产流程，积极维护工装和夹具，防止任何偏差超出标准。因此，我们必须谨慎决策哪些生产环节可以外包，并始终保持对最终产品的控制。组装、铜焊及质量检测，均只能在伦敦工厂内完成。

与此同时，布朗普顿在中国的知名度不断提升，越来越多的消费者从香港购车并带回内地。而真正的转折点出现在2008年北京奥运会闭幕式上——我们获得了一次无可比拟的品牌曝光机会。为了象征奥运主办权从北京交接至伦敦，组委会希望在"伦敦8分钟"演出中呈现下一届主办城市的标志性元素。因此，除了经典的红色双层巴士、英国国旗和时任伦敦市长鲍里斯·约翰逊（Boris Johnson），自行车冠军克里斯·霍伊爵士（Sir Chris Hoy）也成为焦点——他身披六枚奥运金牌，身穿考究的萨维尔街（Savile Row）西装，骑着一辆布朗普顿折叠自行车驶入舞台。如此震撼的场景，简直比电影还精彩！

是时候进军中国市场了。我与亚洲区负责人昆顿·普林格（Quinton Pullinger）踏上了中国考察之旅。昆顿曾在台北居住，普通话流利，我们的目标是走访尽可能多的高端自行车店，以深入了解市场。由于调研渠道有限，我们决定"空降"——骑着布朗普顿在城市中四处探索，希望能邂逅令人兴奋的店铺。2010年2月，我们抵达北京，入住"鸟巢"奥运体育场附近。出行方式？当然是骑行！然而，第一天骑进市中心，我们几乎被严寒冻僵——事实证明，在冬日的北京，骑行者需要有足够的毅力。

我们看到许多自行车商店，但真正的高端零售商却寥寥无几。少数几家高端店铺主要服务于外籍社区，并专注于公路自行车。当我们兴冲冲地向他们展示布朗普顿时，他们却难以理解这款折叠自行车的市场价值，也无法将其与自己的顾客群联系起来。令人遗憾的是，上海的情况也不容乐观。我们逐渐意识到，中国的自行车市场规模有限，且主要围绕公路骑行展开。

就在考察行程即将结束之际，我们收到一位中国台湾的合作伙伴黄先生（Ben Huang）的推荐。他在台北经营一家出色的自行车店，代理布朗普顿，并告诉我们："你们一定要去见托马斯·林（Thomas Lin），他绝对是中国最酷的人之一。"果然，托马斯出场时留着一头长发，戴着迈克尔·凯恩风格的宽边黑框眼镜，身披一件长款毛毡大衣，而他骑的则是一辆完美无瑕、原色漆面的超轻版布朗普顿。他不仅是一位资深营销专家，还曾与众多西方品牌合作，帮助它们适应市场并树立品牌形象。我们没有任何预设议题，只是相约喝茶，畅谈可能的合作方向。

托马斯对中国市场的零售业和品牌运作有着极其深刻的理解，与他共饮一壶茶的交谈，仿佛上了一堂完整的课程。茶还未喝完，我们便已拟定了计划——我们将亲自开展在中国大陆的业务，放慢步调，循序渐进地推进。于是，布朗普顿中国公司诞生了。在这场激动人心的讨论中，我们当即拨通了在台北的黄先生的电话，邀请他加入。最终，我们达成了一项三方平等的合伙协议——黄先生、托马斯与布朗普顿共同携手，开启全新的事业。

新公司的首个计划，是在上海开设一家布朗普顿自行车专卖店。通过严格把控从格林福德工厂生产线到门店销售的每一个环节，我们希望能以最直观、最具吸引力的方式，向目标消费者展示布朗普顿自行车的优势。托马斯建议我们瞄准一批新兴消费群体——他们并非传统奢侈品的追捧者，而是具有设计鉴赏力、愿意为优质产品投资，并希望通过布朗普顿传递健康都市生活方式的消费者。

我们的首家门店选址于上海的一栋精心修缮的历史建筑内。对于布朗普顿而言，最理想的门店位置通常是富裕社区里的静谧街巷，这样既能确保目标客户能在合适的时机找到我们，同时门店不会过于拥挤，便于顾客在周围骑行试车。我们对这次尝试充满期待，甚至吸引了布朗普顿的忠实用户——时任英国首相戴维·卡梅伦（David Cameron）亲临店铺参观。然而，这个看似完美的选址，最终却成了一场惨痛的教训。门店客流寥寥无几，而我们的品牌在中国市场几乎毫无知名度。即便有新兴中产消费者偶然发现了我们，他们也无法确定布朗普顿是否符合他们的需求。

确实，其他国家花了近百年才完成交通管理和城市规划的转型，这意味着，在这里，适用的是一套截然不同的语言体系和市场逻辑；品牌不能理所当然地认为，曾在其他市场奏效的策略，在中国也同样适用。

要真正了解你的顾客，需要时间和耐心。而在上海门店的最初顾客中，我们注意到了一个在中国市场独特的消费现象。顾客来到店里，对自行车的每个细节都一丝不苟，显然在购车前已经做了大量功课。他们仔细试骑不同配置，最终选定最适合自己的布朗普顿。随后，订单从格林福德工厂发出，不久后车子便抵达上海。但当顾客前来取车时，他们往往会带上一位"朋友"，并特别关注这位朋友能否学会如何折叠和展开布朗普顿。

当这样的场景发生了十几次后，我们才恍然大悟——这并非简单的口碑传播，而是因为"朋友"其实是客户的司机。上海的顾客对布朗普顿的工艺、品质、设计和品牌声誉充满敬意，超越了单纯的代步工具，赋予了它某种奢侈品的属性。新兴消费群体的观念正悄然转变，他们不再热衷于通过昂贵的手表或名牌包来彰显身份，而是寻求真正能为生活带来实质改善和愉悦的产品。许多顾客会驱车离开城市，将折叠后的布朗普顿放入后备箱，到达公园或风景优美的骑行地后，司机先行下车，将布朗普顿展开，待顾客悠闲地骑行一番，与朋友共享美好时光后，再在预定地点与车辆会合，由司机熟练地将车折叠收纳，整齐放回后备厢，准备返程。

奢侈品牌在中国市场的经营逻辑，与在其他地区也并不完全相同。许多中国消费者对陌生品牌和产品保持谨慎，因此，高端购物中心在其中扮演着至关重要的角色——它们对入驻品牌进行严格筛选，确保品牌的信誉、历史和品质，某种程度上相当于为其提供了一张"认证书"，让消费者可以放心地在这里选购。

正因如此，我们最终放弃了那家风景如画的历史门店，在托马斯的帮助下，将布朗普顿带入了中国的高端购物中心——北京侨福芳草地和上海 K11。随着本土团队的不断壮大，我们在 2018 年迎来了段旭（Andy Duan），他出任布朗普顿中国区负责人。在"创造都市自由，打造更幸福的生活"这一理念的引领下，我们的骑行社群日渐壮大。

在段旭的推动下，布朗普顿从一款手工打造的英伦折叠自行车，成长为触及更广泛受众的都市生活方式品牌——它不仅是一种出行工具，更是探索城市，结识志同道合的人，享受更健康、更快乐、更可持续生活方式的象征。段旭充分体现了布朗普顿精神，在他的领导下，中国市场如今已成为布朗普顿全球最大的市场，拥有超过 20 家布朗普顿自行车专卖店，以及 50 余家独立零售商，取得了令人瞩目的成就！

布朗顿在中国市场成功的终极象征，莫过于它拥有了自己的中文昵称——"小布"！这不仅提升了布朗普顿在中国的市场地位，也促使我们调整了全球战略，让我们深刻意识到，相较于"一刀切"的策略，本地化运营往往能带来更卓越的成果。

无论在新加坡、韩国、印度尼西亚还是中国，我们从未急于求成。我们并不希望消费者因一时冲动或流行趋势而购买布朗普顿，而是希望这款由安德鲁在伦敦哈罗德百货公司附近发明的折叠自行车，能够真正改善人们的生活，成为他们日常的一部分，成为他们无法割舍的伙伴。只有当一件产品融入消费者的生活，它才真正成为一个品牌。只要能做到这一点，我们的用户就会自发地推动布朗普顿走向更广阔的世界。

事实证明，正是亚洲骑行社群的力量，推动了我们的成就。如今，亚洲各地都有布朗普顿俱乐部。例如日本的"Palace"，新加坡的"Brompton World Travellers"，以及北京的"布焦绿"等。当你购买了一辆布朗普顿折叠自行车，不仅意味着拥有了一款优质的折叠自行车，更意味着加入了一个充满活力的社群，收获友谊、活动、体验和美好回忆。

亚洲市场现已成为布朗普顿全球业务的重要组成部分，占据 35% 的销售份额，且增长速度位居全球第一。这一贡献帮助我们在 2023 年迈过了一个里程碑——伦敦工厂生产的第一百万辆布朗普顿诞生了！为了庆祝这一历史时刻，我们决定带着这辆自行车展开一场全球巡游，横跨欧洲、北美和亚洲，穿越 18 个国家、27 座城市。我们的目标不仅是庆祝这一成就，更希望借助第一百万辆布朗普顿汇聚思想领袖、影响者、政策制定者以及我们的社群，共同探讨如何改善城市环境，推动更积极的出行方式，实现更洁净的空气、更自由的通行和更幸福的都市生活。我们希望，这次巡游能为全球城市骑行文化的兴起贡献一份力量。

另一个体现亚洲市场对布朗普顿重要性的例子，是 2024 年 9 月，布朗普顿世界锦标赛中国站（BWCC）在北京盛大举办。2024年，我们也迎来了伦敦布朗普顿世界锦标赛（BWC London）的重启，这是我们每年最重要的盛事之一，它完美诠释了布朗普顿的品牌精神——乐趣、友谊与自由。然而，对于许多亚洲骑行者来说，前往伦敦参赛并不现实。因此，我们精心甄选合适的场地，最终在北京工人体育场找到了理想的比赛场地———一条环绕体育场的2公里赛道，无论从历史意义还是竞技角度来看，都是完美的选择。

在亚洲，我们不断学习和成长。目前，我们在中国拥有一支近50人的本地团队，在日本和新加坡设有办公室，同时欣喜地发现，亚洲的骑行爱好者是全球范围内最具热情、最具创意、最具活力的群体之一。他们深知城市环境需要变革，而布朗普顿正是推动这一变革的重要力量。2025年，布朗普顿即将迎来品牌创立50周年，在这值得铭记的时刻，我们怀端期待，迎接更加精彩的未来！

2025年9月，布朗普顿世界锦标赛首次落地中国北京，和布朗普顿中国区负责人Andy一起为选手鸣枪开赛

第 3 部分
改变世界

'BROMPTON' Order form

To:

BROMPTON BICYCLE (SALES) LTD.,
The Old Powerhouse,
Kew Gardens Station,
Richmond, Surrey.

Please supply:

Item	Quantity	Price exc.VAT
BROMPTON BICYCLE	———	£170
Dynamo lighting	———	£11
Front luggage carrier	———	£10
Cover	———	£20

I understand the terms relating to this order, and I enclose a remittance of £25 as deposit in respect of each bicycle ordered.

Name:
Address:

Day tel:
Signed:
Date:

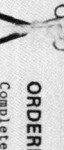

ORDERING YOUR BROMPTON BICYCLE

Complete and detach the form on the left and send it to us together with your deposit.
(If you are ordering after the date given at the foot of this page, please contact us to check prices.)

BROMPTON SPECIFICATION

The BROMPTON is a full size, 16" wheel bicycle which folds easily into a package 20" x 22" x 10". It includes the following features as standard:-

* 3-speed gears
* rear luggage carrier &
  shock cord
* swinging arm rear
  suspension
* folding crank for left hand pedal
* full size pump
* adaptors on the rear
  carriers
* fully adjustable saddle
  height

EXTRAS

Note:- these do not affect the ease of folding or the overallsize of the folded package.

DYNAMO LIGHTING: the dynamo is attached to the rear frame and is easily engaged or disengaged; the wiring is enclosed for protection, and the system provides first class lighting.

FRONT LUGGAGE CARRIER: this comes complete with shock cord, and provides a useful platform 10" x 5" for extra luggage

COVER: smart but tough canvas cover which slips easily onto the folded package, with a flap which may be tied across the base; this fully encloses the bicycle

TERMS

1. A deposit of £25 per bicycle should accompany each order - except as stated below, this is non-returnable
2. Bicycles will normally be ready within 4 to 8 weeks from the date of ordering. Where delivery is likely to exceed 8 weeks, we will advise you of the expected date of completion. If you notify Brompton Bicycle (Sales) Ltd. that this is not acceptable, then, providing we hear from you more than 6 weeks before the advised delivery date, your order will be cancelled and we will refund your deposit
3. Payment of the outstanding amount on your order (total order value - VAT less deposit) becomes due as soon as you are informed that your order is ready. If payment is not made within two weeks of your being so notified, delivery of your order may be delayed
4. Your order, when ready, may be collected from Kew, from an authorised agent or as outlined below (London Delivery). If a special arrangement has to be made, then a charge may be made.
5. Brompton Bicycle (Sales) may alter the detail specification of the BROMPTON.

LONDON DELIVERY: If you live or work within 5 miles of Kew or Hyde Park Corner, we will deliver to you by appointment, and at the same time demonstrate and give you full instructions on using your BROMPTON. If you would like to use this very convenient service, please indicate on your order form - the charge for 'London Delivery' is £8.50.

PRICES:

BROMPTON bicycle   £170 + VAT

THE
BROMPTON

BROMPTON BICYCLE (SALES) LTD.,
THE OLD POWERHOUSE, KEW GARDENS STATION, RICHMOND, SURREY
Telephone: (01) 940 2879

我们在上一章结尾谈论了销售与分销网络，以及市场营销的策略，但还从未完全深入探讨布朗普顿品牌本身。从逻辑上，这似乎是顺理成章的下一个话题，但事实并非如此。品牌不是凭空捏造，也非独立于公司之外而存在。就像一个真正酷的人，并不会每天花几个小时刻意塑造自己的形象，而是因为他们做了很酷的事才自然产生的。品牌或许需要公关宣传，但这只是表象，与品牌的本质并不同。

　　我们并非在贩卖消费主义。布朗普顿的产品不是时尚配饰或花哨小玩意，而是帮助人们改变城市生活方式的工具。我们不屑于"计划报废"式的设计，不会故意缩短产品寿命来刺激销量，相反，我们以"耐用设计"为骄傲——布朗普顿折叠自行车的每一克重量，都只为功能服务，绝不添加多余装饰。正如 2016 年发布的《布朗普顿经营哲学》中所强调的："布朗普顿是诚实的。"

　　因此，当我们谈及"品牌运营"时，真正的核心是与消费者的关系。布朗普顿的价值无法通过简单的广告语来传达，而是需要人们亲身体验，才能理解其中的意义。有时，这意味着与理念契合的合作伙伴携手；有时，需要讲述能引发共鸣的故事。品牌的根基在于口碑，而这源于对顾客的尊重与用心。坚持下去，我们便能持续成长。

Born for Freedom: The Story of BROMPTON

2015年，威廉王子在中国上海举行的世博会英国馆中试骑布朗普顿自行车

我之所以从 ICI（帝国化学工业有限公司）离职，加入布朗普顿公司，是因为我渴望真正影响世界。我无法在一个庞大到个人毫无影响力的组织中实现这一目标。最初，我以为在布朗普顿的经历只是短暂学习，没想到却爱上了这家公司和它的折叠车。随着时间推移，我愈发坚信，人力驱动的交通工具其改变 21 世纪世界的潜力，不亚于任何行业，甚至远超多数行业。

评判我们的标准，不仅要看布朗普顿已创造的影响，更要看我们能走多远。公司一直有雄心壮志，但过去多年，我们对生产规模的想象仍相对保守，仅限于"年产突破五万辆"。记得蒂姆·贝恩斯（Tim Baines）教授曾送我一瓶香槟，以激励我们达成这一目标。这瓶酒在办公室里辗转多年，直到 2019 年，我们终于迎来了年产五万辆的里程碑，才将它开启，并额外准备了一瓶 15 升的布林格（Bollinger）香槟，毕竟举杯的人更多了。如今，我们的目标远远超出了五万辆，甚至大到有些令人忐忑不安。毕竟，从年产五千到五万辆，工厂、公司乃至思维模式都经历了巨变。而下一个数量级的飞跃，挑战只会更严峻，但我们必须去做。

世界需要自行车和轻型电动车。如今，全球超过一半的人口居住在城市，城市化比例仍在增长。但城市已无法维持现状。20 世纪末的城市规划，就像一台巨大的机器，它不仅损害居民的身心健康，还因污染和温室气体加剧全球环境危机。顶尖的城市规划师们一致认为：让人们回归骑行，是解决未来城市交通唯一可行的解决方案。而布朗普顿折叠自行车设计轻巧便携，完美适配城市生活。

然而，仅仅年产五万辆，远不足以改变世界。我们必须瞄准更高目标。我曾提到，企业的职责之一是建立秩序，但如今我意识到，另一部分重要职责，是"在合适的地方制造一定的混乱"。若公司只安于现状，结果只会停滞不前；如果仅以行业平均水平为标杆，那我们永远无法超越。我需要描绘愿景，并推动团队打破舒适区，以全新的方式，迈向更大的未来。

13. 我们需要解决的问题

1800 年，全球仅有 2% 人口居住在城市；2016 年，这一比例已飙升至 54%。世界银行数据显示，城市贡献了全球 80% 以上的经济产出，同时也排放了 60% 的温室气体。

起初，我并未完全理解这一现象的深层意义。然而，在世界各地旅行，亲眼见证布朗普顿折叠自行车如何改变用户生活后，我逐渐明白了公司的使命。布朗普顿折叠自行车的核心秘诀在于它的"与众不同"——骑行时你注定引人注目。并非所有人都喜欢这点，因此布朗普顿的车主群体分化为两类鲜明的人群。

第一类是"工程师思维"用户。他们关注的只有功能——折叠设计的便捷性、轻量化的实用性。他们不介意旁人眼光，骑行时专注目的地，而非造型。正如安德鲁最初为自己打造折叠车原型时所设想的——这群人瞬间就能理解它的精髓。他们欣赏其巧妙的折叠机构和轻量化设计的好处，并且毫不介意在公共场合骑行，因为他们通常不会考虑别人怎么看他们，而是如何高效地实现自己的出行需求。

第二类骑行者则完全不同,他们是"美学先锋"。他们自信且富有个性,深知"特立独行即是酷"。对他们而言,骑折叠车不仅毫无尴尬,反而成为一种身份宣言。他们相信,正因自己的独特,自行车也必须同样是酷的——因为他们正在骑它。正是这群人热衷口碑传播,每当路人驻足好奇询问,他们总乐意停下分享自己的骑行体验。

过去的二十多年,我遇到的布朗普顿车主几乎异口同声地告诉我:"这辆车改变了我的生活。"他们的共性在于:不惧与众不同,敢于尝试新事

一位快乐的用户

物。毕竟，在城市骑行仍需勇气，但他们却因此变得更快乐与健康。显然，我们的目标不能仅仅是制造一款小众产品。

有趣的是，布朗普顿自行车常被称为"建筑师的车"。这一说法虽带刻板印象，却也隐含几分真相——建筑师恰好是功能与美学的完美结合者。他们深谙城市空间的运作逻辑，对新体验持开放态度，甚至比常人更愿冒险。因此，布朗普顿折叠自行车在全球建筑师群体中广受欢迎。

我曾环游世界，并与各地建筑设计师一起骑行交谈，这不仅令人愉快，更是了解城市及其建构方式的绝佳途径。丹麦建筑师扬·盖尔（Jan Gehl）提出了"以人为尺度"的城市设计理念，这也是一部关于他的纪录片的标题。这一理念部分基于哥本哈根城市现代化过程中汲取的经验——那里的人们有意识地选择围绕城市居民来打造城市，使市中心成为充满公共空间的宜居之地。在英国，类似的理念得到了建筑师兼作家彼得·穆雷（Peter Murray）的倡导。他曾主持过一份关于伦敦骑行的研究报告，为时任市长鲍里斯·约翰逊（Boris Johnson）提供建议。穆雷和盖尔对骑行的倡导，并非出于单一诉求，而是经过深思熟虑后的结论。他们的核心理念其实很简单，却足以颠覆传统——就是将公共空间归还给人们。

具体来说，他们主张从汽车手中夺回这些空间。交通基础设施是城市设计的核心问题之一。早在20世纪70年代，那些真正认真思考城市未来的人就已经察觉到一个事实——整个自行车行业几乎遗忘了，而安德鲁·里奇才重新唤起的一个重要概念：骑行不仅仅是一项运动，它更是一种高效的城市交通方式。

1898年，首届国际城市规划会议在纽约举行，讨论的核心议题之一是"马粪危机"。当时，伦敦街头约有75万匹马，它们拉着马车、运货马车和客运出租车，而世界上其他主要城市的情况也相似。每匹马每天进食10~15千克的饲料，同时排泄近等量的粪便，并伴随几升尿液。因此，在世

BORN for Freedom: The Story of BROMPTON

纪之交的伦敦，街道每天需要清理大约 1000 吨的马粪。这些污物吸引苍蝇，传播疾病，导致各大城市濒临公共卫生危机。《泰晤士报》甚至预测："五十年后，伦敦的街道将被九英尺深的马粪掩埋。"

　　众所周知，这一危机最终因内燃机的普及而得到解决。但代价是城市不得不让位于汽车，并且在许多情况下进行了大规模的改造。这并非夸张——从卫星照片上我们便能清晰地看到其影响。无论是城市规划倡导组织，还是房地产咨询公司，他们的测算结果都惊人地相似。即便是伦敦这样仍保留部分历史街道规划的城市，约 15% 到 20% 的地面面积被汽车停车位所占据。更令人惊讶的是，大多数这些停车位都在公共街道上，居民每年仅需支付微薄的停车费，就可以占用约 20 平方米的空间。而在这样一个城市，工业用地的平均价值为每公顷 500 万英镑，住宅用地从 700 万英镑到 9000 万英镑不等。换句话说，政府实际上为每个车主提供了价值至少 1 万英镑甚至远超这一数额的空间福利，而每年的收费还不到 1% 或 2%。

　　更进一步来看，这还只是停车问题。当计算实际道路面积时，即使是像巴黎这样的城市，也有 30% 的面积专门服务于汽车。而在美国城市，这个比例甚至可达 40% 至 50%。即使我们忽略污染和全球变暖，这仍然是不可持续的道路。如今，汽车的普及已然让城市陷入了类似 19 世纪末"马粪危机"般的困境。如果我们继续这样下去，最终恐怕真的会"深陷九英尺的泥沼"。

　　彼得·穆雷和扬·盖尔多年来一直在警告城市规划者："二战"后，全球最大的人口趋势是越来越多的人涌入城市。这一现象跨越不同政治经济制度，在世界各地普遍发生。21 世纪的核心挑战之一，便是如何妥善管理城市扩张，改善城市生活质量。

　　这一挑战是全球性的，各城市之间的相似性大于差异性。欧洲城市受限于中世纪的街道布局，美国城市因极端依赖汽车而面临困境，而亚洲城市则因 20 年的快速、无序扩张而承受压力。然而，所有这些问题的本质并无二致——即如何在如此高密度的人口聚集区，确保日常的食物供应、通勤流畅，并在不发生太多碰撞的前提下，高效运转。城市如一座巨大的工厂，需要被组织成能够自我调节的系统，而不是依赖上层干预。正如工厂规模扩大后，其内部结构和运营模式必然需要调整，城市同样需要随时代发展进行空间与功能的重组。

回顾历史，这种情况实际上不断重演。汽车曾以革命性的方式解决了"马粪危机"，但换来了污染、空间侵占等新的问题。然而，在 1898 年，城市人口密度较低。如果人们当时有能力负担得起，且暂时忽略马粪问题，没有特别理由认为 1898 年的每户人家不可以在户外街道上停放自己的马车。那时，仍有空间供孩子玩耍，人行道也可被利用，道路的交通只是偶尔的不便。即便是汽车的早期阶段，情况也是如此。

但随着事物的发展，它们相互影响、彼此制约。在高峰时段，交通拥堵时，路上有惊人的 30% 的汽车在四处寻找停车位。这一现象几乎是一条普遍规律，早在 20 世纪 30 年代的研究中就已经发现。唯一变化的是，"高峰时段和交通拥堵"在每天中所占的比例，以及在城市中所占的面积逐年增加。在过去的十年里，优步（Uber）等平台的出现意味着不仅仅是持牌出租车在空驶寻找乘客。在交通状况最糟糕的日子里，这些网约车可能额外占据 5% 甚至 10% 的道路资源。

于是，我们形成了这样的一个现象：在市中心的大部分时间里，多达 40% 的汽车交通从事的是低效、重复的活动，而且是不得不这样做的人来驾驶的。与此同时，90% 的居民在日常生活中可以不依赖汽车；在伦敦，几乎一半的家庭甚至没有汽车。尽管如此，他们也不得不让渡那些价值数十亿英镑、原本属于所有市民的公共空间。这些空间原本可以用来增加绿地、扩展骑行道路、设置休憩区，却长期被车辆占据，成为对所有人开放却不

Born for Freedom: The Story of BROMPTON

印度，一位好奇的年轻骑手欣赏这奇特的折叠自行车

可用的资源。在几十年前，汽车工业的确曾为人类社会的发展带来便利。但在城市语境下，汽车已不再是唯一合理的交通工具选择。如今，它也演变为一个依赖政策支持和补贴的庞大体系，维系着城市对车辆的高度依赖。与此同时，城市居民也愈发意识到，他们理应重新拥有更宜居、更健康的

生活空间。

　　到目前为止，我很少提及与内燃机相关的问题。但电动汽车并不是唯一的解决方案。如果我们了解电池和电机的工作原理，就会发现他们仍沿用了石油时代的一些逻辑。例如，一个体重 100 公斤的人可以轻松骑在 15 公斤的自行车上，比如电动布朗普顿自行车。但电动汽车却仍然需要一辆重达两吨的庞然大物，占据城市道路上原本可以容纳十个人的空间。即便是特斯拉这类电动汽车，它的设计初衷依然是为了让乘客在高速公路上以 80 英里 / 小时的速度发生碰撞时仍能存活。而在城市中以合理速度行驶时，这种冗余设计——如厚重的金属防滚架——并非必需。

　　当然，这并不是否定电动汽车在减少尾气排放方面的价值，而是从更广泛的资源与空间利用角度出发，提醒我们更灵活、高效的替代方式——例如电动自行车——在城市交通体系中同样应获得重视。

　　即便是最绿色的能源，个人交通仍然需要依赖电池储能。而现代电池制造所需的锂与钴，依然面临着环境与人道的挑战。锂的开采过程本身就极具破坏性：在智利和阿根廷的盐碱地中注入大量水资源（每吨锂约需 50 万加仑），或从澳大利亚矿山中开采后以硫酸处理。这不仅对生态系统造成压力，也引发了水资源污染等问题。当然，科技界正在积极探索更可持续的替代方法，例如海水提锂和固态电池等，未来或许能缓解这些问题。

　　而钴的开采情况则更为复杂——全球大部分钴产自刚果民主共和国。一些"小规模人工矿井"在缺乏安全措施的情况下运行，对工人健康和当地环境构成风险。这进一步提醒我们，任何能源转型都需要伴随严格的监管与全球供应链优化，才能真正实现绿色目标。

　　事实上，问题的关键或许并不只是能源种类，而是对城市空间使用的整体思考：一辆汽车停车所需的面积，可容纳二十辆自行车；六名骑行者在道路上占用的空间，等同于一辆汽车。一辆奥迪 Q4 的电池所含的锂，足

Born for Freedom: The Story of BROMPTON

在一个标准汽车停车位中可以容纳 42 辆布朗普顿折叠自行车

够供应 150 辆电动自行车。电动自行车不仅所需资源更少，其充电基础设施也早已成熟便捷。

这并不是要淡化内燃机引起的问题；如果根本问题是汽车本身，那么内燃机则使得这个问题更加紧迫。在伦敦，每年有估计超过 4000 人因为空气质量不佳而早逝。这座城市甚至未能满足欧盟超细颗粒物的最低标准，而这一标准本身就已远宽于世界卫生组织的建议。这不仅影响到居民的呼吸健康，尤其对儿童成长造成长期影响。具有讽刺意味的是，最严重的空气污染反而集中在封闭交通工具中：司机和公交乘客被困在尾气循环的环境里；而骑行者和行人则更有机会选择避开污染最严重的路线。地铁的空气质量问题也不可忽视——其中的金属粉尘和碳颗粒浓度可高达地面水平的四倍。地铁的空气质量问题也不可忽视——颗粒物和二氧化硫的浓度可能是地面水平的四倍，空气中还有金属粉尘和碳颗粒。

这只是问题的一部分，甚至还未涉及温室气体排放、肥胖危机和心理健康问题。1999 年，《美国预防医学杂志》提出"致胖环境"一词，来描述某些地区通过土地规划使得日常锻炼变得几乎不可能的地区。城市规划者多年来一直知道，缺乏绿地、噪音污染、空气污染以及缺乏锻炼机会等因素，都会加剧心理健康问题。所有这些问题，至少部分可归因于一个事实：我们的城市是为汽车而设计，而不是为人而设计。

但好消息是，解决方案已经存在。彼得·穆雷研究了世界各地的成功案例，并制定了一系列可推广的骑行政策。在阿姆斯特丹，38% 的出行由自行车完成，而在西蒙·库恩的家乡格罗宁根，这一比例高达 58%。这些例子说明，只要我们愿意重新定义出行方式和城市空间，健康、环保且高效的交通系统并不遥远。

当然，我不想过度简化彼得·穆雷和扬·盖尔的工作，他们的研究涉及整个城市规划的系统性变革。但其中的关键是建立独立的基础设施：要想让更多人安全地在城市中骑行，就必须将自行车交通与汽车交通分开，并重新分配原本属于汽车的空间。在哥本哈根，标准的做法是设置单向自行车道，并将其安置在停车位外侧，而非直接临近车道，这可以让汽车本身充当隔离物。如果预算有限，可以先用低成本的临时解决方案，比如用花盆或长椅将自行车道分开，但最关键的是要提供实际的物理保护，并确保自行车网络连续不断。仅用油漆或彩色沥青标出的车道并不能真正吸引主流城市居民使用，它们仍然很危险，因此只能吸引特定群体，比如男性、身体素质较好、风险容忍度稍高，并且至少在一定程度上将骑行视为运动的人。自行车基础设施的真正衡量标准是：你是否愿意让一个十岁的孩子独自沿着这条路线骑车去学校？

运动与交通的区别不仅仅体现在自行车基础设施上。骑行应该是比步行更快的替代方案，而不是跑步的替代品。如果你想在市中心从一间办公室去另一个间，你不会换上运动服和跑鞋，花十分钟跑一英里，然后走进办公楼试图寻找淋浴和更衣室，为下一个会议做准备。你只需要留出合适的步行时间即可。同样，在阿姆斯特丹或哥本哈根，人们并不会觉得骑自行车需要专门洗澡，这并不是因为他们不介意出汗，而是因为这些城市的自行车交通有合理的速度——这是由大多数城市居民的需求设定的。

另一个常见话题是"最后一英里解决方案"，这种观点认为，城市中的步行或骑行仅用于接驳火车站或其他公共交通枢纽。然而，这种想法与"工作场所须配置淋浴、更衣室"和"应设立电动汽车充电桩"一样，反映出当地政府意识到问题的存在，但还没有真正理解需要进行彻底的系统性重构。尽管公共交通比私家车更节省道路空间，但它仍然存在诸多问题——当你考虑到建设有轨电车所需的高昂成本，以及地铁系统中普遍存在的空气污染，情况甚至可能更糟。不幸的是，这种问题往往会被政治化。长期以来，关于交通的争论都聚焦于汽车与铁路之争，以至于一旦有人批评其中一方，就会被默认成支持另一方。然而，现实已经发生变化——城市内几乎所有的出行距离都在六英里以内，远远小于电动自行车的续航里程。推动城市居民转向更轻便的自行车，不仅能够改善交通拥堵，甚至可以在不额外增加投入的情况下解决这一问题。地铁的建设初衷是为了解决人流输送问题，而在当时的条件下，让所有人都在地面上通行是不可行的。

自行车政策的本质其实非常简单——核心问题在于如何重新分配空间，让骑行者既无需担心安全，也不用担忧车辆被盗。而这并不需要高昂的成本，例如荷兰政府每年在人均自行车网络维护和新基建投入上的支出仅约25欧元。在城镇规划领域，这笔金额被视为重大投资，但与政府对汽车车主的隐性补贴相比，这实在微不足道。从直接的成本效益分析来看，自行车基础设施甚至是自给自足的，而在福利方面，心理健康和肥胖方面的好处可以被视为额外的社会红利。

然而，现实情况往往受到政治因素的影响。有一句政治谚语说："我们知道该做什么，但不知道如何在做了之后还能再次当选。"重新分配道路空间从政治角度来看是一项挑战，因为车主们已经习惯了一切围绕他们的需求进行规划，并将这些隐性补贴视为理所当然的权利。即便是像"低交通流量社区"（Low Traffic Neighbourhoods, LTN）这样微小的妥协措施，也可能引发一小群愤怒车主的强烈反对。因此，只有那些拥有坚定信念且得到广泛选民支持的政治人物，才敢于推动这样的变革。在 2020 年和 2021 年间，一些议会抓住了封锁导致道路使用减少的契机，开始重新思考城市空间的利用，并试行了低交通流量社区项目。然而，许多新增的自行车道很快又被拆除，因为部分车主无法接受自己失去原本的便捷通行权。

然而，有趣的是，尽管反对声很大，但许多调查显示，大多数市民其实支持这样的改变。西方民粹主义媒体往往将自行车基础设施和交通减少政策描绘成政客强加于民的决策，但当进行严谨的市场研究和民意调查时，

Born for Freedom: The Story of BROMPTON

布朗普顿自行车不仅适用于通勤，也适用于冒险

结果往往截然相反。例如，伦敦有一半的家庭没有汽车，而在纽约，这一比例更是达到55%。在东京，政府要求购车者必须先证明自己拥有停车位，因此近60%的家庭并没汽车。在世界上大多数城市，汽车所有权属于少数人的权利。只有在几乎不可能以其他方式出行的地方，比如休斯敦，私家车才成为每个人的必需品。即使在洛杉矶，也有大约八分之一的家庭没有汽车，而他们大多数住在市中心。而即使是拥有汽车的市民，也未必满意现有的道路状况。许多最活跃的汽车利益游说团体，其实是在试图维持他们远郊通勤的特权，好像自1977年以来交通环境从未发生变化一样。

政客们应该认识到，尽管他们可以通过继续向车主提供公共补贴来获得短期政治优势，但从长远来看，这样做将是灾难性的。无论他们的党派如何，他们必须意识到，二十年后，要么他们已经下台，要么他们将不得不面对"现代版的马粪危机"。

这是政治上未能做出必要改变的而且最令人沮丧的事情。经济和人口变迁的力量是不可抗拒的，所有城市最终都会沿着同样的轨迹发展。如果一个地区尚有大量的空闲空间，或者汽车游说势力特别强大，抑或者政治文化充满机会主义，那么他们或许还能短暂推迟变革。但最终，阿姆斯特丹所经历的一切也会在其他城市上演——当汽车主导的城市模式变得无法容忍时，变革就会发生。阿姆斯特丹之所以能比其他城市更早达到这一临界点，部分原因在于其中世纪的城市格局，并未在二战后遭受过大规模改造。然而，到20世纪60年代末，这座城市甚至曾疯狂地填平运河以修建道路。回顾历史，人们常认为1973—1974年的石油危机是阿姆斯特丹变革的催化剂，但实际上，早在此之前，城市居民已开始抵制汽车对生活方式的侵蚀。第一个开始公开倡导反汽车政策的严肃运动，正是20世纪70年代的"停止谋杀儿童"妇女组织。而今天，这样的运动正在世界各地涌现，许多自行车倡导团体的创立者，正是由因车祸失去亲友才投身这一事业。

政治领导人完全可以通过较低的实际成本加速这一进程，而不是以公共健康和社会幸福为代价去拖延它。例如，自2014年起担任巴黎市长的安妮·伊达尔戈承诺建设650千米独立自行车道，并取消8万个停车位。尽管这一决策最初遭到抗议，她还是在2022年成功连任，表明这种变革并不像政客们所想的那样不受欢迎。类似的，上海经历了从普遍的自行车出行转向汽车化导致的交通堵塞，然后又通过汽车牌照拍卖制度重新限制了汽车增长，而伦敦在这段时间内采用征收拥堵费的政策。然而，令人沮丧的是，并没有更多城市做出正确的选择。

在整本书中，我始终强调，制定计划和寻找解决方案必须从尊重问题本身出发。城市交通方式亟待变革，而决定如何变革的权力掌握在政治家手中——他们可能不会做出正确的选择，或者行动速度远远不够。布朗普顿公司并不掌控政策，我们只是系统的一部分。因此，我们需要根据现有条件作出反应，在关键时刻提供解决方案，同时避免给自己制造新的问题。

这是否意味着我们应该制造更多自行车？是的！便携式、人力驱动的交通方式是最优解，而电助力则让骑行变得更加轻松。它成本低廉，不会导致肥胖，而且相当耐用。一些城市的电动滑板车初创公司，其设备折旧率很高；但在二手市场上，仍能找到十年甚至二十年前的布朗普顿自行车，并且售价接近新品。这足以说明其耐久性。如果你翻看 20 世纪 20 年代的城市中心照片，尤其是亚洲的，你会看到一个至今仍然可行的交通模式。那个时代的人们或许衣着统一，但现代社会的问题在于，很多公司基于对地球资源的错误评估，误以为制造那些需要频繁更换的产品对商业有利。消费者习惯于只关注价格，而不考虑耐用性和可持续性，直到最近，这种观念才开始受到质疑。

布朗普顿自行车要真正解决城市交通问题，生产规模至少需要扩大十倍。而如此巨大的增长，意味着我们必须重新思考现有的生产方式。如果我们调整过往的思维方式，提出这样一个问题："当我们每年制造 50 万辆自行车时，这将会是什么样子？"那么，我们必然会激发出新的想法与解决方案。

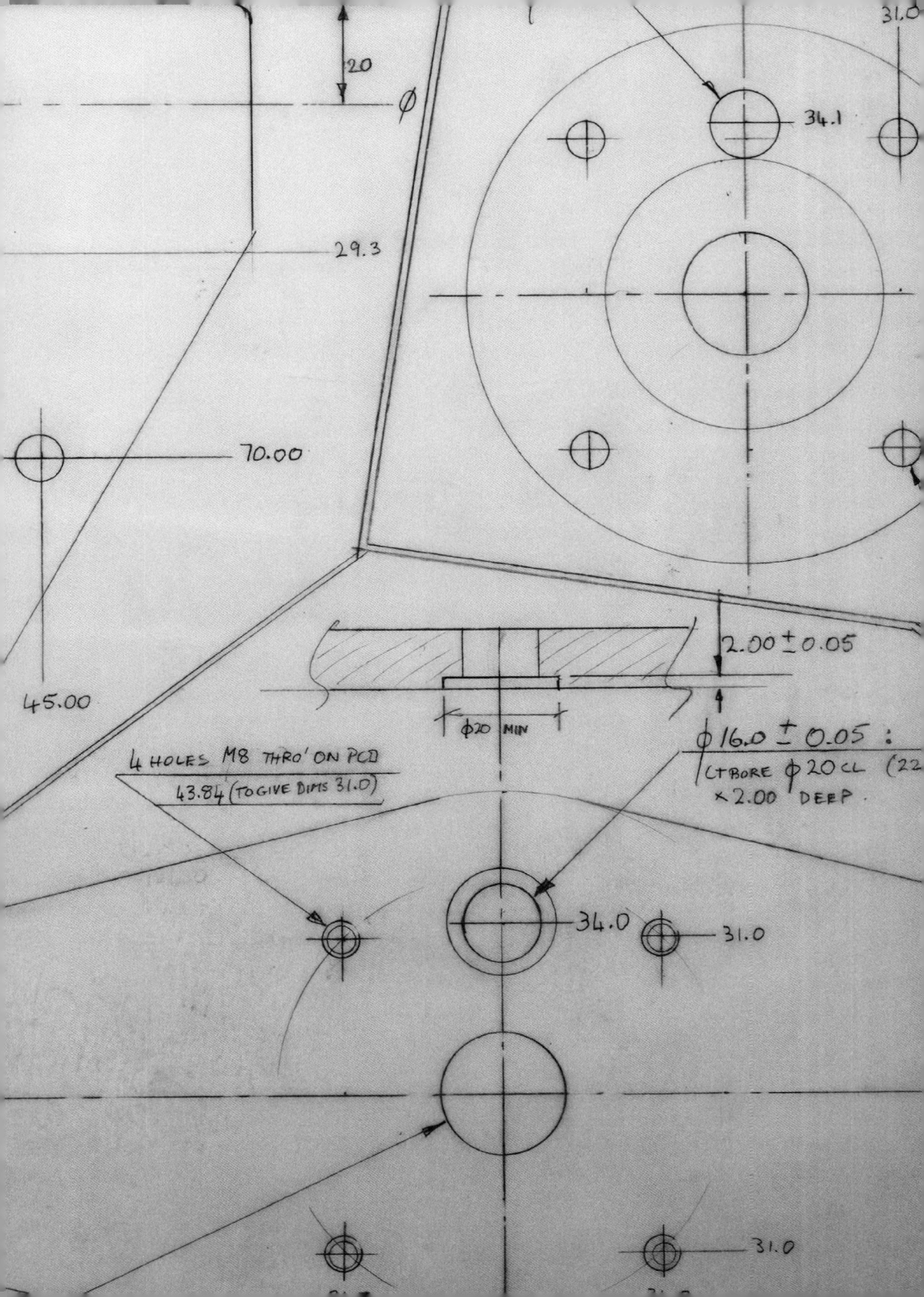

14. 面向未来

电动布朗普顿折叠自行车的研发历时十多年，从最初的提案到第一批进入市场的原型，经历了漫长的技术积累。但最初的布朗普顿折叠自行车，也是在安德鲁·里奇绘制原型设计的十五年后才正式投入量产。

托尼·卡斯尔斯（Tony Castles）是一名电子工程师，在 20 世纪 90 年代的一次自行车事故中遭受严重的脊髓损伤。在康复过程中，他发现骑自行车有时比走路更容易，但上坡却很困难。他希望拥有一辆既能轻松折叠放入汽车后备厢，又能在上坡时提供助力的自行车。最终，他设计出的是一个系统，利用一块仅 4 千克重的电池和一个巧妙的电动花鼓作为转换套件，将布朗普顿折叠自行车变成电动自行车。

这一创意令我们印象深刻。布朗普顿自行车具有一种特殊的吸引力，让人们愿意对其进行改装。全球各地的忠实用户中，有许多是工程师，他们希望根据自己的实际需求对车辆进行调整和优化。有人尝试改装躺式布朗普顿自行车、三轮车或货运拖车，还有许多人开发轻量化组件或调整骑行风格的配件。然而，我们通常不鼓励他们这样改装。尽管这些忠实用户提出的点子往往令人惊叹，但他们未必完全理解自行车的设计逻辑和长期承重要求。即使在"改装我的布朗普顿"社区中，一些最具创意的改装方案对我们来说仍存在安全隐患。

布朗普顿自行车的工程设计比其他大多数自行车更接近公差极限，这意味着改装空间十分有限，稍有不慎就可能超出我们的测试标准。例如，一个用于减轻 10 克重量的钛合金链条推板，或许不会影响车架的整体受力情况，但许多其他改装可能会带来严重问题。例如，阿里巴巴等平台上有许多商家提供碳纤维布朗普顿车架组件。而我们在引入碳纤维部件时，经过了漫长而严格的有限元分析、应力测试和多次设计迭代。对于从未与我们沟通过的碳纤维制造商，我们显然无法保证其产品的安全性。

因此，我们的政策很明确：任何自行车经过改装后，都会导致原厂保修失效。这一规定看似严苛，但却是必要的。如果我们要对改装后的自行车继续提供保修支持，那意味着工厂的工程师们需要花费上百小时，在疲劳测试台上反复验证改装不会影响整车的安全性和寿命。显然，我们无法承诺做到这一点——布朗普顿改装社区的规模太庞大，创意层出不穷，我们根本无力逐一评估。

尽管如此，我们始终对真正有创意的想法保持开放态度。从法律责任的角度来看，我们无法直接支持托尼·卡斯特斯（Tony Castles）的电动项目，但这并不妨碍我们对他的进展保持浓厚兴趣。我们向他提供了一些所需的零件，并且在他于 2006 年推出小型电动转换套件时，与他进行了交流。正是在这一时期，布朗普顿公司开始意识到，未来几十年，我们的发展方向很可能会被自行车电动化所重新定义。

电动自行车的影响，类似于互联网的出现——你要么瞬间明白它的重要性，要么完全无法理解。如果你明白了，你就会知道，这就是未来，整个行业都必须适应它。如果你不明白，它可能只会让你觉得是一股短暂的潮流。如今，几乎难以相信，还有人对电动自行车持怀疑态度。实际上，许多人需要调整自己的认知，才能站在即将到来的变革一方。

我可以坦率地说，我是最早意识到这一点的人之一。第一次骑上电动自行车，我就知道布朗普顿必须推出电动版。这让我想起索历克斯助力自行车，那种你在雅克·塔蒂（Jacques Tati）的20世纪50年代的法国电影中看到的汽油机助力自行车。当我还是个少年时，曾在布列塔尼度假时，和表弟在车库里找到几台废弃的索历克斯发动机。我们花了三天时间把它们修好，然后像国王一样骑着它们四处转。到了第五天，我们被宪兵拦下，因为索历克斯公司倒闭后，这类车辆已被归为机动交通工具，必须佩戴头盔和持有驾照才可骑行。

类似的法规同样适用于早期的电动自行车。如果你的自行车只是通过扭动油门来直接施加电扭矩，那它更像是一种电动交通工具。在包括英国在内的许多国家，现在法规规定：如果你骑行的速度超过每小时4英里，并且希望仍然被视为自行车骑行者，那么你必须通过脚踏进行踩踏。无论如何，现代电助力系统让骑行变得更加愉快。其工作原理是，在花鼓中安装了一个永久磁铁，周围环绕着电磁铁。电磁铁由微处理器控制，能够精准地切换开关，使磁力始终作用于车轮，并与踩踏的方向保持一致。如果电磁铁的通电时机与电流强度调节得恰到好处，骑行时的动力补充就会如同下坡滑行或顺风骑行般顺畅自然。然而，为了获得这种无缝体验，自行车需要配备速度和扭矩传感器，以检测踩踏动作，并通过复杂的软件实时调整电机的辅助模式。

当系统运行良好时，骑行体验令人兴奋。但更重要的是，这种设计非常契合布朗普顿自行车的理念。公司的核心理念是，自行车应该是一种交通工具，而不仅仅用于运动。折叠式设计的优势在于，若你不想骑车，随时可以选择搭乘公共交通。电助力系统则为骑行提供了额外的选择，使你

为自由而生：布朗普顿折叠车品牌成长之路

威尔·卡利史密斯在 2007 年巴塞罗那布朗普顿世界锦标赛上快速出发

能够更轻松地前行。它尤其适用于通勤族，帮助避免骑行带来的出汗困扰。人们在通勤时需要淋浴，往往是因为骑行速度过快，或是不得不在上坡或红灯起步时猛蹬踏板。

在早期，很多反对电动自行车的人是体育爱好者，他们认为"轻松骑行"是一种作弊行为。但在布朗普顿公司，不会有很多这样的反对声音。尽管

239

Born for Freedom: The Story of BROMPTON

总有一些自行车纯粹主义者，但拥有电动布朗普顿自行车的基本逻辑几乎无懈可击。不过，公司内部确实存在两个实际的反对意见：重量和成本。

为了在不违背公司理念的前提下推出电动自行车，我们需要将整体重量降低，使其在增加电机与电池后，仍保持合理的便携性。这需要在2006年的技术基础上进行重大创新，因为当时市面上的电动自行车体积庞大。此外，我们还必须在不超过预算的情况下实现这一目标，以避免公司承担财务风险。这开启了一场长达十年的艰难探索，期间充满了失败、争论与难堪，甚至有一次，我因压力过大而差点辞职。托尼·卡斯特斯当初恐怕没有料到，他的一句话竟开启了如此漫长的旅程。

我们的项目始于与中国制造商同鑫（Tongxin）的接洽。托尼之前一直使用他们的电机，它们的质量不错，重量仅略高于2千克。这些电机采用了一种独特的滚轮传动系统，以摩擦滚轮取代传统齿轮。这一巧妙设计使电机保持安静，并且体积更小。只要功率需求不过高，摩擦滚轮可以相当地高效，其核心在于如何权衡传统齿轮的摩擦损失与滚轮滑动摩擦的损失。然而，问题在于，我们认为这种权衡在长期使用中难以维持。随着电机老化，滚轮会逐渐磨损，最终导致整机报废，这远低于我们对自行车使用寿命的预期。

尽管如此，我们认为这个设计问题是可以解决的。于是，我们与同鑫取得了联系，并前往他们的公司拜访。他们在杭州的办公室接待了我，距离上海大约两小时车程。办公室位于市中心，环境非常宜人，但却不涉及任何生产制造。这让人有些失望——现代社会的一个特点是，我们似乎刻意把制造业隐藏起来，仿佛为此感到羞愧。不过，我与同鑫的工作人员相处融洽，我们甚至一起在公园里试骑了布朗普顿自行车，让他们亲身体验这款车的性能。然而，他们始终不愿意带我参观工厂，尽管在言语间对合作表现出浓厚兴趣。

尽管存在疑虑，我们仍持谨慎乐观态度，并决定回国与设计团队讨论后续方案。威尔·卡利史密斯作为毕业生加入布朗普顿，后来逐步晋升为首席设计师，接替了安德鲁的职位和办公桌。

然而，后续的一些发现让这条探索之路至此彻底终止。我们几乎无法远程监管品控问题。更糟糕的是，我们甚至还没有开始深入研究电池——而电池本身可能存在更多风险与隐患。但由于我们无法信任电机制造过程，继续合作已毫无意义。这一经历也让我们更加坚定了"改装导致保修无效"的政策。

至此，我们意识到，市场上似乎没有愿意与我们合作的电动自行车制造商。像博世或海因茨曼这样的知名大厂，产品质量稳定，电机可靠，但

布朗普顿自行车需要足够轻便，并非所有骑手都是身体强壮的1.8米的骑手

他们对我们的订单规模不感兴趣。要么直接拒绝，要么附加严苛条件，而他们的标准化产品几乎无法进行定制化调整，使得重量和尺寸远超我们需求。有时我们曾想过，是否可以随便装上一款这样的电机，看看效果如何。但现实是，除非你是健美运动员或橄榄球员，否则根本无法搬动这样的自行车。

这本应是显而易见的道理，然而对我们来说，却是一次付出代价后才学到的课程。创新的难题在于，你想要购买的东西尚不存在。在大规模生产电机的工业巨头与那些工艺尚不成熟的小型创新公司之间，似乎没有中间地带。然而，我们最终找到了"超动力电机公司（Ultra Motor）"。这是一家由风险投资支持的企业，正雄心勃勃地追求成为全球电动自行车市场的"福特"或"微软"。他们拥有一些由苏联雷达科学家研发的核心技术，拥有一个最初来自德国、现设立在中国台湾工厂的研发团队，并通过一系列合资项目，试图将电动自行车引入印度、越南等全球最大的潜在市场。正因如此，他们也愿意与我们合作。

在这个过程中，我打破了一条黄金法则：你可以告诉别人你将交付什么，或者何时交付，但不要两者都透露。我们已经见过超动力电机的设计师，参观了他们的工厂，并签署了合同。他们的欧洲销售总监是一个天生的乐观主义者，工作能力非常出色，这给了我们极大的信心。因此，我们向市场宣布，电动版布朗普顿自行车即将上市，并明确告知何时可供购买。

然而，这也是一次惨痛的教训：大型轰动式发布的宣传效益往往伴随着高风险。如果你承诺了某件大事却未能兑现，你的信誉将受到严重损害。很快，我们意识到，技术上的挑战远超规划阶段的预期。制造更小的产品往往会产生新问题——尺寸缩小后，材料的强度可能不再足够，而部件的公差并不会随尺寸缩减而自动缩小。在电机设计中，零件间的距离越近，电磁干扰的风险越大，或者可能在不该发热的地方产生热量。

与此同时，超动力电机公司似乎也陷入了风险投资企业常见的"专注力问题"。项目进行到一半，其英国自行车制造子公司停止了营业，随后，制造和设计部门又被出售给另一批投资者。他们承诺的产品始终未能交付。我们越来越清楚，这条路已无法通向一款可行的电动布朗普顿自行车。不得不向整个自行车行业道歉，浪费了如此多的时间已然令人痛苦，而更糟糕的是，我们的财务损失几乎占了当年利润的10%。

在布朗普顿负责电动自行车项目的团队中，士气可想而知跌至谷底。我们努力从羞辱与沮丧中振作起来，开始第三次尝试。这次，我们学到了另一个重要的教训——我们需要与一家完全位于欧洲的制造商合作。与超动力电机公司的合作经历表明，一个新项目的推进需要大量的会议和沟通，实际上相当于从零开始建立一套新的体系。新产品的各个组件需要特定的专业知识，但由于是新产品，这些零部件或许从未以这样的方式组合过。因此，尽管个别组件的制造商了解自己的产品，他们未必清楚如何与其他部件协同运作。这些知识只能通过实验和反复试错来积累。

一旦开始组装零件和加工部件，即使只是制造最粗糙的原型，都会暴露出在设计阶段未曾预见的新问题和挑战。在那一刻，每个人必须聚在一起，迅速决策如何调整，并评估这些改动对整体设计的影响。如果每次迭代都需要协调日程并飞往中国台湾进行沟通，那么，除非特别幸运，否则这个过程将无止境地拖延下去。即使远程工作和在线沟通有所助益，巨大的时区差异仍会大大缩短可用的工作时间。而在这样一个需要即时决策的项目中，时间往往至关重要。

在寻找我们的"独角兽"的过程中，我们又几次误入歧途。最终，我们找到了一家规模适中、充满创新精神、对我们的概念感兴趣，并愿意合作的电机公司——一家位于伦敦西区附近的电动轮椅制造商。然而，他们虽有意向，却迟迟不愿承诺。这也反映了市场当时的状况——对电动自行车的需求已然旺盛，供应商更愿意专注于满足现有订单，而非投入精力开发新的产品。我隐隐感觉到事情正在失控。

最终的转机来自一位朋友。根据我的经验，只要你建立足够广泛的联系，并抓住足够多的机会，成功的契机终会出现。帕特里克（Patrick），现在被称为帕特里克爵士，是威廉姆斯一级方程式车队（Williams F1 Team）的联合创始人兼首席工程师。他的生活方式正如典型的赛车圈人士那般充满动感。我在 2013 年拨通他的电话时，他正在地中海的游艇上。帕特里克热衷于骑着他的布朗普顿自行车，从巴特西的直升机停机坪一路骑到他在伦敦的会议地点。这或许算不上典型的城市通勤方式，但至少表明他对布朗普顿的认可。我希望他能知道某家我们尚未尝试过的电动机制造商。

结果证明，这个电话打得正是时候。几年来，一级方程式车队一直在使用动能回收系统（KERS），以在弯道中获得竞争优势。这一技术与混合动力汽车的原理相似——通过车轮驱动发电机进行制动，而不是单纯依靠刹车，并将产生的电能储存在电池中。不同的是，混合动力汽车有时会仅靠电机驱动，而 F1 赛车则必须同时使用两种动力源。储存的能量在出弯时提供额外的加速助力，利用的正是高中物理课上的原理：同样的磁铁与线圈结构，在不同的能量输入/输出条件下，既可以是发电机，也可以是电动机。

这意味着，在过去的四年里，威廉姆斯车队积累了丰富的经验，掌握了如何制造超轻量、高效的电动机和电池，并开发了快速且可靠的软件系统，以精确控制电机与其他动力源的协同工作。如果我在两年前给帕特里克打电话，他们的 KERS 动能回收系统还属于商业机密。但早在 2011 年，他们已经成立"威廉姆斯先进工程公司（Williams Advanced Engineering）"，专门寻求该技术的商业化应用。而我们的需求，正好与他们的研发方向契合。电动布朗普顿自行车并不需要动能回收系统，而是一个小巧轻量的电动动力系统，能够与踏板配合工作。帕特里克把我介绍给了克雷格·威尔逊（Craig

244

为自由而生：布朗普顿折叠车品牌成长之路

布朗普顿自行车分布式自助站点，采用时尚的设计和独立的太阳能供电

Wilson），他正负责先进工程业务。我顿时感觉仿佛溺水的人抓到了一根救命稻草。这一次，我们应该能赶上市场节奏，兑现承诺了吧？实际上，第一批电动布朗普顿自行车正式上市，仍然又花了整整五年。

问题依然是资金。赛车工程师的费用高昂，克雷格一开始就坦率地表示，这个项目将耗资不菲。幸运的是，一项名为"创新英国"的政府补助金在关键时刻发挥了作用，我们成功获得了这一旨在鼓励和资助先进工业研发计划的20万英镑拨款。这笔补助金让布朗普顿公司得以推进该项目，

245

而不危及公司的财务稳定。同时，这笔补助金也在与董事会的沟通中发挥了重要作用，使我们更容易获得他们的同意，投入自有资金——巧合的是，这笔金额几乎与我们在与超动力电机（Superpedestrian）合作中损失的数额相当。此外，这笔补助金是通过竞争性评审程序授予的，由技术和商业专家评判。因此，他们作为无利益关系的第三方，对项目的认可极大程度上消除了董事会中一些成员的疑虑。与此同时，威廉姆斯公司也展现了灵活性，他们同意以首批售出的1万辆电动布朗普顿自行车的版权作为最终支付的约10万英镑费用。这无疑是一笔让人心跳加速的交易，几乎让人联想到六年前我们向俄罗斯银行系统汇款购买钛材的那次经历。

然而，真正的挑战在项目启动后不久便接踵而至。这对我来说是一段非常重要的学习经历，而最深刻的教训之一就是：在这类合作项目中，当问题出现时，不能轻易假定是合作方的过失。如果电机制造供应商位于养猪场，或者你的铸件工厂自1920年以来就没有清理过地面，那么归咎于对方可能是合理的。但当合作伙伴是像威廉姆斯这样享誉全球的工程公司时，显然不能简单地将问题归因于他们。

另一方面，布朗普顿负责电动自行车项目团队同样实力非凡。起初，只有我和威尔·卡利史密斯，然后聘请了大卫·里斯（David Rees）担任电气系统主管，并组建了一支由五位杰出工程师组成的团队。我们这边参与项目的每个人都极其专业，因此当问题出现时，显然并非某个人的疏忽或技术失误，而是流程本身存在固有的挑战。归根结底，这个问题的核心在于——布朗普顿和威廉姆斯是两个独立运作的公司。

在理论上，合作伙伴关系似乎简单明了——在白板上画出两个方框，连接它们的双向箭头象征着沟通。然而，现实情况却要复杂得多：我们的十几名工程师需要与威廉姆斯的十几名工程师对接，而实际的沟通路径远超出简单的几条线，最终形成了数百条交错的联系。这种复杂性的指数级增长，正是弗雷德·布鲁克斯（Fred Brooks）在其经典软件工程书籍《人月神话》（The Mythical Man-Month）中所探讨的问题之一——他认为，在项目后期增加人手往往只会适得其反，因为额外的沟通成本远超新成员的贡献。

只要网络连接稳定，沟通尚可维持，但现实情况是，人员流动、岗位变更以及项目调整在所难免。在单一组织内部，这种变动已经足够具有破坏性，但至少仍有可预测性，并且能够安排交接。然而，当两个组织并行合作时，如果不投入大量精力确保信息流畅传递并保留积累的经验，每一次人员变动都会成为巨大的障碍。不幸的是，少有公司能有效应对这种挑战。

然而，三年后项目终于完成了。威廉姆斯团队成功研发出符合规格的电机与电池，并能够完美匹配布朗普顿自行车，打造出一款仅重15.5千克的全功能电动折叠自行车。我们支付了尾款，深吸一口气，然后评估了接下来要攀登的"大山"还有多少。当然，像威廉姆斯这样顶级的F1赛车工程公司，并不会直接交付一款可立即大规模生产的产品。他们的专长在于打造高度定制化的小批量产品，并不断探索性能的极限。赛车界流传着一句名言，据说出自恩佐·法拉利（Enzo Ferrari）或科林·查普曼（Colin Chapman）："理想的赛车应当是在冲过终点线后一米处解体的车。"而我们的任务，是在他们开发的电机和电池系统的基础上，优化设计，使其能够大规模量产，同时确保其可靠性，达到与传统布朗普顿自行车相同的严苛标准。

这是公司进行研发的本质。事实上，世界上从事真正前沿科学研究的公司并不多，更常见的情况是，某个技术问题的解决方案早已存在，而关键在于如何精准识别并整合这些创新成果。因此，企业需要密切关注行业动态，找到合适的工具和合作伙伴，将这些资源汇聚到一个统一的平台之上。而这些关键资源可能分布在世界的各个角落——或许是某所大学的实验室，或许是地球另一端的某家工厂，甚至可能就在你自己工厂里，一名油漆检测员的桌上，而你从未意识到他具备编程自动控制系统的能力。研发在很大程度上依赖机遇，但绝不仅仅是靠运气——公司越开放，越重视新思想，这一过程就会越高效、越顺利。

一旦找到理论上的解决方案，并成功构建出原型，接下来的挑战就是如何将其转化为可量产的产品。在这一阶段，企业的规模和资源至关重要——它们决定了你是否能投入资金和人力去攻克短期内无法带来收益的技术难题。盈利能力的另一个优势在于，你对自己的研发进程拥有更大的自主权，可以投入必要的时间和精力确保产品的可靠性。尤其在交通工具行业，安全性至关重要，没有捷径可走。产品研发的很大一部分工作，就是反复测试、验证，直至确保每一个环节都足够稳固可靠。

然而，在所有这些努力展开之前，最根本的问题是：如何发现问题。在解决问题之前，首先必须察觉问题的存在。有些需求是显而易见的，比如我们希望自行车尽可能轻量化，这促使我们从最基础的去除变速器，到探索钛合金材料的极限。而另一些需求则是对市场趋势的洞察，比如电动自行车的普及。有时，创新的灵感源自倾听用户的声音，这也是公司规模的优势之一。但最重要的是时机成熟，只有在合适的时间，想法才能真正落地。毕竟，推动人类进步的往往是那些大胆的梦想，比如"让我们去月球"或者"如果你能一只手拎起电动自行车会怎样？"

到 2017 年，电动布朗普顿项目必须展现出一定的市场回报，否则它就会夭折。任何有董事会的公司都面临相同的现实——你可能会记得，我曾特意获得董事会对投资电动自行车的批准，并且我花了很多时间说服他们项目会比实际进展更顺利。然而，只要有一个项目持续消耗资金却没有回报，就会逐渐失去董事会的信任。除非人们相信这个故事，否则他们不会继续资助它。

然而，一旦项目开始带来收入，哪怕很少，质疑的声音便会减少。人们可以直观地看到，市场上确实有人愿意为这款产品买单，这不再只是一个空想。理想的情况是项目实现盈亏平衡———一旦做到这一点，它就不再是一个存在争议的项目，除非有人刻意想要终止它，否则它会自然地延续下去。而第一笔收入是一个关键的里程碑，使得争取更多资源变得更加容易。但问题在于，团队仍然认为电动布朗普顿自行车尚未准备就绪。

我们没有退路。如果不想让项目失败，唯一的选择就是下定决心，宣布它将准备就绪。我们决定设定一个发布日期，尽管自行车行业中的许多人仍然记得我们上次这样做的后果，但这次，我们决心坚持到底。为了避免重蹈覆辙，我决定从安德鲁和最初的布朗普顿折叠自行车那里吸取教训。

安德鲁曾说，第一批 500 辆布朗普顿自行车的制造与随后的五年停产之间的间隔，实际上拯救了公司。那些早期用户的反馈让他能够改进设计，并解决了一个可能导致大规模生产灾难的金属疲劳问题。因此，我们决定对电动布朗普顿自行车采取类似的策略。我们通过专业媒体和用户俱乐部逐步泄露消息，以确保布朗普顿的忠实粉丝能够最先得知这一消息。同时，我们将首批产量严格控制在 500 辆。在销售这批自行车时，我们为维保成本预留了充足预算，并确保买家清楚，他们是第一批用户，我们已经做好了应对初期问题的准备，并承诺会为他们提供良好的售后支持。

这个策略似乎奏效了。尽管并非一切尽如人意，但我们早已制定了相应的应对计划。我们改进了轴承，更换了密封件，重写了动力控制软件，并在制造工艺上做出了多项优化。我们收到了大量用户的反馈，甚至最终邀请了所有 500 位车主参加了一场庆祝派对，以表达我们的感谢。即使到了今天，尽管这批自行车的保修期已过多年，我们依然会为他们提供必要的支持。在接下来的几年里，我们终于达到了可以正式推广电动布朗普顿

Born for Freedom: The Story of BROMPTON

自行车的阶段。

从我与安德鲁初次探讨托尼·卡斯特尔斯转换套件的可能性，到布朗普顿成功打造出一款可骑行的电动折叠自行车原型，整整用了十年时间。这一时间跨度并不比布朗普顿自行车从安德鲁的原始设计走向大规模生产的十五年短多少，尤其是考虑到当年没有人愿意借钱给他开始生产的那段停滞期。这几乎就像是一个微妙的平衡——随着测试设备、计算机分析和快速原型制造等技术的进步，项目的复杂性也随之增加，因此将一款产品推向市场所需的时间几乎成了一个恒定数值。

这段将新想法付诸实践的十年历程也教会了我一些起初并不明显的道理：事情往往比预期更耗时，成本也比预期更高，而造成这一情况的主要原因在于人与组织的多样性，以及沟通过程中的信息差。这种差距不会自然而然地弥合，而如何跨越它，使信息有效传递，则是管理工作的重要组成部分。

除此之外，我对于从这段经历中得出的很多结论持谨慎态度，因为创新并不是按照固定模式运作的。从电动自行车的研发历程中，我们可以看到，有很多错误的举动和可避免的错误：这些都是事后看来显而易见的。因此，归纳经验教训并制定流程，以确保未来项目不会再犯同样的错误，似乎是一个诱人的选择。然而，事实是，未来的项目不会犯相同的错误，因为它们本质上就有所不同。尝试新事物的意义就在于，你无法预先知道什么是对的，什么是错的。如果仅凭某个情境与过去的案例有些相似，就武断地将其认定为"错误"，那只会让你错失真正的创新机会。事实上，甚至将电动自行车项目的那些"死胡同"称为错误也未必恰当——它们是学习过程的一部分，而认为可以不经历这一过程就能获得同样的学习成果，只是一种错觉。

与其避免犯错，不如关注如何管理错误的后果。任何"不要犯错"的空洞格言都是徒劳的；更好的策略是：只要最坏的情况不会带来毁灭性后果，就值得一试。我每年都会预留一笔资金，专门用于支持团队成员实现他们的创新想法。或许未来这会成为一个正式的制度，我们甚至可能会设立一个名为"格林福德创新"或"布朗普顿未来"的基金。但目前，这笔资金仍由我个人掌控，被称为"FIF 创投基金"，这个名字源于我每次批准某人尝试一个新想法时的习惯性表达："去试试吧！"多年来，这笔基金规模不断扩大，但原则始终如一——如果有人对自己的创新想法充满热情，甚至愿意直接向首席执行官提出申请，而即使一切失败也不会损害品牌或带来过度的经济损失，那他们就可以放手去做。

至于新想法，我们不做企业规划、折现现金流预测和投资回报分析。我曾在 ICI 担任工程项目经理时，做过许多这样的分析，向决策委员会提交投资方案，用于梅利纳工厂的新设备或基础设施升级。那段经历教会我，如果某人希望一个项目获批，他们完全可以通过篡改电子表格来制造可观的回报率；而如果他们想扼杀一个项目，他们也可以用同样的方法让数据看起来毫无前景。既然回报计算的结果往往取决于人们对项目的主观态度，那么不如直接跳过这个过程。这样不仅节省时间和精力，还避免无意间向员工传授"如何欺骗上级"的技能。

因此，对于"FIF 创投基金"而言，投资回报计算方式非常简单：最糟糕的事情是什么？如果答案只是"我们损失了所有投入的资金"，而金额仍在可接受范围内，那就值得尝试。如果成功了，我们将获得意想不到的回报；如果没成功，那也无伤大雅，毕竟，多数想法最终都难逃失败的命运。而且，由于这笔资金早在年初就已被划拨，失败的项目不会影响公司的整体财务状况。此外，完全失败的项目也很少见。通过尝试不同的可能性，并在小规模试错中吸取教训，我们实际上创造了真正的价值——相比之下，如果在进行了大笔投资后才发现问题，那才是不可挽回的灾难。从商业案例来看，在大额投资后才意识到方向错误，带来的风险远比损失一笔小额投资严重得多。即使是组织团队参加一次普通的国际贸易展览，其实际收获可能远超一场彩弹射击活动对团队凝聚力的提升。

换句话说：如果事情不会造成灾难性后果，那就大胆尝试，并坚持下去，因为获取信息需要时间，也需要经历一些失望。我一直努力确保有人能接手我的想法，一方面是因为我更喜欢提出创意而非亲自执行，另一方面是因为任何真正要发展成业务、雇佣人、消耗资源的项目，都需要有人专门负责和执行。因此，无论是谢菲尔德的钛金属业务、我们在中国台湾的合资企业、电动自行车项目，甚至是建新工厂——这些最初都是我的想法，但最终都由他人接手，并成为他们倾注心血的事业。

然而，有一个项目至今仍然是由我负责，那就是布朗普顿自行车租赁计划。这项目至今仍然与我密切相关，因为它还没有完全成功。我们最早在 2011 年推出了这个计划，并且经过了两三次董事会会议讨论是否终止。到目前为止，该项目依然存续，并且在 2021 年几乎实现了盈亏平衡。但在此过程中，有些年度亏损太大，令人感到尴尬。例如，在其中一年，整个公司盈利 30 万英镑，而自行车租赁业务的子公司却亏损了 20 万英镑，这自然引发了外界的质疑。

尽管如此，我仍然坚信这个想法的价值。事实上，世界上一些最聪明、最富有的投资人似乎也同意我的观点——过去 11 年间，风投机构已经向各类自行车和滑板车租赁初创公司投入了数亿美元。而我们则尝试在可控的财务风险下推出自己的版本，始终遵循一个基本原则：即使在最坏的情况下，整个公司的财务与业务也不会受到威胁。

布朗普顿自行车租赁计划的核心单位是"自助站点"，本质上是一个约中型房车大小的金属柜，内部设有 40 个独立储物柜，每个储物柜里都存有一辆布朗普顿自行车。这些储物柜通过手机应用程序和中央预订系统连

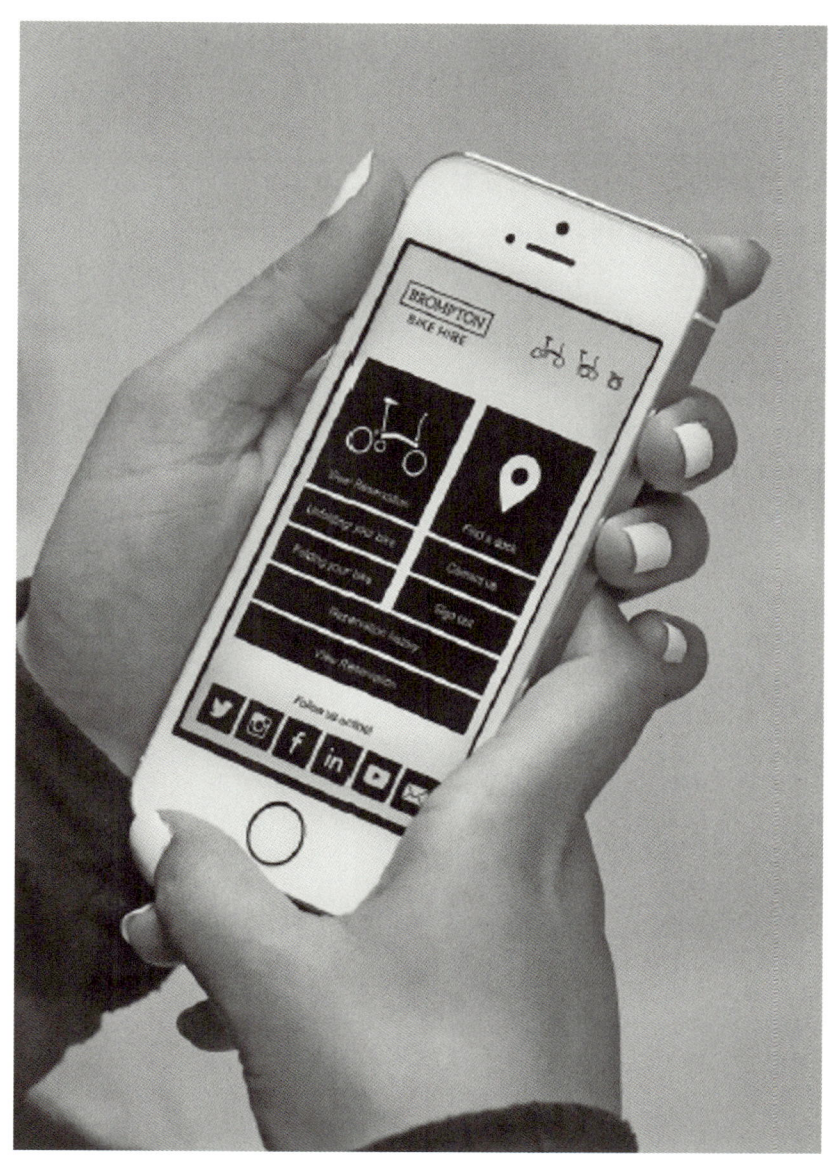

使用布朗普顿自行车租赁应用程序 APP，
可以预约自取自行车，并可在任何自助站点还车

接，用户可通过这个系统取车并完成租赁。其实概念并不复杂，与其他自行车租赁计划唯一显著的区别是，我们的自行车放在储物柜里，免受天气和人为破坏的影响。这一设计至关重要，因为布朗普顿自行车相比普通共享单车更昂贵，更容易被盗，而其小巧可折叠的特性又让其格外实用。从商业角度来看，我们将租赁站点及自行车出售给场地业主，作为他们建筑或车站的附加设施，同时收取持续的租赁费用，以覆盖站点及车辆的服务与维护成本。2011年，第一个租赁站点在吉尔福德安装，如今全国范围内已有51个站点。

这让我们能够投资于自助站点网络的建立——对于风投支持的初创公司而言，这是成本最高的部分。同时，这也有效分散了风险，因为布朗普顿自行车租赁网络是由多个场地业主的个别交易组成，而非依赖单一的大规模合同。此外，所有自助站点信息均实现互联。例如，用户可以在曼彻斯特火车站取车，乘火车前往伦敦尤斯顿站，在伦敦骑行几天后，再在国王十字站归还自行车。而许多其他共享自行车和滑板车网络之所以脆弱，是因为它们签署了单一巨额合同，需在整座城市铺设车辆和站点并承担维护责任，一旦当地政府改变政策，这些企业往往就会一夜之间土崩瓦解。而布朗普顿的模式避免了这种风险。

原则上，很难想象这个计划为何会对布朗普顿不利——大部分前期成本已被摊销，并且拥有多元化的收入来源，甚至还能带来大量免费宣传和试骑机会。然而，实际操作中，我们很快意识到，在公共空间投放任何设备，都会遇到许多难以预料的挑战。我们需要不断维护自行车，并在车辆被停放至不同站点后确保其回归原位；我们需要提供全天候的客户支持，因为你永远不知道何时会有一群学生租了八辆自行车去酒吧狂欢，结果喝醉后不会折叠车子。而如果突遇极端寒潮，电动自行车的电路板可能会在零下

12℃失效，而太阳能板若被积雪覆盖五天，供电系统也可能完全瘫痪。

此外，当你把一个装有价值近四万英镑的高档自行车的金属柜放在街上，就会真正了解"犯罪"的含义。有人曾用角磨机试图撬开储物柜，也有人动用了其他五花八门的手段。虽然我们实际丢失的自行车相对较少，但站点设备的损坏往往导致昂贵的维修，甚至需要重新设计并重新部署。此外，由于客户疏忽或运气不佳，有时也会发生自行车遗失或被盗的情况，因此，我们还需配备合适的保险机制。

尽管面临种种挑战，我仍然相信，我们应该继续支持英国的自行车租赁计划，因为它有潜力发展成一个独特且可持续的业务。而在关于布朗普顿未来潜在用户群体的讨论中，一个重要观点是：未来的出行方式可能不会仅局限于私人交通和公共交通的二元选择。毕竟，在马车时代，情况并非如此。拥有田地和马厩的人可能会养自己的马，但城市居民通常选择租用马匹。当人们从乡村骑马进入伦敦后，他们会把马安置在马厩里，然后乘坐出租马车或步行出行。

这种"交通即服务（Mobility as a Service, MaaS）"的模式或许代表了未来城市的发展方向，因为它承认了城市与非城市环境的本质差异。在城市内，交通问题更多涉及空气污染、空间利用率及市民健康等因素，因此，自主交通（如共享单车）与公共交通的结合可能更符合需求。而在城市外，情况则完全不同——出行距离往往远超电动自行车的适用范围，而在低密度地区组织公共交通本身就极具挑战性。

当然，我的观点未必正确。董事会仍不断质疑这一计划的可行性，而一旦租赁业务能够提供稳定的投资回报，答案也就更清晰可见。但即使失败，这也只是我个人有点尴尬而已，而不是影响公司控制自身命运的能力。因此，我们不应孤立地看待每一个创新，而应将其视为整个创新体系的一部分——真正重要的，是它们所构建的整体生态。

15. 品牌、社区和公司

布朗普顿的 Logo 由安德鲁设计,但直到 2008 年才正式注册为商标。其字体与甘伯罗常规字体相似,但并不完全相同。

1962 年,22 岁的海因茨·施图克决定离开当时还属于联邦德国的霍费尔霍夫(Hövelhof)摆脱枯燥乏味的工作和专制的家庭,去探索世界。于是,他带上行李和一辆自行车,踏上骑行之旅。在接下来的四十年里,他游历了 196 个国家,累计骑行超过 64.8 万公里。他曾在伊朗遭到殴打,在赞比亚被劫持为人质,自行车也曾六次被盗,其中一次在朴次茅斯。但大多数时候,他依然坚信,人性本善。

他没参加过真人秀,也没有尝试创造世界纪录。他只是一位纯粹的旅行者。他通过一家图片代理机构出售自己拍摄的精彩照片,同时出版一本持续更新的骑行日志,售价通常相当于当地一杯咖啡的价格。同时,他还得到了几家自行车店的赞助——这些商家支持那些坚信骑行能带来自由的人。

其中一位赞助商是香港飞球自行车行的老板李山。飞球自行车行在亚洲是除日本之外最早也是最好的布朗普顿零售商之一。2010 年，李老板把我介绍给海因茨。就这样，海因茨在 70 岁时，完成了他一生旅程中的最后 10%，而他的座驾是一辆布朗普顿折叠自行车。他是在几年前改骑折叠车的，因为航空公司的行李限额越来越严格。起初，他对这种小轮车持怀疑态度，担心它无法应对复杂的路况，也无法承载他长途骑行所需的全部行李。尤其是当骑行穿越沙漠时，需要携带大量的水。但我们请他在美国尝试了一次短途骑行，他的反馈令人惊喜。尽管更换轮胎不太容易，但高品质的悬挂系统大幅提升了骑行体验，让他印象深刻。因此，现在如果有人问布朗普顿折叠车是否能应对鹅卵石路或坑洼路段，我们只需提及那个曾经骑着它穿越了 6 万公里崎岖路面的传奇旅行者——他穿越了破碎的柏油路、泥土路和沙漠公路。

谈及海因茨·施图克这样的人，称他为"品牌大使"或"意见领袖"未免显得过于世俗，甚至有些亵渎。然而，他的旅程确实令人鼓舞。最终，我们与他合作出版了一本书，收录了他的摄影作品、骑行日志以及媒体报道。我不知道这是否属于我们的营销策略一部分，或者说是其他东西。但可以肯定的是，这是布朗普顿向世界讲述自身故事的一部分。

我们有时担心布朗普顿在品牌推广和营销上过于低调，至少在某些行业看来是如此。这也是公司文化的一部分，解释起来往往要用到那句老话："你必须了解安德鲁……"在这个背景下，你要知晓的是，安德鲁一直不喜欢任何与时尚或消费主义相关的事物，而这种态度深深影响了布朗普顿公司的企业文化。蒂姆·吉尼斯出身金融行业，在他看来，营销在公司运营中并不扮演重要角色；而我则始终对夸张宣传和虚假承诺持怀疑态度。我认为，信息传递与品牌传播应该建立在诚实和原则之上，甚至带有某种道德洁癖。而广告行业通常会认为，品牌营销的核心无非是两点——要么

为自由而生：布朗普顿折叠车品牌成长之路

布朗普顿世界锦标赛其中有一个最佳着装奖，重点是不能穿莱卡紧身骑行服

让消费者觉得产品能解决他们的问题，要么让他们觉得拥有它会让自己更时尚、更有魅力，抑或兼而有之，哪怕这种关联未必真实。

安德鲁和我同样受到工程师思维的影响，安德鲁尤甚。但我一直认同他的理念：形式必须服从功能。起初，我只是觉得"形式服从功能"是一个显而易见的事实，后来才逐渐意识到，它其实是一种世界观———一种关于如何看待设计、产品乃至人生的哲学立场。以这种视角来看待布朗普顿的发展，我总是不自觉地从工程角度评估所有事务：这台机器的核心任务是什么？它擅长执行哪些功能？它的外形是增强还是削弱了性能？我不是站在旁观者的角度去评判，而是深入其中思考问题的本质。

然而，工程师思维有时会走向极端，尤其是当你认为这是唯一有效的观点时。早期，安德鲁对营销内容非常谨慎。在宣传册中，我们仅展示一张清晰的自行车照片，标注所有关键的可动部件。但我们的第一任营销经理埃德·唐纳德则坚持要在专业摄影棚拍摄产品照，精心布光以突出车身漆面的质感，甚至选择富有艺术感的背景，或者找一位形象迷人的骑手作为代言人。这种做法引发了不少内部争议，虽然表面上是关于技术细节或语法问题的讨论，但本质上是布朗普顿是否应被塑造成"时尚单品"的分歧。我认为，安德鲁从未真正接受这一观点。

但经过多年实践，我逐渐明白，并非所有人都以工程师的视角看待世界。对许多人来说，生活并非由形态和结构构成，而是由故事和经历构成。这意味着，如果他们无法想象自己使用一款产品，就很难真正理解产品的设计之妙。除非他们将自己代入产品所承载的故事，否则很难感受到它所带来的价值。

我真正领悟这一点，是在埃德让布朗普顿登上生活时尚杂志《Wallpaper》的时候。他对此感到自豪，而我终于明白，布朗普顿正因此触及了全然不同的消费群体。口碑营销固然重要，但它的局限在于社交圈的封闭性。即使在一个小镇上，从高尔夫俱乐部出现的谣言也不一定会被先锋戏剧组的成员听到。同样，布朗普顿过去在特定人群中畅销，却难以突破圈层，除非更多人接触到它。

当然，当公司面临产能瓶颈时，开拓新客户的紧迫性并不强。如果打一辆车的等待时间从14周延长到28周，吸引新顾客的意义便不那么明显。但我们始终怀揣远大抱负，不断扩大生产规模。而品牌影响力的提升需要时间，新市场的开拓亦然，因此，我们的营销策略必须着眼于未来两到三年的潜在消费者。

然而，忽视市场拓展的长期风险不可低估。作为一家自行车制造公司，如果无法将产品交到真正需要的人手中，既无法实现商业成功，也违背了品牌的初衷。每一位等待名单上的顾客，首先是一个渴望改变生活方式的人，而等待的过程却成为他们的绊脚石；与此同时，这也给了我们的竞争对手可乘之机。

品牌塑造是一个循序渐进过程，它不仅关乎产品知名度的提升，更在于向消费者传递产品价值，并构建一个能够引发共鸣的故事，让他们设想自己骑上这辆自行车。然后，他们开始使用产品，向朋友推荐，并在社交媒体上分享体验。未来五年里，这一过程将对布朗普顿自行车的受众将产生叠加效应。但前提是，最初的核心用户仍然对品牌保持认可。因此，长期关注客户才是营销的核心。这也说明，在规划扩产的同时，必须同步考虑如何让产品顺利交付给消费者。然而，这并不容易，因为我们无法精准预测未来客户的需求。

然而，我们可以做的是，主动接触那些尚未听说过布朗普顿自行车的新群体，或者那些虽然有所耳闻，却从未见过能让他们产生共鸣的场景或故事。这正是我们推出特别版车型的初衷。有些特别版是限量版配色，另一些则是主题款式，比如我们在亚洲市场发布的皇家婚礼纪念版。近年来，很多特别版都是与志同道合的个人或品牌合作推出的——他们认同我们的价值观,并且喜欢布朗普顿自行车,同时也覆盖了我们目前未能触及的潜在受众群。

举例说明,这些案例可能听起来有些奇怪——我们发现,最难接触的一个群体竟然是骑行爱好的群体。许多热爱骑行的人,他们的预算甚至超过了布朗普顿系列中顶级的车型,且他们大多是休闲骑手。比如,大家熟知的"穿紧身骑行服的中年男人"群体(Middle-Aged Men in Lycra,MAMIL),他们是那些买得起跑车却选择了昂贵的公路赛车,并通过骑行运动度过中年危机的人。按逻辑来说,布朗普顿自行车本应该是他们热爱骑行的一种自然延伸。就拿我自己来说,我每周骑着布朗普顿穿行于伦敦各地参加会议,总里程大约 60 公里。而周末我不骑行,因为我有家庭事务和其他安排。但如果我加入了自行车俱乐部,并在周末骑行,那么相比乘坐地铁,这种通勤方式无疑更具优势。

理论上,这是有道理的,但现实中要让这个高价值群体接受布朗普顿折叠车却并非易事。直到我被邀请参加一场慈善骑行活动,恰巧与大卫·米勒同行。大卫是少数在职业自行车赛场上崭露头角的英国选手,他曾赢得环法自行车赛的赛段冠军和世界计时赛冠军。然而,他因兴奋剂问题被禁赛四年,复出后却重新崛起,继续斩获多项胜利,并带领他的车队成为职业自行车界少数无禁药的队伍之一。他的经历极具传奇色彩,并因此写了一本获奖自传《赛车手》。同时,他也是一个极具时尚品位的人,在我们见面时,他正筹备推出一个高端运动服装系列。

他试骑过布朗普顿,因为他的妈妈有一辆,他在伦敦时经常借用。他也提出了一些关于如何让这款布朗普顿更吸引自行车骑行爱好者的想法。三年后,我们推出了一款名为 CHPT3 的特别版车型——CHPT3 是大卫的时尚品牌名称。这款车采用钛合金车架,去除了挡泥板和行李架,同时搭载

自行车赛的英雄大卫·米勒凭借 CHPT3 车型为布朗普顿带来了新的粉丝

了许多专业骑行爱好者真正重视的高端组件，例如定制车座、专业级握把和略带 BMX 风格的轮胎。自推出以来，我们每隔两年限量发售一次 CHPT3 车型，而每次都很快售罄，就连专业自行车媒体也为之疯狂。

这是一个不同寻常的案例，因为推出特别版车型的初衷并不是为了增加销售。甚至有些特别版车型根本不考虑大规模销售，例如我们与设计师汤姆·迪克森（Tom Dixon）合作的镀铜版车型。那款车的生产工艺极为复杂，过度依赖手工制造，几乎引起了工厂的一场革命。根本原因是铜材不会与钢材自然结合，所以首先需要镀上一层镍，而这两种涂层使得所有部件的公差都超出了范围，必须经过大量手工打磨才能完成组装。

然而，那些没接触过布朗普顿折叠自行车的人，很可能会在杂志上看到镀铜版的报道，进而产生兴趣，并尝试骑行一款常规版的布朗普顿。一旦他们试骑，认知障碍就会被打破。而一旦他们真正拥有并骑行布朗普顿，他们便能体会到这款自行车所带来的城市自由与骑行快乐。如果几年后，他们的限量版不幸被偷，而市场上唯一可得的是一辆经典款绿色布朗普顿，他们往往会毫不犹豫地购买，而不是等待新款——因为布朗普顿早已融入他们的生活，已经成为他们的一部分。

此外，与艺术家和诗人交谈可以拓宽我们的视野。艺术家和诗人的职责正是探索未知。而与汤姆·迪克森的合作，不仅仅是为了拍摄几张漂亮的宣传照，而是让我们真正了解了电镀工艺的奥妙。最终，镀镍铜色的车型不仅呈现出极具吸引力的色彩，我们也成功将这一工艺应用到量产版的镀镍布朗普顿上，并卖出了数千辆。

这就是销售的意义所在——用消费者能够理解的语言，向尽可能多的人讲述产品的真实价值。因此，我们必须分析相关信息，寻找尚未建立联系的潜在社群群体，并清晰地传达这款自行车如何改变他们的生活。而这并不意味着我们要背离初心，单纯为曝光度而宣传，或是夸大产品优势。事实上，安德鲁在 2002 年撰写的公司理念至今仍然精准地概括了我们的品牌方法，以至于我在 2016 年更新营销手册时几乎不需要改动：

只提供真正有实用价值的产品，避免表面化的噱头设计；

关注设计和制造过程中的每一个细节，确保自行车不仅骑行顺畅，同时易于折叠、携带和存放；

提供关于产品的真实、准确且值得信赖的信息，避免夸大宣传；

让布朗普顿成为提升生活质量的多功能工具，而不仅仅是精巧的小玩意或时尚配饰；

以柔和的方式推广布朗普顿的产品，避免贬低竞争对手；

重视布朗普顿的客户体验，无论购买的自行车是旧是新，都提供超出他们预期的服务；将失败、错误和挑战视为建立品牌信任的机会。

与外部世界的交流是品牌成长的最好方式。为了维护品牌，你必须投入大量时间与自己的团队交流。布朗普顿最大的优势之一，在于它所孕育的自行车爱好者社群——他们不仅将自行车作为身份的一部分，享受在日常生活中展现自行车个性的过程。值得一提的是，我们要感谢亚洲消费者，他们让我们意识到了这一点。

亚洲市场，尤其是日本，与欧洲市场在骑行文化上存在显著差异。安德鲁最初在日本看到布朗普顿车主拥有着闪亮整洁的自行车，并配备了各种配件时，他会感到困惑不解。他总是认为，如果人们"正确"地使用布朗普顿，它应该是带着岁月痕迹的——或许有些磨损、划痕或凹陷，甚至沾染通勤途中不可避免的油污与泥垢。

然而，问题是尽管自行车本质上是一种工具，但不同人群有不同的需求，我们必须学会理解客户。亚洲自行车市场的发展路径与欧洲截然不同。2005 年，在亚洲有不少地区，仍然有许多人将自行车作为交通工具，而汽车则被视为社会地位的象征。相比之下，欧洲的自行车基础设施更加完善，而亚洲却相对滞后。然而，随着环保意识的提升和个人健康的关注度上升，越来越多的亚洲消费者开始重新审视自行车的价值。此外，亚洲城市生活空间极为紧凑，尤其是在大城市，人们的生活重心往往围绕家庭和工作展开。

进入 21 世纪，亚洲消费者发现自己拥有比以往更多的可支配收入和休闲时间。但是，在狭小的生活空间里，物质消费的选择受到了限制。人们开始更加追求精神层面的满足——他们渴望加入一个社群，在其中结识志同道合的朋友，交流彼此的经验。即使身处华丽的服饰与奢侈品之中，若缺乏归属感，孤独依然无可避免。

布朗普顿自行车无意中填补了这一需求空白。它不仅外形精美，堪称一件艺术品，深受成熟亚洲消费者的青睐，更重要的是，它象征着自由，让人逃离城市去探索未知。如果你拥有一辆布朗普顿，这说明你是一个聪明且富有洞察力的人，有环保意识，喜欢冒险，同时关心自己的健康。这种价值观的共鸣催生了遍布亚洲各地的布朗普顿俱乐部，如今已有数百个社群。我们最初并没有想到这一点，但布朗普顿自行车凭借其出色的灵活性融入了这一生活方式，而我们也同样保持开放的姿态，观察并推动这一市场蓬勃发展。

随着时间的推移，这些早期的布朗普顿骑行者开始积极推动自行车道的建设，许多人更成为亚洲通勤骑行的先行者。最终，我们的最终目标正在逐步实现——通过一条意想不到的路径，布朗普顿正逐渐成为亚洲城市交通的重要一环。

特别版车型在日本一直热销，部分原因是在日本的布朗普顿爱好者希望通过独特的设计展现个性。而在那里，布朗普顿的口碑传播方式也与传统的骑行俱乐部有所不同。有一些布朗普顿社群发展迅速，成员规模甚至达数百人。在日本，骑着布朗普顿穿行樱花树下，人们邂逅了人生伴侣，甚至举办了以布朗普顿为主题的婚礼。此外，布朗普顿自行车的流行还体现在日本流行文化中，它出现在多部漫画中，包括当地知名漫画家片冈文弘（Fumihiro Katagai）的作品。

2006年，库斯·克鲁恩曾从他位于巴塞罗那的分销公司打来电话，说："威尔，我想用布朗普顿折叠车举办一场自行车比赛。"这句话成为布朗普顿发展史上的重要一页。首届布朗普顿世界锦标赛在巴塞罗那举行，但到了2008年，赛事规模迅速扩大，已无法在当地继续举办。于是，我们将其迁至牛津郡的布伦海姆宫，并开始调配工厂资源协助组织。随后，比赛先后移至古德伍德赛道，如今已在伦敦市中心的林荫大道——白金汉宫外进行。如今，这项赛事在全球范围内设立了预选赛，包括美国、墨西哥、德国、韩国等多个国家，最终冠军们将被邀请前往伦敦，参加布朗普顿世

库斯·克鲁恩,我们的西班牙经销商,
布朗普顿自行车世界锦标赛的灵感来源于他

虽然这是一项社区活动,但参加锦标赛的人们可是非常认真

界锦标赛。

世界锦标赛的部分目的，是向公众展示布朗普顿折叠车的速度潜力。许多人对小轮径自行车存有偏见，认为它们无法高速骑行，这往往源于童年时对小轮车的记忆。但事实是，只要轮胎充气适当，小轮径自行车的滚动阻力较低，动能损耗更少，并且空气阻力也相对较小。虽然更高的齿轮比会稍微增加功率损耗，但整体骑行效率几乎不受影响。事实上，任何身体素质良好的人，都可以骑着布朗普顿在平地上跟上自行车俱乐部的车手，而当他们做到这一点时，往往会赢得周围人惊叹的目光。

但是，布朗普顿世界锦标赛的真正意义，并不仅仅是竞速比赛，而是为了将人们聚集在一起，庆祝这个社群的存在。它更像是一场大型网友聚会，而不是一次促销活动。参赛者除了地区冠军外，都需要支付报名费，赛事由赞助商提供美味的食物，包括英式下午茶、杜松子酒和各种美食。此外，我们还制定了一些特别的着装规则，以确保比赛不会过度严肃：参赛者必须穿着西装夹克和领带，而不允许穿运动服。比赛采用勒芒式起步方式，所有自行车需以折叠状态开始，因此快速展开自行车也成为比赛的一部分。

这一切使得比赛更具观赏性，除了为我们的客户和员工带来难忘的比赛体验外，我们还获得了无法用金钱换取的媒体曝光度。赛事吸引了600名参赛者，每人平均带来四名亲友观赛，现场观众数量庞大，线上关注者更是不计其数。布朗普顿世界锦标赛不仅提升了品牌影响力，也让参与者彼此联结，分享属于他们的骑行故事。

在整本书中，我一直在谈论那些能够自我维持并与世界互动的体系，而布朗普顿品牌无疑是其中最宏大的一个。它超越了企业本身，延伸至客户、经销商、分销网络，以及更广阔的社会。值得思考的是，这个品牌究竟是由我们所拥有，还是它反过来塑造了我们？要持续赢得骑行者的信任，我们不仅要提供卓越的产品和服务，更要让消费者相信，他们的每一笔投入，都用于支持真正优秀且具有创新精神的产品，而非奢华的广告营销或名人代言。

布朗普顿总是与美好事物、风趣人物和独特故事交织在一起，这让我们频繁获得意想不到的曝光机会。骑着布朗普顿自行车的表演者曾亮相2008年北京奥运会闭幕式，哈里王子也曾骑着它在伤残军人慈善运动会上四处穿梭。新冠防控期间，我们发起了一项大规模众筹，为医疗工作者提供自行车，以便他们在公共交通停运时仍能顺利通勤。但我们并不会仅仅为了宣传而赠送自行车，除非有人能以真正有价值的方式交换——比如诗人胡赛因·马纳瓦尔（Hussain Manawer）曾在我们工厂墙上留下了一首诗。对我们而言，品牌的价值，永远不应被简单的名气所削弱。

品牌中有某些部分可以受到法律保护。我们的专利相对较少，这或许令人意外，但仔细思考后便会发现其中的合理性。布朗普顿折叠机制的基本设计早在1975年便已发明，早已超出专利保护范围。此后，我们对其进行了多次改进，但我们不愿为了申请专利而公开这些改进的详细技术描述，更不想为此支付高昂的专利律师费。任何其他品牌不得称其自行车为"布朗普顿自行车"，也不使用类似字体中的类似词语。我们已经在荷兰、比利时和西班牙提起诉讼，以保护布朗普顿自行车的三种折叠状态的形状商标。此外，如果有人发明了一种全新的折叠自行车，他们不应该让其外观与布朗普顿过于相似。这一案件已经上诉至欧洲法院，最终将在那里作出裁决。

这些构成了可识别布朗普顿品牌的核心知识产权。如果这些知识产权被转让或出售给其他公司，极有可能在数年内变得毫无价值。因为布朗普顿真正的品牌价值，不仅仅体现在一个八个字母的单词、一种字体，或是中央车架的特定曲线IP，而是体现在我们独特的经营模式之中。如果缺乏

Born for Freedom: The Story of BROMPTON

2014年伦敦首届"不败运动会"上,
哈里王子在他的父亲和哥哥前骑行布朗普顿自行车

我们在制造过程中的价值观、缺乏我们的客户服务，甚至缺少那些充满巧思的小创意与特别版车型，品牌本身也就失去了意义。因此，任何希望继承布朗普顿品牌的人，基本上都需要完整地复刻整个公司的运营模式。

这种品牌理念也影响了我们保护品牌的方式。台湾尼奥自行车等仿制品，与其说是威胁，不如说更像是一种烦扰。这些仿制品质量远远不及布朗普顿，它们的制造者缺乏对工程工艺和细节的理解，而正是这些细节决定了产品的完整性。尼奥自行车无法复制我们的工装治具，他们将生产外包给那些无法真正理解设计意图的公司。因此，在过去十二年里，我们的策略是对欧洲市场上出现的仿制品采取强硬措施，但不会刻意去追查那些窃取设计图纸和工具的始作俑者。欧洲法院通常能提供更好的法律保护，我们的律师可以出庭，不需要每次都远赴他国诉讼，相较于在亚洲打官司，这样能减少大量的时间和精力损耗。无论如何，购买便宜仿制品的人，并不一定是我们的潜在客户。与路易威登亚洲区的一位负责人交谈后，我开始将这些消费者视为"想要买布朗普顿但买不起的人"。他们最终骑上了一辆折叠自行车，但其性能远不及正品，每次使用时都会意识到它并非真正的布朗普顿。如果未来他们有了更充裕的预算，或者真正意识到自己需要一款更优质的交通工具，他们很可能会回归布朗普顿。

然而，频繁地诉讼并不是保护品牌的最佳方式。布朗普顿的品牌价值，归根结底是建立在一群认同其产品、并深受其影响的用户社区之上。保护品牌最有效的方式，不是对仿制品穷追猛打，而是持续改进产品，保持创新，以适应不断变化的世界，吸引更多新客户。就像在一场自行车比赛中，如果你不希望对手紧跟着你的后轮，最好的策略并不是停下来争执，而是尽力拉开足够的距离，确保自己始终领先。

'the BROMPTON'

Bike of the future.

16. 永远的布朗普顿

目前，在布朗普顿格林福德工厂，仍然陈列着公司制造的第二辆和第三辆折叠自行车。而第一辆原型车，很可能早已被熔化成废铁——因为安德鲁对它不满意，最终将其弃置。

我们制造理念始终遵循"拉动"而不是"推动"原则。换句话说，我们首先要明确终极目标——创造真正有价值的产品，接下来的所有工作都是围绕如何调配资源、规划流程，以确保在需要时达成这一目标。如果一个人能以这样的方式度过一生，那岂不是一件美妙的事情？

然而，现实是，我们大多数人并不清楚自己的终极目标是什么，更别提能有足够的时间来规划并实现它。因此，我们只能在时间的流动中前行，尽我们所能积累知识和能力，并在机会出现时抓住它们。世界并不是由泰勒·欧诺（Taiichi Ohno）或精益生产的天才们创造的，我们只能基于过去的经验和已知的信息来推断目标应该是什么。当我加入布朗普顿时，我只是在寻找比管理帝国化工公司工厂更有意义的工作。我并未预见到自己会在这里找到新的目标，但事实上，我们的确走到了今天。

Born for Freedom: The Story of BROMPTON

对于一家企业而言，建立清晰的目标感，是领导力的核心任务之一，尤其是随着公司规模的扩大，这一点变得越来越重要。正如我们之前看到的，如果未来的城市发展和交通演变，按照不可避免的方向推进，那么布朗普顿要成为未来的一部分，或许需要大规模的转型。从年产5千辆自行车增加到5万辆，意味着需要迁移工厂、引入全新的装配系统，并经历本书中描述的所有挑战和奋斗。而如果再扩张十倍，不仅意味着规模的增长，更意味着需要进行超出十倍的努力。届时，布朗普顿可能需要在世界不同地区设立工厂，生产尚未被构想的产品，并通过现今尚不存在的分销渠道，触达全新的客户群体。因此，有一个问题值得深思：在这一切变革中，什么将会改变？什么又将始终不变？

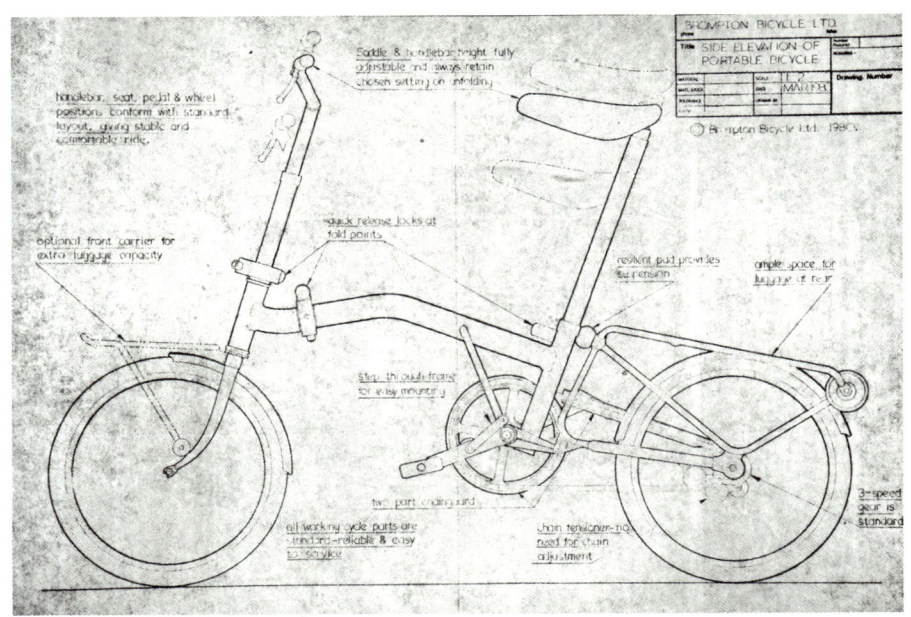

多年来布朗普顿公司一直在发展，但安德鲁·里奇的原始设计仍然是其核心

很多事情都会发生变化。在本书中，一个核心观点反复出现：成长往往需要你从根本上重塑自己的行动，勇敢地走出舒适区。而未来，我们很可能还会面临更多这样的挑战。如果过去二十年的全球发展最终指向的"最佳解决方案"恰好是安德鲁在1975年提出的设计，仅仅对铰链进行了一些改进，那未免也太巧合了。

布朗普顿自行车的设计初衷旨在满足特定城市人群的通勤需求。实际上，正如我们所看到的它几乎是为某一个人量身定制的——安德鲁发明这款自行车，是因为他希望拥有一辆便携式自行车，同时又不喜欢比克顿折叠车的骑行体验。当然，并不是每个人都拥有足够的体力能舒适地携带一辆自行车，他们的主要需求是在温带气候下，每天通勤两次，单程3~6千米，并且在终点站拥有可存放折叠后自行车的空间。此外，他们还需要有一定的经济能力去实现这一特别的出行方式。几十年来，我们一直专注于完善产品，以精准满足这一特定客户群的需求，同时也希望它能为更多人带来价值。然而，如果从零开始，重新审视城市中其他人群的需求，我们可能会做出完全不同的设计决策。

正如爵士号手亨弗莱·利特尔顿（Humphrey Lyttelton）曾说："如果我知道接下来要演奏的爵士乐是什么，那说明我此刻已经在演奏它了。"同理，如果布朗普顿公司已经掌握了解决未来问题的方案，那就意味着它不属于未来，而是现在正在发生的事情。我们所能做的，只是从近期的历史中汲取经验，从过去十年的创新和预测中学习，以勾勒我们认为的未来发展方向。然而，有一点是明确的：未来的首席执行官将面临的问题，与之前拜访钛材供应商、建立分销网络或改变计件工资系统的时代截然不同。

布朗普顿的发展经历了一个关键阶段——当制造过程中的问题复杂到超越任何个人所能独自解决时，公司必须从依赖管理层直接解决问题的模式，转变为依托系统和组织架构来应对挑战。这一过程充满了艰难，甚至

2015年，在温莎城堡从女王那里接受我的大英帝国 OBE 勋章

伴随着痛苦的变革。

而如今，我们正处于另一个重大转型期：随着公司规模的扩大，首席执行官已不可能记住所有员工的名字。我们的目标是建立一套健全的组织和企业文化，招募合适的人才，并赋予他们信任，让他们自主决策，而不再依赖高层的直接干预。对我来说，亲自向每位员工讲解公司的核心理念，或通过日常监督提供反馈，这样的管理方式已不再现实。

事实上，如今的公司事务纷繁复杂，首席执行官甚至无法再充当企业"中枢神经"的协调者。在我任职布朗普顿期间，我的一个"秘密武器"是一本非常大的联系人清单。在公司发展的许多重要时刻，我总能找到关键人物，并得到所需要的帮助。这并不是侥幸，而是因为我在建立人脉上倾注了大量精力。我会努力记住曾经见面的人，而不仅仅是把电话号码存入通讯录，那样可能会让我在一夜之间忘记了对方的模样。在未来，布朗普顿需要更多具备这种关键人脉资源的员工，这可能是我们亟待解决的最后一个瓶颈，但它同样意味着组织规模的进一步扩大。

我需要让团队理解，他们必须学会自主沟通，并建立自己的外部关系。他们不能只是把所有事情都报告给首席执行官办公室，期待最终整合成一套全面的计划。在企业扩张的过程中，最终必须学会放手。微观管理不可能将一切调整至符合个人偏好与优先级，而且实际上，根本不存在一个单一的"中央观点"来统筹全局。当企业规模扩展至如今的十倍时，这一切都必须成为"日常现实"，而非"待解决的问题"。假设我们的年产量达到 50 万辆自行车，那么某些日常运营管理部门很可能会完全独立于首席执行官办公室。

这种演变令人联想到城市的成长轨迹。在城市发展的早期阶段，可能会有一座修道院、一支驻军部队或一个贸易港口，所有事务都围绕着这些核心机构运转。所以，不管是院长、市长或驻军指挥官，至少在原则上，

在林福德工厂车间的二楼

他们都能够干预并管理全局，因为城市的资源和人口都直接服务于这些中心机构。然而，当城市发展到一定规模，它将不再受限于最初的管理框架，而会逐步形成独立的身份。此时，管理的重点不再是直接掌控每一个具体事务，而是确保各部门的优先事项与整体资源的匹配与协调。

　　这是否意味着一个庞大的企业无法被有效管理？当然不是。即使系统的复杂性超越了任何个体所能完全掌控，它依然可以发展出独特的企业文化，而塑造并维护这一文化，正是管理层的核心职能。在布朗普顿的背景下，这意味着，随着公司的发展，我和管理团队的工作将更多地聚焦于企业文化的塑造，并花时间思考布朗普顿究竟是什么，以及将如何"提高城市人们的自由度、改善他们的生活"这一使命转化为实际的行动。正如我们曾说过，自

我帮助创立并作为理事支持了十年的名为"激励未来"的公益组织，
在为"激励未来"的一次演讲

行车的各个部件可以依据它们所具备的"布朗普顿特质"来衡量其重要性，而这一标准同样适用于所有其他政策和流程。因此，管理层最核心的职责，就是不断定义"布朗普顿特质"意味着什么，同时持续诠释和调整公司的DNA，使其在未来的发展中始终保持独特的品牌价值与文化认同。

例如，未来几年，我们面临的一大挑战是如何在美国市场真正拓展业务。如果我们想要实现后汽车时代的宏伟目标，那么在不久的将来，布朗普顿在美国的年销售量可能会超过我们目前全球的销量。这意味着我们需要解决物流、制造和分销等各类问题。而这些问题很可能与我们迄今为止所遇到的完全不同。同时，我们还需要找到与全新的消费群体沟通的方式，其中许多人对不同交通方式的文化和情感认知可能与我们现有客户完全不同。

从一张白纸开始,我不知道如何实现这一目标。即便我尝试去做,也未必是最合适人选。即使我愿意举家搬迁横跨大西洋,并花上十年时间深耕这一项目,可能也无法确保成功。因此,公司必须寻找一种有机发展的方式,以适应这一全新的挑战。

但这并不意味着一切皆有可能。例如,布朗普顿美国的扩张方案不太可能涉及大量风险投资,将一半的资金用于从东海岸到西海岸的广告轰炸。无论未来的布朗普顿如何演变,无论产品设计如何调整,我们可以肯定,它不会变成一个追逐潮流的品牌,不会像快时尚那样每季推出新款,也不会内置升级周期,鼓励消费者每两三年就淘汰旧款、购买新款。我们完全可以确定,这条路行不通,因为这与布朗普顿的品牌基因背道而驰。

在布朗普顿取得成功的人往往具有某些特质。他们可能是那些曾创办自行车俱乐部的人,或者学生时代卖糖果的小创业者。他们年轻时可能也曾碰壁,可能还没有完全了解自己的局限性,但到了二十五六岁,已经积累了足够的常识,可以独立负责某项工作。他们对想要做的事情充满热情,渴望改变世界。他们愿意信任他人,同时也深知自己的不足。但无论何时何地,与人交谈时,他们总是愿意坦诚相对、直视对方的眼睛。至少,我希望如此。

如今,安德鲁已经退出日常管理工作,但他仍然是股东,并且对公司的一切充满热情。我经常和他见面交谈,我们的看法并不总是完全一致,但我们都深爱着布朗普顿。我想,他也能感受到我的这份热情。几十年后,是否会有另一个人坐在我的位置上,在谈论某项尚未诞生的技术时说:"嗯,事情是这样的,你必须了解威尔是怎样……"这并非不可能。未来就是这样:如果我们知道前进的方向,我们终将抵达。

图书在版编目（CIP）数据

为自由而生：布朗普顿折叠车品牌成长之路 /（英）威尔·巴特勒-亚当斯，（英）丹·戴维斯著；赵小勇译. -- 北京：中国轻工业出版社，2025.8. -- ISBN 978-7-5184-5580-5

Ⅰ．F456.16

中国国家版本馆 CIP 数据核字第 2025VW3371 号

版权声明：

Born for Freedom: The Story of BROMPTON
Copyright © 2022 by Will Butler-Adams and Dan Davies
Originally published in Great Britain by Profile Books, Ltd. First published in North America in revised form by The Experiment, LLC.
This Simplifed Chinese edition is published by China Light Industry Press Ltd.

责任编辑：刘忠波
文字编辑：王子含　　　　　责任终审：张乃柬　　设计制作：创研设
策划编辑：陈姿兆　王子含　　责任校对：晋　洁　　责任监印：张京华

出版发行：中国轻工业出版社（北京鲁谷东街 5 号，邮编：100040）
印　　刷：天津裕同印刷有限公司
经　　销：各地新华书店
版　　次：2025 年 8 月第 1 版第 1 次印刷
开　　本：787×1092　1/16　印张：19
字　　数：300 千字
书　　号：ISBN 978-7-5184-5580-5　　定价：98.00 元
邮购电话：010-85119873
发行电话：010-85119832　010-85119912
网　　址：http://www.chlip.com.cn
Email：club@chlip.com.cn
版权所有　侵权必究
如发现图书残缺请与我社邮购联系调换
231168W6X101ZYW

事项应当采用借贷记账法进行记录和汇总。

符合负债定义和负债确认条件的项目，应当列入资产负债表；符合负债定义但不符合负债确认条件的项目，不应当列入资产负债表。我国《企业会计准则》的财务报表列报准则规定，资产负债表中的负债类至少应当单独列示反映短期借款、以公允价值计量且其变动计入当期损益的金融负债、应付款项、预收款项、应付职工薪酬、应交税费、被划分为持有待售的处置组中的负债、长期借款、应付债券、长期应付款、预计负债、递延所得税负债。并且，资产负债表中的负债类至少应当包括流动负债、非流动负债和负债的合计项目，按照企业的经营性质不切实可行的除外。

通过确认、计量、记录和报告四个基本环节，企业或单位就完成了负债核算的一个基本循环。

第二节　流　动　负　债

一、流动负债概述

（一）流动负债的含义

流动负债是指偿还期短，一般在一年或超过一年的一个营业周期内偿还的债务。满足下列条件之一的，应当归类为流动负债：

（1）预计在一个正常营业周期中清偿；

（2）主要为交易目的持有；

（3）自资产负债表日起一年内到期应予以清偿；

（4）企业无权自主地将清偿推迟至资产负债表日后一年以上。

流动负债的核算涉及很多会计科目和账户，包括短期借款、应付账款、应付票据、应付利息、预收账款、应付职工薪酬、应交税费、应付股利、其他应付款等。这些科目的贷方记录相关非流动负债的增加额，借方记录减少额，余额一般在贷方，反映各项流动负债的期末余额。企业可以根据负债的金额、性质、时间和管理控制的需要，科学合理地增加非流动负债的科目。

流动负债的特点是：偿还期限短；到期要用企业资产或提供劳务或举借新的债务偿还；企业举借流动负债的目的一般是满足生产经营资金周转的需要。

（二）流动负债的分类

1. 按形成方式分类

（1）融资活动形成的流动负债。这类流动负债是指企业从银行或其他金融机构筹集资金而形成的，一般是有息负债及负债的融资费用，即利息。如短期借款和预提的短期借款应付利息等。

（2）营业活动形成的流动负债。这类流动负债是企业在正常的生产经营活动中所形成的，一般是无息负债。如应付账款、应付票据、预收账款、应付职工薪酬和应交税费等。

（3）收益分配形成的流动负债。这类流动负债是指企业在对实现的净收益进行分配过程中形成的，一般是权益的融资费用，即股利。如应付股利等。

2. 按偿付手段分类

（1）货币性流动负债。这类流动负债是指需要用货币资产来偿还的负债。如短期借款、应付账款、应付票据、应付利息、应付职工薪酬、应交税费、应付股利、其他应付款等。

（2）非货币性流动负债。这类流动负债是指企业需用商品或提供劳务来抵偿。如预收账款一般不需用货币性资产偿还的债务。

3. 按偿付金额是否确定分类

（1）金额可确定的流动负债。这类流动负债是指有确定的偿付日期和确切的偿付金额的流动负债。如短期借款、应付账款、应付票据、应付利息、预收账款、应付职工薪酬、应交税费、应付股利、其他应付款等。

（2）金额需予以估计的流动负债。这类流动负债是指没有确切的偿付日期和偿付金额的流动负债，企业可以根据以往的经验以及有关的资料，预先估计入账。如销售商品应付的保修费及损失费等。

（三）流动负债的计量属性

从理论上讲，负债的计价应以未来要偿付债务的现金流量的现值作为计价基础。但是，由于流动负债的偿还期限通常不超过一年，其到期值同现值之间的差额非常小，按照重要性原则，可忽略不计。因而，在会计实务中对流动负债通常是以未来应付的金额计价入账。

二、短期借款

（一）短期借款的核算

短期借款是指企业向银行或其他金融机构借入的期限在一年（含一年）的各种借款。短期借款一般是企业为了维持正常的所需资金或为偿付某项短期债务而借入，是一种有息债务。

为了核算短期借款的发生及本金偿还情况，企业应当设置"短期借款"科目。该科目应当按照借款种类和贷款人进行明细核算。企业借入的各种短期借款，借记"银行存款"科目，贷记"短期借款"科目；归还借款时，借记"短期借款"科目，贷记"银行存款"科目。

短期借款的利息可以在发生时直接计入财务费用，借记"财务费用"科目，贷记"银行存款"科目；如果短期借款利息金额较大，按季支付或者到期一次性支付，企业需要按月预提的，预提时通过"应付利息"科目核算，借记"财务费用"科目，贷记"应付利息"科目，支付利息时再冲减应付利息，借记"应付利息"科目，贷记"银行存款"科目。

例 7.1 某企业于 4 月 1 日向银行借款 40 000 元，期限为 6 个月，年利率 6%，该借款到期后如数归还，利息按月预提，按季支付。

根据上述经济业务，编制会计分录如下：

4 月 1 日取得借款时，企业的会计分录为：

借：银行存款　　　　　　　　　　　　　　　　　　　　　40 000
　　贷：短期借款　　　　　　　　　　　　　　　　　　　　　40 000
4月末预提当月应计利息费用 40 000×6%÷12＝200（元）时，企业的会计分录为：
借：财务费用　　　　　　　　　　　　　　　　　　　　　　200
　　贷：应计利息　　　　　　　　　　　　　　　　　　　　　　200
5月末预提当月利息的处理同上。
6月末支付本季度应付利息时，企业的会计分录为：
借：财务费用　　　　　　　　　　　　　　　　　　　　　　200
　　应计利息　　　　　　　　　　　　　　　　　　　　　　400
　　贷：银行存款　　　　　　　　　　　　　　　　　　　　　　600
7月、8月末预提利息与4月末的会计分录相同。
9月末归还借款的本金和利息时，企业的会计分录为：
借：短期借款　　　　　　　　　　　　　　　　　　　　　40 000
　　财务费用　　　　　　　　　　　　　　　　　　　　　　200
　　应计利息　　　　　　　　　　　　　　　　　　　　　　400
　　贷：银行存款　　　　　　　　　　　　　　　　　　　　 40 600

（二）短期借款的披露

在资产负债表中，"短期借款"项目反映企业向银行或者其他金融机构等借入的期限在1年以下（含1年）的各种借款。该项目应当根据"短期借款"科目的期末余额填列。

除此之外，在会计报表附注中，企业还应当按照借款的类别详细披露短期借款。其披露格式如表7-1所示。

表7-1　　　　　　　　　　　　　　　短　期　借　款

借款类别	期末余额	期初余额
质押借款		
抵押借款		
信用借款		
……		
合计		

（三）短期借款的分析与管理

短期借款的优点在于可以根据企业的需要来安排，非常灵活，取得程序相对简便。银行为了防范风险，对发放中长期贷款一般比较谨慎，利率也较高，这种情况下，短期借款就成为很多企业比较重要的融资通道。但短期借款必须在短期内归还，于是需要保证资产的流动性，以满足一定的流动比率、速动比率的要求。

流动比率是企业全部流动资产与全部流动负债之间的比率。计算公式为：流动比率＝流动资产/流动负债。单独分析流动比率的数值意义有限，还应该结合企业所在的行业来分析。行业不同,对流动比率的要求有所不同,一般而言,营业周期越短,对流动比率的要求越低;营业周期越长,对流动比率的要求越高。另外,存货周转率、应收账款周转率等指标也会影响流动比率的可信性。

速动比率是企业变现能力最强的速动资产与全部流动负债之间的比率。计算公式为:速动比率=速动资产/流动负债。速动资产包括货币基金、交易性金融资产、应收款项,等于全部流动资产减去存货、预付款项等。存货、预付款项都属于流动性较差、变现所需时间较长的资产。存货需要经过销售和应收款项环节才能变为现金。预付款项是预付的购货款,其变现时间比存货更长。因此,计算速动比率时,将这两项资产扣除,可以比较准确地反映企业的短期偿债能力。速动比率越高,表明企业的短期偿债能力越强,但同时也说明企业拥有较多的不能获利的货币基金和应收款项。如果速动比率过低,则表明企业将可能依赖出售存货或举借新债偿还到期债务,说明企业的短期偿债能力较弱。对速动比率的分析也应当将行业因素考虑在内,比如对于采用大量现金销售的行业,几乎没有应收款项,速动比率自然相对就高。另外,应收账款的变现能力等指标也会影响流动比率的可信性。

对于短期借款,需要防止出现的是短期借款用于长期用途的危险行为,即"短贷长投"。这是一种非常危险的现象。这种情况下,企业必须能持续创造良好的经营活动现金流,否则,如果企业资产的盈利能力不强,经营活动现金流量匮乏,就会使企业资金的周转发生困难,造成流动比率下降,偿债能力恶化,陷入难以自拔的财务困境,甚至拖垮企业。

三、应付及预收款项

应付及预收款项主要包括应付账款、应付票据、应付利息和预收款项。

(一) 应付及预收款项的核算

1. 应付账款

应付账款,是指企业赊购原材料、商品或者接受劳务等形成的债务,通常与企业的经营活动相关。

为了核算应付账款的发生及偿还情况,企业应当设置"应付账款"科目。该科目应当按照不同的债权人进行二级科目的明细核算。应付账款一般按应付金额入账,而不按到期应付金额的现值入账。

企业购入材料、商品等验收入库,但货款尚未支付,应根据有关凭证(发票账单、随货同行发票上记载的实际价值或暂估价值),借记"在途物资"、"原材料"、"库存商品"等科目,按专用发票上注明的增值税额中可抵扣的部分,借记"应交税金——应交增值税(进项税额)"科目,按应付的价款,贷记"应付账款"。接受供应单位提供劳务而发生的应付未付款项,根据供应单位的发票账单,借记"生产成本"、"管理费用"等科目,贷记"应付账款"科目。支付时,借记"应付账款"科目,贷记"银行存款"等科目。

对于现金折扣,按发票上记载的应付金额,即不扣除折扣的总值入账。将来实际获得的现金折扣，视为提前付款那部分资金的利息，直接冲减当期财务费用，贷记"财务费用"。

对于预付账款不多的企业，可以将预付的款项直接记入"应付账款"科目的借方，不设置"预付账款"科目，应付账款所属明细账借方余额合计数即是预付账款项目，是企业的一项资产，在资产负债表中的"预付账款"科目列示。

企业接受的债务豁免，按照企业会计准则规定符合确认条件的，通常应当确认为当期收益。如果企业接受控股股东（或控股股东的子公司）或非控股股东（或非控股股东的子公司）直接或间接代为偿债、债务豁免或捐赠，经济实质表明属于控股股东或非控股股东对企业的资本性投入，应当将相关的利得计入所有者权益（资本公积）。

例 7.2 某企业外购原材料一批，货款 50 000 元，增值税额 8 500 元，材料已经验收入库，款项尚未支付。付款条件是 "2/10，N/30"。

根据上述经济业务，编制会计分录如下：

材料验收入库时，企业的会计分录为：

借：原材料　　　　　　　　　　　　　　　　　　　　　　　50 000
　　应交税金——应交增值税（进项税额）　　　　　　　　　 8 500
　贷：应付账款　　　　　　　　　　　　　　　　　　　　　　58 500

如果企业在 10 天内付款，享受现金折扣 1 000 元（50 000×2%），企业的会计分录为：

借：应付账款　　　　　　　　　　　　　　　　　　　　　　58 500
　贷：财务费用　　　　　　　　　　　　　　　　　　　　　　 1 000
　　　银行存款　　　　　　　　　　　　　　　　　　　　　　57 500

如果企业超期付款，企业的会计分录为：

借：应付账款　　　　　　　　　　　　　　　　　　　　　　58 500
　贷：银行存款　　　　　　　　　　　　　　　　　　　　　　58 500

2. 应付票据

应付票据是指由出票人出票，委托承兑人在指定日期无条件支付特定金额给收款人或者持票人的票据。如果承兑人为企业，商业汇票被称为商业承兑汇票，如果承兑人为银行，商业汇票被称为银行承兑汇票。应付票据按是否带息分为不带息应付票据和带息应付票据两种。

为了核算应付票据的发生及偿还情况，企业应当设置"应付票据"科目。

企业开出、承兑商业汇票或以承兑商业汇票抵付货款、应付账款时，借记"在途物资"、"原材料"、"库存商品"、"应付账款"、"应交税费——应交增值税（进项税额）"等科目，贷记"应付票据"科目，由于应付票据的期限比较短，因此，不管票据是否带息，发生时均按面值计价入账。支付银行承兑汇票的手续费，借记"财务费用"科目，贷记"银行存款"科目。对于带息应付票据，通常应在期末对尚未支付的应付票据计提利息，直接确认为当期损益，借记"财务费用"科目，贷记"银行存款"科目。支付款项时，借记"应付票据"科目，贷记"银行存款"科目。银行承兑汇票到期，企业无力支付票款的，视为企业向银行借入一笔资金，按应付票据的票面金额，借记"应付票据"科目，贷记"短期借款"科目。

按上述要求处理后，"应付票据"科目期末贷方余额，反映企业尚未到期的商业汇票的票面金额。

例 7.3　某企业 6 月 1 日购入原材料一批，买价为 40 000 元，增值税为 6 800 元，共计 46 800 元，原材料已经验收入库，采用商业汇票结算方式，该企业签付带息商业汇票一张，付款期限为 5 个月，11 月 1 日用银行存款支付票据款。开出票据之前向银行缴纳承兑手续费 40 元。则：

根据上述经济业务，编制会计分录如下：

6 月 1 日出具应付票据时，企业的会计分录为：

借：原材料	40 000
应交税金——应交增值税（进项税额）	6 800
贷：应付票据	46 800

6 月 1 日缴纳手续费时，企业的会计分录为：

借：财务费用	40
贷：银行存款	40

11 月 1 日票据到期支付票款时，企业的会计分录为：

借：应付票据	46 800
贷：银行存款	46 800

如果票据到期，企业无力支付票款，且一个月后才能将票款归还银行，则银行计收 1 000 元的罚息。则：

11 月 1 日，票据到期时，企业的会计分录为：

借：应付票据	46 800
贷：短期借款	46 800

12 月 1 日，支付票款和罚息时，企业的会计分录为：

借：短期借款	46 800
财务费用	1 000
贷：银行存款	47 800

3．应付利息

应付利息是指企业按照合同约定应支付的利息，包括短期借款、分期付息到期还本的长期借款、企业债券等应支付的利息。

企业应通过"应付利息"科目，核算应付利息的发生、支付情况。

企业采用合同约定的利率计算确定的利息费用。

短期借款与应付票据相关的会计核算在前文已经详细介绍，长期借款与应付债券的会计核算将会在本章的非流动负债中详细介绍，表 7-2 只对不同利息项目的核算科目做总结，具体处理方法不再赘述。

表 7-2　　　　　　　　　　　　不同利息项目的核算科目

利息项目	核算科目
直接计入当期损益的短期借款利息	财务费用
计提的短期借款利息	应付利息
计提的带息应付票据利息	应付票据
计提的分期付息到期还本的长期借款利息	应付利息
计提的一次还本付息的长期借款利息	长期借款——应计利息
计提的分期付息到期还本应付债券利息	应付利息
计提的一次还本付息的应付债券利息	应付债券——应计利息

4. 预收款项

预收款项是指买卖双方协议商定，由购货方预先支付一部分货款给供应方而发生的一项负债。预收款项一般按预收金额入账。预收款项的核算，应视企业具体情况而定。对于预收款项较多的企业，应当设置"预收账款"科目。该科目按购货单位进行明细核算。

企业向购货单位预收的款项，借记"银行存款"科目，贷记"预收账款"科目；销售实现时，按实现的收入和应交的增值税销项税额，借记"预收账款"科目，按实现的营业收入，贷记"主营业务收入"科目，按专用发票上注明的增值税额可抵扣部分，贷记"应交税费——应交增值税（销项税额）"等科目。购货单位补付的款项，借记"银行存款"科目，贷记"预收账款"科目；退回多付的款项，做相反的会计分录。

按上述要求处理后，"预收账款"科目期末贷方余额，反映企业向购货单位预收的款项；期末如为借方余额，反映企业应由购货单位补付的款项。

对于预收款项不多的企业，可以不设置"预收账款"科目，而是将预收的款项直接记入"应收账款"科目的贷方，且不能与"应收账款"科目的借方抵消。应收账款所属明细账贷方余额合计数即是预收账款项目，是企业的一项负债，在资产负债表中的"预收账款"科目列示。

例 7.4　某企业预收购货款 10 000 元，根据商品购销合同，之后企业发货，商品价款为 20 000 元，增值税销项税额为 3 400 元，成本为 15 000 元。购货方以银行存款补付剩余款项。

根据上述经济业务，编制会计分录如下：

企业收到预收款项时，企业的会计分录为：

借：银行存款　　　　　　　　　　　　　　　　　　　　　　　　　　　10 000
　　贷：预收账款　　　　　　　　　　　　　　　　　　　　　　　　　　10 000

企业发出商品，销售实现，补收货款时，企业的会计分录为：

借：银行存款　　　　　　　　　　　　　　　　　　　　　　　　　　　13 400
　　预收账款　　　　　　　　　　　　　　　　　　　　　　　　　　　10 000
　　贷：主营业务收入　　　　　　　　　　　　　　　　　　　　　　　20 000

应交税费——应交增值税（销项税额） 3 400
企业结转商品成本时，企业的会计分录为：
　　借：主营业务成本 15 000
　　　　贷：库存商品 15 000

（二）应付及预收款项的披露

1. 应付账款

在资产负债表中，"应付账款"项目反映企业购买原材料、商品和接受劳务供应等而应付给供应单位的款项。该项目应根据"应付账款"科目所属各项有关明细科目的期末贷方余额合计填列；如果"应付账款"科目所属各项有关明细科目期末存在借方余额，应当在资产负债表"预付款项"科目内填列。

除此之外，在会计报表附注中，企业还应当：（1）详细披露关联方应付账款往来余额。其披露格式如表7-3所示。（2）详细披露应付账款的账龄结构。其披露格式如表7-4所示。

表 7-3　　　　　　　　　　　　　应 付 账 款

应付账款	期末余额	期初余额
应付第三方		
应付关联方		
合计		

表 7-4　　　　　　　　　　　　应付账款账龄分析

账龄	期末余额		期初余额	
	余额	比例（%）	余额	比例（%）
1年以内				
1~2年				
2~3年				
3年以上				
合计				

2. 应付票据

在资产负债表中，"应付票据"项目反映企业以抵付货款为目的等而开出、承兑的尚未到期付款的应付票据，包括银行承兑汇票、商业承兑汇票和应付信用证等。该项目应根据"应付票据"科目的期末余额填列。

除此之外，在会计报表附注中，企业还应当：（1）按照票据种类详细披露应付票据。其披露格式如表7-5所示。（2）详细披露关联企业往来余额。其披露格式如表7-6所示。

表 7-5 应付票据

票据种类	期末余额	期初余额
银行承兑汇票		
商业承兑汇票		
应付信用证		
……		
合计		

表 7-6 应付关联方票据

科目名称	关联方	期末余额	期初余额
应付债券	关联方 1		
应付债券	关联方 2		
应付债券	关联方……		
合计			

3. 应付利息

在资产负债表中,"应付利息"项按照合同约定应当支付但尚未支付的利息,该科目主要包括长期借款应付利息、短期借款应付利息和应付债券利息等。该项目应根据"应付利息"科目的期末余额填列。

除此之外,在会计报表附注中,企业还应当:按照不同项目的应付利息详细披露应付利息。其披露格式如表 7-7 所示。

表 7-7 应付利息

应付利息项目	期末余额	期初余额
长期借款应付利息		
短期借款应付利息		
应付债券利息		
……		
合计		

4. 预收款项

在资产负债表中,"预收款项"项目反映企业预收购货方的账款。该项目应当根据"预收账款"科目所属各项有关明细科目的期末贷方余额合计填列。如果"预收账款"科目所属有关明细科目存在借方余额,应当在资产负债表"应收账款"科目内填列;如果"应付账款"科目所属有关明细科目存在贷方余额,应当在资产负债表"预收账款"科目内填列。

除此之外，在会计报表附注中，企业还应当详细披露关联企业往来余额。其披露格式如表 7-8 所示。

表 7-8　　　　　　　　　　　　　预收关联方款项

科目名称	关联方	期末余额	期初余额
预收款项	关联方1		
预收款项	关联方2		
预收款项	关联方……		
合计			

(三) 应付及预收款项的分析与管理

票据是一种支付手段，反映企业进行延期结算交易的交易时的债权债务关系，属于商业信用。票据具有很强的法律属性，《中华人民共和国票据法》和中国人民银行颁布的《支付结算办法》、《支付结算会计核算手续》、《票据管理实施办法》、《商业汇票承兑、贴现与再贴现管理暂行办法》等法律、规章对票据开具、承兑、贴现、支付等问题都作出了详细的规定。票据支付在现实经济交易中应用广泛，是企业延期支付的自发性筹资的重要金融工具，但是应付票据的法律性决定了其到期必须归还，否则便要交付罚金，是典型的强约束负债。

因此，通过比较应付票据和应收账款占负债和所有者权益总额的比例，可以判断一个企业在购货环节的市场谈判力。一般来说，应付票据占负债和所有者权益总额的比例较高的企业，其购货环节的市场谈判力相对较高。

这就是说，应付账款规模的适当扩大对企业是有好处的。一是与短期借款相比，应付账款是无需支付利息的负债，可以说成本为0；二是与应付票据相比，应付账款的约束相对较弱。然而，应付账款的期限一旦被拉长，则往往预示着财务风险。因此，必须防止出现的情况是：应付账款规模不正常增加的同时，应付账款平均付账期也不正常地延长。至于预收款项，由于已经收到现金；预收款项的释放会带来企业收入的增加；本期的预收款项直接对应着以后期间的收入。因此，预收款项占负债和所有者权益总额越高的企业，其销售环境越好。

四、应付职工薪酬

(一) 职工薪酬概述

1. 职工薪酬的定义

职工薪酬，是指企业为获得职工提供的服务或解除劳动关系而给予的各种形式的报酬或补偿。职工是指与企业订立劳动合同的所有人员，含全职、兼职和临时职工，也包括虽未与企业订立劳动合同但由企业正式任命的人员。未与企业订立劳动合同或未由其正式任命，但向企业所提供服务与职工所提供服务类似的人员，也属于职工的范畴，包括通过企业与劳务中介公司签订用工合同而向企业提供服务的人员。

2. 职工薪酬的范围

职工薪酬包括短期薪酬、离职后福利、辞退福利和其他长期职工福利。企业提供给职工配偶、子女、受赡养人、已故员工遗属及其他受益人等的福利，也属于职工薪酬。

短期薪酬，是指企业在职工提供相关服务的年度报告期间结束后十二个月内需要全部予以支付的职工薪酬，因解除与职工的劳动关系给予的补偿除外。短期薪酬具体包括：职工工资、奖金、津贴和补贴，职工福利费，医疗保险费、工伤保险费和生育保险费等社会保险费，住房公积金，工会经费和职工教育经费，短期带薪缺勤，短期利润分享计划，非货币性福利以及其他短期薪酬。带薪缺勤，是指企业支付工资或提供补偿的职工缺勤，包括年休假、病假、短期伤残、婚假、产假、丧假、探亲假等。利润分享计划，是指因职工提供服务而与职工达成的基于利润或其他经营成果提供薪酬的协议。

离职后福利，是指企业为获得职工提供的服务而在职工退休或与企业解除劳动关系后，提供的各种形式的报酬和福利，短期薪酬和辞退福利除外。

辞退福利，是指企业在职工劳动合同到期之前解除与职工的劳动关系，或者为鼓励职工自愿接受裁减而给予职工的补偿。

其他长期职工福利，是指除短期薪酬、离职后福利、辞退福利之外所有的职工薪酬，包括长期带薪缺勤、长期残疾福利、长期利润分享计划等。

(二) 职工薪酬的核算

为了核算职工薪酬的支付、计提、分配情况，企业应当设置"应付职工薪酬"科目。该科目应当按照以下二级科目明细核算："工资"科目、"职工福利费"科目、"社会保险费"科目、"住房公积金"科目、"工会经费"科目、"职工教育经费"科目等。该科目期末贷方余额，反映企业应付职工薪酬的结余。

1. 短期薪酬

企业应当在职工为其提供服务的会计期间，将实际发生的短期薪酬确认为负债，并计入当期损益，其他会计准则要求或允许计入资产成本的除外。

企业为职工缴纳的医疗保险费、工伤保险费、生育保险费等社会保险费和住房公积金，以及按规定提取的工会经费和职工教育经费，应当在职工为其提供服务的会计期间，根据规定的计提基础和计提比例计算确定相应的职工薪酬金额，并确认相应负债，计入当期损益或相关资产成本。

例7.5 某企业当月应发工资1 600万元，其中：生产部门直接生产人员工资1 000万元；生产部门管理人员工资200万元；公司管理部门人员工资400万元。根据所在地政府规定，企业分别按照职工工资总额的10%和8%计提医疗保险费和住房公积金，缴纳给当地社会保险经办机构和住房公积金管理机构。企业分别按照职工工资总额的2%和1.5%计提工会经费和职工教育经费。假定不考虑所得税影响。

根据上述经济业务，编制会计分录如下：

企业在月末分配工资时，企业的会计分录为：

应计入生产成本的职工薪酬金额 = 1 000 + 1 000 × (10% + 8% + 2% + 1.5%) = 1 215 (万元)

应计入制造费用的职工薪酬金额 = 200 + 200 × (10% + 8% + 2% + 1.5%) = 243 (万元)

应计入管理费用的职工薪酬金额=400+400×（10%+8%+2%+1.5%）=486（万元）

借：生产成本 12 150 000
　　制造费用 24 30 000
　　管理费用 48 60 000
　贷：应付职工薪酬——工资 16 000 000
　　　　　　　　　　——医疗保险费 1 600 000
　　　　　　　　　　——住房公积金 1 280 000
　　　　　　　　　　——工会经费 320 000
　　　　　　　　　　——职工教育经费 240 000

2. 非货币性福利

企业发生的职工福利费，应当在实际发生时根据实际发生额计入当期损益或相关资产成本。职工福利费为非货币性福利的，应当按照公允价值计量。

例7.6 某企业为一家生产笔记本电脑的企业，共有职工200名，2015年2月，企业以其生产的成本为10 000元的高级笔记本电脑和外购的每部不含税价格为1 000元的手机作为春节福利发放给公司每名职工。该型号笔记本电脑的售价为每台14 000元，该企业适用的增值税税率为17%，已开具了增值税专用发票；以银行存款支付了购买手机的价款和增值税进项税额，已取得增值税专用发票，适用的增值税税率为17%。假定200名职工中170名为直接参加生产的职工，30名为总部管理人员。

根据上述经济业务，编制会计分录如下：

企业以自己生产的产品作为福利发放给职工，应计入成本费用的职工薪酬金额以公允价值计量，计入主营业务收入，产品按照成本结转，但要根据相关税收规定，视同销售计算增值税销项税额。外购商品发放给职工作为福利，应当将缴纳的增值税进项税额计入成本费用。

笔记本电脑的售价总额=14 000×170+14 000×30=2 380 000+420 000=2 800 000（元）

笔记本电脑的增值税销项税额=170×14 000×17%+30×14 000×17%=404 600+71 400=476 000（元）

甲公司决定发放非货币性福利时，企业的会计分录为：

借：生产成本 2 784 600
　　管理费用 491 400
　贷：应付职工薪酬——非货币性福利 3 276 000

实际发放笔记本电脑时，企业的会计分录为：

借：应付职工薪酬——非货币性福利 3 276 000
　贷：主营业务收入 2 800 000
　　　应交税费——应交增值税（销项税额） 476 000
借：主营业务成本 2 000 000
　贷：库存商品 2 000 000

手机的售价总额=170×1 000+30×1 000=170 000+30 000=200 000（元）

手机的进项税额=170×1 000×17%+30×1 000×17%=28 900+5 100=34 000（元）

甲公司决定发放非货币性福利时，企业的会计分录为：
借：生产成本　　　　　　　　　　　　　　　　　　　　　　198 900
　　管理费用　　　　　　　　　　　　　　　　　　　　　　 35 100
　　贷：应付职工薪酬——非货币性福利　　　　　　　　　　234 000
购买手机时，企业的会计分录为：
借：库存商品　　　　　　　　　　　　　　　　　　　　　　200 000
　　应交税费——应交增值税（进项税额）　　　　　　　　　 34 000
　　贷：银行存款　　　　　　　　　　　　　　　　　　　　234 000
借：应付职工薪酬——非货币性福利　　　　　　　　　　　　234 000
　　贷：库存商品　　　　　　　　　　　　　　　　　　　　200 000
　　　　应交税费——应交增值税（进项税额转出）　　　　　 34 000

（三）职工薪酬的披露

在资产负债表中，"应付职工薪酬"项目反映应付未付的职工薪酬。该科目应根据"应付职工薪酬"科目期末贷方余额填列；如果"应付职工薪酬"科目期末为借方余额，则以"-"号填列。

企业应当在会计报表附注中披露与短期职工薪酬有关的下列信息：

（1）应当支付给职工的工资、奖金、津贴和补贴及其期末应付未付金额；

（2）应当为职工缴纳的医疗保险费、工伤保险费和生育保险费等社会保险费及其期末应付未付金额；

（3）应当为职工缴存的住房公积金及其期末应付未付金额；

（4）为职工提供的非货币性福利及其计算依据；

（5）依据短期利润分享计划提供的职工薪酬金额及其计算依据；

（6）其他短期薪酬。

此外，企业还应当在会计报表附注中披露与设定受益计划有关的信息，支付的因解除劳动关系所提供辞退福利及其期末应付未付金额，提供的其他长期职工福利的性质、金额及其计算依据。

五、应交税费

应交税费是指企业按照税法规定计算的应缴纳的各种税费，包括企业依法缴纳的增值税、消费税、城市维护建设税、资源税、企业所得税、土地增值税、房产税、车船税、土地使用税、教育费附加、矿产资源补偿费、印花税、耕地占用税等，以及在上缴国家之前，由企业代扣代缴的个人所得税等。2016年5月1日，我国全面实行"营改增"，营业税退出历史舞台。

为了核算企业应缴未缴各种税费的情况，企业应当设置"应交税费"科目。该科目应当按照应交税费的税种进行二级科目明细核算，一些税种还应进一步进行三级科目明细核算。该科目期末贷方余额，反映企业尚未缴纳的税费；期末借方余额，反映企业多缴纳或尚未抵扣的税金。

（一）增值税

增值税是对销售收入中的增值额征收的流转税。增值额是企业的销售收入减去相应的外购材料、商品等成本后的差额。2016年5月1日我国全面完成"营改增"改革，增值税全面覆盖营业税的范围，营业税退出了历史舞台。一般纳税人的增值税税率为17%，小规模纳税人的征收率为3%，特殊行业、业务的增值税税率国家另有规定。增值税实行价外征收，是一种价外税，由最终消费者承担，不计入企业的成本费用，但影响企业的现金流动。

为了核算应缴未缴的增值税，企业应当在"应交税费"科目下设置"应交增值税"二级科目。"应交税费——应交增值税"科目期末如为借方余额，应根据其流动性在资产负债表中的"其他流动资产"项目或"其他非流动资产"项目列示；如为贷方余额，应在资产负债表中的"应交税费"项目列示。

例7.7 某企业购入原材料一批，增值税专业发票上注明货款10 000元，增值税1 700元原材料已验收入库，款项均用银行存款支付；销售产品一批，增值税专业发票注明货款20 000元，增值税3 400元，专业发票等结算凭证已交给购货方，产品已经发出，款项尚未收到。

根据以上经济业务，编制会计分录如下：

企业验收原材料入库，支付价款时，企业的会计分录为：

借：原材料　　　　　　　　　　　　　　　　　　　10 000
　　应交税金——应交增值税（进项税额）　　　　　 1 700
　　贷：银行存款　　　　　　　　　　　　　　　　　　　11 700

企业发出商品，交付发票时，企业的会计分录为：

借：应收账款　　　　　　　　　　　　　　　　　　23 400
　　贷：主营业务收入　　　　　　　　　　　　　　　　　20 000
　　　　应交税金——应交增值税（销项税额）　　　　　 3 400

（二）消费税

消费税是对消费品和特定的消费行为按消费流转额征收的一种商品税。2014年12月消费税税目调整后，消费税的应税消费品主要包括烟、酒、化妆品、贵重首饰及珠宝玉石、鞭炮焰火、成品油、小汽车、摩托车、高尔夫球及球具、高档手表、游艇、木制一次性筷子、实木地板、电池和涂料等不利于环境或者高档奢侈类商品。不同应税消费品计税方法不同，使用的税率也不同，低的低至3%，高的高达56%。消费税实行价内征收，是一种价内税。

为了核算应缴未缴的增值税，企业应当在"应交税费"科目下设置"应交消费税"二级科目。"应交税费——应交消费税"科目期末如为借方余额，应根据其流动性在资产负债表中的"其他流动资产"项目或"其他非流动资产"项目列示；如为贷方余额，应在资产负债表中的"应交税费"项目列示。

例7.8 企业销售应税消费品一批，增值税专用发票注明货款为80 000元，增值税为13 600元，款项收到已存入银行。该应税消费品的消费税率为10%，消费税为8 000元。

根据上述经济业务，编制会计分录如下：

销售产品时，企业的会计分录为：
借：银行存款　　　　　　　　　　　　　　　　　　　　　　101 600
　　贷：主营业务收入　　　　　　　　　　　　　　　　　　　80 000
　　　　应交税费——应交增值税（销项税额）　　　　　　　　13 600
　　　　　　　　——应交消费税　　　　　　　　　　　　　　 8 000

（三）其他应交税费

1. 企业所得税

企业所得税是对企业的生产、经营所得和其他所得所征收的一种税。为了核算企业所得税的相关业务，企业应当在"应交税费"科目下设置"应交所得税"二级科目。企业按照税法规定计算应缴的所得税，借记"所得税费用"等科目，贷记"应交税费——应交所得税"科目。缴纳的所得税，借记"应交税费——应交所得税"科目，贷记"银行存款"等科目。

2. 资源税

资源税是对在我国领域及管辖海域从事应税矿产品开采和生产盐的单位及个人课征的一种税，属于对自然资源占用课税的范畴。

销售产品缴纳的资源税记入"营业税金及附加"科目；自产自用产品缴纳的资源税记入"生产成本"、"制造费用"等科目；收购未税矿产品代扣代缴的资源税，计入收购矿产品的成本；外购液体盐加工固体盐相关的资源税，按规定允许抵扣的资源税记入"应交税费——应交资源税"科目的借方。

3. 土地增值税

土地增值税是对有偿转让国有土地使用权、地上建筑物和其他附着物产权，取得增值收入的单位和个人征收的一种税。

企业转让土地使用权应交的土地增值税，土地使用权与地上建筑物及其附着物一并在"固定资产"等科目核算的，借记"固定资产清理"等科目，贷记"应交税费——应交土地增值税"科目。

企业转让的土地使用权在"无形资产"科目核算的，按实际收到的金额，借记"银行存款"科目。按摊销的无形资产金额，借记"累计摊销"科目，按已计提的无形资产减值准备，借记"无形资产减值准备"科目，按无形资产账面余额，贷记"无形资产"科目，按应交的土地增值税，贷记"应交税费——应交土地增值税"科目，按其差额，借记"营业外支出"科目或贷记"营业外收入"科目。

4. 直接计入当期损益的税费

房产税是以房屋为征税对象，按照房屋的计税余值或租金收入，向产权所有人征收的一种财产税。

城镇土地使用税是以国有土地或集体土地为征税对象，对拥有土地使用权的单位和个人征收的一种税。

车船税是以车船为征税对象，向拥有车船的单位和个人征收的一种税。

企业按规定计算应交的房产税、城镇土地使用税、车船税等，直接计入当期损益，借记"管理费用"科目，贷记"应交税费"科目。

（四）应交税费的披露

在资产负债表中，"应交税费"项目反映企业期末未交、多交或者未抵扣的各种税费。该项目应当根据"应交税费"科目的期末贷方余额填列；如果"应交税费"科目期末为借方余额，则应当以"-"号填列。

除此以外，在会计报表附注中，企业还应当按照税费的种类详细披露应交税费。其披露格式如表 7-9 所示。

表 7-9   应 交 税 费

税费项目	期末余额	期初余额
增值税		
消费税		
企业所得税		
资源税		
……		
合计		

（五）应交税费的管理——税务筹划

1. 税务筹划与偷逃抗骗避税的区别

税务筹划具有合法性，是税法允许的行为。

偷税具有故意性、欺诈性，是一种违法行为。

逃税是指纳税人欠缴应纳税款，采取转移或者隐匿财产的手段，妨碍税务机关追缴欠缴的税款。

抗税是指纳税人以暴力、威胁方法拒不缴纳税款的行为，严重的有暴力行为。

骗税是采取弄虚作假和欺骗手段，将本来没有发生的应税（应退税）行为虚构成发生了的应税行为，或将小额的应税（应退税）行为伪造成大额的应税（应退税）行为，即事先根本未向国家缴过税或未缴足声称已纳的税款，而从国库中骗取退税款。

避税是指纳税人利用税法漏洞或者缺陷，通过对经营及财务活动的精心安排，以期达到纳税负担最小的经济行为。

2. 税务筹划的目的

（1）直接减少应交税费，通过税务筹划的手段，减少应交税费的绝对额，从而达到提升企业价值的目的；

（2）递延缴纳应交税费，货币具有时间价值，推迟缴纳税费的时间，可以获取资金的时间价值，减少现金流的压力。

3. 税务筹划的基本原则

（1）选择税务筹划空间大的税种，能提高税务筹划的相对收益。增值税、消费税和所得税占应交税费的比重大，可以做的文章多，都是税务筹划空间大的税种。

（2）灵活运用税收优惠政策，使税务筹划合法化。

（3）选择合适的纳税身份，考虑能否避开成为某税种的纳税人，从而从根本上减轻税收负担。

（4）考虑影响应纳税额的基本因素，从计税依据和税率等主要因素入手，寻找合理、合法的筹划方法。

4. 增值税的税务筹划

（1）增值税纳税人的税务筹划。

筹划点在于是否作为一般纳税人或小规模纳税人。

当在一个特定的增值率时，一般纳税人与小规模纳税人应缴纳税款数额相同，这个特定的增值率称为"无差别平衡点的增值率"。

当增值率低于这个点时，一般纳税人税负低于小规模纳税人。

当增值率高于这个点时，一般纳税人税负高于小规模纳税人。

即如果纳税人生产产品或提供的劳务增值率比较高时适合选择小规模纳税人有利，反之选择一般纳税人有利。

因此，企业可以按照本企业的实际购销情况，根据以上情况做出选择。

（2）增值税销项税额的税务筹划。

筹划点在于通过选择合理的销售方式、结算方式及销售价格，获得递延纳税收益。

销售方式不同，税收政策就不同，也就存在着税收待遇差别。如采用折扣销售中的商业折扣时，如果销售额和折扣额在同一张发票上注明，那可以以销售额扣除折扣额后的余额作为计税金额；如果销售额和折扣额不在同一张发票上体现，那么无论企业在财务上如何处理，均不得将折扣额从销售额中扣除。

（3）进项税额的税务筹划。

筹划点在于合理利用进项税额抵扣时间的规定，获得提前抵扣的利益；通过价格折让临界点的计算；合理选择购货对象等。

根据进项税额抵扣时间的规定，对于取得防伪税控系统开具的增值税专用发票，应在取得发票后尽快到税务机关进行认证。如购进的多用途物资应先进行认证再进行抵扣，待转为非应税项目用时再作进项税额转出处理，以防止非应税项目用物资转为应税项目用时由于超过认证时间而不能抵扣其进项税额的情况。

一般纳税人从小规模纳税人处采购的货物或接受劳务不能进行抵扣，或只能抵扣3%，为了弥补因为不能取得专用发票而产生的损失，必然要求小规模纳税人在价格上给予一定程度的优惠。

（4）税率的税务筹划。

筹划点在于掌握低税率的适用范围。如低税率中的农机是指农机整机，而农机零部件则不属于"农机"范围，生产农机零部件的企业可以通过与农机厂合并、组合的形式，使产品符合低税率的标准，从而实现节税效益。

另外，对于兼营高低不同税率产品的纳税人，一定要分别核算各自的销售额，杜绝从高适用税率的情况发生。

（5）减免税的税务筹划。

筹划点在于充分利用增值税起征点、即征即退、出口退税等优惠政策，降低税负。

出口退税筹划中主要通过选择合理经营方式、出口方式争取出口退税最大化。

5. 消费税的税务筹划

（1）纳税人的税务筹划。

筹划点在于由于消费税是针对特定的纳税人，可以通过企业的合并，递延纳税时间。

合并会使原来企业间的购销环节转变为企业内部的原材料转让环节，从而递延部分消费税税款。如果两个合并企业之间存在着原材料供应的关系，则在合并前，这笔原材料的转让关系为购销关系，应按照正常的购销价格缴纳消费税税款。而在合并后，企业之间的原材料供应关系转变为企业内部的原材料转让关系，因此这一环节不用缴纳消费税，而是递延到销售环节再缴纳。

如果后一环节的消费税税率较前一环节为低，则可直接减轻企业的消费税税负。因为前一环节应该征收的税款延迟到后面环节再征收，如果后面环节税率较低，则合并前企业间的销售额，在合并后适用了较低的税率而减轻税负。

（2）计税依据的税务筹划。

筹划点在于通过缩小计税依据，可达到直接减轻税负的目的，如可利用转让定价。

消费税的纳税行为发生在生产领域而非流通领域（金银首饰除外）。如果将生产销售环节的价格降低，可直接取得节税的利益。因而，关联企业中生产（委托加工、进口）应税消费品的企业，如果以较低的价格将应税消费品销售给其独立核算的销售部门，则可以降低销售额，从而减少应纳消费税税额。而独立核算的销售部门，由于处在销售环节，只缴增值税，不缴消费税，这样做可使集团的整体消费税税负下降，增值税税负保持不变。由于独立核算的销售部门与生产企业之间存在关联关系，必须符合独立性原则，否则税务机关有权进行调整。

（3）税率的筹划。

筹划点在于针对消费税的税率多档次的特点，根据税法的基本原则，进行必要的合并核算和分开核算，以求达到节税的目的。

6. 企业所得税的税务筹划

（1）纳税人的税务筹划。

筹划点在于企业所得税的纳税人有居民企业和非居民企业两类。

居民企业负担全面的纳税义务，而非居民企业负担有限的纳税义务。

企业所得税纳税人的筹划主要是通过不同纳税人身份的选择获得节税收益。

子公司具有独立法人资格，是企业所得税的独立纳税人，分公司不具有独立法人资格，不是企业所得税的纳税人。

分公司作为总结构的分支机构，应当和总结构汇总计算并缴纳企业所得税。

总之，企业所得税纳税人的筹划方法主要包括纳税主体身份的选择和纳税主体身份的转变两种方法。

纳税主体身份的选择又可分为个人独资或合伙企业与公司制企业的选择、子公司与分公司的选择、私营企业和个体工商户的选择三种方法。

（2）计税依据的税务筹划。

筹划点在于收入的筹划、扣除项目的筹划和亏损弥补的筹划三种方法。扣除项目中主要通过期间费用等的扣除争取最多的税前扣除额。
(3) 税率的税务筹划。
筹划点在于享受低税率政策的筹划、预提所得税的筹划和过渡期税率的筹划。
(4) 合并、分立与资产重组的筹划。
筹划点在于企业并购筹划、企业分立筹划、企业整体资产转让筹划和整体资产置换筹划。
一般通过股权交易可以降低企业合并分立及资产重组中的税收负担。
7. 个人所得税的税务筹划
(1) 纳税人的税务筹划。
筹划点在于居民纳税人和非居民纳税人。由于对这两种纳税人的税收政策不同，纳税人应该把握这一尺度，进行合法纳税筹划。
(2) 不同收入项目计税依据与税率选择的纳税筹划。
筹划点在于由于个人所得税对不同来源的收入项目采用分项征收，采用不同的计税依据和税率，对个人所得税计税依据的筹划应根据不同收入项目来进行。

六、应付股利

(一) 应付股利的核算

应付股利是指企业经股东大会或类似机构审议批准分配的现金股利或利润。企业股东大会或类似机构审议批准的利润分配方案、宣告分派的现金股利或利润，在实际支付前，形成企业的负债。

为了核算企业确定或宣告支付但尚未实际支付的现金股利或利润，企业应当设置"应付股利"科目。企业根据股东大会或类似机构审议批准的利润分配方案，确认应付给投资者的现金股利或利润时，借记"利润分配——应付现金股利或利润"科目，贷记"应付股利"科目；向投资者实际支付现金股利或利润时，借记"应付股利"科目，贷记"银行存款"等科目。

企业董事会或类似机构通过的利润分配方案中拟分配的现金股利或利润，不应确认为负债，但应在财务报表附注中披露。

(二) 应付股利的披露

在资产负债表中，"应付股利"项目反映企业确定或宣告支付但尚未实际支付的现金股利或利润。该项目应当根据"应付股利"科目的期末贷方余额填列。

除此以外，在会计报表附注中，企业还应当：(1) 按照股东名称详细披露应交税费。其披露格式如表 7-10 所示。(2) 如果应付股利超过一年仍未支付，说明未支付的原因。

(三) 股利的管理

1. 股利种类

股利的支付形式主要包括现金股利、股票股利、财产股利、负债股利、资本公积金转增股本五种，不同的股利支付形式也有不同的特点：

表 7-10　　　　　　　　　　　　**应 付 股 利**

股东名称	期末余额	期初余额
股东 1		
股东 2		
……		
合计		

（1）现金股利。现金股利是以现金支付的股利，它是股利支付的主要方式。公司支付现金股利除了要有累计盈余外，还要有足够的现金。

（2）股票股利。股票股利是公司以增发的股票作为股利的支付方式。

（3）财产股利。财产股利是以现金以外的资产支付的股利，主要是以公司所拥有的其他企业的有价证券，如债券、股票，作为股利支付给股东。

（4）负债股利。负债股利是公司以负债支付的股利，通常以公司的应付票据支付给股东，不得已情况下也有发行公司债券抵付股利的。

（5）资本公积金转增股本。资本公积金转增股本是指公司将资本公积转化为股本，转增股本并没有改变股东的权益，但却增加了股本规模，因而客观结果与送红股相似。

2. 股利政策

在我国，无论是派发现金股利还是赠送股票股利、负债股利，都只能使用税后利润派送，财产股利也视同销售处理，另外对于股东来说，还需要视情况缴纳相关企业、个人所得税，具体规定如下：

（1）居民企业股东股息红利所得税相关规定。

我国《企业所得税法》及其实施条例规定，居民企业直接投资于其他居民企业取得的股息红利免征企业所得税。股息、红利等权益性投资收益不包括连续持有居民企业公开发行并上市流通的股票不足 12 个月取得的投资收益。

（2）个人股东股息红利所得税相关规定。

《关于实施上市公司股息红利差别化个人所得税政策有关问题的通知》规定，个人从公开发行和转让市场取得的上市公司股票，持股期限在 1 个月以内（含 1 个月）的，其股息红利所得全额计入应纳税所得额；持股期限在 1 个月以上至 1 年（含 1 年）的，暂减按 50%计入应纳税所得额；持股期限超过 1 年的，暂减按 25%计入应纳税所得额。上述所得统一适用 20%的税率计征个人所得税。本通知自 2013 年 1 月 1 日起施行。

因此无论是站在企业管理者角度还是企业所有者角度，出于减少税费的考虑，资本公积金转增股本往往是许多企业的选择，但资本公积金较为有限。

另外，还有其他因素影响企业的股利政策，如盈余的稳定性，盈余相对稳定的公司有可能支付较高的股利，盈余不稳定的公司一般采取低股利政策；公司的流动性，公司的流动性较低时往往支付较低的股利；投资机会，有良好投资机会的公司往往少发现金股利，缺乏良好投资机会的公司，倾向于支付较高的现金股利；举债能力，具有较强的举债能力的公司往往采取较宽松的股利政策，而举债能力弱的公司往往采取较紧的股利政策。

七、其他应付款

（一）其他应付款的核算

其他应付款是指企业应付、暂收其他单位或个人的款项，如应付经营租入固定资产租金、应付租入包装物租金、存入保证金等。为了反映其他应付款的增减变动和结余情况，企业应当设置"其他应付款"科目。该科目应当按照其他应付款的项目和对方单位（或个人）设置明细科目进行明细核算。

企业采用售后回购方式融入的资金，应按实际收到的款项，借记"银行存款"科目，贷记"其他应付款"科目。回购价格与原销售价格之间的差额，应在售后回购期间内按期计提利息费用，借记"财务费用"科目，贷记"其他应付款"科目。按照合同约定购回该项商品时，应按实际支付的金额，借记"其他应付款"科目，贷记"银行存款"科目。

例 7.9 某企业对外出租包装物一批，对方缴纳保证金 1 000 元。

根据上述经济业务，编制会计分录如下：

企业收到包装物保证金，企业的会计分录为：

借：银行存款　　　　　　　　　　　　　　　　　　　　1 000
　　贷：其他应付款——存入保证金　　　　　　　　　　　　　1 000

（二）其他应付款的披露

在资产负债表中，"其他应付款"项目反映企业应付、暂收其他单位或个人的款项。另外，如果企业"应付利息"科目、"预收账款"科目、"应付股利"科目、"预提费用"科目等数额较小，也可以在"其他应付款"科目附注下明细反映。该项目应当根据"应付股利"科目的期末贷方余额填列。

除此以外，在会计报表附注中，企业还应当：（1）按照项目详细披露应交税费，但其他应付款项目繁多，需要根据重要性选择披露的明细项目；（2）详细披露关联企业往来余额；（3）账龄较长或者金额较大的其他应付款。

（三）其他应付款的分析与管理

"其他应付款"账户的主要特点是核算内容比较繁杂，包括应付的各种赔款、应付的各种罚金、应付租入固定资产和包装物的租金、存入保证金、应付统筹退休金及应付、暂收上级单位、所属单位的款项等。正是由于这些账户本身所具有的核算内容多而杂并具有过渡性的特点，容易作为转移隐匿应税收入，偷逃税款，截留利润的工具。其他应付款的分析与管理主要体现在以下两个方面：

（1）隐匿收入，偷税漏税。避免收入隐藏在"其他应付款"中，以达到少缴税款的目的。有些企业把应记入收入类科目的金额记入"其他应付款"科目，从而隐藏收入逃避税金。例如，一些企业将出售废品及下脚料收入长期挂账，偷逃增值税；又如，有的房地产企业将售房款记入该科目，同时将房地产开发成本隐藏在"预付账款"科目，由此漏缴企业所得税。

(2) 隐藏费用，调节成本。避免损失直接冲减"其他应付款"，以达到少缴税款的目的。税法规定，企业的原材料、产成品如果发生盘亏等非正常损失，应报经主管税务机关，调减相关成本，同时应将损失的库存数量所含进项税额转出。有的企业为了少缴增值税，发生盘亏时直接冲减往来账不作进项税额的转出，从而少缴增值税。

第三节 非流动负债

一、非流动负债概述

（一）非流动负债的含义

企业负债中不符合流动负债条件的所有负债都被划入非流动负债。非流动负债的偿还期长，一般在一年以上或超过一年的一个营业周期以上，因此，非流动负债又被称为长期负债。

非流动负债的核算涉及的会计科目包括长期借款、应付债券、长期应付款、未确认融资费用、专项应付款、递延所得税负债和预计负债等。这些科目的贷方记录相关非流动负债的增加额，借方记录减少额，余额一般在贷方，反映各项非流动负债的期末余额。企业可以根据负债的金额、性质、时间和管理控制的需要，科学合理地增加非流动负债的科目。

非流动负债的特点是：偿还期限较长，长期负债的偿还期限都是在一年以上；举借的金额比较大；举借长期负债的目的一般是购置大型设备和房地产、增建和扩建厂房等，是企业重要的长期资金来源，为企业的经营提供财务资源的长期保障，而举借流动负债的目的主要是满足生产周转的需要。

（二）非流动负债的分类

1. 按筹措方式分类

根据非流动负债筹措方式的不同，非流动负债可分为应付债券、长期借款、长期应付款。应付债券是指企业发行的偿还期在一年以上的债券。长期借款是指企业向银行或其他金融机构借入的偿还期在一年以上的各种借款。长期应付款是指企业除应付债券和长期借款以外的其他各种长期负债、专项应付款等。

2. 按偿付手段分类

根据非流动负债偿还的方式不同，长期负债可分为定期偿还的长期负债和分期偿还的长期负债。

（三）非流动负债的计量属性

负债的计价应以未来要偿付债务的现金流量的现值作为计价基础。由于非流动负债的偿还期限通常超过一年，因而，在会计实务中对非流动负债通常是以未来要偿付债务的现金流量的现值计价入账。

二、长期借款

(一) 长期借款的核算

长期借款，是指企业从银行或其他金融机构借入的期限在一年以上（不含一年）的各项借款。长期借款一般用于固定资产的购建、工程项目的建设（包括改扩建、大修理）以及其他专项用途等方面，它是企业长期负债的重要组成部分。为了反映长期借款的借入、归还等情况，企业应当设置"长期借款"科目。该科目还应当按照贷款单位和贷款种类，分别用"本金"、"利息调整"等进行明细核算。

（1）企业取得长期借款，应按实际收到的金额，借记"银行存款"科目，贷记"长期借款——本金"科目；如存在差额，还应借记"长期借款——利息调整"科目。

（2）长期借款的利息在资产负债表日，属于筹建期间发生的不符合资本化条件的利息支出，应当借记"管理费用"科目，属于生产经营期间不符合资本化条件的支出，应当借记"财务费用"科目，符合资本化条件的利息支出，应当借记"在建工程"科目，长期借款用于无形资产的研发发生的利息，应当借记"研发支出"科目。对于分期付息到期还本的借款利息，应当贷记"应付利息"科目；对于一次还本付息的长期借款，应当贷记"长期借款——应计利息"科目。

（3）借款期间支付利息时，借记"应付利息"科目，贷记"银行存款"科目。

（4）归还长期借款时，对于一次还本付息的长期借款，归还本息时，按照本金金额借记"长期借款——本金"科目，按照利息金额借记"长期借款——应计利息"科目，按照实际支付的本息和贷记"银行存款"科目；对于分次付息、到期还本的长期借款，归还本金及最后一期利息时，按照本金金额借记"长期借款——本金"科目，按照最后一期利息金额借记"应付利息"科目，按照实际支付的本息和贷记"银行存款"科目。

"长期借款"科目期末贷方余额，反映企业尚未偿还的长期借款的摊余成本。

例7.10 某企业2016年1月1日借入长期借款600 000元用于在建工程项目，年利率为10%，每年计息一次，贷款到期一次还本付息，贷款期限为2年，项目建设期同样为2年。

根据上述经济业务，编制会计分录如下：

2016年1月1日，取得长期借款时，企业的会计分录为：

借：银行存款　　　　　　　　　　　　　　　　　　　　　　　500 000
　　贷：长期借款——本金　　　　　　　　　　　　　　　　　　　600 000

2016年12月31日，确认本年利息时，企业的会计分录为：

借：在建工程　　　　　　　　　　　　　　　　　　　　　　　　60 000
　　贷：长期借款——应计利息　　　　　　　　　　　　　　　　　60 000

2017年12月31日，确认利息并还本付息时，企业的会计分录为：

借：在建工程　　　　　　　　　　　　　　　　　　　　　　　　60 000
　　贷：长期借款——应计利息　　　　　　　　　　　　　　　　　60 000
借：长期借款——本金　　　　　　　　　　　　　　　　　　　　600 000
　　　　　——应计利息　　　　　　　　　　　　　　　　　　　　120 000
　　贷：银行存款　　　　　　　　　　　　　　　　　　　　　　　720 000

（二）长期借款的披露

在资产负债表中，"长期借款"项目反映企业借入尚未偿还的长期借款的摊余成本。该项目应当根据"长期借款"科目的期末余额填列，但其中一年内到期的长期借款应当按照实质重于形式原则，在属于流动负债下的一年内到期的非流动负债中反映。

除此以外，在会计报表附注中，企业还应当按照长期借款的项目详细类别披露长期借款。其披露格式如表 7-11 所示。

表 7-11　　　　　　　　　　　　　　　长　期　借　款

项目	期末余额	期初余额
质押借款		
抵押借款		
信用借款		
…		
小计		
减：一年内到期的长期借款		
合计		

（三）长期借款的分析与管理

长期借款指期限在一年以上的借款。与期限在一年以内的短期借款相比，长期借款的风险更高，所以利息率也通常较高，除了需要支付较高的利息外，借款企业还将被银行收取额外的费用，比如实行周转信贷协定所收取的承诺费、要求借款企业在本银行中保持补偿余额所形成的间接费用等，这些费用都会增加长期借款的成本。因此，应当尽量避免出现长期借款用于短期用途的情况。

在分析长期借款时，除了要考虑借款期限比较长、借款利率较高造成融资成本较高的因素外，利息费用的处理更加需要重点关注。借款费用的确认应当符合收入成本配比原则，这也是费用确认的基本原则。短期借款用于提供企业流动资金，因此其借款费用应当与当期收入配比；而长期借款一般用于长期资产购建，所以在其购建期间，其借款费用的发生应当与长期资产的形成直接相关，所以需要计入长期资产的初始成本中，需要进行资本化，而在长期资产达到预定可使用状态后，借款费用与长期资产的形成不再直接相关，应当计入期间费用。《企业会计准则》规定，长期借款的利息费用应当按照权责发生制原则的要求，按照长期资产的状态，预提计入所购建长期资产的成本，或者直接计入当期财务费用。

三、应付债券

（一）应付债券的核算

债券是企业为筹集资金而发行的一种书面凭证。它通过凭证上记载的内容，表明发行债券的企业允诺在未来某一特定日还本付息。企业发行的期限超过一年以上的债券，构成了一项长期负债。应付债券上面一般载明以下内容：债券面值；票面利率；付息日和到期日；偿还的方式等内容。企业发行债券须经过董事会及股东会核准。如果是向社会公开发行债券，则须经有关债券管理机构核准。

应付债券在初始确认时以公允价值计量，应付债券的公允价值与到期按合约约定应支付金额之间的差额应当在债券存续期内按照实际利率法摊销，摊余成本作为本期期末的账面价值。由于债券发行时的实际市场利率与票面利率一般不同，债券可能溢价发行或者折价发行。当实际利率高于票面利率时，债券的实际价值高于发行价格，故为折价发行；当实际利率低于票面利率时，债券的实际价值低于发行价格，故为溢价发行。如果债券的实际利率与票面利率刚好相同，则债券的实际价值等于发行价格，也就是公允价值正好等于其票面价值。

为了核算应付债券发行、计提利息、还本付息等情况，企业应当设置"应付债券"科目，并在该科目下设置"面值"、"利息调整"、"应计利息"等明细科目。

（1）企业发行债券时，应按实际收到的金额，借记"银行存款"科目，按债券票面金额贷记"应付债券——面值"科目，按其差额，借记或贷记"应付债券——利息调整"科目。

（2）对于按面值发行的债券，在每期采用票面利率计提利息时，应当按照与长期借款相一致的原则计入有关成本费用，属于筹建期间发生的不符合资本化条件的利息支出，应当借记"管理费用"科目，属于生产经营期间不符合资本化条件的支出，应当借记"财务费用"科目，符合资本化条件的利息支出，应当借记"在建工程"科目，长期借款用于无形资产的研发发生的利息，应当借记"研发支出"科目。对于分期付息到期还本的债券，应当贷记"应付利息"科目；对于一次还本付息的债券，应当贷记"应付债券——应计利息"科目。

（3）债券持有期间支付利息时，借记"应付利息"科目，贷记"银行存款"科目。

（4）偿还债券时，对于一次还本付息的债券，归还本息时，按照债券面值借记"应付债券——面值"科目，按照利息金额借记"应付债券——应计利息"科目，按照实际支付的本息和贷记"银行存款"科目；对于分次付息、到期还本的债券，归还本金及最后一期利息时，按照债券面值借记"应付债券——面值"科目，按照最后一期利息金额借记"应付利息"科目，按照实际支付的本息和贷记"银行存款"科目。

"应付债券"科目期末贷方余额反映到本期末为止尚未偿还的本息金额。

例 7.11 某企业 2016 年 1 月 1 日发行 3 年期债券 1 000 000 元，债券的票面利率为 10%，实际市场利率也是 10%，该债券按照票面价值发行，并且每半年计息一次，到期一次性还本付息。

根据上述经济业务，编制会计分录如下：

2016 年 1 月 1 日，企业发行债券时，企业的会计分录为：

借：银行存款　　　　　　　　　　　　　　　　　　　　　1 000 000
　　贷：应付债券——本金　　　　　　　　　　　　　　　　　　1 000 000

2016 年 6 月 30 日，计提每半年的应计利息，企业的会计分录为：

借：财务费用	50 000	
贷：应付债券——应计利息		50 000

以后每半年计提应计利息的分录相同。

2018年12月31日企业偿还全部本息时，企业的会计分录为：

借：应付债券——本金	1 000 000	
——应计利息	300 000	
贷：银行存款		1 300 000

（二）应付债券的披露

在资产负债表中，"应付债券"项目反映企业发行的尚未偿还的各种长期债券的摊余成本。该项目应当根据"应付债券"科目的期末余额填列，但其中一年内到期的应付债券应当按照实质重于形式原则，在属于流动负债下的一年内到期的非流动负债中反映。

除此之外，在会计报表附注中，企业还应当：（1）按照债券的种类详细披露应付债券。其格式如表7-12所示。（2）披露作为担保人为债券发行提供全额不可撤销的连带责任保证担保。

表7-12　　　　　　　　　　　　　**应 付 债 券**

债券种类	期初余额	本期增加额	本期减少额	期末余额
债券1				
债券2				
……				
小计				
减：一年内到期的应付债券				
合计				

（三）应付债券的分析与管理

应付债券和股票都是公司融资最为基本的途径。

相对于股权融资，债券有其独有的优势：一方面，在计算应税所得时，债券利息作为财务费用从应纳税所得额中扣除，所有债务利息有税盾作用，会形成"财务杠杆"，而分配给股东的股利是企业的税后剩余价值，所以没有杠杆作用。另一方面，发行债券不会引入新的股东，因此不会稀释股权，控制权仍然不变，而发行新股融资则会改变原有的股权比例，影响原股东的控制权。

同时，与股权融资相比，债券融资的缺点也十分明显：企业必须定期支付利息，并在到期日偿还本金，这对企业的长期偿债能力，而股权融资的股利支付没有硬性的规定，除非企业破产，其本金则永远不予以归还。

利用应付债券融资的成本体现在利息上，利息率越高，企业需要支付的负债成本越高；反之亦然。利息率的高低与债券的风险相关，所以，对发行债券企业的财务分析需要考察企业的风险水平，针对单一项目的债券融资则需要考虑项目的风险水平。

四、长期应付款

（一）长期应付款的核算

长期应付款是指企业除长期借款和应付债券以外的其他各种长期应付款项，包括应付融资租入固定资产的租赁费、以分期付款方式购入固定资产发生的应付款项、采用补偿贸易方式引进国外设备发生的应付款项等。

为了核算长期应付款的发生及偿还情况，企业应当设置"长期应付款"科目和"未确认融资费用"科目。

"长期应付款"科目核算企业长期借款和企业债券以外的其他各种长期应付款项，包括以分期付款方式购入固定资产发生的应付账款、应付融资租入固定资产的租赁费等。该科目应当按照长期应付款的种类和债权人进行明细核算。"长期应付款"的期末贷方余额反映企业尚未支付的各种长期应付款。

"未确认融资费用"科目核算企业应当分期计入利息费用的未确认融资费用。该科目应当按照未确认融资费用项目进行明细核算。"未确认融资费用"的期末借方余额反映企业未确认融资费用的摊余成本。

企业采用融资租赁方式租入的固定资产，应按最低租赁付款额，确认长期应付款。企业延期付款购买资产，如果延期支付的购买价款超过正常信用条件，实质上具有融资性质的，所购资产的成本应当以延期支付购买价款的现值为基础确定。实际支付的价款与购买价款的现值之间的差额，应当在信用期间内采用实际利率法进行摊销，计入相关资产成本或当期损益。

（二）长期应付款的披露

在资产负债表中，"长期应付款"项目反映企业除长期借款、应付债券外的其他各种长期应付款项减去"未确认融资费用"科目后的金额。该项目应当根据"长期应付款"科目的期末余额，减去"未确认融资费用"科目期末余额后的金额填列，但其中一年内到期的长期应付款应当按照实质重于形式原则，在属于流动负债下的一年内到期的非流动负债中反映。

除此之外，在会计报表附注中，企业还应当按照长期应付款的种类详细披露长期应付款。

（三）长期应付款的分析与管理

对于长期应付款的分析管理，主要体现在融资租赁，而对融资租赁的理解又需要贯彻实质重于形式的原则，这就对会计判断有了较高要求。融资租赁具有独立于银行授信，不占用授信额度，补充银行信贷授信额度的不足（单独授信）的独特优势；同时还可缓解集中还款压力，平滑现金流；减少资金闲置成本，提高资金使用效率。

由于融资租赁业务本身相对比较复杂，其在会计确认和计量上有许多不够直观、难以理解的地方，分析租赁的会计处理与理解租赁协议的能力是非常重要的。会计人员判断企业是否使用了适当的会计处理方法，就应当首先了解融资租赁的处理，比如承租人在计算最低租赁付款额的现值时，如果知道出租人的租赁内含利率，应当采用出租人的内含利率作为折现率；否则，应当采用租赁合同中规定的利率作为折现率。如果出租人的租赁内含利率和租赁合同中规定的利率都无法得到,应当采用同期银行贷款利率作为折现率。会计人员应当了解融资租赁安排的细节,仔细预测相关现金流,并能够充分理解实质重于形式的原则。

五、借款费用

(一) 借款费用的含义

借款费用,是指企业因借款而发生的利息及其他相关成本。借款费用包括借款利息、折价或者溢价的摊销、辅助费用以及因外币借款而发生的汇兑差额等。

(二) 借款费用的确认

(1) 企业发生的借款费用,可直接归属于符合资本化条件的资产的购建或者生产的,应当予以资本化,计入相关资产成本;其他借款费用,应当在发生时根据其发生额确认为费用,计入当期损益。

符合资本化条件的资产,是指需要经过相当长时间的购建或者生产活动才能达到预定可使用或者可销售状态的固定资产、投资性房地产和存货等资产。

(2) 借款费用同时满足下列条件的,才能开始资本化:

①资产支出已经发生,资产支出包括为购建或者生产符合资本化条件的资产而以支付现金、转移非现金资产或者承担带息债务形式发生的支出。

②借款费用已经发生。

③为使资产达到预定可使用或者可销售状态所必要的购建或者生产活动已经开始。

(3) 在资本化期间内,每一会计期间的利息(包括折价或溢价的摊销)资本化金额,应当按照下列规定确定:

①为购建或者生产符合资本化条件的资产而借入专门借款的,应当以专门借款当期实际发生的利息费用,减去将尚未动用的借款资金存入银行取得的利息收入或进行暂时性投资取得的投资收益后的金额确定。

专门借款,是指为购建或者生产符合资本化条件的资产而专门借入的款项。

②为购建或者生产符合资本化条件的资产而占用了一般借款的,企业应当根据累计资产支出超过专门借款部分的资产支出加权平均数乘以所占用一般借款的资本化率,计算确定一般借款应予资本化的利息金额。资本化率应当根据一般借款加权平均利率计算确定。

(4) 购建或者生产符合资本化条件的资产达到预定可使用或者可销售状态时,借款费用应当停止资本化。在符合资本化条件的资产达到预定可使用或者可销售状态之后所发生的借款费用,应当在发生时根据其发生额确认为费用,计入当期损益。

(5) 购建或者生产符合资本化条件的资产达到预定可使用或者可销售状态,可从下列几个方面进行判断:

①符合资本化条件的资产的实体建造(包括安装)或者生产工作已经全部完成或者实质上已经完成。

②所购建或者生产的符合资本化条件的资产与设计要求、合同规定或者生产要求相符或者基本相符,即使有极个别与设计、合同或者生产要求不相符的地方,也不影响其正常

使用或者销售。

③继续发生在所购建或生产的符合资本化条件的资产上的支出金额很少或者几乎不再发生。

购建或者生产符合资本化条件的资产需要试生产或者试运行的，在试生产结果表明资产能够正常生产出合格产品，或者试运行结果表明资产能够正常运转或者营业时，应当认为该资产已经达到预定可使用或者可销售状态。

（6）购建或者生产的符合资本化条件的资产的各部分分别完工，且每部分在其他部分继续建造过程中可供使用或者可对外销售，且为使该部分资产达到预定可使用或可销售状态所必要的购建或者生产活动实质上已经完成的，应当停止与该部分资产相关的借款费用的资本化。

购建或者生产的资产的各部分分别完工，但必须等到整体完工后才可使用或者可对外销售的，应当在该资产整体完工时停止借款费用的资本化。

（三）借款费用的计量

（1）资本化期间，是指从借款费用开始资本化时点到停止资本化时点的期间，借款费用暂停资本化的期间不包括在内。

（2）借款存在折价或者溢价的，应当按照实际利率法确定每一会计期间应摊销的折价或者溢价金额，调整每期利息金额。

（3）在资本化期间内，每一会计期间的利息资本化金额，不应当超过当期相关借款实际发生的利息金额。

（4）在资本化期间内，外币专门借款本金及利息的汇兑差额，应当予以资本化，计入符合资本化条件的资产的成本。

（5）专门借款发生的辅助费用，在所购建或者生产的符合资本化条件的资产达到预定可使用或者可销售状态之前发生的，应当在发生时根据其发生额予以资本化，计入符合资本化条件的资产的成本；在所购建或者生产的符合资本化条件的资产达到预定可使用或者可销售状态之后发生的，应当在发生时根据其发生额确认为费用，计入当期损益。

一般借款发生的辅助费用，应当在发生时根据其发生额确认为费用，计入当期损益。

（6）符合资本化条件的资产在购建或者生产过程中发生非正常中断，且中断时间连续超过3个月的，应当暂停借款费用的资本化。在中断期间发生的借款费用应当确认为费用，计入当期损益，直至资产的购建或者生产活动重新开始。如果中断是所购建或者生产的符合资本化条件的资产达到预定可使用或者可销售状态必要的程序，借款费用的资本化应当继续进行。

（四）借款费用的披露

企业应当在附注中披露与借款费用有关的下列信息：

（1）当期资本化的借款费用金额。

（2）当期用于计算确定借款费用资本化金额的资本化率。

【练习题】

一、判断题

1. 负债类账户的期末余额一定在贷方。（　　）
2. 企业从银行借入款项，表现为一项资产增加，一项负债减少。（　　）
3. 短期借款账户贷方登记短期借款本金的增加额，借方登记短期借款本金的减少额，期末余额在贷方，反映企业期末尚未归还的短期借款。（　　）
4. 企业租入固定资产应付的租金，应该通过"其他应付款"科目核算。（　　）
5. 预收账款情况不多的，也可以不设置"预收账款"账户，将预收的款项直接记入"应付账款"账户。（　　）
6. 某企业购买原材料一批，并向供货方开出银行承兑汇票一张，承诺3个月后付款。3个月后，企业无力偿付，借记"应付票据"科目，贷记"短期借款"科目。（　　）
7. "短期借款"的借方登记偿还的短期借款。（　　）

二、单项选择题

1. 负债的本质特征是（　　）。
   A. 负债是由企业过去的交易或者事项形成的
   B. 负债是企业承担的潜在义务
   C. 负债预期会导致经济利益流出企业
   D. 未来流出的经济利益的金额能够可靠地计量

2. 下列关于应付票据的说法中，错误的是（　　）。
   A. 应付票据包括商业承兑汇票和银行承兑汇票
   B. 应付票据到期结清时，应当在备查簿内予以注销
   C. 应付票据余额在借方，表示企业尚未到期的商业汇票的票面金额和应计未付的利息
   D. 商业汇票按照是否带息，分为带息票据和不带息票据

3. "应付账款"账户期初贷方余额为78 000元，本期借方发生额为230 000元，贷方发生额为200 000元。下列关于余额的表述中，正确的是（　　）。
   A. 贷方88 000元　　　　　　　　B. 贷方48 000元
   C. 借方30 000元　　　　　　　　D. 借方278 000元

4. 以下税费不通过"应交税费"账户核算的是（　　）。
   A. 增值税　　　B. 消费税　　　C. 所得税　　　D. 印花税

5. 下列会计分录中，通过银行转账偿付所欠原材料采购款，正确的是（　　）。
   A. 借：应付账款　　　　　　　　B. 借：银行存款
   　　贷：银行存款　　　　　　　　　　贷：应付账款
   C. 借：银行存款　　　　　　　　D. 借：应收账款
   　　贷：应收账款　　　　　　　　　　贷：银行存款

6. 下列各项中，关于"应付票据"账户表述正确的是（　　）。
   A. 用以核算企业因购买商品、收到劳务等而付出的商业汇票
   B. "应付票据"账户贷方登记票据到期偿付的应付票据

C. "应付票据"账户借方登记企业付出的应付票据

D. 期末余额在借方

7. 关于"应付利息"账户，下列说法错误的是（　　）。

A. 借方登记按照合同利率计算确定的应付未付利息

B. 借方登记归还的利息

C. 期末余额在贷方，反映企业应付未付的利息

D. 可按存款人或债权人进行明细核算

三、多项选择题

1. 某项经济业务的发生引起负债的增加，则可能引起（　　）。

   A. 资产增加　　　　　　　B. 所有者权益增加
   C. 收入增加　　　　　　　D. 费用增加

2. 下列税金不通过应交税费科目核算的有（　　）。

   A. 车辆购置税　　　　　　B. 契税
   C. 印花税　　　　　　　　D. 耕地占用税

3. 属于应付职工薪酬构成的是（　　）。

   A. 工资　　　　　　　　　B. 工会经费
   C. 职工教育经费　　　　　D. 出差期间的伙食补贴

4. 下列各项中，属于企业负债的有（　　）。

   A. 应收账款　　　　　　　B. 应付账款
   C. 预收账款　　　　　　　D. 预付账款

5. "应付账款"账户的贷方登记的不包括（　　）。

   A. 偿还的应付账款

   B. 开出商业汇票抵付应付账款的款项

   C. 冲销无法支付的应付账款

   D. 企业购买材料物资所形成的应付未付款项

6. 长期借款计提利息时，贷方不可能记入的账户有（　　）。

   A. 财务费用　　　　　　　B. 长期借款——应计利息
   C. 其他应付款　　　　　　D. 应付利息

7. 下列各项中，关于"长期应付款"说法正确的有（　　）。

   A. "长期应付款"借方登记发生的长期应付款

   B. "长期应付款"贷方登记发生的长期应付款

   C. "长期应付款"借方登记偿还的长期应付款

   D. "长期应付款"贷方登记偿还的长期应付款

四、业务题

1. 2017年1月初，某企业向银行借入一笔短期借款用于生产经营，共计50 000元，期限9个月，年利率为6%。利息分月预提，按季支付，到期一次归还本金。9月30日，该企业归还本金并支付第三季度利息费用。根据上述经济业务，编制相关会计分录。

2. 2017年9月，某企业发生应付职工工资总额为150 000元，根据本月工资费用分配

表，车间生产工人工资 60 000 元，车间管理人员工资 40 000 元，厂部行政管理人员工资 50 000 元。9 月 30 日，从银行提现并发放工资。根据上述经济业务，编制相关会计分录。

【案例讨论】

A 公司、B 公司分别位于 U 国、I 国。A 公司的产品是一款高端智能设备，2006 年至 2015 年 10 年间，A 公司以每台设备 2 300 元的价格，每年向 B 公司卖出 1 000 万台该款设备。同时，B 公司以每台设备 4 600 元的价格，每年在 I 国卖出 1 000 万台该款设备。假定 A、B 公司无其他业务。

A 公司向 B 公司授予了一项专利使用权，每年向 B 公司收取 230 亿元。

经查，A 公司并未转让实质的专利使用权。2016 年 8 月，I 国对 A、B 公司一同开出 805 亿元税收罚单。

（注：U 国、I 国所得税税率均为 35%。U 国不针对专利授权收入征税。单位均已换算为人民币。）

要求：
1. 分别计算 A 公司、B 公司 10 年共应缴纳的所得税。
2. 若 A 公司未向 B 公司授予专利使用权，计算 B 公司十年共应缴纳的所得税。
3. I 国开具的税收罚单的数额合理吗？为什么？

第八章 股东权益

【学习目标】
1. 理解所有者权益的定义,了解所有者权益的构成、确认条件、计量、记录和报告;
2. 掌握实收资本(股本)的核算,了解实收资本的披露、分析与管理;
3. 掌握资本公积和其他综合收益的核算,了解资本公积和其他综合收益的披露、分析与管理及两者的异同点;
4. 掌握留存收益的核算,了解留存收益的披露、分析与管理;
5. 了解所有者权益变动表的含义、编制及结构;
6. 掌握负债和所有者权益的管理基本理论。

根据"资产=负债+所有者权益"的会计基本等式,可以了解资产、负债和所有者权益之间的内在关系,资产构成资产负债表左边的内容和项目,而债务与利息和股东权益构成资产负债表右边的内容和项目。本章讲述股东权益的核算。

第一节 股东权益概述

一、所有者权益的定义

所有者权益是指企业资产扣除负债后由所有者享有的剩余权益。企业的组织形式不同,所有者权益也有不同的特定称呼,独资企业或者合伙企业的所有者权益又被称为业主权益,公司的所有者权益又被称为股东权益。所有者权益等于资产减去负债后的净值,因此所有者权益也被称为净资产,在一些财务指标中非常常见。另外,所有者权益也能被简称为权益。

所有者权益是所有者对企业资产的剩余索取权,并且相对于负债而言,其对资产的索取权次于债权。把会计恒等式变形我们可以得到"负债+所有者权益=资产",从等式可以看出,与负债一样,所有者权益也构成了企业的资产,所有者权益的减少同样意味着企业资源的减少。所有者权益是企业长期资金的重要来源,所有者权益也是企业进行债权融资的前提,能够支撑和保障债权的实现。

二、所有者权益的构成

所有者权益按其来源主要包括所有者投入的资本、直接计入所有者权益的利得和损失、留存收益等。

所有者投入的资本,是指所有者投入企业的资本部分,它既包括构成企业注册资本或者股本部分的金额,也包括投入资本超过注册资本或者股本部分的金额,即资本溢价或者股本溢价。

直接计入所有者权益的利得和损失,是指不应计入当期损益、会导致所有者权益发生增减变动的、与所有者投入资本或者向所有者分配利润无关的利得或者损失。利得是指由企业非日常活动所形成的、会导致所有者权益增加的、与所有者投入资本无关的经济利益的流入。损失是指由企业非日常活动所发生的、会导致所有者权益减少的、与向所有者分配利润无关的经济利益的流出。

留存收益是企业历年实现的净利润留存于企业的部分,主要包括计提的盈余公积和未分配利润。

三、所有者权益的确认和计量

所有者权益的确认就是将一项交易或者事项作为所有者权益项目予以认定并进行列报的过程。所有者权益的确认解决一项交易或者事项能够作为所有组合权益予以认定、在何时认定、认定在哪一个所有者权益具体的科目记录、记入该科目的是借方还是贷方等问题。

由于所有者权益金额取决于资产和负债的计量,所有者权益体现的是所有者在企业中的剩余权益,所有者权益的确认主要依赖于其他会计要素,尤其是资产和负债的确认。一般情况下,会计人员不对所有者权益进行直接的计量,所有者权益的账面金额等于资产扣减负债的金额,资产和负债的净变动就是所有者权益的变动额。所有者权益涉及很多会计科目,这些科目的贷方记录各项所有者权益的增加额,借方记录减少额,余额一般在贷方。

不过在资本市场中,所有者权益在会计上的账面价值和企业净资产的市场价值是不同的概念,两种价值依赖的理论和计量的方式有许多差异,两者经常有较大出入。

四、所有者权益的记录和报告

所有者权益项目应当列入资产负债表。所有者权益相关的交易或者事项应当采用借贷记账法进行记录和汇总,并且应当在资产负债表中及其附注等资料中列报和披露。

在资产负债表,所有者权益类的项目一般按照各个项目的永久性降序排列,我国《企业会计准则》的财务报表列报准则规定,资产负债表中的所有者权益类至少应当单独列示反映实收资本(股本)、资本公积、盈余公积、未分配利润。另外,在合并资产负债表中,应当在所有者权益类单独列示少数股东权益。并且,资产负债表中的所有者权益类应当包括所有者权益的合计项目。

通过确认、计量、记录和报告四个基本环节,企业或单位就完成了所有者权益核算的一个基本循环。

第二节 实收资本

一、实收资本（股本）的核算

实收资本是指企业按照章程规定或合同、协议约定，接受投资者投入企业的资本。实收资本的构成比例或股东的股份比例，是确定所有者在企业所有者权益中份额的基础，也是企业进行利润或股利分配的主要依据。

股东可以以货币出资，也可以以实物、知识产权、土地使用权等可以用货币估价并可以依法转让的非货币财产出资。我国《公司法》规定，股东可以用货币出资，也可以用实物、知识产权、土地使用权等可以用货币估价并可以依法转让的非货币财产作价出资；但是，法律、行政法规规定不得作为出资的财产除外。企业应当对作为出资的非货币财产评估作价，核实财产，不得高估或者低估作价。法律、行政法规对评估作价有规定的，从其规定。不论以何种方式出资，投资者如在投资过程中违反投资合约或协议约定，不按规定如期缴足出资额，企业可以依法追究投资者的违约责任。

在有限责任公司的企业组织形式中，投资者投入资本中被注册的部分称为实收资本，超过实收资本的部分计入资本公积。在股份有限公司的企业组织形式中，投资者投入资本中被注册的部分，即相当于已发行股份的票面价值部分称为股本，投资资本超过股本的部分计入资本公积。

为了核算投资者投入企业的资本，股份有限公司应当设置"股本"科目，除股份有限公司外，其他企业应设置"实收资本"科目，核算企业接受投资者投入企业的注册资本，对于发行股票的企业，相当于已发行股票的票面价值。该科目的贷方记录实际收到的注册资本的增加数额，借方记录注册资本的减少数额，期末贷方余额反映企业期末实收资本（股本）的实有数额。"资本公积——资本（股本）溢价"科目主要反映投资者投入资本超过实收资本（股本）的金额或者超过面值投入资本的金额。一般情况下，投资者投入的各项资产按照公允价值入账，各项资产价值计入相关资产科目的借方，按照规定计入实收资本（股本）的部分记入该科目的贷方，资产价值大于实收资本（股本）记入"资本公积——资本（股本）溢价"科目的贷方。企业依照法定程序报经批准减少注册资本的，借记"实收资本"或者"股本"科目，贷记"银行存款"等科目。"实收资本"或者"股本"科目应当按照投资者进行明细核算。

例 8.1 某股份有限公司接受投资人以银行存款形式投入的资本 200 000 元，根据投资各方协商达成一致，投资人拥有 200 000 股份。

根据上述经济业务，编制会计分录如下：

企业接受投资人银行存款投资时，企业的会计分录为：

借：银行存款　　　　　　　　　　　　　　　　　　　　　　200 000
　　贷：股本　　　　　　　　　　　　　　　　　　　　　　　　200 000

例 8.2 某有限责任公司接受投资人以一项公允价值为 300 000 元的无形资产专利投资，根据各方协商达成一致，投资人拥有 300 000 股份。

根据上述经济业务，编制会计分录如下：

企业接受投资人专利投资时，企业的会计分录为：

借：无形资产　　　　　　　　　　　　　　　　　　　　300 000
　　贷：实收资本　　　　　　　　　　　　　　　　　　　　300 000

例 8.3　某有限责任公司投资人决定撤资 100 000 元，已按法定程序报经批准。

根据上述经济业务，编制会计分录如下：

投资人减少实收资本经批准后，企业的会计分录为：

借：实收资本　　　　　　　　　　　　　　　　　　　　100 000
　　贷：银行存款　　　　　　　　　　　　　　　　　　　　100 000

二、实收资本（股本）的披露

在资产负债表中，"实收资本"或者"股本"项目反映企业各投资者实际投入的资本或者股本的总额。该科目应当根据"实收资本"或者"股本"科目的期末余额填列。

除此之外，在会计报表附注中，企业还应当详细披露股本的结构及其变化。其披露格式如表 8-1 所示。

表 8-1　　　　　　　　　　　　　股本结构及其变化

项目	期初数	本期变化						期末数
		增发新股	配股	送股	公积金转股	其他	小计	
一、未上市流通部分								
1. 发起人股								
其中：国家股								
境内法人股								
境外法人股								
2. 募集法人股								
3. 内部职工股								
4. 优先股或其他								
其中：转配股								
未上市流通部分合计								
二、已上市流通部分								
1. 人民币普通股								
2. 境内上市外资股								
3. 境外上市外资股								

续表

项目	期初数	本期变化					期末数
		增发新股	配股	送股	公积金转股	其他	小计	
已上市流通股合计								
三、股份总额								

三、实收资本（股本）的分析与管理

我国实行注册资本制，2014年3月以前需要实缴注册资本，会计上的实收资本或者股本主要体现的是注册资本的法律含义，作为一个法律概念，注册资本是指企业设立时在注册机关登记的资本。如何保证企业实缴注册资本呢？这就需要验资程序，验资是指注册会计师依法接受委托，对被审验单位注册资本的实收情况或注册资本及实收资本的变更情况进行审验，并出具验资报告。企业在设立时、资本变更时以及每个年度都需要验资，这样有利于维护企业职工、债权人、供应商、客户等的利益。实收资本或者股本的分析与管理的关键就在于防范虚报注册资本。

而自2014年3月1日起实施的新《公司法》已经允许认缴注册资本，其注册资本登记时无需提交验资证明，也不存在虚报注册资本的问题。虽然认缴注册资本的公司不存在虚报注册资本的问题，但企业在会计处理上仍然需要将实收资本如实入账。根据国务院批准的《注册资本登记制度改革方案》，各类公司都应当将股东认缴出资额或者发起人认购股份、出资方式、出资期限、缴纳情况通过市场主体信用信息公示系统向社会公示，公司股东（发起人）对缴纳出资情况的真实性、合法性负责。因此，实收资本或者股本的分析与管理的关键就在于通过工商行政管理局及企业的年度报告情况，查询企业的实收资本情况。

第三节 资本公积和其他综合收益

一、资本公积

（一）资本公积的核算

资本（股本）溢价是指企业收到投资者的超过其在企业注册资本（股本）中所占份额的投资。从资本公积的来源来看，资本公积与净利润无关，因此资本公积的本质来自于投资资本，并且资本公积中的资本（股本）溢价可以经过一定的程序转增资本，所以可以将资本公积视为一种资本准备。

资本公积包括资本（股本）溢价以及其他资本公积两部分。

资本（股本）溢价的形成往往与超额资本的产生有关。形成资本（股本）溢价的原因有溢价发行、转增股票，发行股票产生的手续费、佣金费，投资者超额缴入资本以及折价回购股票等。

其他资本公积的形成往往与权益性交易有关。形成其他资本公积的原因有权益结算股

份支付，企业与股东之间进行资本性交易，包括股东对企业的捐赠、债务豁免、代为偿债，以及长期股权投资的相关处理等。

为了核算资本公积，企业应当设置"资本公积"科目。该科目应当分别按照"资本溢价"或"股本溢价"、"其他资本公积"二级科目进行明细核算。

（1）企业收到投资投入的资本，按照资本形态借记"银行存款"、"固定资产"、"无形资产"、"原材料"等科目，按其在注册资本或股本中所占份额，贷记"实收资本"或"股本"科目，出资额大于注册资本或股本中所占份额的部分，贷记"资本公积——资本（股本）溢价"科目。另外，对于股份有限公司来说，超过股票面值的溢价部分在扣除发行手续费、佣金等发行费用后，记入"资本公积——股本溢价"科目。

（2）企业经过股东大会或类似机构决议，用资本公积转增资本，资本公积转增资本，按照转出的资本公积金额，借记"资本公积——资本（股本）溢价"，按照转增的资本（股本），贷记"实收资本（股本）"科目。需要注意的是转入实收资本或股本的仅仅是"资本公积——资本（股本）溢价"科目的部分，"资本公积——其他资本公积"不能转入实收资本或股本。并且，该项业务不会影响所有者权益的总额变动。

（3）企业接受捐赠，按照接受的资产公允价值，借记"银行存款"、"固定资产"、"无形资产"、"原材料"等科目，贷记"资本公积——其他资本公积"科目。

例 8.4 某股份有限公司接受投资人以银行存款形式投入的资本 200 000 元，根据投资各方协商达成一致，投资人拥有 100 000 股份，另外 100 000 记入企业的资本公积。

根据上述经济业务，编制会计分录如下：

企业接受投资人银行存款投资时，企业的会计分录为：

借：银行存款　　　　　　　　　　　　　　　　　　　　　　200 000
　　贷：股本　　　　　　　　　　　　　　　　　　　　　　　100 000
　　　　资本公积——股本溢价　　　　　　　　　　　　　　　100 000

例 8.5 某股份有限公司经过股东大会决议，用资本公积转增资本 300 000 股。

根据上述经济业务，编制会计分录如下：

通过股东大会决议，用资本公积转增资本时，企业的会计分录为：

借：资本公积——股本溢价　　　　　　　　　　　　　　　　300 000
　　贷：股本　　　　　　　　　　　　　　　　　　　　　　　300 000

例 8.6 某公司接受投资人以一项公允价值为 300 000 元的固定资产机器设备捐赠。

根据上述经济业务，编制会计分录如下：

企业接受投资人固定资产捐赠时，企业的会计分录为：

借：固定资产　　　　　　　　　　　　　　　　　　　　　　300 000
　　贷：资本公积——其他资本公积　　　　　　　　　　　　　300 000

资本公积的其他会计处理比较复杂，我们将在中、高级财务会计中学习。

（二）资本公积的披露

在资产负债表中，"资本公积"项目反映企业资本公积的期末余额，该项目应当根据"资本公积"科目的期末余额填列。

除此之外，在会计报表附注中，企业还应当按照二级科目等明细项目详细披露资本公积。其披露格式如表 8-2 所示。

表 8-2 资 本 公 积

项目	期初余额	本期增加	本期减少	期末余额
资本（股本）溢价				
其他资本公积				
其中：				
被投资单位其他权益变动可供出售金融资产公允价值变动				
与计入所有者权益项目相关的所得税影响				
其他				
……				
合计				

（三）资本公积的分析与管理

资本公积与股本的划分主要是基于法律的规定。从资本公积，特别是作为传统意义上的资本公积的主要形式——资本溢价或者股本溢价来说，其功能主要在于实现法律上的一些基本目标：

1. 明确股权关系

公司的股权关系通过股份来反映，股东按照其所持有的股份享受权利、承担义务。股份作为公司资本的基本构成单位，通常具有等额的特点。但是，随着公司净资产价值或者公司整体价值在经营过程中发生变化，股东、特别是公司成立后加入的股东为取得股份而实际支付的对价通常高于股票面值。如果溢价部分计入股本，就会提高特定股东所持股份占公司全部股本的比例。因此，一方面为了继续保持股份的单纯性，方便计算各股东所持股份占企业全部股本比例，另一方面为了充分反映企业净资产的增长，就需要有一个特定的账户归集资本溢价或者股票溢价所对应的公司财富的增加。而这正是资本公积账户最基本的功能。

2. 维护股东之间的公平

公司溢价发行股份，或者要求出资人溢价出资，一般发生在企业增资扩股的情形下。从维系新老股东间的公平关系角度来看，之所以对新加入的股东索取一部分股份溢价，主要有以下两个原因：

（1）新股东需要支付给老股东一部分风险溢酬。公司增资扩股时投入资本所承担的风险与原始资本承担的风险是不一样的，一般来说，企业从设立到进入正常经营性生产，需要一个过程。在这个过程中，市场的细微变化、经营决策稍有失误，都可能将企业淘汰出局。这种公司初创阶段的风险是由原始股东投入的资本来承担的。当公司进入正常经营阶段并增资扩股时，新加入的股东所承担的风险较原始股东要小。根据风险与收益对等的原则，要求新加入股东支付股本溢价是公平合理的。

（2）新股东需要补偿给老股东一部分保留盈余。从会计计量的角度来看，当公司经营了一段时间后，通常会有一些保留盈余。它们是由全体股东按照其出资比例或者股份比例共同享有的。这也就意味着原有股东的股份的实际价值要超过股份的面值。当新股东加入时，其为取得一定比例的股份就应当支付较股份面值更多的对价，否则就会出现侵占老股东利益的结果。由于老股份的账面价值一般以每股所代表的净资产表示，在一般情况下，将每股净资产作为公司发行新股价格的底线，是公平合理的。

3. 保护债权人的利益

资本公积之所以可以保护债权人的利益，主要反映在我国相关法律法规明确对资本公积的用途的一项限制：资本公积不得用于派发股利。这也就表明企业可以任意使用资本公积所代表的资金，但是不能用来发放股利。因此，公司的资本公积与股本一样，都带有"资本"的性质，成为对公司利润分配的限制。

对资本公积派发的限制，不仅有利于保护债权人的利益，而且有利于企业自身的持续经营。这是因为，资本公积账户中积聚了股本溢价以外的多个项目，如资产评估增值、投资等。这些项目往往只是代表了公司净资产价值的账面增长，它们并没有真正实现，即尚未为企业带来实际的现金流入。而现金流如同现代企业的血脉，如果允许企业用资本公积派发股利，无异于杀鸡取卵，迫使企业将经营性资产变现，进一步减少了企业创造未来现金流的能力。

资本公积的主要用途是转增资本。因此，对资本公积的分析对预测企业的利润分配政策非常有价值。一般来说，单位注册资本对应的资本公积金额越大，企业就越有可能进行转增。

二、其他综合收益

（一）其他综合收益概述

2013年底2014年初，为了适应社会主义市场经济发展需要，进一步规范会计计量的方法，财政部先后发布了多项准则的增补或修订版，要求企业自2014年7月1日起执行。虽然在2006年新准则颁布后，财政部发布了六项企业会计准则解释、五个年报通知及若干会计处理规定和复函，但如此大规模地准则修订和增补尚属首次。这些新准则基本与相关部发布了六项国际财务报告准则一致，保持了持续趋同。其中很重要的一项就是引入"其他综合收益"这一概念。《企业会计准则第30号——财务报表列报》、《企业会计准则解释第3号》明确企业应在利润表中增列"其他综合收益"项目，在净利润后面披露其他综合收益，既保证了传统利润表的完整性，又反映了企业其他综合收益的具体情况。

其他综合收益，是指企业根据其他会计准则规定未在当期损益中确认的各项利得和损失。

其他综合收益按照能否重分类分为以后期间能重分类计入损益的项目和以后期间不能重分类计入损益的项目两类。

以后期间能重分类计入损益的项目主要与相关资产的公允价值相对账面价值的差异有关。这些项目主要包括与长期股权投资相关的处理，可供出售金融资产公允价值变动形成的利得或损失，持有至到期投资重分类为可供出售金融资产时的账面价值与公允价值的差额、现金流量套期工具中有效套期部分的利得或损失、外币报表折算差额、自用房地产转换为以公允价值计量的投资性房地产转换日公允价值大于账面价值的差额等。

以后期间不能重分类计入损益的项目主要与长期计划相关。这些项目主要包括设定受益计划重新计量其净资产（负值则为净负债）产生的变动以及长期股权投资相关的处理。

从这些项目可以发现，2014 年"新准则"增设了"其他综合收益"一级科目和报表项目，部分原在"资本公积——其他资本公积"科目下核算的内容转入"其他综合收益"核算。表 8-3 比较并总结了 2014 年"新准则"下"资本公积"科目与"其他综合收益"科目的核算内容。

表 8-3　　2014 年"新准则"下"资本公积"与"其他综合收益"核算内容比较

科目	分类	核算内容
资本公积	1. 资本（股本）溢价	（1）投资者投入资本的溢（折）价部分
		（2）可转债、债转股形成的资本溢（折）价部分
		（3）发行权益性证券的佣金、手续费等
		（4）同一控制下企业合并的相关处理
		（5）回购本企业股票（库存股）的相关处理
	2. 其他资本公积	（1）以权益结算的股份支付
		（2）企业与股东之间的资本性交易（即"权益性交易"），如股东对企业的捐赠、债务豁免、代为偿债等
		（3）权益法下，被投资单位发生的不属于其他综合收益的权益变动份额，如被投资单位其他股东的资本性投入；其他股东增减资因素导致对被投资单位股权比例变动
其他综合收益	1. 以后期间能重分类计入损益的项目	（1）权益法下，被投资单位发生的不属于其他综合收益的权益变动份额，如被投资单位其他股东的资本性投入；其他股东增减资因素导致对被投资单位股权比例变动
		（2）可供出售金融资产公允价值变动形成的利得或损失；持有至到期投资重分类为可供出售金融资产时的账面价值与公允价值的差额
		（3）现金流量套期工具中有效套期部分的利得或损失
		（4）外币报表折算差额
		（5）其他，如自用房地产转换为以公允价值计量的投资性房地产，转换日公允价值大于账面价值的差额
	2. 以后期间不能重分类计入损益的项目	（1）设定受益计划，重新计量其净资产（或净负债）产生的变动，计入其他综合收益，且以后期间不得转回损益
		（2）权益法下，被投资单位属于以后期间不可计入损益的其他综合收益变动对应的份额（按相同基础）

(二) 其他综合收益的披露

企业应当在利润表"每股收益"项下增列"其他综合收益"项目和"综合收益总额"项目。"其他综合收益"项目,反映企业根据企业会计准则规定未在损益中确认的各项利得和损失扣除所得税影响后的净额。"综合收益总额"项目,反映企业净利润与其他综合收益的合计金额。"其他综合收益"和"综合收益总额"项目的序号在原有基础上顺延。企业合并利润表也应按照上述规定进行调整。在"综合收益总额"项目下单独列示"归属于母公司所有者的综合收益总额"项目和"归属于少数股东的综合收益总额"项目。

除此之外,企业在财务报表附注中还应当详细披露其他综合收益各项目及其所得税影响,以及原计入其他综合收益、当期转入损益的金额等信息。

其他综合收益项目应当根据其他相关会计准则的规定分为下列两类列报:

(1) 以后会计期间不能重分类进损益的其他综合收益项目,主要包括重新计量设定受益计划净负债或净资产导致的变动、按照权益法核算的在被投资单位以后会计期间不能重分类进损益的其他综合收益中所享有的份额等。

(2) 以后会计期间在满足规定条件时将重分类进损益的其他综合收益项目,主要包括按照权益法核算的在被投资单位以后会计期间在满足规定条件时将重分类进损益的其他综合收益中所享有的份额、可供出售金融资产公允价值变动形成的利得或损失、持有至到期投资重分类为可供出售金融资产形成的利得或损失、现金流量套期工具产生的利得或损失中属于有效套期的部分、外币财务报表折算差额等。

(三) 其他综合收益的分析与管理

按照传统标准计入利润表的损益,具有较强的可靠性、相关性和可验证性。但由于"其他综合收益"与传统损益在相关性和可定义性方面具有很大的差别,其他综合收益的计量依赖于相关资产公允价值的计量,要特别注意运用公允价值计量的风向。以公允价值对资产和负债情况进行计量,由于其反映了资产负债现时真实价值,对债权人、投资者、社会公众来说,以此为计量基础反映的会计信息提供了其决策更相关和有用的信息,极大地提高了会计信息的有用性,受到了社会公众的普遍欢迎。但是,公允价值对资产的助涨助跌的作用,加剧了经济的巨幅波动,有顺周期效应,加大了金融风险,推动了金融危机的深度与广度。

其他综合收益的大部分未实现损益主要是由于相关资产的公允价值波动导致的,这些未实现已确认的利得或损失主要为持有损益,多是资产等自身计价基础的变动或者是其他资产的价值变动对企业总体价值变动的影响额,一般不伴随货币资金或者实务资产的流进或流出,具有很强的不确定性。由于这些确认的未实现损益往往隐含着巨大的风险,不披露它们往往使财务报告不能充分地揭示企业的真实价值和潜在风险,从而还不得不对它们进行披露,把这些确认的未实现损益列示在传统净利润的后面。

另外,在对其他综合收益进行分析时还要考察其他综合收益计量对审慎原则的遵循情况。可供出售金融资产公允价值变动、投资性房地产由历史成本计量模式转为公允价值计量模式、资产和负债重估价或重述等事项按照公允价值对资产进行计量的同时,将价值变动数额直接计入所有者权益,就可在准确反映资产状况时,谨慎地确定有别于传统损益的持有损益,也可在向财务报表使用者提供有利于决策的会计信息时,不会夸大企业的盈利能力。如果直接计入当期损益,公允价值变动损益的范围就会不恰当地扩大,以至于使会计信息难以遵循可靠性质量要求。

第四节 留存收益

一、留存收益的核算

留存收益又被称为留存利润或者保留盈余,是指企业自成立以来实现的净利润额扣除整个经营期间内向股东分配的红利总额后的余额,也可以理解为经营期间内已经实现的净利润当中保留下来、尚未向股东分配、可以用于再投资的部分。留存收益包括两个科目:盈余公积和未分配利润。

盈余公积是企业按照国家法律规定或者公司章程规定,经过股东大会盲批,从税后利润中提取的用于企业进一步发展的公积金。盈余公积包括两个部分,法定盈余公积和任意盈余公积。法定盈余公积是企业按照国家法律规定从税后净利润中提取的盈余公积,提取比率为10%。当企业提取的法定盈余公积达到注册资本的50%以上时,企业可以不再提取法定盈余公积。任意盈余公积是企业按照公司章程规定或者股东大会的决议,从已经提取法定盈余公积的税后利润,即可向投资者分配的利润中提取的公积金。公司提取盈余公积的目的是补充经营资金,提高企业进一步发展的能力和风险抵抗能力。企业提取的盈余公积可用于弥补亏损、扩大生产经营、转增资本或派送新股等。企业盈余公积转增资本时,按规定保留的余额不低于注册资本的25%。

未分配利润是企业自成立以来已经实现的利润与已分配利润的差额,也可以理解为企业已经实现的净利润中可以向投资者分配、但尚未向投资者分配、留待以后期间分配的金额。

在我国,企业利润分配的顺序是先应当提取法定盈余公积,然后可以提取任意盈余公积,最后可以向投资者或者股东分配利润或者股利。

为了核算企业留存收益的增减变动和结余情况,企业应当设置"盈余公积"科目和"利润分配"科目。"盈余公积"科目的贷方记录盈余公积的提取金额,借方记录盈余公积的转出金额,"盈余公积"科目的贷方余额反映企业盈余公积的实际结余数。"利润分配"科目专门设有"未分配利润"、"提取法定盈余公积"、"提取任意盈余公积"二级科目。在正常情况下,"利润分配"科目的贷方记录企业实现利润后转入分配的金额,该科目的借方反映提取盈余公积,向投资者分配利润等实际发生的分配额,如提取法定盈余公积时,企业应当借记"利润分配——提取法定盈余公积"、贷记"盈余公积——法定盈余公积";提取任意盈余公积时,企业应当借记"利润分配——提取任意盈余公积",贷记"任意盈余公积"。"利润分配——未分配利润"二级科目的期末余额可能在贷方,该科目的贷方余额表示企业累计的未分配利润;该科目的期末余额也可能在借方,其借方余额表示企业累计的未弥补亏损。

例 8.7 某企业本年实现税后净利润 20 000 000 元,年末将利润结转到"利润分配"

科目。公司按照本年净利润的 10% 提取法定盈余公积，按照本年提取法定盈余公积金额的 50% 提取任意盈余公积，并将本期净利润的 50% 用于分配利润。

根据上述经济业务，编制会计分录如下：

（1）年末结转利润时，企业的会计分录为：

借：本年利润　　　　　　　　　　　　　　　　　　　　　　20 000 000
　　贷：利润分配——未分配利润　　　　　　　　　　　　　　20 000 000

（2）提取法定盈余公积、任意盈余公积，并向股东分配股利时，企业的会计分录为：

借：利润分配——提取法定盈余公积　　　　　　　　　　　　 2 000 000
　　　　　　——提取任意盈余公积　　　　　　　　　　　　 1 000 000
　　　　　　——利润分配　　　　　　　　　　　　　　　　10 000 000
　　贷：盈余公积——法定盈余公积　　　　　　　　　　　　　 2 000 000
　　　　　　　——任意盈余公积　　　　　　　　　　　　　 1 000 000
　　　　应付股利　　　　　　　　　　　　　　　　　　　　10 000 000

该企业因为本年实现净利润、提取盈余公积并向股东分配股利，企业最后的未分配利润净增加了 20 000 000－2 000 000－1 000 000－10 000 000＝7 000 000 元。

二、留存收益的披露

在资产负债表中，"盈余公积"项目反映企业盈余公积的期末余额。该项目应当根据"盈余公积"科目的期末余额填列。"未分配利润"项目反映企业尚未分配的利润。该项目应当根据"本年利润"科目和"利润分配"科目的期末余额计算填列。如果企业存在未弥补的亏损，在该项目内以"－"号列示。

除此之外，在会计报表附注中，企业还应当：（1）按照盈余公积的二级科目"法定盈余公积"、"任意盈余公积"反映两种不同类别的盈余公积。其披露格式如表 8-4 所示；（2）按照利润分配的项目，包括起初未分配利润、本期利润分配去向和期末未分配利润等项目反映利润分配情况。其披露格式如表 8-5 所示。

表 8-4　　　　　　　　　　　　　　盈　余　公　积

项目	期初余额	本期增加	本期减少	期末余额
法定盈余公积				
任意盈余公积				
合计				

表 8-5　　　　　　　　　　　　　　未分配利润

项目	期末余额	期初余额
调整前　上期末未分配利润		
调整　期初未分配利润合计数（调增+，调减－）		

续表

项目	期末余额	期初余额
调整后　期初未分配利润		
加：本期归属于母公司所有者的净利润		
减：提取法定盈余公积		
提取任意盈余公积		
应付普通股股利		
其他		
期末未分配利润		
其中：子公司本期提取的盈余公积归属于母公司的金额		

三、留存收益的分析与管理

（一）盈余公积

对于企业来说，盈余公积的主要用途包括两种，一是用于弥补亏损，二是用于转增资本。从这两种用途来说，盈余公积的作用非常有限。

从弥补亏损这一用途来看，对于刚起步的创业公司来说，虽然为了争取市场份额，有大量的亏损需要弥补，但创业公司前期往往没有提取盈余公积的条件，用盈余公积弥补亏损也无从谈起。而对于有条件提取盈余公积的经营稳定企业来说，如果已经发生亏损，证明企业已经存在严重的经营管理不善现象，绝大多数已经回天乏术，弥补亏损意义也不大。

盈余公积的提取实际上是企业当期实现的净利润向投资者分配利润的一种限制。提取盈余公积本身就属于利润分配的一部分，提取盈余公积相对应的资金，一经提取形成盈余公积后，在一般情况下不得用于向投资者分配利润或股利。企业提取的盈余公积，无论是用于弥补亏损，还是用于转增资本，还是在企业所有者权益内部结构的转换，如企业以盈余公积弥补亏损时，实际是减少盈余公积留存的数额，以此抵补未弥补亏损的数额，并不引起企业所有者权益总额的变动；企业以盈余公积转增资本时，也只是减少盈余公积结存的数额，但同时增加企业实收资本或股本的数额，也并不引起所有者权益总额的变动。

所以，除非企业处于成长期，有大量的新增投资机会，利用盈余公积转增资本供投资需要，否则对于成熟期的企业来说，适当回馈股东是更好的选择。

（二）未分配利润

未分配利润是指企业实现的净利润经过弥补亏损、提取盈余公积和向投资者分配利润后留存在企业的、历年结存的利润。我们可以发现，未分配利润有两层含义：一是留待以后年度处理的利润；二是未指明特定用途的利润。相对于所有者权益的其他部分来说，企业对于未分配利润的使用有较大的自主权。

综上所述，大部分企业选择满足相关法律法规的要求，只提取法定盈余公积，而不提取任意盈余公积，这样就相应增加了未分配利润的金额，所以企业对于提取法定盈余公积后的资金有更广泛的用途。

第五节 所有者权益变动表

一、所有者权益变动表的概念

所有者（股东）权益变动表应当反映构成所有者（股东）权益的各组成部分当期的增减变动情况。综合收益和与所有者（股东）的资本交易导致的所有者（股东）权益的变动，应当分别列示。与所有者（股东）的资本交易，是指企业与所有者以其所有者身份进行的、导致企业所有者（股东）权益变动的交易。

所有者（股东）权益变动表的主要目的是报告净权益的变动，因此有以下作用：

（1）分析所有者（或股东）权益增减变动情况。

（2）判断企业资本（股本）保值、增值的状况和投资者对企业的投资信心。投资人透过所有者（股东）权益增减变动表能看出企业投资价值的高低、股利发放等各项权益变动因素，据以判断投资后能享有的股东权益以及是否具有投资价值。

（3）分析企业获利能力、利润分配能力和资本增值能力以及是否具有持久性。

（4）所有者权益变动表的编制，既是与国际会计准则的"趋同"，也是企业所有者权益（股东权益）日益受到重视的体现。

二、所有者权益变动表的编制

所有者权益变动表至少应当单独列示反映下列信息的项目：

（1）综合收益总额，在合并所有者权益变动表中还应单独列示归属于母公司所有者的综合收益总额和归属于少数股东的综合收益总额；

（2）会计政策变更和前期差错更正的累积影响金额；

（3）所有者投入资本和向所有者分配利润等；

（4）按照规定提取的盈余公积；

（5）所有者权益各组成部分的期初和期末余额及其调节情况。

所有者权益变动表各项目均需填列"本年金额"和"上年金额"两栏。

所有者权益表变动表"上年金额"栏内各项数字，应根据上年度所有者权益变动表"本年金额"内所列数字填列。上年度所有者权益变动表规定的各个项目的名称和内容同本年度不一致的，应对上年度所有者权益变动表各项目的名称和数字按照本年度的规定进行调整，填入所有者权益变动表的"上年金额"栏内。

所有者权益变动表"本年金额"栏内各项数字一般应根据"实收资本（股本）"、"资本公积"、"盈余公积"、"利润分配"、"库存股"、"以前年度损益调整"科目的发生额分析填列。

三、所有者权益变动表的结构

所有者权益变动表以矩阵的形式列示：一方面，列示导致所有者权益变动的交易或事项，即所有者权益变动的来源对一定时期所有者权益的变动情况进行全面反映，另一方面，按照所有者权益各组成部分（即实收资本、资本公积、盈余公积、未分配利润和库存股）列示交易或事项对所有者权益各部分的影响。所有者权益变动表的格式如表8-6所示。

表8-6　　　　　　　　　　　所有者（股东）权益变动表

会企04表

编制单位：　　　　　　　　　　　　年度　　　　　　　　　　　　单位：元

项目	本年金额						上年金额					
	实收资本(或股本)	资本公积	减:库存股	盈余公积	未分配利润	所有者权益合计	实收资本(或股本)	资本公积	减:库存股	盈余公积	未分配利润	所有者权益合计
一、上年年末余额												
加:1. 会计政策变更												
2. 前期差错更正												
二、本年年初余额												
三、本年增减变动金额(减少以"-"号填列)												
(一)本年净利润												
(二)其他综合收益												
1. 可供出售金融资产公允价值变动净额												
2. 权益法下被投资单位其他所有者权益变动的影响												
3. 与计入所有者权益项目相关的所得税影响												
4. 其他												
上述(一)和(二)小计												
(三)所有者(股东)投入和减少资本												

项目	本年金额						上年金额					
	实收资本(或股本)	资本公积	减:库存股	盈余公积	未分配利润	所有者权益合计	实收资本(或股本)	资本公积	减:库存股	盈余公积	未分配利润	所有者权益合计
1. 所有者(股东)投入资本												
2. 股份支付计入所有者权益的金额												
3. 其他												
(四)利润分配												
1. 提取盈余公积												
2. 对所有者(股东)的分配												
3. 其他												
(五)所有者权益内部结转												
1. 资本公积转增资本(股本)												
2. 盈余公积转增资本(股本)												
3. 盈余公积弥补亏损												
4. 其他												
四、本年年末余额												

第六节 负债和所有者权益的管理

负债和所有者权益的管理,就是对资产负债表右边的管理,也就是对资金来源与资本结构的管理,这就涉及财务管理的基本理论——财务管理目标、优序融资理论与资本结构理论。

一、财务管理目标

(一)利润最大化目标

利润代表企业新创财富,利润越多企业财富增加越多,越接近企业的目标。但利润最大化目标有如下缺点：(1) 没有考虑利润的取得时间；(2) 没有考虑所获利润和投入资本额的关系；(3) 没有考虑获取利润和所承担风险的关系。所以，如果投入资本相同、利润取得的时间相同、相关的风险相同，利润最大化是一个可以接受的观念。

（二）每股收益最大化目标

把利润和股东投入的资本联系起来就可以得到每股收益。但每股收益最大化目标有如下缺点：(1) 没有考虑每股盈余的取得时间；(2) 没有考虑获取每股盈余和所承担风险的关系。如果风险相同、每股收益时间相同，每股收益最大化也是一个可以接受的观念。

（三）股东财富最大化目标

股东财富的增加是股东权益的市场增加值，就是企业为股东创造的价值，等于股东权益的市场价值扣除股东投资资本。股东财富最大化有如下优点：(1) 考虑了利润的取得时间；(2) 考虑了所获利润和投入资本额的关系；(3) 考虑了获取利润和所承担风险的关系。

因此在做融资决策、考虑资本结构时，股东财富最大化应当是管理者的最终目标。

二、优序融资理论

在发达的市场经济社会中，企业最优的融资顺序是：先内源融资，主要包括留存收益与折旧；然后外部融资，在外部融资中，按照顺序依次是：债权融资，优先股融资，普通股融资。

（一）内源融资

内源融资是指企业不断将自己的储蓄（主要包括留存盈利、折旧）转化为投资的过程。内源融资对企业的资本形成具有原始性、自主性、低成本和低风险的特点，是企业生存与发展不可或缺的重要组成部分。事实上，在发达的市场经济国家，内源融资是企业首选的融资方式，是企业资金的重要来源。

内源融资的原始性、自主性体现在其是企业原始资本积累和剩余价值资本化过程，不需要其他金融中介，因而具有原始性。内源融资取得的资金是企业产权所有者的自有资本，是企业承担民事责任和自主经营、自负盈亏的基础，也是企业进行外部融资的保证，因为投资者将根据企业的内源融资能力，来衡量对企业投资的风险，进而影响企业进行外部融资时所能取得的中小企业融资规模和资本成本。

内源融资的低成本体现在，相对于外部融资，内源融资不需要支付利息或股利，不会减少企业的现金流量，也不需支付任何中小企业融资费用，因而融资成本相对较低。

内源融资的低风险体现在，企业进行内源融资，不存在偿付风险，不会产生到期还本付息或支付股利的压力。企业内源融资取得的资金在资本结构中所占比例越大，企业的财务风险越小。

（二）债权融资

债权融资是指通过债务筹集资金。按照所筹集资金可使用时间的长短，债权融资可分为短期债权融资和长期债权融资。短期债权融资最主要的形式是商业信用和短期借款；长期债权融资最主要的形式是长期借款和公司债券。

债权融资的优点包括：相对成本较低，这是因为债权融资可以避税，给企业带来税收的优惠,即负债利息可以从税前利润中扣除,从而减少应纳税所得额,给企业带来价值增加的效用。世界上大多数国家规定负债免征所得税,所以在既定负债利率和所得税税率的情况下,企业的负债额越多,那么利息抵税效用也就越大。债权融资还能起到财务杠杆的作用,债券的持有者对企业的现金流量拥有固定索取权。当企业经营状况很好时,作为债权人只能获得固定的利息收入,而剩余的高额收益全部归股东所有,提高了每股收益。债权融资还是减少管理者和股东之间代理冲突的工具,随着外部股东的介入,拥有股权的管理者或称为内部股东会发现,当他们努力工作时,却得不到全部的报酬;而当他们增加自身消费或出现损失时,也并不是全部由其个人承担。此时,管理者的经营活动并不都是以提高股东收益为目的。有时他们也会作出对他们自身有利而对企业价值提升不利的决策,此时,就会产生管理者和股东之间的代理冲突。而债权融资将管理者和股东的利益紧密地联系在一起,有效地减少了两者之间的代理冲突。

但债权融资也有一些缺点:持续增长的负债最终会导致财务危机成本。负债给企业增加了压力,因为本金和利息的支付是企业必须承担的合同义务。如果企业无法偿还,则会面临财务危机,而财务危机会增加企业的费用,减少企业所创造的现金流量,给企业带来负面的影响,并且随着企业负债额的增加,这种影响会越来越显著。并且,虽然管理者和股东之间的冲突减少了,但同时也加深了股东和债权人之间的代理冲突,债权人利益不受损害的一个前提条件是企业的风险程度要处于预测所允许的范围之内。而在现实的经济生活中,股东往往偏向投资于高风险的项目。因为如果项目成功,债权人只能获得固定的利息和本金,剩余的高额收益均归股东所有,于是就实现了财富由债权人向股东的转移;如果高风险项目失败,则损失由股东和债权人共同承担,有的债权人的损失要远远大于股东的损失。另外,当企业发行新的债券,也会损害原债权人的利益。因为股东为了获得新的资金,往往会给新债权人更优先的索偿权,这样可以降低新债务实际负担的利率水平。但同时也会使原债权人承担的风险加大,导致原债券真实价值的下降。

(三) 优先股融资

优先股是一种混合的融资形式,既有债权融资的特点,也有股权融资的特点。通俗地说,优先股的本金具有股票的特点,即本金不收回,而收益具有债券的特点,即固定收益。优先股的优先体现在以下几个方面:企业清算时,优先股股东对资产的索取权次于债权人而优先于普通股股东。而在分配股利时,企业要先于普通股支付优先股的股利,但股利实际发放与否由企业自行决定,发放股利并不是企业的一项固定义务。不支付优先股股利并不导致企业违约。优先股收益率的最高限额通常受事先确定的固定股利金额所限制,优先股股东不能分享企业的剩余收益。并且,优先股融资会有优先股成本。

(四) 普通股权融资

普通股市值企业发型的在股利分派和破产时没有特别优先权的股份。

普通股权融资的优点包括:股权融资一般不需要退还本金,股利的支付也不是企业必须承担的合同义务,企业没有现金流压力,而且一般没有资金使用的限制。

但普通股权融资也有一些缺点:一方面,相对成本较高,企业只能用税后利润进行股利分配,股利不能用来抵税,并且其风险较高,投资人要求回报较高。另一方面,普通股权融资会改变股权结构,分散控制权,这样就会加重代理问题,管理者和股东之间、大股东与小股东之间都会产生冲突。

三、资本结构理论

资本结构是指企业资本尤其是长期资本来源的构成和比例关系。是包括负债、优先股和普通股等权益的企业融资方式的组合。

美国经济学家莫迪格利安尼和米勒于1958年出版的《资本成本、公司财务和投资管理》一书提出了最初的MM理论，这时的MM理论不考虑所得税的影响，得出的结论为企业的总价值不受资本结构的影响。此后，又对该理论做出了修正，加入了所得税的因素，由此而得出的结论为：企业的资本结构影响企业的总价值，负债经营将为公司带来税收节约效应。该理论为研究资本结构问题提供了一个有用的起点和分析框架。

莫迪格利安尼和米勒对完善的资本市场做出了如下假设：一是不存在税收，二是市场是没有矛盾冲突的，不存在交易成本，三是直接破产成本间接破产成本是不存在的，四是个人和公司的借贷利率相同。在完善资本市场的假设条件下，莫迪格利安尼和米勒认为公司的价值不受财务杠杆作用的影响，杠杆公司的价值等于无杠杆公司的价值，这就是著名的MM定理的基本思想，即任何公司的市场价值与其资本结构无关，企业的市场价值只由预期收益的现值水平决定。

如果在考虑公司税的情况下，债务融资就有一个重要的优势，因为公司支付的债务利息可以抵减应纳税额，而现金股利和留存收益则不能。这样，当存在公司税时，公司的价值就与其债务正相关。就可以有如下结论：杠杆公司的价值等于无杠杆公司的价值加上利息节税收益的现金流量现值，一般的假设是利息节税收益的风险与利息支出的风险相同，于是就可以用债权人的期望收益率（即债务成本）来进行折现。经过计算利息节税收益的现金流量现值等于负债与公司所得税率的乘积。由于节税收益随债务额的增大而增加，那么公司便可以通过用债务替代权益来增加公司的总现金流量并提高公司价值。因此，在有税收的条件下，企业最佳的资本结构就是几乎全部由负债构成的资本结构。

如果在考虑企业的财务困境成本，即因破产、进行清算或重组所发生的法律费用和管理费用等，以及企业资信状况恶化以及持续经营能力下降而导致的企业价值损失，杠杆公司的价值等于无杠杆公司的价值加上利息节税收益的现金流量现值，再加上财务困境成本。这是因为企业在发生财务困境时，企业的资产所能出售的价格低于其实际经济价值。此时所确定的债务比率是债务抵税收益的边际价值等于增加的财务困境成本的现值。

如果还要考虑企业的代理成本，债务的代理成本既可以表现为因过度投资使经理和股东受益而发生债权人价值向股东转移，也可以表现为因投资不足问题而发生股东为避免价值损失而放弃给债权人带来的价值增值。过度投资是指因企业采用不盈利项目或高风险项目而产生的损害股东以及债权人的利益并降低企业价值的现象，比如当企业经理与股东之间存在利益冲突时，经理的自利行为产生的过度投资问题；又如在企业遭遇财务困境时，即使投资了净现值为负的投资项目，股东仍可能从企业的高风险投资中获利。说明股东有动机投资于净现值为负的高风险项目，并伴随着风险从股东向债权人的转移。投资不足是指因企业放弃净现值为正的投资项目而使债权人利益受损并进而降低企业价值的现象，这经常发生在企业陷入财务困境且有比例较高的债务时（即企业具有风险债务），股东如果预见采纳新投资项目会以牺牲自身利益为代价补偿了债权人，因股东与债权人之间存在利益冲突，股东就缺乏积极性选择该项目进行投资。杠杆公司的价值等于无杠杆公司的价值加上利息节税收益的现金流量现值，再加上财务困境成本，还要加上债务的代理收益。

所以，企业最优的资本结构需要通过权衡负债的节税收益、破产成本、代理成本的关系来决定。

【练习题】

一、判断题

1. 所有者权益类科目的余额在贷方，表示所有者权益的结存数。（ ）
2. 实收资本（或股本）是企业收到投资者投入的超出其在企业注册资本（或股本）中所占份额的投资。（ ）
3. 留存收益包括法定盈余公积、任意盈余公积和未分配利润。（ ）
4. 所有者投入的资本包括实收资本（股本）、资本公积、盈余公积等。（ ）
5. 实收资本账户贷方登记所有者投入企业资本金的减少额，借方登记所有者投入企业资本金的增加额。期末余额在借方，表示企业期末实收资本（或股本）总额。（ ）
6. 企业对于以现金向投资者分配的利润或股利，借记"应付股利"科目，贷记"利润分配——应付现金股利"等科目。（ ）

二、单项选择题

1. 下列各项中，会导致留存收益总额发生增减变动的是（ ）
   A. 资本公积转增资本　　　　　　　　B. 盈余公积补亏
   C. 盈余公积转增资本　　　　　　　　D. 以当年净利润弥补以前年度亏损
2. 下列各项经济业务中，不会使得企业权益总额发生增加变化的是（ ）。
   A. 向银行借入半年期的借款，已转入本企业银行存款账户
   B. 赊购设备一台，设备已经交付使用
   C. 用资本公积转增实收资本
   D. 收到某投资者投资转入的一批材料，材料已验收入库
3. 某企业发行股票 17 000 股，每股面值为 8 元，发行价为每股 9 元，则记入"资本公积"账户的金额是（ ）。
   A. 17 000　　　　　　　　　　　　　B. 50 000
   C. 10 000　　　　　　　　　　　　　D. 153 000
4. 按照《公司法》的有关规定，公司应当按照当年净利润（抵减年初累计亏损后）的（ ）提取盈余公积，提取的法定盈余公积累计额超过注册资本（ ）以上的，可以不再提取。企业以法定盈余公积转增企业资本时，按规定保留的该项公积金余额不低于注册资本的（ ）。
   A. 10%，25%，50%　　　　　　　　B. 10%，50%，25%
   C. 5%，30%，25%　　　　　　　　　D. 5%，30%，50%
5. 下列各项中能够引起所有者权益总额变化的是（ ）。
   A. 以资本公积转增资本　　　　　　　B. 增发新股

C. 向股东支付已宣告分派的现金股利　　D. 以盈余公积弥补亏损
6. 下列各项中，不属于企业资金筹集来源的是（　　）。
　　A. 销售收入　　B. 向债权人借入的资金
　　C. 投资者投资的增值　　D. 投资者的投资

三、多项选择题

1. 下列选项中，正确的有（　　）。
　　A. 资产与权益同时增加，总额增加　　B. 资产与负债一增一减，总额不变
　　C. 资产内部同时减少，总额减少　　D. 权益内部的一增一减，总额不变
2. 下列属于所有者投入的资本的有（　　）。
　　A. 企业拥有的固定资产　　B. 资本溢价
　　C. 盈余公积　　D. 实收资本
3. 下列各项不属于所有者权益来源的有（　　）。
　　A. 投资者投入的资本　　B. 向银行借入的款项
　　C. 留存收益　　D. 因赊购货物欠其他企业的款项
4. 企业接受投资者投入的资本，可能会涉及的科目有（　　）。
　　A. 股本　　B. 资本公积
　　C. 实收资本　　D. 银行存款
5. 按照资本公积的来源不同，设置的明细科目有（　　）。
　　A. 资本溢价　　B. 其他资本公积
　　C. 法定盈余公积　　D. 任意盈余公积
6. 下列关于"盈余公积"账户，说法正确的有（　　）。
　　A. "盈余公积"账户属于所有者权益类账户，用以核算企业从净利润中提取的盈余公积
　　B. 该账户应当分别"法定盈余公积"、"任意盈余公积"进行明细核算
　　C. 账户贷方登记提取的盈余公积，即盈余公积的增加额
　　D. 账户借方登记实际使用的盈余公积，即盈余公积的减少额

四、业务题

某有限责任公司由 A 公司投资，2017 年，发生如下经济业务：

1. 按规定办理增资手续后，将资本公积 2 000 000 元转增资本金。
2. 收到 A 公司作为资本投入的原材料一批，该批原材料投资合同或协议约定价值为 200 000 元，增值税进项税额为 34 000 元。A 公司已开具了增值税专用发票。A 公司的投资全部计入实收资本。
3. 提取法定盈余公积 30 000 元。
4. 又有新公司 B 为该公司投资，B 作为新投资者，经过各方面协商同意，C 公司出资 10 000 000 元，占有该公司 5 000 000 股份。

【案例讨论】

2016 年 10 月 28 日，D 女士在 G 公司临时股东大会上发表激烈言论：

"G公司没有亏待你们！我讲这个话一点都不过分。你看看上市公司有哪几个这样给你们分红的？我5年不给你们分红，你们又能把我怎么样？两年给你们分了180亿元，你去看看哪个企业给你们这么多？"

这番话体现的，是我国A股上市公司分红少的现象。虽然我国出台了强制分红政策，上市公司分红少的现象有所缓解，但仍有一些公司极少分红。在我国，现金分红需要缴纳个人所得税。

要求：

1. 处于高速发展的企业一般倾向于少分红，试分析原因。

2. 公司自然人大股东一般会阻挠现金分红，而极力推崇资本公积转赠实收资本（股本）计划，试分析原因。

3. 分红越多，公司业绩越好吗？如果一家公司一边高水平分红，一边高额融资，公司可能存在什么问题？

第九章　净收益与综合收益

【学习目标】
1. 掌握费用的定义、分类及确认方法；
2. 了解生产费用的归集和分配方法；
3. 掌握期间费用的构成及其核算；
4. 了解资产减值损失、公允价值变动损益等影响净收益的其他项目；
5. 掌握综合收益的构成。

第四章我们讲述了影响净收益（也是利润表）的第一个项目"营业收入"，第五章我们讲述了影响净收益（也是利润表）的第二个项目"营业成本"。本章我们除继续讲述营业成本的形成过程外，还将讨论影响净收益的其他项目：期间费用、资产减值损失、公允价值变动损益、营业外收支和所得税费用的会计处理问题。最后阐述其他综合收益和综合收益。

第一节　费　　用

一、费用概述

（一）费用的定义

我国《企业会计准则——基本准则》规定，费用是指企业在日常生活中发生的、会导致所有者权益减少的、与向所有者分配利润无关的经济利益的总流出。费用只有在经济利益很可能流出从而导致企业资产减少或者负债增加，且经济利益的流出额能够可靠计量时才能予以确认。

（二）费用的分类

费用是企业在生产经营过程中发生的各项耗费。我国《企业会计准则第 30 号——财务报表列报》（2014）规定，企业在利润表中应当对费用按照功能分类，分为从事经营业务发生的成本、管理费用、销售费用和财务费用等。

(1) 费用按照性质分类。费用按照性质进行分类，不外乎劳动对象方面的费用、劳动手段方面的费用和劳动方面的费用。一般可分为以下几类：外购材料、外购燃料、外购动力、职工薪酬、折旧费、利息支出、税金、其他支出。

(2) 费用按照经济用途分类。费用按照经济用途分类，可分为生产费用和期间费用。生产费用，是指与生产产品直接有关的费用，主要包括直接材料、直接人工和制造费用等。期间费用，是指企业在生产经营过程中发生的，与产品生产活动没有直接联系，属于某一时期耗用的费用，包括销售费用、管理费用和财务费用。

（三）费用的确认

费用应当按权责发生制原则在确认有关收入的那一期间予以确认。只要属于本期的各项费用，不论其是否实际支付，均应确认为本期的费用；对于不属于本期的费用，即使款项已经在本期付出，也不应该确认为本期的费用。确认费用的方法主要有以下几种：

（1）按其与营业收入的关系确认费用。费用表明企业为取得营业收入而付出的代价，即凡是与本期的收入有直接联系的耗费都应确认为本期的费用，如销售成本的确认；凡不是以取得营业收入为目的的各种耗费都不作为费用，如购买各种债券所发生的支出、罚没款支出等。因此，工业企业中的费用是指构成产品成本的生产费用和期间费用，即在生产经营过程中为取得销售产品、提供劳务等的收入而发生的耗费。

（2）采用一定的分摊方式确认费用。如果一项资产能够在若干会计期间为企业带来效益（收入），企业应采用一定的分配方式将该项资产的成本分摊计入各个会计期间。如对固定资产的价值，采用一定的折旧方法，分配确定各期的折旧费用。再如跨期摊配费用，虽为本期发生的耗费，不一定都能在当期冲减收入，其中一部分在本期冲减收入，属于本期费用；另一部分要分摊给其他会计期间，冲减其他会计期间的收入。

（3）在支出发生时直接确认为费用。一些支出在其发生时直接确认为费用，如行政管理部门发生的各项支出、为推销商品发生的各项支出，以及为筹措资金而发生的支出，以上支出虽与营业收入没有直接关系，但与会计期间紧密相连，这些支出的效益直接影响本期会计期间的收入，因而在支出发生时即确认为当期的费用。

（四）费用与成本的关系

费用与成本有密切的联系。与费用一样，成本也有广义和狭义之分。广义的成本泛指取得资产的代价。取得固定资产的代价就是固定资产成本，购买原材料的代价就是原材料成本，生产产品所花费的代价就是产品成本等。狭义的成本，仅指产品制造成本。就制造业而言，生产费用的发生过程，同时又是产品制造成本的形成过程。但是，两者也有所区别。生产费用指某一期间内为进行产品生产而发生的费用，它与一定的时期相联系，而与生产哪一种产品无关。产品成本指为生产某一种产品而消耗的费用，它与一定种类和数量的产品相联系，而不论发生在哪一时期，成本是对象化了的费用。以制造业为例，有关费用与成本的关系如图9-1所示。

（五）成本核算的一般程序

在第五章存货与销售成本中，曾经提到制造业企业存货会计核算的基本流程，如图9-2所示。

其中，生产过程的成本核算流程如图9-3所示。

从图9-3可以看出，产品成本核算的一般程序如下：（1）正确划分生产经营管理费用与非生产经营管理费用，生产经营管理费用再进一步划分为生产费用和期间费用；（2）将计入本月成本的生产费用在各种产品之间进行分配和归集，算出按成本项目反映的各种产品的成本；（3）如果期末同时存在完工产品和在产品，还应将月初在产品生产费用与本月生产费用之和，在本月完工产品与月末在产品之间进行分配和归集。

第一节 费　用

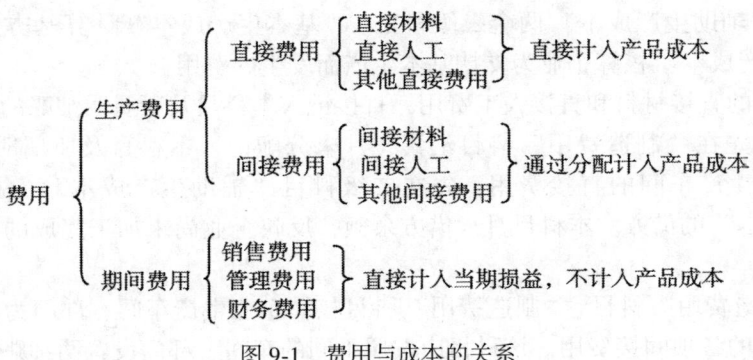

图 9-1　费用与成本的关系

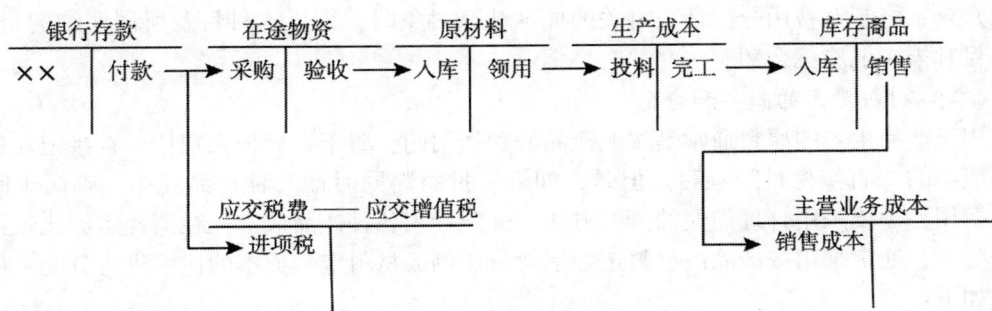

图 9-2　制造业企业存货会计核算的基本流程

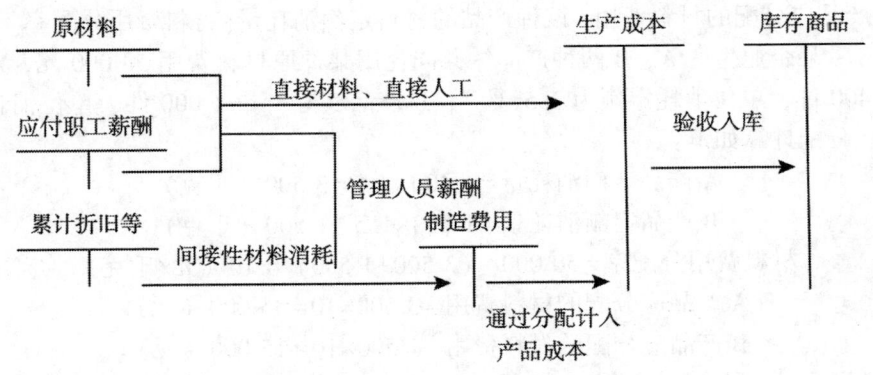

图 9-3　生产过程的成本核算流程

二、生产费用的归集与分配

（一）科目设置

（1）"生产成本"科目。"生产成本"科目核算企业进行工业性生产发生的各项生产费用，包括生产各种产品、自制材料、自制工具、自制设备等。该科目应设置"基本生产成本"和"辅助生产成本"两个二级科目。"基本生产成本"计算基本生产的产品成本，"辅助生产成本"核算企业为支持基本生产而发生的费用。

企业发生的直接材料和直接人工费用，直接记入本科目及所属明细账的借方；发生的其他间接费用先在"制造费用"科目汇集，月末分配记入本科目及所属明细账的借方；属于企业辅助生产车间的直接费用，先在二级科目"辅助生产成本"中核算，再转入"基本生产成本"的借方。本科目月末借方余额，反映企业尚未加工完成的各项在产品的成本。

（2）"制造费用"科目。"制造费用"科目核算企业生产车间、部门为生产产品和提供劳务而发生的各项间接费用。该科目应按照不同的车间、部门设置明细账，账内按制造费用的项目内容设专栏进行明细核算。发生的各项间接费用记入本科目及所属明细账的借方；月末，将制造费用分配计入有关的成本计算对象时，记入本科目及所属明细的贷方。本科目月末一般应无余额。

（二）材料费用的归集和分配

用于产品生产的原料通常是按照产品分别领用的，属于直接记入费用，直接记入各种产品成本的"直接材料"项目。但是，如果一批材料同时被几种产品耗用，则属于间接计入费用，需要采用合理简便的分配方法，分配计入各种产品成本。在消耗定额比较正确的情况下，通常采用按产品的材料定额消耗量比例或材料定额成本的比例进行分配。计算公式如下：

某种产品材料定额消耗量＝该种产品实际产量×单位产品材料消耗定额

$$材料费用分配率 = \frac{应分配的材料费用}{各种产品材料定额消耗量之和}$$

某种产品应分配的材料费用＝该种产品的材料定额消耗量×材料费用分配率

例9.1 某企业生产A、B两种产品，共同耗用某种原材料费用50 000元，A产品实际产量1 400件，单位消耗定额为2.5千克，B产品实际产量1 000件，单位消耗定额为1.5千克。分配计算如下：

A产品定额消耗量＝1 400×2.5＝3 500（千克）

B产品定额消耗量＝1 000×1.5＝1 500（千克）

材料费用分配率＝50 000／（3 500+1 500）＝10（元／千克）

A产品应分配的材料费用＝3 500×10＝35 000（元）

B产品应分配的材料费用＝1 500×10＝15 000（元）

应编制会计分录如下：

借：生产成本——基本生产成本（A产品）　　　　　　　　　　35 000
　　　　　　——基本生产成本（B产品）　　　　　　　　　　15 000
　贷：原材料　　　　　　　　　　　　　　　　　　　　　　　50 000

（三）职工薪酬的归集和分配

基本生产车间直接从事产品生产工人的薪酬，在"生产成本"科目所属的"基本生产成本"科目中归集，车间其他管理人员的薪酬记入"制造费用"科目，企业管理部门人员的薪酬记入"管理费用"科目。能直接计入某种产品成本的职工薪酬属于直接计入费用;在生产多种产品的情况下,则属间接计入费用,按照各种产品实际或定额生产工时消耗比例在各种产品之间进行分配。计算公式如下:

$$薪酬费用分配率 = \frac{生产工人薪酬总额}{各种产品实际或定额工时总额}$$

某种产品应分摊的薪酬费用=该种产品实际或定额工时×分配率

例 9.2 企业生产 A、B 两种产品,A 产品的定额工时为 12 000 小时,B 产品的定额工时为 13 000 小时,本月实际发生的薪酬费用 20 000 元。分配计算如下:

薪酬费用分配率=20 000/(12 000+13 000)=0.8(元/小时)

A 产品应分摊薪酬费用=12 000×0.8=9 600(元)

B 产品应分摊工资费用=13 000×0.8=10 400(元)

应编制会计分录如下:

借:生产成本——基本生产成本(A 产品)　　　　　　　　　9 600
　　　　——基本生产成本(B 产品)　　　　　　　　　　10 400
　　贷:应付职工薪酬　　　　　　　　　　　　　　　　　　20 000

(四)外购动力费的归集和分配

外购动力费是从外单位购入的电力、蒸气等,有的直接用于产品生产,有的还用于照明、取暖等。直接用于产品生产的外购动力,如能分清是哪种产品耗用的,可直接计入那种产品的成本;分不清哪种产品耗用的,则采用适当的分配方法计入各种产品的成本中。某企业的"外购动力费用分配表"如表 9-1 所示。

表 9-1　　　　　　　　　　　　　　外购动力费用分配表

产品、车间、部门	产量（件）	单位消耗定额（度）	定额耗用量（度）	分配率（元/度）	分配金额（元）
A 产品	2 000	5	10 000		2 500
B 产品	1 000	6	6 000		1 500
C 产品	1 500	4	6 000		1 500
小计	4 500		22 000		5 500
生产车间一般耗用			700		175
辅助生产耗用			1 500		375
管理部门耗用			800		200
合计			25 000	0.25	6 250

根据"外购动力费用分配表",应编制的会计分录如下:

借:生产成本——基本生产成本(A 产品)　　　　　　　　　2 500
　　　　——基本生产成本(B 产品)　　　　　　　　　　1 500

		——基本生产成本（C产品）	1 500
		——辅助生产成本	375
	制造费用——基本生产车间		175
	管理费用		200
贷：应付账款			6 250

（五）固定资产折旧费的归集和分配

计入产品成本的固定资产折旧费，一般不单独设成本科目，通常是先按其使用地点归集，如企业生产车间的折旧费记入"制造费用"科目，属于企业行政管理部门的折旧费记入"管理费用"科目。然后再从"制造费用"科目转入"生产成本"科目，计入产品成本。固定资产折旧费的分配是通过"固定资产折旧费分配表"进行的。

（六）辅助生产费用的归集和分配

辅助生产费用发生一般有两种情况，一是为基本生产车间制造工具等，另一种情况是为基本生产车间提供水、电、修理等劳务。生产工具的辅助生产车间应单独计算成本，不需在各车间、部门之间进行分配。提供水、电、修理等劳务的辅助生产车间所发生的费用，则应在各受益对象之间进行分配。企业一般按辅助生产提供劳务的种类设立辅助生产车间，如供水车间、供电车间、机修车间等。辅助生产费用的分配方法，可采用直接分配法、交互分配法、顺序分配法、代数分配法、计划成本分配法等。在实际工作中，辅助生产费用的分配，是通过编制"辅助生产费用分配表"进行的，如表9-2所示。

表9-2　　　　　　　　　辅助生产费用分配表（直接分配法）

辅助生产车间名称			供电车间	机修车间	合计
待分配辅助生产费用（元）			11 200	89 60	20 160
供应辅助生产以外单位的劳务数量			44 800度	6 400工时	
费用分配率（单位成本）			0.25元/度	1.4元/工时	
基本生产车间	A产品	耗用数量	12 000度	2 000工时	
		分配金额（元）	3 000	2 800	5 800
	B产品	耗用数量	18 000度	2 400工时	
		分配金额（元）	4 500	3 360	7 860
	C产品	耗用数量	11 000度	1 600工时	
		分配金额（元）	2 750	2 240	4 990
分配金额小计（元）			10 250	8 400	18 650
公共管理部门		耗用数量	3 800度	400工时	
		分配金额（元）	950	560	1 510
合计（元）			11 200	8 960	20 160

根据"辅助生产费用分配表"，应编制会计分录如下：

借：生产成本——基本生产成本（A产品）	5 800
——基本生产成本（B产品）	7 860
——基本生产成本（C产品）	4 990
管理费用	1 510
贷：生产成本——辅助生产成本（供电车间）	11 200
——辅助生产成本（机修车间）	8 960

（七）制造费用的归集和分配

制造费用是指企业各生产车间为组织和管理生产而发生的各项费用。企业应按不同的车间和部门设置明细账。记入"制造费用"中的各项费用为间接费用，月终应将全月归集的制造费用总额按一定的标准分配后计入各成本计算对象。现以工时为分配标准说明制造费用的分配方法。

$$制造费用分配率 = \frac{制造费用总额}{各种产品实际或定额工时总额}$$

某种产品应分摊的制造费用=该产品实际或定额工时×制造费用分配率

例 9.3 某企业基本生产车间生产 A、B、C 三种产品，共发生制造费用 14 400 元。A 产品耗用 12 000 个工时，B 产品耗用 13 000 个工时，C 产品耗用 11 000 个工时。根据以上资料编制"制造费用分配表"，如表 9-3 所示。

表9-3　　　　　　　　　　　　　制造费用分配表

产品名称	分配标准（直接工时）	分配率（%）	应分摊的制造费用（元）
A产品	12 000		4 800
B产品	13 000		5 200
C产品	11 000		4 400
合计	36 000	0.4	14 400

根据制造费用分配表，应编制的会计分录如下：

借：生产成本——基本生产成本（A产品）	4 800
——基本生产成本（B产品）	5 200
——基本生产成本（C产品）	4 400
贷：制造费用——基本生产车间	14 400

（八）生产费用在完工产品和在产品之间进行分配

生产费用在各种产品之间进行归集和分配以后，还应将全部生产费用在完工产品与在产品之间进行分配。月末如果产品已全部完工，那么计入该种产品的生产费用总和，就是该种完工产品的成本；如果产品全部没有完工，其所计的生产费用总和，即为该种产品在产品成本；如果本月内有一部分产品完工，另一部分尚未完工，其生产费用总额就要在完工产品和在产品之间采用一定的标准进行分配，计算出本月完工产品和月末在产品成本。

月初在产品成本+本月生产费用=本月完工产品成本+月末在产品成本

根据上述公式，生产费用在完工产品和在产品之间的分配方法主要有以下几种：

（1）在产品按定额成本计价法。采用这种分配方法时，月末在产品的各项费用按费用定额进行计算。某种产品的全部生产费用减去按定额计算的月末在产品成本，其余额为完工产品成本。这种分配方法适用于定额管理基础较好，各项消耗定额或费用定额准确、稳定，而且各月末在产品数量变动不大的产品。

（2）定额比例法。采用这种分配方法的产品，其生产费用总额按照完工产品与月末在产品定额消耗比例进行分配。这种分配方法适用于定额管理基础较好，各项消耗定额或费用定额比较准确、稳定，但各月末在产品数量变动较大的产品。

（3）约当产量比例法。约当产量比例法指月末将在产品的数量按其完工程度折合成相当于完工产品的数量，即约当产量，然后将生产费用总额按照月末在产品约当产量与完工产品产量的比例进行分配，计算完工产品和在产品成本。这种分配方法适用于月末在产品数量较大，各月末在产品数量变化也较大，产品成本中原材料费用和职工薪酬费用等加工费用的比重相差不多的产品。

（4）在产品按所耗原材料费用计价法。采用这种分配方法时，月末在产品只计算其所耗用的原材料费用，不计算职工薪酬费用等加工费用，产品的加工费用全部由完工产品成本负担。这种分配方法适用于各月末在产品数量较大，各月末在产品数量变化也较大，但原材料费用在成本中所占比重较大的产品。

（5）在产品按固定成本计价法。采用这种分配方法时，各月末在产品的成本固定不变。这种方法适用于各月末在产品数量较小，或者在产品数量虽大，但各月之间变化不大的产品。

（6）在产品不计算成本法。采用这种分配方法时，虽然有月末在产品，但不计算成本。这种分配方法适用于各月末在产品数量很小的产品。

例 9.4 某企业生产的 A 产品，本月完工 500 件，月末在产品 100 件，完工率为 50%，直接材料是在生产开始时一次投入的。A 产品的月初在产品成本和本月生产费用合计数为 46 120 元，其中：直接材料 36 000 元，直接人工 5 500 元，制造费用 4 620 元。生产费用在完工产品和在产品之间采用约当产量比例法分配。现根据以上资料，计算如下：

直接材料的分配：由于直接材料是在生产开始时一次投入的，月末在产品不再计算约当产量，直接材料的费用按完工产品产量和在产品数量比例进行分配。

直接材料费用分配率 = 36 000/（500+100）= 60（元/件）

完工产品应分配的直接材料 = 500×60 = 30 000（元）

在产品应分配的直接材料 = 100×60 = 6 000（元）

直接人工和制造费用的分配：

在产品约当产量 = 100×50% = 50（件）

直接人工费用分配率 = 5 500/（500+50）= 10（元/件）

完工产品应分配的直接人工 = 500×10 = 5 000（元）

在产品应分配的直接人工 = 50×10 = 500（元）

制造费用分配率 = 4 620/（500+50）= 8.4（元/件）

完工产品应分配的制造费用 = 500×8.4 = 4 200（元）

在产品应分配的制造费用＝50×8.4＝420（元）
应编制会计分录如下：
借：库存商品——A 产品　　　　　　　　　　　　　　　　　39 200
　　贷：生产成本——基本生产成本（A 产品）　　　　　　　　　　39 200

三、产品成本的计算方法

（一）品种法

品种法的特点主要体现在以下三个方面：

（1）成本计算对象。品种法以产品品种作为成本计算对象，并据以设置产品成本明细账、归集生产费用和计算产品成本。如果企业生产多种产品，就需要以每一种产品作为成本计算对象，分别设置产品成本明细账。

（2）成本计算期。由于大量生产是不间断的连续生产，无法按照产品的生产周期来归集生产费用、计算产品成本，只能定期按月计算产品成本，从而将本月的销售收入与产品生产成本配比，计算本月损益。因此，产品成本是定期按月计算的，与报告期一致，与产品生产周期不一致。

（3）生产费用的分配。月末计算在产品成本时，如果没有在产品，或者在产品数量很少，占生产费用数额不大，根据重要性原则，不需要计算在产品成本，所发生的生产费用全部为完工产品成本；如果在产品的数量较多，并且占生产费用比例较大，就需要选择合适的方法将成本计算单上归集的生产费用在完工产品和在产品之间进行分配。

（二）分批法

分批法是指以产品的批别作为产品成本计算对象，归集生产费用，计算产品成本的一种方法。分批法也称订单法，适用于单件、小批生产的企业，如造船、重型机器制造、精密仪器制造等。

分批法的主要特点是所有的生产费用要按照产品的订单或批别来归集，成本计算对象是购买者事先订货或企业规定的产品批别，按照每一张订单或每一批产品设置成本明细账（即成本计算单），按成本项目登记所发生的生产费用。月末未完工的订单就是在产品，成本明细账上归集的成本费用就是在产品成本。订单完工后，成本明细账上所归集的成本费用总额就是产成品成本。因而，这种方法只需在各种产品之间分配费用，而不存在费用在完工产品与在产品之间的分配问题。

（三）分步法

分步法是以产品品种和产品生产步骤为成本计算对象，来归集和分配生产费用、计算产品成本的一种方法。分步法适用于大量、大批、多步骤生产的工业企业，如冶金、水泥、纺织、酿酒、造纸等企业。

分步法的成本计算对象是每种产品及每种产品所经过的生产步骤。在进行成本计算时，应按照产品的生产步骤设立产品成本明细账，即"产品成本计算单"，来归集生产费用、计算产品成本。分步法一般适用于大量大批生产的企业，不可能等到产品生产结束才进行成本的计算，因此成本计算周期与生产周期不一致。成本计算周期一般为月末，与会计结算期相同。由于成本计算一般是按月定期进行的，与生产周期不一致，需要采用适当的分配方法,将汇集在生产成本明细账中的生产费用在完工产品与在产品之间进行分配。

四、期间费用

期间费用是指不能直接归属于某种特定产品成本的费用。它容易确定其发生的期间,而难以判别其所应归属的产品,因而在发生的当期便从当期损益中扣除。期间费用包括销售费用、管理费用和财务费用。

(一) 销售费用

销售费用是指企业销售商品和材料、提供劳务的过程中发生的各种费用,包括保险费、包装费、展览费和广告费、商品维修费、预计产品质量保证损失、运输费、装卸费等以及为销售本企业商品而专设的销售机构(含销售网点、售后服务网点等)的职工薪酬、业务费、折旧费等经营费用。

企业发生的销售费用在"销售费用"科目中核算,并按费用项目设置明细账,进行明细核算。(1) 企业在销售商品过程中发生的包装费、保险费、展览费和广告费、运输费、装卸费等费用,借记本科目,贷记"库存现金"、"银行存款"科目;(2) 企业发生的为销售本企业商品而专设的销售机构的职工薪酬、业务费等经营费用,借记本科目,贷记"应付职工薪酬"、"银行存款"、"累计折旧"等科目。期末,应将本科目余额转入"本年利润"科目,结转后本科目应无余额。

例 9.5 某企业以银行存款支付广告费 9 000 元,会计分录为:

借:销售费用　　　　　　　　　　　　　　　　　　　　　　　9 000
　　贷:银行存款　　　　　　　　　　　　　　　　　　　　　　9 000

(二) 管理费用

管理费用①是指企业为组织和管理企业生产经营所发生的各项费用,包括企业在筹建期间内发生的开办费、董事会和行政管理部门在企业的经营管理中发生的公司经费、工会经费、董事会费、聘请中介机构费、咨询费、诉讼费、业务招待费、技术转让费、矿产资源补偿费、研究费用、排污费等。

企业发生的管理费用在"管理费用"科目中核算,并按费用项目设置明细账,进行明细核算。企业在筹建期间内发生的开办费,包括人员工资、办公费、培训费、差旅费、印刷费、注册登记费以及不计入固定资产价值的借款费用等,借记本科目,贷记"库存现金"、"银行存款"等科目;行政管理部门人员的职工薪酬,借记本科目,贷记"应付职工薪酬"科目;行政管理部门计提的固定资产折旧,借记本科目,贷记"累计折旧"科目。发生的办公费、修理费、水电费、业务招待费、聘请中介机构费、咨询费、诉讼费、技术转让费、研究费用,借记本科目,贷记"银行存款"、"研发支出"等科目。

例 9.6 企业以现金支付业务招待费 2 000 元,会计分录为:

---

① 根据财政部《关于印发〈增值税会计处理规定〉的通知》(财会〔2016〕22 号)的规定,全面试行营业税改征增值税后,"营业税金及附加"科目名称调整为"税金及附加"科目,企业经营活动发生的房产税、土地使用税、车船使用税、印花税等相关税费由原先的"管理费用"调至"税金及附加"科目进行核算;利润表中的"营业税金及附加"项目调整为"税金及附加"项目。

借：管理费用 2 000
　　贷：库存现金 2 000

（三）财务费用

财务费用是指企业为筹集生产经营所需资金等而发生的筹资费用，包括利息支出、汇兑损益以及相关的手续费、企业发生的现金折扣或收到的现金折扣等。为购建或生产满足资本化条件的资产发生的应予以资本化的借款费用，应计入有关资产的购建或生产成本，不包括在财务费用的核算范围内。

企业发生的财务费用在"财务费用"科目中核算，并按费用项目设置明细账，进行明细核算。企业发生的财务费用，借记本科目，贷记"银行存款"、"未确认融资费用"等科目。发生的应冲减财务费用的利息收入、汇兑差额、现金折扣，借记"银行存款"、"应付账款"等科目，贷记本科目。期末，应将本科目余额转入"本年利润"科目，结转后本科目应无余额。

例9.7 某企业短期借款利息按月支付，本月支付短期借款利息9 000元，会计分录为：

借：财务费用 9 000
　　贷：银行存款 9 000

第二节　影响净收益的其他项目

一、资产减值损失

资产减值损失是指企业根据资产减值等准则计提各项资产减值准备所形成的损失。企业发生的资产减值损失在"资产减值损失"科目中核算。本科目应当按照资产减值损失的项目进行明细核算。企业根据资产减值准则确定资产发生减值的，按应减记的金额，借记本科目，贷记"坏账准备"、"存货跌价准备"、"长期股权投资减值准备"、"持有至到期投资减值准备"、"固定资产减值准备"、"在建工程减值准备"、"无形资产减值准备"等科目。企业在计提坏账准备、存货跌价准备、持有至到期投资减值准备等后，相关资产的价值又得以恢复的，应在原已计提的减值准备金额内，按恢复增加的金额，借记"坏账准备"、"存货跌价准备"、"持有至到期投资减值准备"等科目，贷记本科目。期末，应将本科目余额转入"本年利润"科目，结转后本科目无余额。

例9.8 某企业有一台生产用设备，原价200 000元，第一年累计折旧额为36 000元，账面净值164 000元，根据资产减值准则确定该设备发生减值20 000元，则计提固定资产减值准备的会计分录为：

借：资产减值损失 20 000
　　贷：固定资产减值准备 20 000

二、公允价值变动损益

公允价值变动损益是指企业交易性金融资产、交易性金融负债，以及采用公允价值模式计量的投资性房地产、衍生工具、套期保值业务中公允价值变动形成的应计入当期损益的利得或损失。企业发生的公允价值变动损益在"公允价值变动损益"科目中核算。该科目应当按照交易性金融资产、交易性金融负债、投资性房地产等进行明细核算。期末应将该科目余额转入"本年利润"科目，结转后该科目无余额。下面仅以交易性金融资产为例说明"公允价值变动损益"的核算。

交易性金融资产是指企业持有的以公允价值计量且其变动计入当期损益的金融资产，包括为交易目的所持有的债券投资、股票投资、基金投资等和直接指定为以公允价值计量且其变动计入当期损益的金融资产。企业取得的交易性金融资产在"交易性金融资产"科目中核算。该科目应当按照交易性金融资产的类别和品种，分别以"成本"、"公允价值变动"进行明细核算。（1）企业取得交易性金融资产时，按其公允价值借记"交易性金融资产——成本"科目，按发生的交易费用，借记"投资收益"科目，按已到付息期但尚未领取的利息或已宣告发放但尚未发放的现金股利，借记"应收利息"或"应收股利"科目，按实际支付的金额，贷记"银行存款"等科目。（2）持有交易性金融资产期间被投资单位宣告发放现金股利或在资产负债表按债券票面利率计息时，借记"应收股利"或"应收利息"科目，贷记"投资收益"科目。（3）资产负债表日，交易性金融资产的公允价值高于其账面价值的差额，借记"交易性金融资产——公允价值变动"科目，贷记"公允价值变动损益"科目；公允价值低于其账面价值的差额，做相反的会计分录；（4）出售交易性金融资产时，应按实际收到的金额，借记"银行存款"等科目，按该金融资产的成本，贷记"交易性金融资产——成本"科目，按该交易性金融资产的公允价值变动，贷记或借记"交易性金融资产——公允价值变动"科目，按其差额，贷记或借记"投资收益"科目。同时，按该金融资产的公允价值变动，借记或贷记"公允价值变动损益"科目，贷记或借记"投资收益"科目。"交易性金融资产"科目期末借方余额，反映企业持有的交易性金融资产的公允价值。

例 9.9 某企业 2015 年 7 月 1 日购入某上市公司每股面值 1 元的普通股股票 1 000 元，每股价格 12 元，另付交易费用 60 元，一并用银行存款支付。会计分录为：

借：交易性金融资产——成本　　　　　　　　　　　　　　　　　12 000
　　　投资收益　　　　　　　　　　　　　　　　　　　　　　　　　 60
　　贷：银行存款　　　　　　　　　　　　　　　　　　　　　　　　12 060

上述上市公司于 2015 年 10 月 15 日宣告发放现金股利每股 1 元。则该企业会计分录为：

借：应收股利　　　　　　　　　　　　　　　　　　　　　　　　　1 000
　　贷：投资收益　　　　　　　　　　　　　　　　　　　　　　　 1 000

2015 年 10 月 25 日实际收到现金股利时，该企业的会计分录为：

借：银行存款　　　　　　　　　　　　　　　　　　　　　　　　　1 000
　　贷：应收股利　　　　　　　　　　　　　　　　　　　　　　　 1 000

2015 年 12 月 31 日该股票每股市价 15 元。则该企业的会计分录为：

借：交易性金融资产——公允价值变动　　　　　　　　　　　　　　3 000
　　贷：公允价值变动损益　　　　　　　　　　　　　　　　　　　 3 000

借：公允价值变动损益 3 000
　　贷：本年利润 3 000

2016年1月15日该企业出售上述股票，出售所得收入18 000元存入银行。则该企业的会计分录为：

借：银行存款 18 000
　　贷：交易性金融资产——成本 12 000
　　　　　　　　　　——公允价值变动 3 000
　　　　投资收益 3 000
借：公允价值变动损益 3 000
　　贷：投资收益 3 000

三、投资收益

投资收益是指企业对外投资所取得的收益扣除损失后的净额。为了核算投资收益，企业应设置"投资收益"科目。"投资收益"科目主要用以核算企业根据长期股权投资准则确认的投资收益或投资损失。企业根据投资性房地产准则确认的采用公允价值模式计量的投资性房地产的租金收入和处置损益，企业处置交易性金融资产、交易性金融负债、可供出售金融资产实现的损益，企业的持有至到期投资和买入返售金融资产在持有期间取得的投资收益和处置损益，也在该科目核算。该科目应当按照投资项目进行明细核算。相关例题可参考例9.9。

四、营业外收支

（一）营业外收入

营业外收入是指企业发生的与其经营活动无直接关系的各项净收入，主要包括处置非流动资产利得、非货币性资产交换利得、债务重组利得、罚没利得、政府补助利得、确实无法支付而按规定程序经批准后转作营业外收入的应付款项、捐赠利得、盘盈利得等。

企业发生的营业外收入在"营业外收入"科目中核算，并按营业外收入项目设置明细账，进行明细核算。企业发生的营业外收入，借记"库存现金"、"银行存款"、"应付账款"、"待处理财产损益"、"固定资产清理"等科目，贷记本科目。期末，应将本科目余额转入"本年利润"科目，结转后本科目应无余额。

例9.10 某企业收到另一企业交来的罚款1 000元，款项已收存银行。会计分录为：

借：银行存款 1 000
　　贷：营业外收入——罚没利得 1 000

（二）营业外支出

营业外支出是指企业发生的与其经营活动无直接关系的各项净支出，包括处置非流动资产损失、非货币性资产交换损失、债务重组损失、罚款支出、捐赠支出、非常损失等。

企业发生的营业外支出在"营业外支出"科目中核算，并按支出项目设置明细账，进行明细核算。企业发生的营业外支出，借记本科目，贷记"待处理财产损益"、"库存现金"、"银行存款"、"固定资产清理"等科目。期末，应将本科目余额转入"本年利润"科目，结转后本科目应无余额。

例 9.11 某企业因违反规定，用银行存款支付罚款 2 000 元，会计分录为：

借：营业外支出——罚款支出　　　　　　　　　　　　　　　　　　2 000
　贷：银行存款　　　　　　　　　　　　　　　　　　　　　　　　　　2 000

五、所得税费用

企业所得税是指对企业的生产、经营所得和其他所得所征收的一种税。企业应设置"所得税费用"科目，用以核算企业根据所得税准则确认的应从当期利润总额中扣除的所得税费用。该科目应当按照"当期所得税费用"、"递延所得税费用"进行明细核算。期末，应将该科目的余额转入"本年利润"科目，结转后该科目无余额。

（一）当期所得税费用

由于会计和税收是经济领域中的两个不同分支，会计准则和税法规定在收入和费用的确认范围、确认时间上都有可能不同，这样就使得税前会计利润与纳税所得之间产生差异。这种差异主要有两类：永久性差异和时间性差异。

永久性差异是指某一会计期间，由于会计准则和税法在计算收益、费用或损失时的口径不同，所产生的税前会计利润与纳税所得之间的差异。永久性差异主要有以下几种类型：（1）会计核算时作为收入计入税前会计利润，在计算纳税所得时不作为收入处理，例如国债利息收入。（2）会计核算时不作为收入处理，而在计算纳税所得时作为收入，需要缴纳所得税，例如企业建造固定资产领用本企业生产的库存商品。（3）会计上作为费用或支出在计算税前会计利润时予以扣除，而在计算纳税所得时不予扣除，例如各种罚款、罚金、税收滞纳金等。

时间性差异是指税法与会计准则在确认收入、费用或损失时的时间不同而产生的税前会计利润与应纳税所得之间的差异。这种差异的产生，主要是由于某些收入、费用项目虽然在计算税前会计利润和纳税所得中口径一致，但由于两者确认的时间不同而产生的差异。时间性差异主要有以下几种类型：（1）企业获得的某项收益，按照会计准则应当确认为当期收益，但税法规定应在以后期间才确认纳税所得，从而形成应纳税时间性差异。例如在投资企业的所得税率大于被投资企业的所得税率情况下的投资收益。（2）企业发生的某项费用或损失，按照会计准则规定应当作为当期费用或损失，但按照税法规定需待以后期间从应纳税所得中扣减，从而形成可抵扣时间性差异，例如资产减值损失。（3）企业获得的某项收益，按照会计准则应当在以后期间确认为收益，但税法规定应在当期确认纳税所得，从而形成可抵扣时间性差异，例如房地产企业的预收款项。（4）企业发生的某项费用或损失，按照会计准则规定应当在以后期间作为费用或损失，但按照税法规定应在当期从应纳税所得中扣减，从而形成应纳税时间性差异，例如某些类型的固定资产折旧，税法规定可采用加速折旧法计提折旧，而会计采用年限平均法。

此外，我国《税法》规定：纳税人发生年度亏损的，可以用下一纳税年度的所得弥补；下一纳税年度的所得不足弥补的，可以逐年延续弥补，但最多不超过 5 年。时间性差异以及抵减以后年度利润的可抵扣亏损都属于暂时性差异。

企业在计算应纳所得税时，应以税前会计利润为基础，按照税法规定调整计算出纳税所得，计算公式为：

$$纳税所得 = 税前会计利润 \pm 永久性差异 \pm 时间性差异 - 弥补以前年度亏损$$
$$应交所得税 = 纳税所得 \times 适用所得税税率$$

资产负债表日，企业按照税法计算确定的当期应交所得税金额，借记"所得税费用——当期所得税费用"科目，贷记"应交税费——应交所得税"科目。

例9.12 某企业核定的全年计税工资为1 000 000元，2015年实际发放的工资为1 200 000元。该企业管理用固定资产折旧采用年限平均法，本年折旧额500 000元，按照《税法》规定采用双倍余额递减法，本年折旧额为650 000元。该企业本年利润表上反映的税前会计利润为1 500 000元，所得税税率为25%。有关计算及会计分录如下：

$$应纳税所得额 = 1\,500\,000 + 1\,200\,000 - 1\,000\,000 + 500\,000 - 650\,000 = 1\,550\,000（元）$$
$$应交所得税 = 1\,550\,000 \times 25\% = 387\,500（元）$$

借：所得税费用——当期所得税费用　　　　　　　　　　　　　387 500
　　贷：应交税费——应交所得税　　　　　　　　　　　　　　387 500

（二）递延所得税费用

（1）所得税会计的基本要求。所得税会计是以企业的资产负债表及其附注为依据，结合相关账簿资料，分析计算各项资产、负债的计税基础，通过比较资产、负债的账面价值与其计税基础之间的差异，确定应纳税暂时性差异和可抵扣暂时性差异，在此基础上确认递延所得税资产、递延所得税负债以及递延所得税费用。

（2）资产、负债的计税基础。所得税会计的关键在于确定资产、负债的计税基础，资产、负债的计税基础一经确定，即可计算暂时性差异并在此基础上确认递延所得税资产、递延所得税负债以及递延所得税费用。

资产的计税基础是指企业收回资产账面价值过程中，计算应纳税所得额时按照税法规定可以自应税所得中抵扣的金额。例如，交易性金融资产的公允价值变动，按照会计准则规定计入当期损益；而税法规定交易性金融资产在持有期间的公允价值变动不计入应纳税所得，即其计税基础保持不变，这样就产生了交易性金融资产的账面价值与计税基础之间的差异。

负债的计税基础是指负债的账面价值减去未来期间计算应纳税所得额时按照税法规定可予抵扣的金额。比如，企业因或有事项确认的预计负债，会计准则规定：在满足确认条件时，按照履行现时义务所需支出的最佳估计数确认；但税法规定，与预计负债相关的费用一般只有在实际发生时予以扣除，该类负债的计税基础为零，其账面价值与计税基础之间形成可抵扣暂时性差异。

（3）暂时性差异。暂时性差异是指资产或负债的账面价值与其计税基础之间的差额。按照暂时性差异对未来期间应税金额的影响，分为应纳税暂时性差异和可抵扣暂时性差异。应纳税暂时性差异，是指在确定未来收回资产或清偿负债期间的应纳税所得额时，将导致产生应税金额的暂时性差异。可抵扣暂时性差异，是指在确定未来收回资产或清偿负债期间的应纳税所得额时，将导致产生可抵扣金额的暂时性差异。

资产的账面价值大于其计税基础或者负债的账面价值小于其计税基础，产生应纳税暂时性差异；资产的账面价值小于其计税基础或者负债的账面价值大于其计税基础，产生可抵扣暂时性差异。按照税法规定允许抵减以后年度利润的可抵扣亏损，视同可抵扣暂时性差异。

（4）递延所得税资产、递延所得税负债的确认和计量。按照暂时性差异与适用所得税税率计算的结果来确定递延所得税资产、递延所得税负债以及递延所得税费用。

（5）所得税费用的确认和计量。利润表中应当单独列示所得税费用。所得税费用由两部分内容构成：一是按照税法规定计算的当期所得税费用，二是按照上述规定计算的递延所得税费用，公式如下：

所得税费用＝当期所得税费用＋递延所得税费用

例 9.13 某企业 2015 年 12 月 31 日资产负债表中有关项目金额及计税基础如表 9-4 所示。

表 9-4　　某企业 2015 年 12 月 31 日资产负债表中有关项目金额及计税基础　　单位：元

项目	账面价值	计税基础	应纳税暂时性差异	可抵扣暂时性差异
交易性金融资产	15 000 000	1 000 000	5 000 000	
预计负债	1 000 000	0		1 000 000
合计			5 000 000	1 000 000

除上述项目外，该企业其他资产、负债的账面价值与其计税基础不存在差异，且递延所得税资产和递延所得税负债不存在期初余额，适用的所得税税率为 25%。假定当期按照税法规定计算确定的应交所得税为 600 万元。则该企业计算确认的递延所得税资产、递延所得税负债和递延所得税费用如下：

递延所得税负债＝5 000 000×25%＝1 250 000（元）

递延所得税资产＝1 000 000×25%＝250 000（元）

递延所得税费用＝1 250 000－250 000＝1 000 000（元）

所得税费用＝6 000 000＋1 000 000＝7 000 000（元）

该企业所编制的所得税会计分录为：

借：所得税费用——当期所得税费用	6 000 000
——递延所得税费用	1 000 000
递延所得税资产	250 000
贷：应交税费——应交所得税	6 000 000
递延所得税负债	1 250 000

第三节　综　合　收　益

一、净收益的形成

收益，也称利润或损益，是企业在一定会计期间的经营成果，包括营业利润和直接计入当期利润的利得和损失。利润包括利润总额和净利润两个含义。净利润是指税后利润，利润总额是指税前利润。企业进行生产经营活动的主要目的是创造利润，增强获利能力。利润是一个反映企业获利能力的综合指标，被广泛运用于政府监管、资源配置、税费征管、银行信贷、收益分配等领域，利润也是广大信息使用者进行财务预测和投资决策的重要依据。利润分配是投资人要求获得投资回报的重要形式，是企业盈利能力和支付能力的重要体现。净收益是利润分配的主要来源，其他综合收益一般不能用于利润分配。

利润表计算公式：

（1）营业利润＝主营业务收入－主营业务成本－税金及附加＋其他业务收入－其他业务支出－销售费用－管理费用－财务费用－资产减值损失±投资收益±公允价值变动损益

（2）利润总额＝营业利润＋营业外收入－营业外支出

（3）净收益（净利润）＝利润总额－所得税费用

二、净收益的主要账务处理

利润总额减去所得税后为净收益。企业应设置"本年利润"科目，用以核算企业当年实现的净收益。该科目属于股东权益类科目，所有损益类科目的期末贷方和借方余额，都应于期末分别转入"本年利润"科目的贷方和借方。该科目的贷方余额表示净利润，借方余额表示净亏损。

年度终了，应将本年收入和支出相抵后结出的本年实现的净收益，转入"利润分配"科目，借记本科目，贷记"利润分配——未分配利润"科目；如为净亏损，做相反的会计分录。结转后本科目应无余额。

例9.14 某企业2015年3月31日结账前各损益类科目的余额如表9-5所示。

表9-5　　　　某企业2015年3月31日结账前各损益类科目的余额　　　　单位：元

账户名称	借方余额	贷方余额
主营业务收入		600 000
其他业务收入		200 000
投资收益		60 000
营业外收入		40 000
主营业务成本	360 000	
税金及附加	40 000	
其他业务成本	10 000	
销售费用	20 000	
管理费用	30 000	
财务费用	16 000	
资产减值损失	13 000	

续表

账户名称	借方余额	贷方余额
营业外支出	11 000	
所得税费用	100 000	

根据上述资料编制会计分录如下：

（1）将所有收入类科目余额转入"本年利润"科目：

借：主营业务收入　　　　　　　　　　　　　　　　　　600 000
　　其他业务收入　　　　　　　　　　　　　　　　　　200 000
　　投资收益　　　　　　　　　　　　　　　　　　　　 60 000
　　营业外收入　　　　　　　　　　　　　　　　　　　 40 000
　　贷：本年利润　　　　　　　　　　　　　　　　　　900 000

（2）将所有费用类科目余额转入"本年利润"科目：

借：本年利润　　　　　　　　　　　　　　　　　　　　600 000
　　贷：主营业务成本　　　　　　　　　　　　　　　　360 000
　　　　税金及附加　　　　　　　　　　　　　　　　　 40 000
　　　　其他业务成本　　　　　　　　　　　　　　　　 10 000
　　　　销售费用　　　　　　　　　　　　　　　　　　 20 000
　　　　管理费用　　　　　　　　　　　　　　　　　　 30 000
　　　　财务费用　　　　　　　　　　　　　　　　　　 16 000
　　　　资产减值损失　　　　　　　　　　　　　　　　 13 000
　　　　营业外支出　　　　　　　　　　　　　　　　　 11 000
　　　　所得税费用　　　　　　　　　　　　　　　　　100 000

（3）计算并结转本年净利润：

该企业2015年实现的净利润为：900 000-600 000=300 000（元）

借：本年利润　　　　　　　　　　　　　　　　　　　　300 000
　　贷：利润分配——未分配利润　　　　　　　　　　　300 000

三、其他综合收益与综合收益

我国《企业会计准则第30号——财务报表列报》（2014）规定，利润表至少应当单独列示反映下列信息的项目，但其他会计准则另有规定的除外：营业收入、营业成本、营业税金及附加、管理费用、销售费用、财务费用、投资收益、公允价值变动损益、资产减值损失；非流动资产处置损益、所得税费用、净利润、其他综合收益各项目分别扣除所得税影响后的净额、综合收益总额。金融企业可以根据其特殊性列示利润表项目。

综合收益，是指企业在某一期间除与所有者以其所有者身份进行的交易之外的其他交易或事项所引起的所有者权益变动。综合收益总额项目反映净利润和其他综合收益扣除所得税影响后的净额相加后的合计金额。根据美国财务会计准则委员会第3号财务会计概念公告（SFAC NO.3，1980），综合收益是指"一个主体在某一期间与非业主方面进行交易或发生其他事项和情况所引起的权益（净资产）变动"。它体现了报表确认思想上的"资产负债观"，是一定期间企业财务业绩的全面反映。

综合收益总额＝净利润＋其他综合收益

其他综合收益，是指企业根据其他会计准则规定未在当期损益中确认的各项利得和损失。利得是由企业非日常活动所形成的、会导致所有者权益增加的、与所有者投入资本无关的经济利益的流入。损失是由企业非日常活动所发生的、会导致所有者权益减少的、与向所有者分配利润无关的经济利益的流出。没有确认为当期损益的利得和损失应确认为其他综合收益。其他综合收益反映企业根据会计准则规定未在损益中确认的各项利得和损失扣除所得税影响后的净额，如非流动资产的重估增值等。

其他综合收益反映企业根据企业会计准则规定未在损益中确认的各项利得和损失扣除所得税影响后的净额。它是指报告期内满足所有者权益确认和计量条件、能引起所有者权益增减变动、由企业与非业主方面进行交易或发生其他事项和情况所产生的、当期不确认为损益，但未来影响损益的利得和损失。

报表附注中详细披露了其他综合收益各项目及其所得税影响，以及原计入其他综合收益、当期转入损益的金额等信息。下面列举了其他综合收益的几个组成项目：

（1）可供出售金融资产公允价值变动净额；

（2）权益法下被投资单位其他所有者权益变动的影响；

（3）套期保值（现金流量套期和境外经营净投资套期）形成的利得或损失。

按照我国的相关规定，诸如企业接受捐赠的非现金资产，以低于债务账面价值的现金清偿某项债务时债务的账面价值与支付的现金之间的差额，可供出售金融资产持有期间公允价值变动损益等，均应该确认为其他综合收益，而不计入本期利润。这样，在计算每股收益时，这一部分金额虽然导致股东权益的增加，但并不包括在每股收益中。

按照美国公认会计原则的要求，综合收益的报告方法有三种：（1）单独编制综合收益表；（2）将利润表和综合收益表合并报告；（3）作为股东权益变化表的内容。无论采用哪种方法，都必须显示出综合收益与净利润同等的重要性。表9-6是采用第一种方法报告的综合收益。

表9-6　　　　　　　　　　　　A公司综合收益　　　　　　　　单位：百万元

项目	2013年	2014年	2015年
净利润	124.2	450.5	546.8
其他综合收益			
外币折算调整	−137.3	−61.3	−36.1
当期发生的未实现持有利得	1.8	8.9	−1.9
最低退休净负债调整	2.1	9.5	−14.3

续表

项目	2013 年	2014 年	2015 年
其他综合收益合计	−133.4	−42.9	−52.3
综合收益	−9.2	407.6	494.5

为保持我国企业会计准则与国际财务报告准则的持续趋同，财政部根据我国国内企业和资本市场发展的实际需要，于 2009 年 6 月发布《企业会计准则解释第 3 号》，要求上市公司在利润表"每股收益"项下增列"其他综合收益"项目和"综合收益总额"项目；在附注中披露其他综合收益各项目及其所得税影响，以及原计入其他综合收益、当期转入损益的金额等信息。2014 年 1 月财政部发布修订后的《企业会计准则第 30 号——财务报表列报》，进一步明确了其他综合收益、综合收益在报表中的列报。

例 9.15 A 公司 2015 年 1 月 15 日以 30 000 元购买了 B 公司的一批股票，A 公司将持有的股票划分为可供出售金融资产，取得时应作如下分录：

借：可供出售金融资产　　　　　　　　　　　　　　　　　30 000
　　贷：银行存款　　　　　　　　　　　　　　　　　　　　　　　30 000

2015 年 12 月 31 日，由于股票市场不景气，这批股票市价跌至 26 000 元，可供出售金融资产的公允价值变动记入"其他综合收益"，A 公司应作如下分录：

借：其他综合收益　　　　　　　　　　　　　　　　　　　4 000
　　贷：可供出售金融资产　　　　　　　　　　　　　　　　　　4 000

2016 年 3 月 4 日市场整体情况转好，这批股票涨至 36 000 元，A 公司将这批股票出售，在转出过去已经确认的其他综合收益之后，确认当期损益。A 公司应作如下分录：

借：银行存款　　　　　　　　　　　　　　　　　　　　　36 000
　　贷：可供出售金融资产　　　　　　　　　　　　　　　　　26 000
　　　　其他综合收益　　　　　　　　　　　　　　　　　　　4 000
　　　　投资收益　　　　　　　　　　　　　　　　　　　　　6 000

【练习题】

选择题

1. 生产成本账户的借方应登记（　　）。
   A. 管理费用　　　　　　　　　　　B. 直接人工费用
   C. 分配计入的制造费用　　　　　　D. 直接材料费用
2. 下列费用中，属于生产性费用的有（　　）。
   A. 车间机器设备折旧费　　　　　　B. 材料采购费用
   C. 生产工人的薪酬　　　　　　　　D. 生产耗用的原材料
3. "销售费用"账户核算的内容包括（　　）。
   A. 商业企业进货运杂费　　　　　　B. 广告费
   C. 销售人员薪酬　　　　　　　　　D. 商品展销费用

4. 下列各项目中，应记入"制造费用"账户的是（　　）。
   A. 生产产品耗用的原材料　　　　B. 机器设备的折旧费
   C. 生产工人的职工薪酬　　　　　D. 行政管理人员的薪酬
5. 下列项目中属于营业外收入的有（　　）。
   A. 产品销售收入　　　　　　　　B. 出售废料收入
   C. 固定资产处置收入　　　　　　D. 固定资产出租收入

【案例讨论】

1. 某企业 2015 年税前会计利润 700 000 元，但年因违法经营被罚款 20 000 元，计提存货跌价准备 30 000 元。除存货项目外，该企业其他资产、负债的账面价值与其计税基础不存在差异，且递延所得税资产和递延所得税负债不存在期初余额，适用的所得税税率为 25%。

   要求：（1）计算确定该企业当年应缴纳的所得税；（2）编制有关所得税的会计分录。

2. 某企业 2015 年 12 月 31 日结账前各损益类科目的余额如表 1 所示。

表 1　　某企业 2015 年 12 月 31 日结账前各损益类科目的余额

账户名称	借方余额（元）	贷方余额（元）
主营业务收入		600 000
其他业务收入		200 000
投资收益		60 000
营业外收入		40 000
主营业务成本	360 000	
税金及附加	40 000	
其他业务成本	10 000	
销售费用	20 000	
管理费用	30 000	
财务费用	16 000	
资产减值损失	13 000	
营业外支出	11 000	
所得税费用	100 000	

要求：（1）结转各损益类账户余额；（2）计算并结转本年净利润。

3. 赵明于 2016 年 12 月，以每月 2 000 元租用一间店面，投资创办了开心服饰公司，主要经营各种服装的批发兼零售。12 月 1 日，赵明以公司名义在银行开立账户，存入 100 000 元作为资本，用于生产经营，由于孙林不懂会计，他除了将所有的发票等单据都收存起来以外，没有做任何其他记录。到月底，赵明发现公司存款减少，只剩下 58 987 元存款外加 643 元现金。另外，尽管客户赊欠的 13 300 元尚未收现，但公司也有 10 560 元货款尚未支付。除此以外，实地盘点库存服装，价值 25 800 元，赵明开始怀疑自己的经营方式是否正确，前来向你请教。

对赵明收存的所有单据进行检查分析，汇总一个月情况显示：
（1）投资款存入银行 100 000 元；
（2）内部装修及必要的设施花费 20 000 元，均已用支票支付；
（3）购入服装两批，每批价值 35 200 元，其中第一批现金购货，第二批赊购 30%；
（4）1—31 日零售服装收入共计 38 800 元，全部收现，存入开户银行；
（5）1—31 日批发服装收入共计 25 870 元，赊销 13 300 元，其余货款收入均存入银行；
（6）用支票支付店面租金 2 000 元；
（7）本月从银行存款户提取现金五次共计 10 000 元，其中 4 000 元支付员工工资，5 000 元用作个人生活费，其他以备日常零星开支；
（8）本月水电费 543 元，用支票支付；
（9）本月电话费 220 元，用现金支付；
（10）其他各种杂费 137 元，用现金支付。

要求：根据你所掌握的会计知识，结合开心服饰公司的具体业务，向赵明报告开心服饰公司的财务状况，解答其疑惑。

【参考阅读】

综 合 收 益

综合收益（consolidated income）是指除所有者的出资额和各种为第三方或客户代收的款项以外的各种收入。根据美国财务会计准则委员会（FASB）1980 年在第 3 号财务会计概念公告（SFAC3）（企业财务报表的要素）（后为 1985 年发布的 SFAC6 所取代）中的解释，综合收益是指"一个主体在某一期间与非业主方面进行交易或发生其他事项和情况所引起的权益（净资产）变动。它包括这一期间内除业主投资和派给业主款外，一切权益上的变动"。

FASB 将综合收益分为基本组成部分和中介组成部分。前者包括收入、费用、利得和损失。收入和费用主要产生于核心交易和事项，受管理当局控制；利得和损失是边缘性或偶发性交易以及其他事项和情况的结果，基本不受管理当局控制。后者包括毛利额、税前经常性收益、经常性经营收益、盈利、净收益等。后两者是其中最重要的部分。盈利和净收益的关系为：盈利+前期会计调整项目的累计影响=净收益。

传统会计收益的报告模式是以实际交易为基础，以收益实现原则、历史成本原则、配比原则为规范的。尽管传统会计收益客观、可检验和谨慎，但却是许多人为规则的产物，因此一直受到众多批评。表现在：(1) 坚持收益确定的实现原则，使计算的收益并非企业的全部收益，即未包括未实现的资产损益；(2) 以现时价格计量收入、以历史成本计量费用，使成本未能得到真正回收，造成虚盈实亏；(3) 历史成本计价使资产负债表所反映的资产仅是过去未分摊资产成本的余额，使资产负债表失去了意义；(4) 稳健原则和配比原则都基于主观因素，使计量结果缺乏可比性。配比原则还使得资产负债表出现了递延借项和递延贷项等模糊概念。

20 世纪 90 年代以来，随着会计目标由受托责任观向决策有用观转移，以及企业面临的经济环境日趋多变和企业的经营活动日益复杂，传统的会计确认标准受到猛烈冲击，传统的财务报表已不能反映企业真实的财务状况和经营成果，会计计量出现了以公允价值替代历史成本计量基础的趋势。由于受传统收益确定模式的制约，许多未实现已确定收益只能绕过收益表直接进入资产负债表。这些做法使收益的透明性大受影响，降低了财务业绩信息的有用性。为了实现决策有用性的会计目标及克服传统会计收益报告模式的缺陷，许多国家及国际会计准则委员会纷纷推出"第二业绩报表"。改革传统的收益确定模式，报告综合收益，已成为会计改革的迫切要求。

2007 年 9 月，《国际会计准则第 1 号——财务报表列报》正式引入"综合收益"的概念，并在利润表中加以反映。2011 年 6 月国际会计准则委员会（IASC）发布《其他综合收益的列报8》，生效日期 2012 年 7 月 1 日，允许提前采用。

为保持我国企业会计准则与国际财务报告准则的持续趋同，财政部根据我国国内企业和资本市场发展的实际需要，于 2009 年 6 月发布《企业会计准则解释第 3 号》，要求上市公司在利润表"每股收益"项下增列"其他综合收益"项目和"综合收益总额"项目；在附注中披露其他综合收益各项目及其所得税影响，以及原计入其他综合收益、当期转入损益的金额等信息。2014 年 1 月财政部发布修订后的《企业会计准则第 30 号——财务报表列报》，进一步明确了其他综合收益、综合收益在报表中的列报。

第十章 现金流量表

【学习目标】
1. 了解现金流量表的概念；
2. 理解现金流量表的作用；
3. 掌握现金流量的分类；
4. 熟悉现金流量表的格式；
5. 了解现金流量表的编制；
6. 了解现金流量表的分析和现金流量的管理。

第一节 现金流量表概述

一、现金流量表的编制基础

现金流量表是反映企业在一定会计期间现金和现金等价物流入和流出的会计报表。现金流量表提供企业在一定会计期间内经营活动、投资活动和筹资活动各部分现金流入和现金流出的信息。现金流量表就像一座"桥梁"，实现了资产负债表和利润表之间的沟通。

资产负债表和利润表都是以权责发生制为基础编制的，而权责发生制的最大缺点是：在丰厚的盈利背后往往隐含着财务危机，例如巨额应收账款沦为坏账。现金流量表弥补了资产负债表和利润表的不足，以收付实现制为编制基础，通过现金流量表可以提供企业的现金流量信息，从而对企业的整体财务状况作出客观评价。

在会计主体的经济活动中，经济业务的发生和货币的收支不是完全一致的，即存在着现金流动与经济活动的分离。由此而产生两个确诊和记录会计要素的标准，一个标准是以货币收支作为收入和费用确认和记录的依据，称为收付实现制；另一个标准是以取得收款权利付款责任作为记录收入或费用的依据，称为权责发生制。

权责发生制是依据持续经营和会计分期两个基本前提来正确划分不同会计期间资产、负债、收入、费用等会计要素的归属，并运用应收、应付、预提、待摊等项目来记录由此形成的资产和负债等会计要素。企业经营不是一次而是多次，而其损益的记录又要分期进行，每期的损益计算理应反映所有属于本期的真实经营业绩，收付实现制显然不能完全做到这一点。因此，权责发生制能更加准确地反映特定会计期间实际的财务状况和经营业绩。

权责发生制反映企业的经营业绩时有其合理性，几乎完全取代了收付实现制；但在反映企业的财务状况时却有其局限性：一个在损益表上看来经营很好，效率很高的企业，在资产负债表上却可能没有相应的变现资金而陷入财务困境。这是由于权责发生制把应计的收入和费用都反映在损益表上，而其在资产负债表上则部分反映为现金收支，部分反映为债权债务。为提示这种情况，应编制以收付实现制为基础的现金流量或财务状况变动表，弥补权责发生制的不足。

二、现金和现金等价物

在现金流量表中，现金是指企业的库存现金、可以随时用于支付的存款。会计上所说的现金通常是指企业的库存现金。现金流量表中的现金不仅包括库存现金，还包括企业的银行存款和其他货币资金，例如外埠存款、银行汇票存款、银行本票存款、信用卡存款、信用证保证金和存出投资款等其他货币资金。

现金等价物是指企业持有的期限短、流动性强、易于转换为已知金额现金、价值变动风险小的投资，比如企业短期债券投资就是现金等价物。其中，期限短一般是指从购买之日起，3个月到期。一项投资要确认为现金等价物，必须满足四个条件：期限短、流动性强、易于转化为已知金额的现金、价值变动风险很小。可见，现金等价物必须具备变现能力和支付能力。

三、现金流量的分类

现金流量是指一定会计期间企业现金的流入和流出，可以分为三类：经营活动产生的现金流量、投资活动产生的现金流量和筹资活动产生的现金流量。

经营活动产生的现金流量。经营活动是指企业投资活动和筹资活动以外的所有交易和事项。一般来说，经营活动产生的现金流量项目主要有：销售商品和提供劳务收到的现金、收到返还的税费、收到其他与经营活动有关的现金；购买商品或接受劳务支付的现金、支付工资、支付广告费用、交纳各项税款、经营性租赁支付的租金、支付其他与经营活动有关的现金等。通过经营活动产生的现金流量，可以说明企业在不动用对外筹得资金的情况下，是否足以维持生产经营、偿还债务、支付股利和对外投资等。

投资活动产生的现金流量。投资活动是指企业长期资产的购建和不包括在现金等价物范围内的投资及其处置活动。现金流量表中的"投资"既包括对外投资，又包括长期资产的购建与处置。投资活动包括取得和收回投资、购建和处置固定资产、购买和处置无形资产等。通过投资活动产生的现金流量，可以判断投资活动对企业现金流量净额的影响程度。

筹资活动产生的现金流量。筹资活动是指导致企业资本及债务规模和构成发生变化的活动。筹资活动包括发行股票或接受投入资本、分派现金股利、取得和偿还银行借款、发行和偿还公司债券等。通过筹资活动产生的现金流量，可以分析企业通过筹资活动获取现金流量的能力，判断筹资活动对企业现金流量净额的影响程度。一般来说，筹资活动产生的现金流量项目主要有：吸收投资收到的现金、取得借款收到的现金、收到其他与筹资活动有关的现金；偿还债务支付的现金、分配股利、利润或偿付利息支付的现金、支付其他与筹资活动有关的现金等。

四、现金流量表的编制方法与格式

现金流量表的格式如表 10-1 所示。现金流量表由三个部分组成：表头、表体和表尾。表头包括报表的名称、编号、编制单位、报表所反映的经济内容的时期和计量单位等。表尾包括企业或单位法定代表人的签名、主管会计工作负责人的签名和会计主管人员的签名等。现金流量表的表体是其核心内容，表体内容分经营活动、投资活动和筹资活动三大部分列示现金流的状况，涉及外汇业务的企业，还要考虑汇率变动对现金的影响，最后汇总现金和现金等价物的净增加额。

表 10-1　　　　　　　　　　　　　现金流量表　　　　　　　　　　　　会企 03 表
编制单位：　　　　　　　　　　　　　年度　　　　　　　　　　　　　　　单位：

项目	行次	本年金额	上年金额
一、经营活动产生的现金流量			
销售商品、提供劳务收到的现金			
收到的税费返还			
收到其他与经营活动有关的现金			
经营活动现金流入小计			
购买商品、接受劳务支付的现金			
支付给职工以及为职工支付的现金			
支付的各项税费			
支付其他与经营活动有关的现金			
经营活动现金流出小计			
经营活动产生的现金流量净额			
二、投资活动产生的现金流量			
收回投资收到的现金			
取得投资收益收到的现金			
处置固定资产、无形资产和其他长期资产收回的现金净额			
处置子公司及其他营业单位收到的现金净额			
收到其他与投资活动有关的现金			
投资活动现金流入小计			
构建固定资产、无形资产和其他长期资产支付的现金			
投资支付的现金			
取得子公司及其他营业单位支付的现金净额			
支付其他与投资活动有关的现金			

续表

项目	行次	本年金额	上年金额
投资活动现金流出小计			
投资活动产生的现金流量净额			
三、筹资活动产生的现金流量			
吸收投资收到的现金			
取得借款收到的现金			
收到其他与筹资活动有关的现金			
筹资活动现金流入小计			
偿还债务支付的现金			
分配股利、利润或偿付利息支付的现金			
支付其他与筹资活动有关的现金			
筹资活动现金流出小计			
筹资活动产生的现金流量净额			
四、汇率变动对现金的影响			
五、现金及现金等价物净增加额			
加：期初现金及现金等价物余额			
六、期末现金及现金等价物余额			
补充资料	行次	本年金额	上年金额
1. 将净利润调节为经营活动现金流量			
净利润			
加：资产减值准备			
固定资产折旧、油气资产折耗、生产性生物资产折旧			
无形资产摊销			
长期待摊费用摊销			
处置固定资产、无形资产和其他长期资产的损失			
固定资产报废损失（收益以"—"号填列）			
公允价值变动损失（收益以"—"号填列）			
财务费用（收益以"—"号填列）			
投资损失（收益以"—"号填列）			
递延所得税资产减少（增加以"—"号填列)			
递延所得税负债增加（减少以"—"号填列)			
存货的减少（增加以"—"号填列）			

续表

补充资料	行次	本年金额	上年金额
经营性应收项目的减少（增加以"—"号填列）			
经营性应付项目的增加（减少以"—"号填列）			
其他			
经营活动产生的现金流量净额			
2. 不涉及现金收支的重大投资和筹资活动			
债务转为资本			
一年内到期的可转换公司债券			
融资租入固定资产			
3. 现金及现金等价物净变动情况			
现金的期末余额			
减：现金的期初余额			
加：现金等价物的期末余额			
减：现金等价物的期初余额			
现金及现金等价物净增加额			

根据经营活动列示现金流量的方法不同，现金流量表可分为直接法编制的现金流量表和间接法编制的现金流量表。采用直接法编制现金流量表时，直接通过现金收入和现金支出的主要类别列示经营活动的现金流量。采用间接法编制现金流量表时，间接地以净利润为基础调整不影响现金流的收入和费用项目以及经营性应收、应付和存货项目的净变动，以便列示经营活动的现金流量净额。直接法直接明了地反映了企业各项活动与现金流动之间的关系，间接法则较好地说明了净利润和经营活动现金流量净额发生差异的具体影响因素，两者各有优缺点，但是直接法编制的现金流量表提供的信息更容易被人理解，因此，我国《企业会计准则——现金流量表》明确规定：企业应当采用直接法列示经营活动产生的现金流量。同时又要求在附注中披露将净利润调节为经营活动现金流量的信息，这些调节信息就是间接法要求列示的内容。

一份完整的现金流量表在正表后面还有内容丰富的补充资料，补充资料包括三项内容：一是将净利润调节为经营活动产生的现金流量，也就是说，要在补充资料中采用间接法报告经营活动产生的现金流量信息，间接法是指以本期净利润为起点，调整确定经营活动产生的现金流量，将净利润调节为经营活动的现金流量；二是不涉及现金的重大投资和筹资活动；三是现金及现金等价物净变动情况。

第二节 现金流量表的填列

根据经营活动列示现金流量的方法不同，现金流量表可分为直接法编制的现金流量表和间接法编制的现金流量表。采用直接法编制现金流量表时，直接通过现金收入和现金支出的主要类别列示经营活动的现金流量。采用间接法编制现金流量表时，间接地以净利润为基础调整不影响现金流的收入和费用项目以及经营性应收、应付和存货项目的净变动，以便列示经营活动的现金流量净额。

直接法直接明了地反映了企业各项活动与现金流动之间的关系，间接法则较好地说明了净利润和经营活动现金流量净额发生差异的具体影响因素，两者各有优缺点，但是直接法编制的现金流量表提供的信息更容易被人理解，因此，我国《企业会计准则——现金流量表》明确规定：企业应当采用直接法列示经营活动产生的现金流量。同时又要求在附注中披露将净利润调节为经营活动现金流量的信息，这些调节信息就是间接法要求列示的内容。下面重点介绍直接法下现金流量表各项目的填列。

一、经营活动产生的现金流量各项目的填列

（1）"销售商品、提供劳务收到的现金"项目，反映企业销售商品、提供劳务实际收到的现金（含销售收入和应向购买者收取的增值税额），包括本期销售商品、提供劳务收到的现金，以及前期销售商品、提供劳务本期收到的现金和本期预收的账款，减去本期退回本期销售的商品和前期销售、本期退回的商品支出的现金。企业销售材料和代购代销业务收到的现金也在本项目中反映。本项目可根据"现金"、"银行存款"、"应收账款"、"应收票据""预收账款"、"主营业务收入"、"其他业务收入"等科目的记录分析填列。

（2）"收到的税费返还"项目，反映企业收到返还的各种税费，包括收到返还的增值税、消费税、营业税、关税、所得税、教育费附加等。本项目可根据"现金"、"银行存款"、"主营业务税金及附加"、"补贴收入"、"应收补贴款"等科目的记录分析填列。

（3）"收到的其他与经营活动有关的现金"项目，反映企业除了上述各项目以外所收到的其他与经营活动有关的流入，如罚款收入、流动资产损失中由个人赔偿的现金收入等，本项目可以根据"现金"、"银行存款"、"营业外收入"等科目的记录分析填列。

（4）"购买商品、接受劳务支付的现金"项目，反映企业购买商品、接受劳务实际支付的现金，包括本期购买材料、商品、接受劳务支付的现金（包括增值税进项税额），本期支付前期购入商品、接受劳务的未付款以及本期预付账款等。本项目可根据"现金"、"银行存款"、"应付账款"、"应付票据"、"预付账款"、"主营业务成本"等科目的记录分析填列。

（5）"支付给职工以及为职工支付的现金"项目，反映企业实际支付给职工，以及为职工支付的现金，包括本期实际支付给职工的工资、奖金、各种津贴和补贴等，以及为职工支付的其他费用。本项目不包括支付给离退休工人员的各项费用及支付给在建工程人员的工资及其他费用。企业支付给离退休人员的各项费用（包括支付的统筹退休金以及未参加统筹的退休人员的费用），在"支付的其他与经营活动有关的现金"项目中反映；支付给在建工程人员的工资奖金等在"购建固定资产、无形资产和其他资产支付的现金"项目中反映。本项目可根据"应付工资"、"现金"、"银行存款"等科目的记录分析填列。

（6）"支付的各项税费"项目，反映企业按规定支付的各种税费，包括企业本期发生

并支付的税费,以及本期支付以前各期发生的税费和本期预交的税金。如预交的营业税、土地增值税、房产税、车船使用税、印花税、教育费附加、矿产资源补偿费等。

(7)"支付的其他与经营活动有关的现金"项目,反映企业除上述各项目外所支付的其他与经营活动有关的现金流出,如罚款支出、支付的差旅费、业务招待费现金支出、支付的保险金等。其他现金量流出金额较大时,应单列项目反映。本项目可根据有关项目的记录分析填列。

二、投资活动产生的现金流量各项目的填列

(一)投资活动产生的现金流入

(1)"收回投资所收到的现金"项目,反映企业出售、转让或到期收回除现金等价物以外的对其他企业的权益工具、债务工具和合营中的权益。

(2)"取得投资收益所收到的现金"项目,反映企业除现金等价物以外的对其他企业的权益工具、债务工具和合营中的权益投资分回的现金股利和利息等。

(3)"处置固定资产、无形资产和其他长期资产而收到的现金净额"项目,反映企业出售、报废固定资产、无形资产和其他长期资产所取得的现金(包括因资产的毁损而收到的保险赔偿收入),减去为处置这些资产而支付的有关费用后的净额。

(4)"处置子公司及其他营业单位收的现金净额"项目,反映企业处置子公司及其他营业单位所取得的现金减去相关处置费用,以及子公司及其他营业单位持有的现金及现金等价物后的净额。

(5)"收到的其他与投资活动有关的现金"项目,反映企业除上述现金流入项目以外的其他与投资活动有关的现金流入,金额较大的应当单独列示。

(二)投资活动产生的现金流出

(1)"购建固定资产、无形资产和其他长期资产所支付的现金"项目,反映企业购买、建造固定资产、取得无形资产和其他长期资产所支付的现金(含增值税款等),以及用现金支付的应由在建工程和无形资产负担的职工薪酬。

(2)"投资所支付的现金"项目,反映企业取得除现金等价物以外的对其他企业的权益工具、债务工具和合营中的权益所支付的现金以及支付的佣金、手续费等附加费用。

(3)"取得子公司及其他营业单位支付的现金净额"项目,反映企业购买子公司及其他营业单位购买出价中以现金支付的部分,减去子公司及其他营业单位持有的现金和现金等价物后的净额。

(4)"支付的其他与投资活动有关的现金"项目,反映企业除上述现金流出项目以外的其他与投资活动有关的现金流出,金额较大的应当单独列示。

三、筹资活动产生的现金流量各项目的填列

(一)筹资活动产生的现金流入

(1)"吸收投资所收到的现金"项目,反映企业以发行股票、债券等方式筹集资金实际收到的款项,减去直接支付给金融企业的佣金、手续费、宣传费、咨询费、印刷费等发行费用后的净额。

（2）"借款所收到的现金"项目，反映企业举借各种短期、长期借款而收到的现金。

（3）"收到的其他与筹资活动有关的现金"项目，反映企业除上述现金流入项目以外的其他与筹资活动有关的现金流入，金额较大的应当单独列示。

（二）筹资活动产生的现金流出

（1）"偿还债务所支付的现金"项目，反映企业以现金偿还债务的本金。

（2）"分配股利、利润或偿还利息所支付的现金"项目，反映企业实际支付的现金股利、支付给其他投资单位的利润或用现金支付的借款利息、债券利息。

（3）"支付的其他与筹资活动有关的现金"项目反映企业除上述现金流入项目以外的其他与筹资活动有关的现金流入，金额较大的应当单独列示。

四、"汇率变动对现金的影响"项目的填列

现金流量表准则规定，外币现金流量以及境外子公司的现金流量，应当采用现金流量发生日的即期汇率或即期汇率近似的汇率折算。汇率变动对现金的影响额应当作为调节项目，在现金流量表中单独列报。汇率变动对现金的影响，指企业外币现金流量及境外子公司的现金流量折算成记账本位币时，所采用的是现金流量发生日的汇率或即期汇率近似的汇率，而现金流量表"现金及现金等价物净增加额"项目中外币现金净增加额是按资产负债表日的即期汇率折算。这两者的差额即为汇率变动对现金的影响。

五、补充资料项目的填列

（一）"将净利润调节为经营活动的现金流量"项目

（1）"资产减值准备"项目，反映企业本期计提的坏账准备、存货跌价准备、长期股权投资减值准备、持有至到期投资减值准备、投资性房地产减值准备、固定资产减值准备、在建工程减值准备、无形资产减值准备、商誉减值准备、生产性生物资产减值准备、油气资产减值准备等资产减值准备。

（2）"固定资产折旧"、"油气资产折耗"、"生产性生物资产折旧"项目，分别反映企业本期计提的固定资产折旧、油气资产折耗、生产性生物资产折旧。

（3）"无形资产摊销"、"长期待摊费用摊销"项目，分别反映企业本期计提的无形资产摊销、长期待摊费用摊销。

（4）"处置固定资产、无形资产和其他长期资产的损失"项目，反映企业本期处置固定资产、无形资产和其他长期资产发生的损失。

（5）"固定资产报废损失"项目，反映企业本期固定资产盘亏发生的损失。

（6）"公允价值变动损失"项目，反映企业持有的采用公允价值计量，且变动计入当期损益的金融资产、金融负债等的公允价值变动损益。

（7）"财务费用"项目，反映企业本期发生的应属于投资活动或筹资活动的财务费用。

（8）"投资损失"项目，反映企业本期投资所发生的损失减去收益后的净损失。

（9）"递延所得税资产减少"项目，反映企业资产负债表"递延所得税资产"项目的期初余额与期末余额的差额。

（10）"递延所得税负债的增加"项目，反映企业资产负债表"递延所得税负债"项目的期初余额与期末余额的差额。

（11）"存货的减少"项目，反映企业资产负债表"存货"项目的期初余额与期末余额的差额。

（12）"经营性应收项目的减少"项目，反映企业本期经营性应收项目（包括应收票据、应收账款、预付账款、长期应收款和其他应收款中与经营活动有关的部分及应收的增值税销项税额等）的期初余额与期末余额的差额。

（13）"经营性应付项目的增加"项目，反映企业本期经营性应付项目（包括应付票据、应付账款、预收款项、应付职工薪酬、应交税费、应付利息、应付股利、长期应付款、其他应付款中与经营活动有关的部分及应付的增值税进项税额等）的期初余额与期末余额的差额。

（二）"不涉及现金收支的重大投资和筹资活动"项目

（1）"债务转为资本"项目，反映企业本期转为资本的债务金额。

（2）"一年内到期的可转换公司债券"项目，反映企业的一年内到期的可转换公司债券的本息。

（3）"融资租入固定资产"项目，反映企业本期融资租入固定资产的最低租赁付款额扣除应分期计入利息费用的未确认融资费用的净额。

（三）"现金及现金等价物净增加情况"项目

"现金及现金等价物净增加情况"项目与现金流量表中的"现金及现金等价物净增加额"项目的金额应当相等。

第三节　现金流量表分析

一、财务报表之间的联系

财务报表间存在严密的钩稽关系，分析时应注重其整体性，不能以偏概全。首先，现金流量表的信息被操纵的可能性较低，能有效弥补和验证企业利润的质量和真实性。其次，不同报表项目建立的指标同时使用，能比较客观地反映公司的真实情况，如净资产报酬率与每股现金流量的结合。最后，结合资产负债表、利润表和现金流量表的因果关系，以动态的角度分析企业经营和发展的过程，可以更准确地把握企业的发展阶段和潜在风险。

（一）经营活动"收入、应收账款、现金"的转化

利润表中的"主营业务收入"，现金流量表中的"销售商品、提供劳务收到的现金"，资产负债表中的"应收账款"、"预收账款"等项目存在一定的联系。商业信用使得会计利润与现金收入存在一定的时间差，比较常见的例子是企业的赊销，商业信用形成暂时的资金负担和潜在的收款风险。如果企业销售收款效率比较高，则在确认主营业务收入时，一般同时确认收到的现金和应收账款。

(二)投资活动"现金、长期资产、流动资产、利润"的转化

长期资产是企业创造价值的原动力，企业投资活动主要用于购建固定资产、无形资产和其他长期投资。设备类固定资产和技术类无形资产用于生产和销售产品，间接地获取销售收入，形成银行存款、应收账款等流动资产，最终转化为现金收入。其他长期投资主要包括投资性房地产、长期股权投资和持有至到期投资，形成银行存款、应收股利和应收利息等流动资产，最终形成利润表的投资收益。

(三)筹资活动"负债、所有者权益、现金、财务费用"的联系

企业筹资活动包括债务筹资和权益筹资，筹资取得的金额以负债和所有者权益的形式在资产负债表中体现，筹得的资金主要形成企业的长期资产，也可能用于补充经营和偿还旧债。但资本的取得需要付出一定的代价，形成应付利息和应付股利，以财务费用的形式在利润表中体现，支付利息和股利时形成现金流出。

二、现金流量分析

现金流量表主要分为经营活动所产生的现金流量、投资活动产生的现金流量和筹资活动产生的现金流量三大板块。对企业的现金流量表进行分析，可以了解企业近期的经营状况和现金收支，对企业的资金实力、经营状况有一个整体的把握。它还能够反映企业的短期偿债能力、股利支付能力等，能够发现仅凭损益表以及资产负债表发现不了的企业中的财务问题。对于管理者而言，借助现金流量信息可以规划和预测企业未来产生现金的能力，进而判断企业财务状况和经营成果的可靠性。

(一)各项活动现金流量分析

经营活动现金流量是一个正常生产经营企业主要的资金来源。企业对内投资活动与筹资活动都是为经营活动现金流量创造条件。在企业的成本与费用耗费中，一部分是付现费用，例如支付员工工资、支付材料价款等；另一部分是按照权责发生制原则确认的非付现费用，例如折旧费用和无形资产摊销等。如果经营活动现金流量为零，可能说明经营活动所带来的现金流入量未能补偿非付现费用；经营活动现金流量为负，说明经营活动所带来的现金流入量既未能补偿非付现费用，也未能补偿付现费用。从长期资金循环的角度看，为了避免资金紧张，降低企业的财务风险，应当保持适度的正的经营活动现金流量。在分析企业的盈利质量时，应当将经营活动现金净流量和营业利润做对比，当企业的经营活动现金净流量和营业利润一致时，说明企业生产的产品适销对路，货款回收措施得力；当企业的经营活动现金净流量小于营业利润时，可能是企业的赊销业务增大，账款回收速度减慢导致。

投资活动对企业的经营方向、经营结构会产生重大影响，而且涉及的金额较大。在分析企业投资活动现金流量时，应重点关注企业的投资目、投资方向、投资规模和投资风险。企业进行长期股权投资、调整经营方向或者扩大经营规模时，一般会使投资活动的现金流出量大于现金流入量，其资金缺口主要是通过经营活动积累的货币现金和负债融资方式取得。因此，投资项目的时间选择、回收期长短以及筹资方式，都会或多或少影响到企业的正常生产经营和负债水平。

在分析企业筹资活动现金流量时，要重点关注筹资规模和筹资风险。无论企业筹资是

为了经营活动还是投资活动，筹资计划都要符合企业的发展规划。尤其是投资活动的资金需求量，应进行充分的经济性与技术性论证，以避免筹资过量增加企业的负债水平或筹资不足影响投资项目的进度。一般而言，借款和发行债券的财务风险较高、资本成本较低；发行股票的财务风险较低，资本成本较高。在选择筹资方式时，企业应根据现实的负债水平和利率水平选择合适的筹资方式。

（二）现金流量的财务比率分析

现金流量的财务比率分析主要是通过计算现金流量表中不同类别但具有一定的依存关系的两个项目的比例来揭示它们之间的内在结构关系，并且反映企业资产的流动状况、偿债能力和获利能力，以此考察企业现金流量满足生产经营、投资与偿债需要的能力。反映企业现金流量的财务比率大体上可分为两类：现金偿债比率和现金收益比率。

1. 现金偿债比率

（1）现金比率。

现金比率是指企业的现金资产（包括货币资金、交易性金融资产等）与流动负债总额之比，其计算公式为：

$$现金比率 = \frac{货币资金 + 交易性金融资产}{流动负债} \times 100\%$$

现金比率是衡量企业短期偿债能力的一个重要指标。对于债权人来说，现金比率总是越高越好。现金比率越高，说明企业的短期偿债能力越强；现金比率越低，说明企业的短期偿债能力越弱。而对于企业的所有者和经营者而言，现金比率并不是越高越好。资产的流动性和其盈利能力成反比，因此，不应该保持过长时间太高的现金比率。

（2）现金流动负债比率。

现金流动负债比率是指经营活动产生的现金流量与流动负债的比率，反映企业靠经营活动获得的现金偿还短期债务的能力，其计算公式为：

$$现金流动负债比率 = \frac{经营活动现金流量}{流动负债} \times 100\%$$

企业为了偿还即将到期的流动负债，固然可以通过出售交易性金融资产、存货等获得现金，以及筹措现金来进行偿债，但最安全可靠的方法，仍然是利用企业的经营活动产生的现金流量。这个指标越大，表明企业的短期偿债能力越强，但该比率过高，说明企业可能没有很好地利用现金资源；指标太低，意味着企业可能出现支付危机。与流动比率、速动比率相比，该指标避免了对非现金资产变现能力的考虑，使其所揭示的现金流动性更具客观性。

（3）现金债务总额比率。

现金债务总额比率是指企业经营活动产生的现金流量与全部债务的比率，反映企业用年度经营活动现金流量偿付全部债务的能力，其计算公式为：

$$现金债务总额比率 = \frac{经营活动现金流量}{负债总额} \times 100\%$$

现金债务总额比率是评价企业中长期偿债能力的重要指标，同时也是预测公司破产的重要指标。该指标越高，企业承担债务的能力越强。

(4) 到期债务本期偿付比率。

到期债务本期偿付比率是指本期经营活动产生的现金流量与到期债务本金和现金利息支出之和的比率。它被用来衡量企业到期债务本金和利息可由经营活动创造的现金支付的程度，其计算公式为：

$$到期债务本期偿付比率 = \frac{经营活动现金流量}{到期债务本息} \times 100\%$$

该比率越大，说明企业偿付到期债务的能力越强。如果比率小于1，说明企业经营活动产生的现金不足以偿付到期债务本息，企业必须进行筹资或出售资产才能偿还债务。

(5) 现金利息保障倍数。

现金利息保障倍数是指加上现金利息支出和所得税之后的经营现金净流量与现金利息支出之比，其计算公式为：

$$现金利息保障倍数 = \frac{经营活动现金流量 + 现金利息支出 + 所得税}{现金利息支出}$$

利息支出是企业日常最主要的债务压力，一般情况下，一个能够长期正常偿付利息的企业，出现债务逾期支付的可能性较小。因此，该指标越大，说明企业经营活动对债务利息的支付能力越强，企业的财务风险越小。

2. 现金收益比率

(1) 营业收入现金回收率。

营业收入现金回收率是指销售商品和提供劳务收到的现金与营业收入的比率，反映企业在收付实现制下当期营业收入的资金收现情况，其计算公式为：

$$营业收入现金回收率 = \frac{销售商品和提供劳务收到的现金}{营业收入} \times 100\%$$

在不考虑增值税的情况下，如果该指标等于1，说明企业本期销售商品和提供劳务收到的现金与营业收入一致，没有形成挂账，周转良好；如果该指标大于1，说明企业不仅收回了当期的全部营业收入，而且还收回了前期的部分应收账款，同时说明企业营业收入实现后所增加的资产，转换现金的速度快、质量高；如果该指标小于1，说明企业账面收入高，实际收到的现金少，挂账较多，企业营业收入没有创造相应的现金流入，此时应该更加关注企业债权资产的质量。

(2) 盈余现金保障倍数。

盈余现金保障倍数是指经营活动产生的现金净流量与净利润的比率，反映企业当期实现的净利润中创造的现金净流量，其计算公式为：

$$盈余现金保障倍数 = \frac{经营活动现金流量}{净利润} \times 100\%$$

一般而言，该比率越高，说明企业经营活动的现金回收率越高，相应地，企业实际收益能力越强。如果企业的该项指标小于1，说明其自身通过经营活动创造现金净流量的能力较差，利润质量较差，经营活动存在较大风险。通过这一指标，对于防止企业操纵利润而对报表使用者造成误导有一定的积极作用。企业如果操纵账面利润，一般没有相应的现金流量。在这里需要注意的是，在市场竞争日益激烈的今天，该比率也不是越高越好，保持一定的商业信用也是企业生存发展所必需的。

（3）总资产现金流量回报率。

总资产现金流量回报率是指经营现金净流量与总资产平均额的比率，反映企业运用全部资产创造现金的能力，是评价企业资产营运效率的重要指标，其计算公式为：

$$总资产现金流量回报率 = \frac{经营活动现金流量}{总资产平均额} \times 100\%$$

该指标越高，说明企业全部资产创造现金净流量的能力越强，资产的利用效率越好。

（4）每股经营现金流量。

每股经营现金流量是指经营活动现金净流量与发行在外的普通股加权平均股数的比值，其计算公式为：

$$每股经营现金流量 = \frac{经营活动现金流量 - 优先股股利}{流通在外的普通股平均股数}$$

每股经营现金流量所表达的实质是作为每股收益的支付保障的现金流量，它从现金流量角度来反映每一普通股股份的产出效率和分配水平。该指标通常比每股收益更高，因为每股收益中扣除了折旧。在计算该指标时应注意流通在外的普通股股数应与计算每股收益的普通股股数一致。每股经营现金流量可以用来衡量企业某一会计年度对股利的支付能力，但每股经营现金流量不能代替每股收益。该指标只是一种补充性指标，只能与每股收益配合使用，为投资者进行投资决策提供依据。

三、影响现金流量变化的主要原因分析

不论是企业经营活动、投资活动还是筹资活动，在任意会计期间均有可能出现大的波动。那么，哪些因素会导致这些重大变化呢？

概括来说，影响企业现金流量变化的主要原因有以下几方面[1]，如表10-2所示。

表10-2　　　　　　　　　　影响企业现金流量变化的主要原因

类型	发生重大变化的可能原因
经营活动现金流量净额	行业特点、发展阶段、营销策略、收付异常、关联交易、异常运作、错编或编错
投资活动现金流量净额	扩张加剧、战线收缩、处置不良固定资产、投资收益获取
筹资活动现金流量净额	融资环境、不当融资、理财能力、银行承兑商业汇票结算

（一）影响经营活动现金流量变化的主要原因分析

（1）行业特点。不同的行业，由于商业惯例不同，其现金流量的模式也不相同。有的行业采用预收账款方式销售，有的采用赊销方式销售，有的采用现销方式销售。显然不同的销售模式会导致不同的经营活动现金流量模式。

---

[1] 胡玉明．会计学．中国人民大学出版社，2010：200．

(2) 发展阶段。处于不同发展阶段的企业，其经营活动现金流量态势也不相同：在企业发展的初期，为了迅速占领市场，扩大企业的影响力，企业往往会加大现金投入（如研发等）。反之，在成熟的发展阶段，市场竞争优势明显的企业，其现金流量态势可能呈现另外的情况。

(3) 营销策略。即使在同一行业内部，由于企业间的竞争优势各不相同，在市场中的营销策略也会有所差异：竞争优势明显、产品供不应求的企业，往往采用预收货款的方式；而销售困难、在市场中暂时处于竞争劣势的企业往往会加大赊销的力度。

(4) 收付异常。在多数情况下，影响企业经营活动产生的现金流量的主要因素是其常规的收付过程的控制情况。在企业由于种种原因收款或者付款异常的时候，其经营活动产生的现金流量也会发生显著变化。

(5) 关联交易。关联交易既可能对交易的盈亏产生影响，也可能对现金流量的流向产生影响。以关联交易为主的企业，其经营活动现金流量正常与否更多地取决于关联企业之间的现金流量控制。

(6) 异常运作。在企业的经营资金被关联方占用的情况下，无论常规的经营活动如何努力，都难以抵挡关联方的巨额占用对经营活动现金流量的冲击。

(7) 错编或编错。错编是指企业在编制现金流量表的过程中，处于误导信息使用者的目的而故意将一些项目混淆，致使一些项目发生异常变化。例如，有的企业把关联方占用资金的流出归于"购买商品"活动，而不是"其他活动"。

(二) 影响投资活动现金流量变化的主要原因分析

投资活动现金流量变化的主要原因有以下几个方面：

(1) 扩张加剧。在企业扩张加剧的情况下，其投资活动产生的现金流出量会比较大。在这种情况下，企业投资活动产生的现金流量净额往往会小于零。

(2) 战线收缩和处置不良固定资产。在企业战线收缩和处置不良固定资产的情况下，如果还有相应的现金流入，则这种现金流入将表现为投资活动产生的现金流入量。在这种情况下，企业投资活动产生的现金流量净额往往会显著大于零。

(3) 投资收益获取。在企业获得投资收益的情况下，这种流入将表现为投资活动产生的现金流入量。同样，企业投资活动产生的现金流量净额会因此增加。

(三) 影响投资活动现金流量变化的主要原因分析

筹资活动产生的现金流量变化的主要原因有以下几个方面：

(1) 融资环境。影响筹资活动现金流量变化的首要因素是融资环境。在企业为上市公司的情况下，在证券市场融资会成为其重要的融资活动。

(2) 不当融资与理财能力。企业的筹资活动现金流量，除了受融资环境影响外，还与企业的融资行为和理财能力密切相关：理财能力较强的企业，往往会使自身的现金流量余额保持在较低的水平，不会出现长期超过需求数量举债的不当融资行为。

(3) 银行承兑商业汇票结算。在企业采用银行承兑汇票结算的情况下，如果企业向银行支付承兑保证金，则企业有可能增加对贷款的需求。

【练习题】

选择题

1. （　　）产生的现金流量最能反映企业获取现金的能力。
   1. 投资活动　　　　　　　　　　B. 经营活动
   C. 筹资活动　　　　　　　　　　D. 以上各项均是
2. 确定现金流量的计价基础是（　　）。
   A. 权责发生制　　　　　　　　　B. 应收应付制
   C. 收付实现制　　　　　　　　　D. 收入费用配比制
3. 一般而言，在企业现金流入量总额中，（　　）产生的现金流入量占有较大比重。
   A. 投资活动　　　　　　　　　　B. 经营活动
   C. 筹资活动　　　　　　　　　　D. 以上各项均是
4. 反映企业靠经营活动获得的现金偿还短期债务能力的指标是（　　）。
   A. 现金比率　　　　　　　　　　B. 现金流动负债比率
   C. 现金债务总额比率　　　　　　D. 现金利息保障倍数

【参考阅读】

宝山钢铁股份有限公司现金流量分析[①]

（一）宝山钢铁股份有限公司简介

宝钢股份，全称宝山钢铁股份有限公司。2000年2月，上海宝钢集团独资创立宝钢股份，并于当年的12月份，将其在上海证券交易所挂牌上市，其股票代码为600019。

宝钢股份，自成立以来一直扮演着我国钢铁企业领头羊的角色，是目前我国乃至世界范围内现代化程度最高，也是最具企业竞争力的钢铁企业之一。作为世界500强上海宝钢集团的核心企业，宝钢股份的发展目标是成为世界一流，实现钢铁制造能力一流、服务能力一流以及社会贡献及影响力一流。

宝钢股份的总部坐落于上海市的宝山区，该区有着优越的地理位置，因为其临靠长江的入海口，便于运输。包钢股份经过多年的发展与开拓，分别在上海的宝山区、南京的梅山区、广东的湛江建有先进的生产基地，也是其主要的生产基地。其每一个生产基地都配备了世界一流的生产加工线，包括目前仍在建设的湛江钢铁生产基地。公司投建的湛江项目预期被建造成世界顶级的碳钢板材精品生产基地，初期生产能力达900万吨。

宝钢股份专业生产高技术含量、高附加值的碳钢薄板、厚板与钢管等钢铁精品。其中汽车板、硅钢、镀锡板、能源及管线用钢、高等级船舶及海工用钢，以及其他高端薄板等产品处于国内市场领导地位。作为客户最值得信赖的价值创造伙伴，宝钢股份通过遍布全球的营销网络，将一流的产品与服务送达客户，在满足国内需求的同

---

① 本案例改编自石加国. 宝山钢铁股份有限公司现金流量分析. 安徽财经大学学报，2015（6）.

时，产品还出口至世界七十多个国家和地区。

宝钢股份积极响应国家发展政策，走的是一条可持续发展道路。从2002年到2014年，宝钢股份成为我国唯一一家连续捧得"国家科技进步奖"十二次的企业。2013年，"亚洲最受尊敬知识型组织大奖"已连续两次被宝钢股份摘得。经过努力，宝钢股份独家研发的高质量硅钢和汽车板材等都具有世界级水平。

(二) 宝钢股份投资、融资重大活动

1. 投资活动重大历程

2007年12月，宝钢股份收购罗径项目相关资产。

2012年4月，宝钢股份向宝钢集团出售了特钢、不锈钢事业部全部资产。

2012年9月，股东大会通过投建广东湛江钢铁生产基地项目。

2012年12月，宝钢股份向宝钢集团出售了罗径区域项目的相关资产及技术。

2013年1月，宝钢股份向湛江钢铁生产基地建设项目增资，通过增资的69.07亿元也使得其对该项目的持股比上升到了85.71%。

2. 筹资活动重大历程

2008年6月，宝钢股份在国内发行了100亿元分离交易可转换公司债券。

2009年，宝钢股份共发行了两期中期票据。5月份，发行了第一期中期票据，金额为50亿元；6月份，发行了第二期中期票据，金额仍是50亿元，两期共计100亿元。

2013年5月，宝钢股份回购股票，累计使用资金50亿元，回购并销毁股票数为10.4亿股。

2013年12月，宝钢股份发行了5亿美元债券，为境外发行债券。

(三) 宝钢股份现金流预算管理

宝钢股份已经逐步建立起覆盖整个公司以及各项经济业务的全面预算体系，其中最为重要的还是以现金为中心的全面预算管理——现金流量预算管理。其根据冶金企业的特点按照统一规划、分级管理和自上而下又自下而上的预算管理原则进行编制并执行。现金流预算管理不是独立存在的，而是与其他相辅相成，组成一个完善的预算体系。预算管理层次如图1所示。

宝钢股份现金流预算管理有以下特点：

(1) 现金流预算管理从两条线上出发，分别是现金的流入线与流出线。控制好现金的收支的两个端口，统一调度从而降低了企业的财务风险。宝钢股份现金流预算管理包含四个阶段，分别是预算的编制、执行、考核分析以及修正调整。通过各管理部门反复协调，做到信息充分交流，以此保证预算的合理性与有效性。

(2) 宝钢股份现金预算管理体系做到全体参与，化大为小，目标与实施分配每个部门，形成明确责任的激励机制。公司采用资金统一管理，统一调度，无二级资金账户的电子信息化结算系统。推行"零余额"的管理思想，集中管理银行账户，做到动态监控及时管理。保证资金的高度集中，优化了资金配置，防止资金不当使用，降低了财务成本与财务风险。

(3) 宝钢股份为了保证销售资金的及时回笼，建立了客户信用档案。定期对客

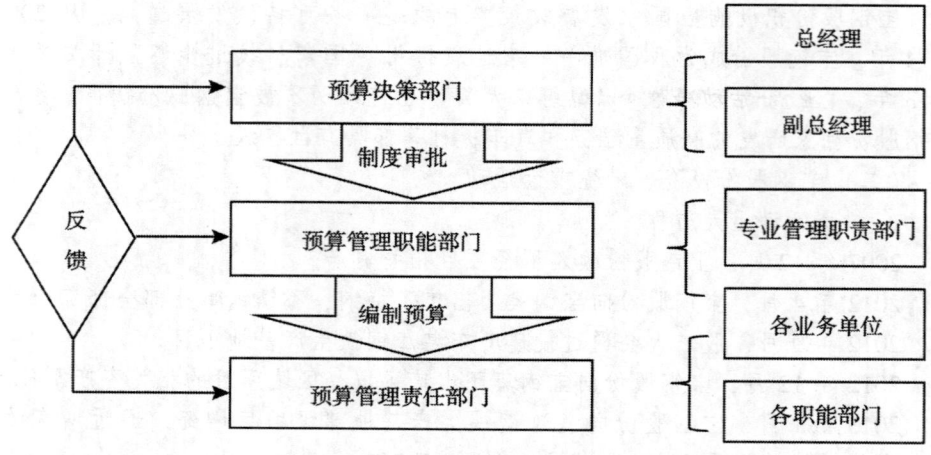

图 1　现金流预算管理组织结构

户财务状况追踪分析,以此进行信用评级,降低了信用风险,保证了未来现金流的安全。

(四) 宝钢股份现金流量分析

从表 1 可以看出,2009—2013 年经营活动产生的现金流量净额呈现先降后升又降的锯齿状变化趋势。

表 1　　　　　**2009—2013 年宝钢股份现金流量总体情况**　　　单位:百万元

	2009 年	2010 年	2011 年	2012 年	2013 年
经营活动现金流量净额	23 993	18 856	12 142	22 202	12 090
投资活动现金流量净额	−17 492	−12 610	−16 130	2 649	−8 717
筹资活动现金流量净额	−7 942	−3 167	9 293	−30 351	599
现金流量净额	−1 441	3 078	5 305	−5 500	3 973

2010 年受铁矿石、煤炭等原材料价格的上涨、公司购销规模放大以及对特殊原料的战略储备影响,2010 年底相对于 2009 年库存的增加,综合导致经营活动产生的现金流净额同比下降。

2011 年,钢材市场形势持续低迷,造成经营性现金流入下降。

2012 年由于经营性应收项目的现金流入累计增加流量 28.8 亿元,同比去年增加 118.8 亿元,所以经营性现金流有所提高。

2013 年支付给各项税费及成本的提高导致经营性流量净额再次下降。不过,总的来说宝钢股份经营性现金流一直为正,也就是说明经营活动正常。

2009 年至 2013 年间,宝钢股份投资活动产生的现金流量一直为负,除了 2012 年外,这是由于 2012 年 4 月和 12 月包钢股份分别向宝钢集团出售了不锈钢、特钢事业部资产和罗径区域相关资产及技术带来的影响。其中，2012年宝钢股份处置一部分资产收回的现金净额约213亿元，处置资产包括一些无形资产、固定资产以及其他长期资产。

2013年投资活动净现金流的下降是因为，2013年宝钢股份对湛江钢铁的进一步增资所致。

2009—2011年，宝钢股份筹资活动产生的现金流量净额都在上升，然后在2012年的剧烈下降，这一现象的主要原因企业消减了融资规模，偿还了大量的债务。而在2013年，又加大了融资规模，境外发行了5亿美元债券。

综上所述，可以发现宝钢股份的现金流量结构有如下的特点：

第一，经营活动产生的现金流量净额一直是大于零而且较高，说明企业的主要现金来源是经营活动。

第二，投资活动产生的现金流量净额除2012年外都是负值，也就说明企业在不断扩大规模但是投资规模在降低，而2013年再次加大投资，跟其发展战略相一致。

第三，除2012年外，筹资活动产生的现金流在企业现金流量结构中占比较小。

金融危机下房地产企业如何抵御市场的寒流[①]
——基于万科现金流量的案例分析

从某种意义上来说，现金流的安全、稳定与否不仅影响着企业的财务状况和经营成果，而且影响着企业价值创造与可持续发展，尤其是在金融危机下，资金密集型的房地产企业更加离不开大量资金的有效支持。

作为房地产行业的"翘楚"，万科从20世纪80年代成立至今，一直专注于专业化的发展策略，凭借公司战略、品牌效应等优势，经营业绩连上台阶。但由于行业增速过快使得房地产企业繁荣发展的背后却隐藏着许多危机。一场金融风暴成了催化剂，危机也渐渐浮出水面，现金流结构性失衡等问题再度成为房地产企业关注的焦点。因此，包括万科在内的房地产企业纷纷反思企业传统经营模式形成的内部"供血"系统是否正常、"血量"是否充足，能否抵御市场的寒流。笔者在此以万科2008年年报为切入点，结合其历年年报，通过对现金流的剖析，分析房地产企业现金流管理的现状及普遍存在的问题，并提出相应的对策。

一、万科现金流量分析

现金流量是指企业因交易或其他事项而引起的现金增加或减少量，是企业现金汇集的动态反映，通常将其划分为三类：经营活动现金流量（造血功能）、投资活动现金流量（放血功能）、筹资活动现金流量（输血功能）。

如果企业现金流量结构合理，自我"造血功能"强大、"放血功能"正常、"输血功能"畅通，则通常可以保持较高的风险抵御能力。万科各项活动提供现金流的

[①] 本案例改编自池国华、刘佳. 金融危机下房地产企业如何抵御市场的寒流——基于万科现金流量的案例分析. 财务与会计（综合版），2009（6）.

贡献存在较大差异，即筹资活动几乎承担了全部甚至超过全部的资金来源，而作为企业造血功能的经营活动5年来的贡献很不稳定，投资活动提供的现金流贡献率也一直为负且呈弱化趋势。同时，万科2008年市值、市盈率、净资产收益率也均呈下降趋势，表明市场繁荣期被隐藏的房地产企业现金流结构失衡等问题在金融危机下开始显现，并影响到了企业创造价值能力和持续发展潜力。

（一）经营活动现金流量分析

现金流量尤其是经营活动现金流量的状况会影响企业的盈利质量，并决定企业的未来经营成果。万科近三年盈利虽有上升趋势，但盈利质量实质并不高。原因是尽管企业销售商品、提供劳务收现比例较高，但由于其购买商品、接受劳务付现高于前者，使其经营活动非但不能为企业创造现金流，反而耗用了越来越多的资金，2007年的迅速扩张使得经营活动净现金流与净利润的差距跌到了五年来的最低水平，这种趋势在2008年有所好转。笔者认为万科存货增速与营业收入增速非常接近，而存货直接将大量的"现金"资产"沉淀"，转化成了"非流动"资产，从而导致经营现金大量流出。

同时由于楼市的降温，万科未来的销售必然受到影响，虽然政府出台多项利好政策，但依然无法明显改变人们的预期，对楼市回暖作用有限。一旦销售受阻，资金流无法及时补充，将进一步加剧企业未来资金需求压力，甚至可能导致资金链断裂，经营风险加大。

由于存货是资金需求和占用的重要影响因素，而且在万科流动资产中占到70%以上，因此需进一步分析存货内部构成对现金流产生的影响。由表2可知，万科存货近三年平均只有8%左右为已完工产品，在建及拟开发产品占了总存货的90%以上。由于房地产开发周期较长，这些项目占用的资金周转较慢，加之在建项目需要持续的后续资金投入，导致资金的耗用越来越多。

表2　　　　　　　　　　**2006—2008年万科存货的明细分析表**　　　　　　　　单位：万元

项目	2008年		2007年		2006年	
	金额	比重（%）	金额	比重（%）	金额	比重（%）
已完工开发产品	790 115	9.07	466 625	7.02	296 746	8.68
在建开发产品	44 471 05	51.03	3 387 690	50.95	1 476 230	43.19
拟开发产品	3 471 912	39.84	2 787 759	41.93	1 643 938	48.10
其他	4 845	0.06	6 409	0.1	1 002	0.03
合计	8 713 979	100	66 484 84	100	3 417 917	100

如果房地产市场持续较强，那么资金会不断回流，但是房地产市场一旦走下坡路，企业必然面临资金周转不灵的困境。在万科2008年年报中，可以看出万科已明显放慢了土地储备的节奏，较前两年相比分别下降了52.8%，37.8%，经营方式由激进转为稳健保守。这种转变有利于企业节约现金，提高对未来风险的抵御能力。

（二）投资活动现金流量分析

投资按照对象可以分为生产性资产投资和金融性资产投资。通过对万科现金流量表的分析，笔者发现万科投资活动主要的资金流入、流出是处置和构建长期资产等生产性投资活动引起的。这一方面是由于 2008 年以前房地产业快速发展，企业规模日益扩大，要求不断地进行资产投资，这符合万科几年来的发展轨迹和行业地位；另一方面由于房地产企业不同于一般企业，对于像土地等不动产投资均划分到房地产企业的经营活动，投资活动流出量占流出总量的比重平均仅为 4%，大大削弱了投资活动在房地产企业中的重要性，而且房地产企业本身对资金的需要使其往往成为被投资对象，很难对外投资。

（三）筹资活动现金流量分析

房地产企业属于资金密集型行业，项目开发需要占用大量资金，所以筹资活动对该行业显得尤为重要。2008 年之前，凭借良好的成本控制和品牌优势等，万科销售增长迅速，资金相对充足，居于行业中上游，基本可以满足企业对资金的需求。但 2008 年整个楼市低迷，万科对筹资活动的依赖程度加大，因此，企业筹资政策安排是否合理直接影响着企业现金流循环是否顺畅。对万科的资产负债表进行深入分析后，笔者发现万科资本结构具有较大的倾向性：主要依靠负债筹资，其资产负债率平均为 60%。

而从其具体外部融资方式看，万科更倾向于短期负债，所占比率平均在 60% 以上，且以预收款项、应付账款及其他应付款等无息负债为主。尽管短期负债融资具有筹资速度快、容易取得、代理成本较低等优点，但短期负债尤其是无息负债更容易使企业陷入资金短缺的危机。

二、结论与建议

通过对万科案例的分析，针对房地产企业的现金流问题，笔者提出几点建议。

（1）强化现金流战略管理与危机意识，完善内部控制，提高资金使用效率。房地产企业应更加关注市场，将现金流管理上升到企业战略高度，制定清晰的企业发展战略，并根据企业战略和当前投资环境制定相应的现金流战略目标，寻求与企业战略目标相符的投资机会，真正建立企业的价值源和现金流增长源，提高现金流使用效果，实现长期均衡发展。2008 年年底，万科凭借敏锐的行业洞察力，通过对企业内外部环境的理性分析，率先提出"房地产市场拐点论"，进而重新审视企业战略，稳步调整房价，在激烈的市场竞争和金融危机环境下，牢牢保持了市场占有率，并呈上升趋势，这些战略的转变必然有助于企业推进销售、回笼资金、缓解现金流压力、不断加强企业市场竞争力和抵御风险的能力。笔者认为万科的这次战略转变值得其他房地产企业思考与借鉴。

同时，为了实现现金流管理的有序性和可控性，房地产企业应建立基于现金流预算的内部控制系统，通过编制企业现金预算，根据不同情况灵活选择开发和营销策略，对经营活动中现金循环各个阶段出现的偏差进行分析、反馈并及时调整，实现现金流动态控制，保证经营活动顺利进行；利用现金循环周期等指标制定现金流预警系统，做到有效监控现金流的安全和完整；建立完善的现金授权审批制度，组建独立、专门的机构负责现金集中控制，加强现金收支管理，对重大收支业务决策要建立有效的责任追究制度，从而保证企业现金的安全完整，提高现金周转速度。

此外，房地产企业应提高危机意识，加强存货风险管理。对于房地产企业而言，土地是生命线，但单纯依靠追求规模和土地储备取胜的时代已经远去，房地产企业不能再冒进经营，应合理控制土地的资金占用量，经营理念也应从"土地为王"回归到"现金为王"，确保经营活动的"自我造血"能力，这才是企业稳定、持续发展的根基。

（2）实施多元筹资，整合集团资金，确保资金的流动性和安全性。相关数据统计表明，我国房地产企业融资渠道主要依靠银行贷款和股市融资，其中银行贷款占到资金总规模70%以上，加之预收的个人住房贷款，使得实际比重达82%以上，导致房地产开发的风险间接向银行转移，收益却被开发商获取。然而，随着金融危机的蔓延，金融领域在发放贷款时慎之又慎，于是转嫁的风险又重新由房地产企业自行承担，因此，房地产企业具有明显的倾向性资本结构安排，过度放大财务杠杆效应，不利于抵御财务风险。同时，股权结构相对分散，获得外界支持的力度也有限。

因此，房地产企业一方面必须寻求适合自身条件的多元化融资渠道，如发行公司债券、引入信托投资资金等，合理安排企业现金筹集途径，逐渐建立起良性的资金循环平台；另一方面也可积极寻找一些能够提供稳定现金流的项目（如地产租赁），在一定程度上抵消房地产开发带来现金流波动的不利影响，弱化对外部融资的依赖程度，降低财务风险。

此外，近几年企业集团内部资本市场理论产生、发展并趋于成熟，内部资本市场可以在一定程度上弥补大型企业集团内部各自为政、资金使用无法统筹安排等缺陷，发挥企业集团资金整体配置的优势。因此，对于像万科这样的大型房地产企业来说，在现金管理方面可以采取设立以集团结算中心为主、兼顾各区域自主管理的方式，加强集团内部资金融通，将闲置和分散的现金集中起来，减少现金沉淀，实现集团内部现金余缺的相互调剂，提高现金的使用效率。

（3）推进战略管理，实施品牌创新，引入先进的管理理念。当前，消费者更趋理性、崇尚实用、经济、个性的住房，行业国际化进程加快，竞争愈发激烈，住宅开发的粗放模式已不利于企业的可持续发展等，笔者认为，房地产企业必须深入推进战略管理，积极实施品牌创新，注重开发细节，进一步加强成本管理，积极倡导标准化、流程化的生产模式，致力于专业能力的提升，专注于产业的发展，进一步巩固和强化自身优势；打造专业而友好的销售流程，与顾客建立良好而持久的关系，以产品品质、优秀服务及品牌号召力取胜，在客户中树立起良好的品牌形象。同时，房地产企业内部应注重引入先进的管理理念（如平衡计分卡，从财务、安全、社会贡献等方面多角度地评价企业经营业绩），提高内部管理水平，实行有效激励，尤其是在市场前景不明朗的情况下，企业更要耐得住寂寞，拿出高品质的产品来，为新一轮发展周期的到来积蓄能量。

第十一章 会计报表及其分析

【学习目标】
1. 理解会计报表的含义、掌握财务会计报告的内容；
2. 了解会计报表的不同分类；
3. 了解会计报表的钩稽关系；
4. 掌握会计报表的比率分析法；
5. 了解会计报表的趋势分析法和结构分析法；
6. 了解会计报表的综合分析法——杜邦分析法。

第一节 会计报表与财务会计报告

一、会计报表的含义

为了全面、系统、综合地反映和报告分散于会计凭证和会计账簿中的会计信息，有效地满足包括投资者、债权人、政府及其相关部门和社会公众等会计信息使用者在决策过程中对会计信息的需要，企业或单位必须按期编制会计报表，并报送财务会计报告。

会计报表是对企业或单位财务状况、经营成果和现金流量的结构性表述。财务会计报告是指企业对外提供的反映企业某一特定日期的财务状况和某一会计期间的经营成果、现金流量等会计信息的文件。我国《企业会计准则——基本准则》（2014）指出：会计报表至少应当包括资产负债表、利润表、现金流量表等报表。财务会计报告则包括会计报表及其附注和其他应当在财务会计报告中披露的相关信息和资料。可见，会计报表是财务会计报告的核心，财务会计报告的内容比会计报表要丰富。除了三大核心报表外，财务会计报告还包括所有者权益变动表、会计报表附注、其他附注信息和管理层的讨论与分析等内容。

二、财务会计报告的内容

企业的财务会计报告是企业对外提供财务会计信息的主要形式，是企业会计核算的最终成果，是企业利益相关者了解企业的财务状况、经营成果和现金流量等方面的信息的主要渠道。如上所述，我国的企业财务会计报告由会计报表、会计报表附注、其他应当在财务会计报告中披露的相关信息和资料组成。企业的财务会计报告根据所反映期间的长短分为月度、季度、半年度和年度财务会计报告。月度、季度财务会计报告是指月度和季度终了提供的财务会计报告；半年度财务会计报告是指每个会计年度的前6个月结束后对外提供的财务会计报告；年度财务会计报告是指年度终了对外提供的财务会计报告。通常将月度、季度和半年度财务会计报告统称为中期财务报告。

为了减轻企业编制财务会计报告的负担，除国家另有规定外，月度和季度财务会计报告通常仅指会计报表。半年度中期财务会计报告和年度财务会计报告则要求提供会计报表、会计报表附注和其他应当在财务会计报告中披露的相关信息和资料等。会计报表是财务会计报告的核心内容，本章主要介绍会计报表的分析方法。

企业应按规定的时间编制会计报表，以便报表的使用者及时、有效地利用会计报表资料。按规定，月度会计报表应于月份终了后6天内（节假日顺延，下同）对外提供；季度报表应于季度终了后15天内对外提供；半年度中期财务会计报告应于年度中期结束后60天内（相当于两个连续的月份）对外提供；年度财务会计报告应于年度终了后4个月内对外提供。由于会计信息具有很强的时效性，只有按规定及时编制和对外提供财务会计报告，才能满足信息使用者的需求。

三、会计报表的种类

按照不同的分类标准，会计报表可以形成不同的分类结果。

（一）按照报表反映经济内容的不同，会计报表可以分为资产负债表、利润表、现金流量表等

资产负债表就是反映一个企业或单位某一时点的资产、负债和所有者权益构成情况的会计报表，资产负债表主要反映一个主体的财务状况。利润表是反映一个企业某一时期收入和费用、利得和损失构成情况的会计报表，利润表主要反映一个企业的经营成果。现金流量表是反映一个企业或单位一定时期现金和现金等价物流入和流出情况的会计报表，现金流量表主要反映主体的现金流动状态及其结果。三种报表的格式如表11-1、表11-2和表11-3所示。

表 11-1　　　　　　　　　　　　　　资产负债表

编制单位：天华股份有限公司　　　　2016年12月31日　　　　　　　　　　　　　单位：元

资产	期末余额	年初余额	负债和股东权益	期末余额	年初余额
流动资产：			流动负债：		
货币资金	785 435	1 406 300	短期借款	50 000	300 000
交易性金融资产	0	15 000	交易性金融负债	0	0
应收票据	66 000	246 000	应付票据	100 000	200 000
应收账款	598 200	299 100	应付账款	953 800	953 800
预付款项	100 000	100 000	预收款项	0	0
应收利息	0	0	应付职工薪酬	180 000	110 000
应收股利	0	0	应交税费	226 731	36 600
其他应收款	5000	5 000	应付利息	0	1 000

续表

资　产	期末余额	年初余额	负债和股东权益	期末余额	年初余额
存货	2 484 700	2 580 000	应付股利	32 215.85	0
一年内到期的非流动资产	0	0	其他应付款	50 000	50 000
其他流动资产	100 000	100 000	一年内到期的非流动负债	0	1 000 000
流动资产合计	4 139 335	4 751 400	其他流动负债	0	0
非流动资产			流动负债合计	1 592 746.85	2 651 400
可供出售金融资产	0	0	非流动负债：		
持有至到期投资	0	0	长期借款	1 160 000	600 000
长期应收款	0	0	应付债券	0	0
长期股权投资	250 000	250 000	长期应付款	0	0
投资性房地产	0	0	专项应付款	0	0
固定资产	2 201 000	1 100 000	预计负债	0	0
在建工程	428 000	1 500 000	递延所得税负债	0	0
工程物资	300 000	0	其他非流动负债	0	0
固定资产清理	0	0	非流动负债合计	1 160 000	600 000
生产性生物资产	0	0	负债合计	2 752 746.85	3 251 400
油气资产	0	0	所有者权益（或股东权益）：		
无形资产	540 000	600 000	实收资本（或股本）	500 000	5 000 000
开发支出	0	0	资本公积	0	0
商誉	0	0	减：库存股	0	0
			其他综合收益	0	0
长期待摊费用	0	0	盈余公积	124 770.4	100 000
递延所得税资产	9 900	0	未分配利润	190 717.75	50 000
其他非流动资产	200 000	200 000	所有者权益（或股东权益）合计	5 315 484.15	5 150 000
非流动资产合计	3 928 900	3 650 000			
资产总计	8 068 235	8 401 400	负债和所有者权益（或股东权益）总计	8 068 235	8 401 400

表 11-2　　　　　　　　　　　　　　　利　润　表

编制单位：天华股份有限公司　　　　　　2016 年　　　　　　　　　　　　单位：元

项　目	本期金额	上期金额（略）
一、营业收入	1 250 000	
减：营业成本	750 000	
税金及附加	2 000	

续表

项　　目	本期金额	上期金额（略）
销售费用	20 000	
管理费用	157 100	
财务费用	41 500	
资产减值损失	30 900	
加：公允价值变动收益（损失以"-"号填列）	0	
投资收益（损失以"-"号填列）	31 500	
其中：对联营企业和合营企业的投资收益	0	
二、营业利润（亏损以"-"号填列）	280 000	
加：营业外收入	50 000	
减：营业外支出	19 700	
其中：非流动资产处置损失	（略）	
三、利润总额（亏损总额以"-"号填列）	310 300	
减：所得税费用	112 596	
四、净利润（净亏损以"-"号填列）	197 704	
五、其他综合收益的税后净额	（略）	
六、综合收益总额	（略）	
七、每股收益：	（略）	
（一）基本每股收益		
（二）稀释每股收益		

表 11-3　　　　　　　　　　　　　现金流量表

编制单位：天华股份有限公司　　　　　2016 年　　　　　　　　　　　　　单位：元

项　　目	本期金额	上期金额
一、经营活动产生的现金流量：		
销售商品、提供劳务收到的现金	1 312 500	
收到的税费返还	0	
收到其他与经营活动有关的现金	0	
经营活动现金流入小计	1 312 500	
购买商品、接受劳务支付的现金	392 266	
支付给职工以及为职工支付的现金	300 000	
支付的各项税费	204 399	

续表

项　目	本期金额	上期金额
支付其他与经营活动有关的现金	80 000	
经营活动现金流出小计	976 665	
经营活动产生的现金流量净额	335 835	
二、投资活动产生的现金流量：		
收回投资收到的现金	16 500	
取得投资收益收到的现金	30 000	
处置固定资产、无形资产和其他长期资产收回的现金净额	300 300	
处置子公司及其他营业单位收到的现金净额	0	
收到其他与投资活动有关的现金	0	
投资活动现金流入小计	346 800	
购建固定资产、无形资产和其他长期资产支付的现金	601 000	
投资支付的现金	0	
取得子公司及其他营业单位支付的现金净额	0	
支付其他与投资活动有关的现金	0	
投资活动现金流出小计	601 000	
投资活动产生的现金流量净额	-254 200	
三、筹资活动产生的现金流量：		
吸收投资收到的现金	0	
取得借款收到的现金	560 000	
收到其他与筹资活动有关的现金	0	
筹资活动现金流入小计	560 000	
偿还债务支付的现金	1250 000	
分配股利、利润或偿付利息支付的现金	12 500	
支付其他与筹资活动有关的现金	0	
筹资活动现金流出小计	1 262 500	
筹资活动产生的现金流量净额	-702 500	
四、汇率变动对现金及现金等价物的影响	0	
五、现金及现金等价物净增加额	-620 865	
加：期初现金及现金等价物余额	1406 300	
六、期末现金及现金等价物余额	785 435	

现金流量表补充资料 单位：元

补 充 资 料	本期金额	上期金额
1. 将净利润调节为经营活动现金流量：		
净利润	197 704	
加：资产减值准备	30900	
固定资产折旧、油气资产折耗、生产性生物资产折旧	100 000	
无形资产摊销	60 000	
长期待摊费用摊销	0	
处置固定资产、无形资产和其他长期资产的损失（收益以"-"号填列）	-50 000	
固定资产报废损失（收益以"-"号填列）	19 700	
公允价值变动损失（收益以"-"号填列）	0	
财务费用（收益以"-"号填列）	11 500	
投资损失（收益以"-"号填列）	-31 500	
递延所得税资产减少（增加以"-"号填列）	-9 900	
递延所得税负债增加（减少以"-"号填列）	0	
存货的减少（增加以"-"号填列）	95 300	
经营性应收项目的减少（增加以"-"号填列）	-120 000	
经营性应付项目的增加（减少以"-"号填列）	32 131	
其他	0	
经营活动产生的现金流量净额	335 835	
2. 不涉及现金收支的重大投资和筹资活动：		
债务转为资本	0	
一年内到期的可转换公司债券	0	
融资租入固定资产	0	
3. 现金及现金等价物净变动情况：		
现金的期末余额	785 435	
减：现金的期初余额	1 406 300	
加：现金等价物的期末余额	0	
减：现金等价物的期初余额	0	
现金及现金等价物净增加额	-620 865	

（二）按照报表反映资金运动情况的不同，会计报表可以分为静态报表和动态报表

静态报表是反映企业或单位某一时点财务情况的会计报表，资产负债表就是静态报表。动态报表是反映企业或单位某一时期财务情况的会计报表，利润表和现金流量表就是动态报表。

（三）按照报表报送对象的不同，会计报表可以分为对外报送报表和对内报送报表

会计信息使用者有内外之分，相应地，有些报表需要向外报送，有些报表只能对内报送。财务会计加工的通用资产负债表、利润表和现金流量表都是对外报送报表。管理会计根据内部管理需要加工的各种成本报表、存货明细表等属于对内报送报表。

（四）按照报表编制单位性质的不同，会计报表可以分为营利组织报表和非营利组织报表

有些社会组织以实现利润为目标，称为营利组织，它们编制的会计报表就是营利组织的会计报表。营利组织的主要报表是资产负债表、利润表和现金流量表等。有些社会组织的目标并不是盈利，例如政府机构和很多事业单位都不以盈利为目标，它们编制的会计报表就是非营利组织报表。非营利组织的主要报表是资产负债表、收入支出表和支出明细表等，有些事业单位还编制现金流量表和净资产变动情况表。

（五）按照报表编制主体的不同，会计报表可以分为基层单位会计报表和汇总会计报表，也可以分为单一企业会计报表和合并会计报表

基层单位会计报表是指有独立核算的企业或基层单位编制的会计报表。汇总会计报表则是由上级行政管理部门根据基层单位会计报表简单汇总编制而成的会计报表。汇总会计报表主要是为了满足国家宏观经济管理对会计信息的需要。

单一企业会计报表是由独立核算的单一主体编制和报送的会计报表。合并会计报表是由母公司根据母子公司的个别会计报表进行内部交易业务抵消后编制的反映集团整体财务情况的会计报表。

（六）按照报表编制时间的不同，会计报表可以分为年度报表和中期报表

年度报表是按照一个完整的会计年度为基础编制和报送的会计报表。中期报表是指以中期为基础编制的会计报表。短于一个完整的会计年度的报告期间，都称为中期，所以中期报表可能是半年度报表、季度报表、月度报表，甚至是旬报、周报、日报或实时报告。

四、会计报表之间的钩稽关系

会计报表之间的钩稽关系表现在两方面：一是"表内"的钩稽关系，即同一报表内各项目之间的关系；另一种是"表间"钩稽关系。第一种形式的钩稽关系是精确的，即各个项目之间可以构成等式。如：资产＝负债＋所有者权益；收入－费用＝利润；现金流入量－现金流出量＝现金净流量；再如：资产负债表中"未分配利润"年初数、年末数分别与利润分配表中"年初未分配利润"和"未分配利润"相等。这些钩稽关系是基本的钩稽关系，也是报表编制者判断报表编制是否准确的最基本衡量标准。

"表间"钩稽关系是报表之间的某些项目之间的关系，这些关系在某些假设前提或条件下可以构成等式。这些关系具体表现在：

1. 资产负债表和利润表之间的钩稽关系

资产负债表与利润表是反映企业财务状况和经营成果的两张重要的财务报表。资产负债表反映的是某一个时点上的财务状况，属于静态报表；而利润表反映的是某一时期的经营成果，属于动态报表。利润表中的净利润是所有者权益的一个组成部分，在资产负债表中以留存收益的形式出现，作为资产负债表的一个投入量。相应地，资产负债表将各个会计期间的经营成果联结在一起，它是两个会计期间利润表之间的桥梁。

2. 利润表与现金流量表之间的钩稽关系

为了反映企业净利润与经营活动现金流量净额之间的差额及具体原因，现金流量表的补充资料列示了企业净利润调整为企业经营活动现金流量净额的过程与项目。这也是利润表与现金流量表报表间最明显的钩稽关系。具体来讲，利润表中的"营业收入"、现金流量表中的"销售商品、提供劳务收到的现金"、资产负债表中的"应收账款"等项目之间存在钩稽关系，用公式表示为：营业收入-应收账款=销售商品、提供劳务收到的现金，当然，如果考虑应交税费中的有关税金的变动数，则销售商品、提供劳务收到现金≈（主营业务收入+其他业务收入）×（1+17%）+预收账款增加额-应收账款增加额-应收票据增加额。同样道理，利润表中的"主营业务成本"、现金流量表中的"购买商品、接受劳务支付的现金"、资产负债表中的"应付账款"等项目之间存在的钩稽关系用公式表示为：购买商品、接受劳务支付现金≈（主营业务成本+其他业务成本+存货增加额）×（1+17%）+预付账款增加额-应付账款增加额-应付票据增加额。

3. 现金流量表与资产负债表、利润表的钩稽关系

此关系体现在现金流量表的编制方法之中。

（1）现金流量表主表和补充资料的"现金及现金等价物净增加额"的数额与年末资产负债表中"货币资金"的期末、期初余额的差额相等。

（2）现金流量表中的"投资活动产生的现金流量"主要依据资产负债表中的"固定资产"、"无形资产"等长期资产项目及相关账户资料来反映；"筹资活动产生的现金流量"主要依据资产负债表中的"银行借款"、"应付账款"等负债项目来反映。

五、会计报表附注的作用与内容

（一）会计报表附注的作用

会计报表附注是会计报表不可或缺的组成部分，是对会计报表本身无法或难以充分表述的内容和项目所作的补充说明与详细解释。具体而言，会计报表附注是对资产负债表、利润表、现金流量表和所有者权益变动表等报表中列示项目的文字描述或明细揭示，以及对未能在这些报表中列示项目的说明等。报表使用者了解企业的财务状况、经营成果和现金流量，应当全面阅读附注，附注相对于报表而言，同样具有重要性。

会计报表附注的具体作用表现在：

（1）会计报表附注增加了会计信息的披露量，它对会计报表的编制基础、编制依据、编制方法做了说明，对会计报表的主要项目做了解释。

（2）会计报表附注增强了会计信息披露的灵活性，对于不好纳入具有规范格式的报表中列示的信息，可以在会计报表附注中进行披露。

（3）会计报表附注方便了会计信息使用者对报表信息的理解，提升了使用者对会计

信息解读的准确性和深刻度。

（4）会计报表附注突出了会计报表中核心信息的重要性，一般而言，被附注说明和解释的项目，其重要性强、影响力大。

（5）会计报表附注提高了会计信息的可比性，通过会计报表附注可以让我们知道和理解两家公司或同一家公司不同时期相同数据背后的不同含义，以及不同数据背后的相同含义。

（二）会计报表附注的内容

会计报表附注应当披露报表的编制基础，会计报表附注披露的相关信息应当与资产负债表、利润表、现金流量表和所有者权益变动表等报表中列示的项目相互参照。

我国《企业会计准则第30号——财务报表列报》明确规定会计报表附注应当按照下列顺序披露如下信息：（1）企业的基本情况。包括：企业注册地、组织形式和总部地址。企业的业务性质和主要经营活动。母公司以及集团最终母公司的名称。财务报告的批准报出者和财务报告批准报出日，或者以签字人及其签字日期为准。营业期限有限的企业，还应当披露有关其营业期限的信息。（2）财务报表的编制基础。（3）遵循企业会计准则的声明。企业应当声明编制的财务报表符合企业会计准则的要求，真实、完整地反映了企业的财务状况、经营成果和现金流量等有关信息。（4）重要会计政策和会计估计。重要会计政策的说明，包括财务报表项目的计量基础和在运用会计政策过程中所做的重要判断等。重要会计估计的说明，包括可能导致下一个会计期间内资产、负债账面价值重大调整的会计估计的确定依据等。（5）会计政策和会计估计变更以及差错更正的说明。（6）报表重要项目的说明。企业应当按照资产负债表、利润表、现金流量表、所有者权益变动表及其项目列示的顺序，对报表重要项目的说明采用文字和数字描述相结合的方式进行披露。报表重要项目的明细金额合计，应当与报表项目金额相衔接。企业应当在附注中披露费用按照性质分类的利润表补充资料，可将费用分为耗用的原材料、职工薪酬费用、折旧费用、摊销费用等。（7）或有和承诺事项、资产负债表日后非调整事项、关联方关系及其交易等需要说明的事项。（8）有助于财务报表使用者评价企业管理资本的目标、政策及程序的信息。

可见，会计报表附注的内容具体而丰富，了解这些信息才能正确解读会计报表，帮助会计信息使用者做出正确的经济决策。

第二节 会计报表分析概述

编制会计报表的目标是提供决策有用的信息。人们运用各种方法对会计报表进行分析能够获得进行投资、信贷和相关决策所需的财务信息。阅读和分析会计报表有各种方法，以下对这些分析方法进行说明。

一、会计报表分析的含义

一个企业的经济业务发生之后，会计人员需要取得、填制和审核各种原始凭证，以原始凭证为基础分析经济业务并编写记账凭证，依据审核无误的记账凭证登记账簿，期末进行账项调整和财产清查,并及时做好结账和编制会计报表的工作。上述会计核算工作是为了对企业发生的经济业务进行真实、公允的反映。会计报表分析工作与会计核算工作刚好是逆向的,它是以会计核算和报表资料及其他相关资料为依据,采用一系列专门的分析方法和技术,对企业过去和现在有关筹资活动、投资活动、经营活动的偿债能力、盈利能力、营运能力等进行分析与评价,为企业的投资者、债权人等利益相关者了解企业过去、评价企业现状、预测企业未来,做出正确决策提供相应准确的信息。

具体来说,会计报表分析是指人们根据会计报表所提供的各项数据,有重点、有针对性地逐一加以分析和考察,并进行整体思考后,综合地评价企业的财务状况、经营成果和现金流动的情况,揭示企业的偿债能力、盈利能力和资产运营能力,从而判断企业管理上的得失,为会计报表使用者提供决策依据的活动。会计报表分析的最终目的在于通过财务数据的解读,知晓企业的过去,探明企业的现状,预测企业的未来,从而改进决策,改善资源使用的效果。会计报表分析工作集中在两个方面:一是发现问题的征兆,找到深入分析的突破口;二是对各项活动的过程与结果进行合理的评价。

二、会计报表分析的目的

财务信息与决策密切相关,它是决策过程中不可缺少的依据。由于进行会计报表分析并做出决策的主体各不相同,他们进行会计报表分析的目的也各不相同。即在实际工作过程中,会计报表分析的目的主要视财务信息使用者的需要而定。

总体而言,会计报表分析的目的主要是:

(1)评价企业的经营成果和财务状况,预测企业未来的报酬与风险,为股东和债权人的投资决策提供依据。

(2)评价企业经营活动取得的成绩,揭示企业经营过程中存在的问题,为企业管理者正确地实施经营决策、全面地改善经营管理提供帮助。

(3)评价企业及其各部门的经营绩效,为合理评估经营管理人员的业绩、完善企业内部的控制和激励机制提供依据。

(4)评价企业的偿债能力、盈利能力和资产运营能力,为政府、社会公众、企业内部员工等利害关系人的决策提供帮助。

可见,不同的会计信息使用者,由于其利益点和关注的问题各不相同,在会计报表分析过程中他们评价标准和评价要点也有差异。比如,就投资者而言,投资者为决定是否投资,需要分析企业的资产和盈利能力;为决定是否转让股份,需要分析盈利状况、股份变动和发展前景;为考察经营者业绩,需要分析资产盈利水平、破产风险和竞争能力;为决定股利分配政策,需要分析筹资状况。就债权人而言,短期债权人最关心企业目前的现金流动情况和短期支付能力,关注自己投入企业的本金和应得利息的可收回性;长期债权人则关注企业资本结构的合理性,长期资金周转状况,关注企业长期偿付债务的能力;管理当局则关心企业偿债能力、企业盈利能力和企业资产运营能力之间的协调性,其目标是平衡好企业所有利害关系人之间的经济利益,在保证企业平稳、健康、长期发展的基础上,给各个利益主体创造满意的回报。因此,会计报表分析人员要根据企业利益相关者的要求,认真对会计报表资料进行研究与分析,会计报表分析的目的才能最终实现。

三、会计报表分析的程序

为了保证会计报表分析的质量，使会计报表分析工作规范有序地进行，就需要有一套科学、合理的报表分析程序。完整的会计报表分析程序主要包括以下步骤：

1. 明确会计报表分析的目标

如上所述，财务信息的需求者很多，不同的利益主体对会计报表信息的关注点有所差异，而且，各个主体有时面向全局问题决策，有时面向局部问题决策，有时注重监督，有时注重评价，只有弄清了会计报表分析的目标，会计报表分析人员才能有的放矢地开展工作，才能保证会计报表分析工作的效率和效果。

2. 收集会计报表分析所需的资料

根据会计报表分析的目标，报表分析人员要积极有效地收集分析工作所需的资料。资料的收集要与本次报表分析工作具有较高的相关性，否则既影响会计报表分析的效率，又影响会计报表分析的效果。资产负债表、利润表和现金流量表等会计报表构成了报表分析的核心资料，除此之外，企业所遵循的会计政策也是很重要的。为了提高分析、判断的效果，报表分析人员还要了解影响企业经营的宏观经济、法律环境，企业所在行业的发展状况、行业的特点，竞争对手的状况，公司管理层的倾向、公司的文化、公司的发展历程和公司的发展战略等资料。

3. 确定科学、合理的会计报表分析的评价标准

会计报表分析工作是一项判断和评价工作，判断和评价就要有标准，标准是否合适直接决定着判断和评价结果的正误。可以作为会计报表分析判断的标准很多，可以是行业中标杆企业的指标值，可以是竞争对手的数据，还可以是企业所在行业的平均值、企业的历史指标值、企业的计划指标值等，有时甚至可以用分析人员自己认定的经验值。分析的目标不同，分析人员对评价标准的选择会有差异，合适的、有利于得出正确结论的评价标准就是最好的。

4. 选择恰当的会计报表分析方法

会计报表的分析方法很多，常见的有比率分析法、比较分析法、趋势分析法和结构分析法等，不同的分析方法各有特点、各有优缺点，但是不同的分析方法对问题的分析判断具有殊途同归的结果，分析人员可以综合使用。

四、会计报表分析需要注意的问题

进行会计报表分析时应该注意以下问题：

1. 在会计报表分析之前，分析人员必须了解会计信息的特点及其局限性

由于财务会计以货币为基本计量工具，会计信息是一种货币化的信息，它可以对企业的经济业务和事项进行货币抽象和价值汇总，方便了人们对问题的分析，但是，会计信息的局限性是很明显的：

（1）会计报表是对企业以往发生的经济业务事项的信息反映，以历史成本作为主要计价基础，尽管现值和公允价值计量等会计处理方法对历史成本信息作了一些修正，但是，现行会计还是一种历史成本导向的会计，这使得财务报告所提供的信息缺乏一定时效

性，从而影响会计报表分析对未来经济事项的预测。

（2）会计报表是基于企业会计政策和会计估计编制的，运用不同会计政策和会计估计在一定程度上会影响企业财务信息的可比性，进而影响会计报表分析结果的合理性和可利用性。

（3）会计报表所反映的信息没有包含企业所有可被利用的经济资源。会计报表中反映的是符合货币计量前提要求的可计价的经济资源，对有关人力资源、创新能力等一些内容未能全面披露，而这些内容对会计报表分析及相关决策具有重大影响。因此，以会计报表为主要信息依据的分析结果，会导致反映内容方面的局限性。

（4）会计人员在加工财务信息时，有些经济业务的处理充满着估计和判断，会计方法则可以在一定的范围内做出选择，这会使不同企业之间、同一企业不同时期之间的财务信息缺乏可比性。

2. 在进行会计报表分析之前，分析人员一定要充分了解企业的会计政策

由于经济环境的不确定性以及不同地区、不同行业、不同时期经济环境的差异性，对同样的经济业务，会计准则往往规定了多种可供选择的会计处理方法，有些业务的处理还只能凭借估计进行。报表上反映什么样的数据与这些数据是在什么背景下产生的同样重要，不了解公司所采用的会计政策和所使用的会计估计，人们就无法恰当地解读会计报表数据。比如，在采用直线折旧法和加速折旧法下实现的同样盈利金额，其含义是不一样的，在加速折旧的早期，其盈利质量较高。

3. 在实施会计报表分析过程中，分析人员一定要认真评估企业的经营环境和经营特点

会计报表分析必须同时关注三个问题：报表数据是多少；报表数据是在什么会计政策下取得的；报表数据是在什么环境下生成的。只有深入了解这三个问题，才能较好地解读会计报表数据，获得决策所需的财务信息。

同样的会计报表数据在不同的经营环境下解读的结果是不同的。比如，有些企业是通过税收减免或补贴收入实现盈利的，有些企业是靠正常经营活动实现盈利的，企业都实现了盈利，但是企业的真实盈利能力可能有很大的区别。

再如，不同行业都有一些自己的特点，比如，制造业企业往往拥有很多固定资产，商品流通企业的流动资产较多，高科技企业中的人工成本较高等，了解企业所在行业的特点，会计报表分析就容易得到正确结论。

最后，不同的企业有不同的发展思路，同一企业在不同的时期也有不同的工作重点，比如，企业发展的初期，收益留存率可能比较高，企业成熟期，收益留存率就会下降，所以高低不同的财务指标值可能都是可以接受的，重要的是看其是否与企业的发展思路相吻合。

4. 在实施会计报表分析时，要认真选择评价标准

正确地选择评价标准，对我们得出恰当的会计报表分析结论具有重大影响。作为会计报表分析评价的标准很多，可以是行业中标杆企业的指标值，可以是竞争对手的指标值，可以是同行业的平均值，可以是企业的历史指标值，可以是企业的计划、预算值，以不同的指标值作为评价标准，可能会对同一财务指标的数值分析做出"很好"或"很差"的

结论，因此，在评价标准选择时要考虑此次会计报表分析的目标，注意评价标准对所分析问题的合适度。

5. 在进行会计报表分析时，要注意区分可控事件与不可控事件、连续事件与非连续事件对企业财务结果的影响

有些影响会计报表信息的因素是可控的，有的是不可控的，属于可控的因素企业一定要努力解决，属于不可控的因素企业一定要努力避免。有些因素是连续性的，有些因素是非连续性，对连续性的影响因素，分析人员应该注意其对企业财务情况造成的长期影响，对偶然因素要注意其短期影响。

CH 公司始创于 1958 年，公司前身是我国"一五"期间的 156 项重点工程之一。历经多年发展，CH 完成战略转变，目前已经形成了集数字电视、空调、冰箱、IT、通信、数码、网络、电源、商用系统电子、小家电等产业研发、生产、销售为一体的多元化、综合型跨国企业集团，成为全球最具竞争能力的消费电子系统供应商和内容服务提供商。在家电行业中处于领先地位。CH 公司 2009 年资产负债表、利润表、现金流量表部分数据如表 11-4 所示，下面我们将根据表 11-4 中的数据说明会计报表的常用分析方法。

表 11-4　　　　　　　　CH 公司 2009 年主要报表数据　　　　　　　　单位：万元

	2008 年末	2009 年末
总资产	2 872 514.08	3 653 609.31
流动资产	1 708 438.09	2 427 081.26
货币资金	522 982.61	705 176.69
应收账款	253 336.63	299 917.60
存货净额	600 782.32	829 634.67
长期股权投资	49 033.31	57 580 21
固定资产	350 224.99	740 148 35
无形资产	274 709.96	304 230.03
流动负债	1 489 236 3	1 797 503.68
应付账款	438 659.43	563 875.34
长期负债	121 133.94	512 767.57
股东权益	1 262 143.9	1 343 338.06
	2008 年度	2009 年度
营业收入	2 793 022.90	3 145 799.92
营业成本	2 304 650.00	2 564 340.00
财务费用	17 403.40	9 126.49
利润总额	29 060.68	68 777.40

续表

	2008 年度	2009 年度
所得税	2 795.71	14 846.20
净利润	26 264.97	53 931.20
经营活动现金净流量	3 565 495 508 53	-2 411 228 674.05
流通在外普通股加权平均数（亿股）	18.98	18.98

第三节　会计报表的比率分析法

一、会计报表比率分析法的概念

比率是一种简单的数学表示法，它体现项目与项目之间的关系。比率对于我们理解会计报表尤为重要，因为利用比率可以解释很多财务信息，很多决策者通过比率分析获得决策所需的信息。比率分析法也因此成为会计报表分析中最为常用的方法。

比率分析法是把会计报表中的一个或多个项目与其他项目进行对比，求得会计报表分析所需要的比率指标值，从而揭示会计报表项目之间内在逻辑关系的一种分析方法。

比率分析法的最大特点是分析人员依据一系列的财务比率指标值对问题进行判断，财务比率是相对数，排除了规模影响，使不同比较对象建立起可比性。财务比率的计算是相对简单的，但对它加以解释和说明是相当复杂和困难的，也是我们在运用比率分析法时应注意的问题。

尽管财务比率指标很多，但是它们都能归入反映企业偿债能力、盈利能力和资产运营能力的指标体系中。下面分别阐释主要财务比率指标的计算及其在会计报表分析中应用。

二、反映企业偿债能力的比率指标

企业的偿债能力分为短期偿债能力和长期偿债能力。短期偿债能力是指企业运用流动资产偿还流动负债的能力。用于反映企业短期偿债能力的比率指标主要有流动比率、速动比率和现金比率等；长期偿债能力是指企业运用自己的所有有效资产偿还全部负债的能力，用于反映企业长期偿债能力的比率指标主要有资产负债率、权益乘数和利息保障倍数等。下面分别对这些指标进行说明。

（一）流动比率

流动比率是流动资产与流动负债之间的比率关系，它反映一个企业的流动资产对流动负债的保障程度，流动比率的计算公式如下：

$$流动比率 = \frac{流动资产}{流动负债}$$

CH 公司 2009 年的流动资产为 242.71 亿元，流动负债为 179.75 亿元，则该公司的流动比率为：

$$\text{流动比率} = \frac{\text{流动资产}}{\text{流动负债}}$$
$$= 242.71/179.75$$
$$= 1.35$$

一般而言，流动比率越高，说明企业的短期偿债能力越强，流动负债获得到期偿还的可能性越大，短期债权人的利益越容易得到保护。但是，过高的流动比率可能会导致公司资金的低速周转，大量资金处于闲置状态，影响企业的盈利能力；而且，如果流动资产的内部结构不合理，较高的流动比率并不会带来较强的短期偿债能力。流动比率不是越高越好，也不是越低越好，而应是一个适度值。根据经验，传统制造业的流动比率处于 2.0 左右是比较好的，但是，高质量的资产、良好的管理能力可以在较低流动比率的条件下也可以保持不错的短期偿债能力；况且，不同行业的企业或同一企业的不同发展阶段具有不同的特点，其流动比率也不应该是相同的。CH 公司 1.35 的流动比率在行业内处于较好水平，企业短期偿债能力较强。

（二）速动比率

速动比率是速动资产与流动负债之间的比率关系，它反映一个企业的速动资产对流动负债的保障程度，速动资产是流动资产减去存货的结果，速动比率的计算公式如下：

$$\text{速动比率} = \frac{\text{流动资产合计} - \text{存货净额}}{\text{流动负债}}$$

CH 公司 2009 年的流动资产为 242.71 亿元，存货净额为 82.96 亿元，流动负债为 179.75 亿元，则该公司的速动比率为：

$$\text{速动比率} = \frac{\text{流动资产合计} - \text{存货净额}}{\text{流动负债}}$$
$$= (242.71 - 82.96) / 179.75$$
$$= 0.89$$

由于流动资产中包含不少流动性较差、甚至不能变现的资产，比如存货转化为现金就需要相当长的时间，流动资产多的企业不一定对流动负债形成可靠的保障，流动资产减去存货后得到速动资产，速动资产对流动负债的比率更能够反映一个企业真实的短期偿债能力和支付能力。一般地，速动比率越高，企业的短期偿债能力越强。根据经验，传统制造业的速动比率在 1.0 左右比较正常，但是，速动比率只有与企业的经营特点、企业的管理水平、企业发展所处的阶段结合分析才是有用的。CH 公司 0.89 的速动比率显示企业在短期偿债能力方面较强。

（三）现金比率

现金比率是现金资产与流动负债之间的比率关系，它反映一个企业的现金资产对流动负债的保障程度，现金资产是现金和现金等价物相加的结果，现金比率的计算公式如下：

$$\text{现金比率} = \frac{\text{现金} + \text{现金等价物}}{\text{流动负债}}$$

CH 公司 2009 年的货币资金为 70.52 亿元（这里用货币资金代替现金及现金等价物），流动负债为 179.75 亿元，则该公司的现金比率为：

$$现金比率 = \frac{现金 + 现金等价物}{流动负债}$$
$$= 70.52/179.75$$
$$= 0.39$$

现金比率表示那些随时可以动用的现金资产与流动负债之间的关系，较好地修正了使用流动比率和速动比率判断企业短期偿债能力过程中碰到的问题。CH 公司 0.39 的现金比率显示企业的短期支付能力不容乐观。

（四）资产负债率

资产负债率是企业的负债总额与企业资产合计数之间的比率关系，它反映在企业的总资产中有多少资金来自债权人，揭示一个企业的负债程度和长期偿债能力，资产负债率的计算公式如下：

$$资产负债率 = \frac{总负债}{总资产}$$

CH 公司 2009 年的负债总额为 231.03 亿元，资产总额为 365.36 亿元，则该公司的资产负债率为：

$$资产负债率 = \frac{总负债}{总资产} \times 100\%$$
$$= 231.03/365.36 \times 100\%$$
$$= 63.23\%$$

资产负债率一方面反映了企业的负债程度及其所承担的风险，另一方面也反映了企业利用财务杠杆的能力。从债权人的角度看，较低的资产负债率是对自己本金和利息收入的保障；从股东的角度看，合适的资产负债率可以吸收到更多的资金，分散自身对企业承担的全部风险，通过财务杠杆的作用增加股东的回报，但是，过高的资产负债率可能适得其反；从经营者的角度看，维持适度的资产负债率既可以保障债权人的资金安全，又可以给股东增加回报，平衡各种资金的来源是经营者应该做好的工作。CH 公司 63% 的资产负债率在行业中处于适中水平。

（五）权益乘数比率

权益乘数是企业的总资产与所有者权益之间的比率关系，反映企业的总资产是企业净资产的倍数，权益乘数的计算公式如下：

$$权益乘数 = \frac{总资产}{所有者权益}$$

CH 公司 2009 年的资产总额为 365.36 亿元，所有者权益合计为 134.33 亿元，则该公司的权益乘数为：

$$权益乘数 = \frac{总资产}{所有者权益}$$
$$= 365.36/134.33$$
$$= 2.72$$

权益乘数也是对企业负债程度的说明，权益乘数越高，资产负债率也越高，债权人承担的风险越大；权益乘数越低，资产负债率也越低，债权人承担的风险就小。CH 公司 2.72 的权益乘数是比较适中的。

(六) 利息保障倍数

利息保障倍数是企业的利息、所得税与净利润之和对利息费用的倍数，它反映企业获得的息税前收益对支付利息费用能力的保障程度，是债权人衡量自身债权安全性的重要指标，利息保障倍数的计算公式如下：

$$利息保障倍数 = \frac{财务费用 + 所得税 + 净利润}{财务费用}$$

CH 公司 2009 年的财务费用为 0.91 亿元，所得税为 1.48 亿元，净利润为 5.39 亿元，则该公司的利息保障倍数为：

$$利息保障倍数 = \frac{财务费用 + 所得税 + 净利润}{财务费用}$$
$$= (0.91+1.48+5.39) / 0.91$$
$$= 8.5$$

一般地，利息保障倍数越高，企业对债权人利息的支付能力越强，债权人对利息的求偿越有保障。因企业所处的行业不同，利息保障倍数有不同的标准界限，国际上公认的利息保障倍数是 3，家电行业平均的利息保障倍数是 5。CH 公司 8.5 的利息保障倍数在行业中处于较好水平，说明企业的盈利对利息有保障。

三、反映企业盈利能力的比率指标

盈利能力是投资者和企业管理当局的兴趣所在，尽管资产运营效率的高低在很大程度上影响着公司的盈利水平，但是，盈利水平却是企业经营成果的集中反映。没有盈利，企业就失去了造血的功能，迟早会死亡。盈利能力反映了企业占用、耗用和运用资产带来的回报的状况。揭示企业盈利水平高低的财务比率指标主要有销售收入利润率、毛利率、资产报酬率、净资产收益率、每股收益和市盈率和每股经营活动产生的现金流量净额等。计算盈利能力财务比率指标的数据主要来自利润表。下面分别对这些指标进行说明。

(一) 销售收入利润率

销售收入利润率，是企业当期实现的净利润与销售收入之间的比率关系，它反映销售收入的创利水平，根据报表分析的需要，可以用主营业务收入代表销售收入，也可以用营业收入代表销售收入，销售收入利润率的计算公式如下：

$$销售收入利润率 = \frac{净利润}{销售收入} \times 100\%$$

CH 公司 2009 年的销售收入为 314.58 亿元，净利润为 5.39 亿元，则该公司的销售收入利润率为：

$$销售收入利润率 = \frac{净利润}{销售收入} \times 100\%$$
$$= 5.39 / 314.58 \times 100\%$$
$$= 1.71\%$$

销售收入利润率说明企业 100 元销售收入所能够创造的净利润额，销售收入利润率越高，说明企业在相同销售水平下的成本、费用控制越好，或企业花费同样的成本、费用，能够带来更多的销售收入。在实践中利用销售利润率进行财务分析与诊断时，我们不仅要关注企业整体的销售利润率水平，还要关注主要产品或企业主要分部的销售收入利润率水平，这样才能有效地指导销售工作。CH 公司 1.71% 的销售收入利润率显得过低，说明该公司在 2009 年的盈利水平有限。

（二）毛利率

毛利率也是一个重要的盈利指标，它是毛利与销售收入进行比较的结果，反映销售收入创造毛利的水平，毛利是销售收入与销售成本之差，毛利率的计算公式如下：

$$毛利率 = \frac{毛利}{销售收入} \times 100\%$$

CH 公司 2009 年的销售收入为 314.58 亿元，销售成本为 256.43 亿元，则该公司的毛利率为：

$$\begin{aligned}毛利率 &= \frac{毛利}{销售收入} \times 100\% \\ &= (314.58 - 256.43)/314.58 \times 100\% \\ &= 18.48\%\end{aligned}$$

不同行业企业的毛利率有时区别很大。毛利率高说明企业产品的销售收入与销售成本的差额较大，但是，高毛利率并不意味着高的销售收入利润率，如果期间费用较高，那么在高毛利率条件下销售收入利润率也可能较低。一般地，流动性强的商品毛利率较低，比如日常生活用杂货，而设计新颖、有技术含量的商品毛利较高。在正常情况下，单个企业的毛利率在一定时期基本不变。CH 公司 18.48% 的毛利率相对一个制造业企业而言偏低。很多商品流通企业的毛利率都可以达到 20%~50%，制造业企业的毛利率一般会更高。

（三）总资产报酬率

总资产报酬率是反映企业盈利水平的重要财务指标，它是企业实现的盈利与企业总资产之间的比率关系，揭示企业占用总资产创造盈利的水平。很多企业在计算资产报酬率时往往用经营利润，即息税前收益（Earnings before Interest and Tax，EBIT）表示盈利，因为利息费用和所得税费用不受资产经营方式的影响，而资产报酬率主要是衡量企业是否通过资产经营获得合理的收益。资产报酬率的计算公式如下：

$$资产报酬率 = \frac{息税前收益}{总资产} \times 100\%$$

CH 公司 2009 年的总资产为 365.36 亿元，息税前收益为 7.78 亿元，则该公司的资产报酬率为：

$$\begin{aligned}资产报酬率 &= \frac{息税前收益}{总资产} \times 100\% \\ &= 7.78/365.36 \times 100\% \\ &= 2.13\%\end{aligned}$$

资产报酬率反映 100 元资产创造的盈利金额，一般地，资产报酬率越高，说明企业的盈利水平越好；反之，资产报酬率越低，企业的盈利水平越差。适当的资产报酬率是对股东投资回报的有力保障，也是企业经营者有效从事经营的证据。CH 公司 2.13% 的资产报酬率显然难以让人感到满意。

（四）净资产收益率

净资产收益率也是反映企业盈利水平的重要财务指标，它是企业的净利润与企业净资产之间的比率关系，揭示企业通过经营活动给股东创造的盈利水平。净资产收益率的计算公式如下：

$$净资产收益率 = \frac{净利润}{股东权益} \times 100\%$$

CH 公司 2009 年的股东权益为 134.33 亿元，净利润为 5.39 亿元，则该公司的净资产收益率为：

$$净资产收益率 = \frac{净利润}{股东权益} \times 100\%$$
$$= 5.39 / 134.33 \times 100\%$$
$$= 4.01\%$$

净资产收益率是所有反映盈利水平的财务比率指标中最重要的一个，股东是企业财务风险的最后承担者，也是所有剩余收益的最后享有者。企业的股东与经营者之间在两权分离后具有典型的委托与受托的经济责任关系，股东的最重要目标之一是投入资本的保值与增值，经理人很重要的目标就是给股东创造满意的回报。净资产收益率是反映股东投入资本取得回报水平的有效指标。一般地，净资产收益率越高说明企业的盈利水平越好，股东投入资本获得的回报水平越高。但是，在利用这一指标衡量股东投资的回报水平时，一定要注意投资回报的可持续性。

（五）每股收益

每股收益是站在股东角度衡量企业盈利水平的又一重要财务指标，它是企业当期的净利润与流通在外的普通股的加权平均数之间的比率关系，反映每股股票的盈利额，每股收益的计算公式如下：

$$每股收益 = \frac{净利润}{流通在外的普通股的加权平均数}$$

如果企业在发行普通股的同时也发行了优先股，则分子为净利润减去优先股股利后的余额；而且，公式中的分母要按照下面公式计算：流通在外的普通股的加权平均数 = 期初流通在外的普通股股数 + 当期发行普通股股数 × 已发行时间 ÷ 报告期时间 − 当期回购普通股股数 × 已回购时间 ÷ 报告期时间。在本期没有发生发行和回购业务的条件下，流通在外的普通股的加权平均数就是期初流通在外的普通股股数。

CH 公司 2009 年期初的流通在外的普通股股数为 18.98 亿股，净利润为 5.39 亿元，本报告期该公司未发行股份，也没有发生回购业务，则该公司的每股收益为：

$$每股收益 = \frac{净利润}{流通在外的普通股的加权平均数}$$
$$= 5.39 / 18.98$$

$$= 0.28 \text{（元/股）}$$

一般地，每股收益越高，企业的盈利水平越好，股东获得的回报亦越高。但是，仅仅考虑每股收益的高低是不合适的，在分析每股收益时，同时还得关注每股股票代表的净资产数额。本例中，每股 0.28 元收益水平可能与股东的期望尚有较大的距离。

（六）市盈率

市盈率是每股股票的市场价格与每股股票收益之间的比率关系，也称价格与收益比率，市盈率的计算公式如下：

$$\text{市盈率} = \frac{\text{每股市价}}{\text{每股收益}}$$

市盈率反映企业每股股票的市场价格是其收益的倍数，它是判断股票价格在资本市场上是否有吸引力以及有多大风险的财务指标。从理论上讲，较低的市盈率意味着较低的投资风险，股票越有投资价值；较高的市盈率意味着股价中具有较多的泡沫，投资者将承担较高的投资风险。在西方国家成熟的证券市场中，平均市盈率一般只有 10 多倍。不过，较高的市盈率也不见得是坏事，也许意味着企业具有良好的成长性，投资者对公司的未来充满信心；较低的市盈率也不见得是好事，也许投资者对公司未来预期不好，公司缺乏长期发展的能力。毕竟公司的股价受到太多的因素影响，所以，利用市盈率指标进行投资价值与投资风险评估时一定要避免主观臆断。

（七）每股经营活动产生的现金流量净额

每股经营活动产生的现金流量净额是经营活动产生的现金流量净额与流通在外的普通股股数之间的关系，它反映每股流通在外的普通股能够获得经营活动现金净流入的能力。每股经营活动产生的现金流量净额的计算公式如下：

$$\text{每股经营活动获得的现金流量净额} = \frac{\text{经营活动产生的现金流量净额}}{\text{流通在外的普通股的加权平均数}}$$

CH 公司 2009 年期初的流通在外的普通股股数为 18.98 亿股，经营活动产生的现金流量净额为 -24.11 亿元，本报告期该公司未发行股份，也没有发生回购业务，则该公司的每股收益为：

$$\text{每股经营活动获得的现金流量净额} = \frac{\text{经营活动产生的现金流量净额}}{\text{流通在外的普通股的加权平均数}}$$

$$= -24.11 / 18.98$$

$$= -1.27 \text{（元/股）}$$

每股经营活动获得的现金流量净额越高，说明企业盈利质量越好，企业经营活动创造现金流的能力越强。反之亦然。2009 年，CH 公司的每股经营现金流量为负，说明公司盈利质量差，实际上无法依靠经营活动产生的现金支付工资、缴纳税金、派发现金股利等。

四、反映企业资产运营效率的比率指标

资产运营效率反映一个企业利用经济资源的有效性，揭示企业资金周转的快慢，集中展示整个企业的管理水平。在偿债能力比率指标、盈利能力比率指标和资产运营效率比率指标中，资产运营效率类的比率指标最重要，没有良好的资产运营效率，就不可能有好的盈利水平，没有好的盈利水平，企业的长期偿债能力就没有保障。因此，会计报表分析人员应重视常规财务比率指标中资产运营效率类指标的分析。哪些资产项目在企业资产总额中所占的比率高，就重点分析这些资产的运营情况，这样才能抓住分析的重点。一般地，反映企业资产运营效率的核心比率指标有应收账款周转率和应收账款周转期、存货周转率和存货周转期、应付账款周转率和应付账款周转期、固定资产周转率和固定资产周转期、总资产周转率和总资产周转期等。下面分别对这些指标进行说明。

(一) 应收账款周转率和应收账款周转期

应收账款周转率是企业的赊销收入（有的企业赊销收入近似地等于销售收入，因而在计算这一指标时也常用销售收入取代赊销收入）与应收账款平均余额之间的比率关系，应收账款的平均余额一般用期初的应收账款加期末的应收账款除以2求得，这一比率指标反映企业控制应收账款并将其转化为现金的能力，揭示了企业在应收账款上的管理水平。应收账款周转率的计算公式如下：

$$应收账款周转率 = \frac{赊销收入(经常以销售收入替代)}{应收账款的平均余额}$$

其中：

$$应收账款的平均余额 = \frac{期初的应收账款 + 期末的应收账款}{2}$$

CH公司2009年的销售收入（假定都是赊销收入）为314.58亿元，期初应收账款为25.33亿元，期末应收账款为29.99亿元，则该公司的应收账款周转率为：

$$应收账款周转率 = \frac{赊销收入(经常以销售收入替代)}{应收账款的平均余额}$$
$$= 314.58 / (25.33+29.99) \div 2$$
$$= 11.37$$

反映企业应收账款周转快慢和管理水平的还有一个重要指标，即应收账款周转期，应收账款周转期可以用365天除以应收账款周转率求得，这一指标反映应收账款每周转一次所需要的天数，应收账款周转期的计算公式如下：

$$应收账款周转期 = \frac{365 天}{应收账款周转率}$$

以CH公司2009年的数据为依据，该公司的应收账款周转期为：

$$应收账款周转期 = 365 / 11.37$$
$$= 32.10（天/次）$$

一般地，应收账款周转率越高，应收账款周转期越短，企业收回应收账款所需的时间越少，应收账款周转越快，占用资金越少，企业管理应收账款的水平越高。在分析应收账款周转率与应收账款周转期时，还要注意考虑销售收入的多少和应收账款的管理效果之间的关系。CH公司应收账款的周转率和应收账款的周转期都比较好，说明对企业应收账款的控制能力较强，管理水平较高。

(二) 存货周转率和存货周转期

存货周转率是企业的销售成本与存货平均余额之间的比率关系，存货的平均余额一般用期初的存货加期末的存货除以2求得，这一比率指标反映企业控制存货并将其转化为销售成本的能力，揭示企业在存货管理方面的水平。存货周转率的计算公式如下：

$$存货周转率 = \frac{销售成本}{存货平均余额}$$

其中：

$$存货平均余额 = \frac{期初存货 + 期末存货}{2}$$

CH公司2009年的销售成本为256.43亿元，期初存货为60.08亿元，期末存货为82.96亿元，则该公司的存货周转率为：

$$存货周转率 = \frac{销售成本}{存货平均余额}$$
$$= 256.43 / (60.08+82.96) \div 2$$
$$= 3.59$$

反映企业存货周转快慢和管理水平的还有一个重要指标，即存货周转期，存货周转期可以用365天除以存货周转率求得，这一指标反映存货每周转一次所需要的天数，存货周转期的计算公式如下：

$$存货周转期 = \frac{365 天}{存货周转率}$$

以CH公司2009年的数据为依据，该公司的存货周转期为：

$$存货周转期 = \frac{365 天}{存货周转率}$$
$$= 365 天 / 3.59 次$$
$$= 102 （天/次）$$

一般地，存货周转率越高，其周转期越短，企业存货周转一次所需的时间越少，周转速度越快，占用资金越少，企业管理存货的水平越高。当然，在分析存货周转率与存货周转期时，还要注意存货的管理效率与由于存货过少可能导致停产等损失之间的平衡性。CH公司存货周转率和存货周转期指标在行业中处于较低的水平，有必要做好存货管理控制工作，降低存货周转天数。

（三）应付账款周转率和应付账款周转期

应付账款周转率是企业的购货成本与应付账款平均余额之间的比率关系，应付账款的平均余额一般用期初的应付账款加期末的应付账款除以2求得，这一比率指标反映企业购买存货与现金支付之间的关系，揭示了企业对应付账款的管理能力。应付账款周转率的计算公式如下：

$$应付账款周转率 = \frac{购货成本}{应付账款的平均余额}$$

其中：

$$购货成本 = 销售成本 + 期末存货 - 期初存货$$

$$应付账款的平均余额 = \frac{期初应付账款 + 期末应付账款}{2}$$

CH 公司 2009 年的销售成本为 256.43 亿元，期初存货为 60.08 亿元，期末存货为 82.96 亿元，期初应付账款为 43.87 亿元，期末应付账款为 56.39 亿元，则该公司的应付账款周转率为：

$$应付账款周转率 = \frac{购货成本}{应付账款的平均余额}$$
$$= (256.43+82.96-60.08) / (43.87+56.39) \div 2$$
$$= 5.57$$

反映企业应付账款周转快慢和管理水平的还有一个重要指标，即应付账款周转期，应付账款周转期可以用 365 天除以应付账款周转率求得，这一指标反映应付账款每周转一次所需要的天数，应付账款周转期的计算公式如下：

$$应付账款周转期 = \frac{365 \text{天}}{应付账款周转率}$$

以 CH 公司 2009 年的数据为依据，该公司的应付账款周转期为：

$$应付账款周转期 = \frac{365 \text{天}}{应付账款周转率}$$
$$= 365 \text{天} / 5.57 \text{次}$$
$$= 65.53 （天/次）$$

一般地，应付账款周转率越高，其周转期越短，企业应付账款周转一次所需的时间越少，周转速度越快，付款越迅速。过快的付款速度对企业利用信用政策购买货物是不利的，企业可以在价格方面提出一些要求以求得利益上的平衡。应付账款付款速度过慢则可能影响购买价格，甚至预示着企业可能陷入财务危机。CH 公司应付账款周转率和应付账款周转期的指标值都比较好，说明公司在采购过程中能够较好地利用信用政策帮助自身融通资金。

根据应收账款周转期、存货周转期和应付账款周转期，企业可以计算出在资金形态上的经营期间（operating period）。经营期间这一财务指标在西方受到相当的重视，它是应收账款周转天数和存货周转天数之和减去应付账款周转天数后的结果，是企业付出现金获得存货到销售商品收回现金所需的平均时间。这一财务指标综合反映了企业的经营效率。

（四）固定资产周转率和固定资产周转期

固定资产周转率是企业的销售收入与固定资产平均余额之间的比率关系，固定资产的平均余额一般用期初的固定资产加期末的固定资产除以 2 求得，这一比率指标反映企业对固定资产的利用效率，揭示了企业管理固定资产的能力。固定资产周转率的计算公式如下：

$$固定资产周转率 = \frac{销售收入}{固定资产的平均余额}$$

其中：

$$固定资产的平均余额 = \frac{期初的固定资产 + 期末的固定资产}{2}$$

CH 公司 2009 年的销售收入为 314.58 亿元，期初固定资产为 35.02 亿元，期末固定资产为 74.01 亿元，则该公司的固定资产周转率为：

$$\text{固定资产周转率} = \frac{\text{销售收入}}{\text{固定资产的平均余额}}$$

$$= 314.58 / (35.02+74.01) \div 2$$

$$= 5.77$$

反映固定资产周转状况的比率指标还有一个，就是固定资产周转期。它通过 365 天除以固定资产周转率求得，固定资产周转期的计算公式如下：

$$\text{固定资产周转期} = \frac{365 \text{ 天}}{\text{固定资产周转率}}$$

以 CH 公司 2009 年的数据为依据，该公司的固定资产周转期为：

$$\text{固定资产周转期} = \frac{365 \text{ 天}}{\text{固定资产周转率}}$$

$$= 365 \text{ 天} / 5.77 \text{ 次}$$

$$= 63.26 \text{（天/次）}$$

固定资产周转率越高，固定资产周转期越短，闲置的固定资产越少，固定资产被充分有效地利用，企业对固定资产的管理水平越高。反之，固定资产没有被有效利用，这会影响企业的效益。CH 公司固定资产周转率和固定资产周转期的指标值都不尽如人意，可能有一些固定资产处于闲置状态，企业应该对固定资产的利用效率予以重视。

（五）总资产周转率和总资产周转期

总资产周转率是企业的销售收入与总资产平均余额之间的比率关系，总资产的平均余额一般用期初的总资产加期末的总资产除以 2 求得，这一比率指标综合反映企业对总资产的利用效率，揭示企业对总资产的管理水平。总资产周转率的计算公式如下：

$$\text{总资产周转率} = \frac{\text{销售收入}}{\text{总资产的平均余额}}$$

其中：

$$\text{总资产的平均余额} = \frac{\text{期初的总资产} + \text{期末的总资产}}{2}$$

CH 公司 2009 年的销售收入为 314.58 亿元，期初的总资产为 287.25 亿元，期末的总资产为 365.36 亿元，则该公司的总资产周转率为：

$$\text{总资产周转率} = \frac{\text{销售收入}}{\text{总资产的平均余额}}$$

$$= 314.58 / (287.25+365.36) \div 2$$

$$= 0.96$$

反映企业总资产周转效率和管理水平的还有一个指标，就是总资产周转期。总资产周转期可以通过 365 天除以总资产周转率求得，总资产周转期的计算公式如下：

$$\text{总资产周转期} = \frac{365 \text{ 天}}{\text{总资产周转率}}$$

以 CH 公司 2009 年的数据为依据，该公司的总资产周转期为：

$$总资产周转期 = \frac{365 \text{天}}{总资产周转率}$$
$$= 365 \text{天} / 0.96$$
$$= 380.21 （天/次）$$

总资产周转率和总资产周转期是企业资产运营效率的集中体现，它反映了企业对流动资产、长期投资、固定资产、无形资产等总资产的管理水平。总资产周转率越高，总资产周转期越短，企业利用资产的效率越高，企业的经济效益越好；反之，资产没有得到有效利用，企业效益必然受到影响。CH 公司的总资产周转率和总资产周转期的指标都不尽如人意，在资产利用效率方面企业尚有较大的改进空间。

第四节 会计报表的趋势分析法和结构分析法

除了比率分析法外，常用的会计报表分析方法还有趋势分析法、结构分析法和比较分析法。趋势分析法中就暗含比较分析的思想。我们重点讲解趋势分析法和结构分析法。

一、会计报表的趋势分析法

趋势分析是将两期以上的会计报表资料进行并列比较，从而揭示企业各项财务指标的增减变动情况及其变化趋势的会计报表分析方法。趋势分析方法包括绝对数的趋势分析、相对数或百分比的趋势分析。趋势分析涉及同一企业几个年度的财务数据的比较与研究，因而称为横向分析。

（一）绝对数趋势分析

绝对数的趋势分析就是将需要分析的会计报表项目的连续几期的数据列示在一起，从而帮助我们观察企业财务走向的分析方法。表 11-5 是 CH 公司 2008—2012 年营业收入、净利润和经营活动现金流量净额的绝对数趋势分析表。

表 11-5　　　　　CH 公司部分财务指标的绝对数趋势分析表　　　　　单位：亿元

项目	2008 年	2009 年	2010 年	2011 年	2012 年
营业收入	279	315	417	520	523
净利润	2.63	5.39	4.77	3.23	2.73
经营活动现金流量净额	35.65	-24.11	-7.39	-12.20	7.19

根据表 11-5 中的资料，该公司从 2008 年至 2012 年的营业收入连年增长，利润和经营活动现金流量净额却波动较大，并且经营活动现金流量净额的波动幅度要大于净利润的波动幅度。具体来说，在 2008 年，前者要远高于后者，而在 2009 年，前者在经历了大幅度的下降后远远低于后者，并且一直到 2012 年经营活动现金流量净额才又重新高于净利润。具体原因需要深入分析。

在绝对数趋势分析中，分析人员需要根据分析的问题及其目标决定纳入分析的财务指标；而且要根据分析的需要决定所涉及财务指标的时间跨度。

（二）相对数趋势分析

绝对数趋势分析不利于揭示公司发展的趋向，具有一定的隐蔽性。相对数趋势分析，又称百分比趋势分析，可以避免绝对数趋势分析的不足。所谓相对数或百分比趋势分析是以百分比的形式表述企业几个年度的财务状况和经营成果的变动情况，以揭示财务指标的变动方向和变动程度的会计报表分析方法。

相对数趋势分析法有两种形式，一种为定基百分比分析法，另一种为环比百分比分析法。

定基百分比分析法是选定一个基期，以其财务数据作为100%，以后年度的财务数据分别与基期的财务数据进行比较，从而将各年的数据转化为百分比的形式表示，然后对这些百分比数据进行比较分析，揭示财务指标的变化情况。表11-6列示的是根据表11-5中的数据计算的CH公司2008—2012年在定基百分比分析法下营业收入和净利润的变动趋势数据。

表11-6　　CH公司部分财务指标在定基百分比分析法下的变动趋势数据表

项目名称	2008年	2009年	2010年	2011年	2012年
营业收入	100%	113%	149%	186%	187%
净利润	100%	205%	181%	123%	104%

在定基百分比分析法中，基期的选择对于分析结论的正确性是至关重要的，基期的财务数据一定要具有代表性，如果基数太小，以后年度百分比的高速增长将变得毫无意义；基数是零或负数，趋势百分比分析更没意义；基数太大则会显示未来过低的增长速度，对判断形成误导。从表11-3中的数据看，该公司销售收入的增长较好，但利润增长有起伏，需要弄清原因。

环比百分比分析法是一种逐年变化基期的百分比分析法，每年计算百分比时都以上年的财务数据为基数，这样不断计算出各年的财务百分比，再进行百分比的分析，从而揭示财务变化趋势的会计报表分析方法。表11-7列示的是根据表11-5中的数据计算的CH公司2008—2012年在环比百分比分析法下营业收入和净利润的变动趋势数据。

表11-7　　CH公司部分财务指标在环比百分比分析法下的变动趋势数据表

项目名称	2008年	2009年	2010年	2011年	2012年
营业收入	100%	113%	132%	125%	101%
净利润	100%	205%	88.50%	67.71%	84.52%

从表11-7中的数据可以看出，环比百分比分析法的分析效果与定基百分比法的分析效果基本一致，只是分析的手段有所差异。

二、会计报表的结构分析法

会计报表的结构分析法是对资产负债表、利润表和现金流量表中各个项目的数据与其中的一个共同项目的数据进行比较，计算出各个项目数据占该共同项目数据的百分比，从而揭示各个项目数据在共同项目数据中所占比重的会计报表分析方法。如果将结构分析法与上面所述的趋势分析法结合起来，则可以揭示更多的内在财务问题，分析的效果也会更好。结构分析法的重点是分析同期同一会计报表中的各个项目数据在共同项目数据中所占的比重，注重各个项目之间的关系分析，因而又称纵向分析。

表 11-8 是 CH 公司 2008—2012 年资产负债表中若干项目构成的结构分析表。

表 11-8　　　　　　　　　　CH 公司资产项目结构百分比分析表

资产类别	2008 年		2009 年		2010 年		2011 年		2012 年	
	金额（万元）	占比	金额（万元）	占比	金额（万元）	占比	金额（万元）	占比	金额（万元）	占比
流动资产	1 708 440	59%	2 427 080.00	66%	3 128 000.00	70%	3 801 880.00	74%	4 047 120.00	74%
长期投资	49 033.30	2%	57 580.20	2%	58 175.20	1%	61 109.60	1%	76 036.80	1%
固定资产	350 225.00	12%	740 148.00	20%	839 652.00	19%	810 449.00	16%	827 361.00	15%
无形资产	274 710	10%	304 230.00	8%	312 343.00	7%	326 359.00	6%	337 247.00	6%
其他资产	490 101.70	17%	124 571.80	3%	117 419.80	3%	165 312.40	3%	166 785.20	3%
资产总计	2 872 510.00	100%	3 653 610.00	100%	4 455 590.00	100%	5 165 110.00	100%	5 454 550.00	100%

通过表 11-8 分析可以看出，CH 公司资产构成的主要部分是流动资产，其次是固定资产，这两项资产之和占总资产的比重在 2008—2012 年期间分别为 71%、86%、89%、90%、89%，总体趋势是比重不断向上较大幅度提高的。固定资产从 2008 年到 2009 年上升，从 2009 年后比重是不断下降的。无形资产比重则是从 2008 年的 10%下滑到 2012 年的 6%。

一般而言，企业的流动资产具有强流动性，变现速度快的特点，在资产总额中，流动资产所占比重越大，企业营运资产越稳定，清偿能力越强，风险越小。但在销售水平一定的情况下，如果企业流动资产所占比重过大，又会降低企业的获利水平。固定资产构成率如果高有利于增强企业获利能力，但由于固定资产的变现能力差，不利于企业充分调动资金，可能会造成企业资金循环慢，现金流受阻，增加财务风险。企业全部资产构成率的确定要在清偿能力和获利能力之间进行选择。就 CH 公司而言，流动资产比例如此之高，其中有个重要的因素就是其存货比重较大造成的，过高的存货比例一般来说对企业而言不利。

在结构分析法中，共同项目的选择对得出正确的分析结论十分重要。一般地，资产负债表的结构分析以资产总计作为共同项目；利润表的结构分析以销售收入净额作为共同项目；现金流量表的结构分析以现金净增加额作为共同项目。在实践中，结构分析法往往以共同比报表的形式进行。共同比报表是以共同项目作为 100%，然后将其他项目的金额除以该共同项目的金额，计算出各项目占共同项目的百分比后，将这些百分比列入报表而编制出的新型报表。表 11-5 就是一张共同比报表。

三、会计报表的比较分析法

比较分析法是对同一企业不同时期或同一时期不同企业的具有相同性质指标的数据进行比较，从而揭示差异，分析原因的会计报表分析方法。如上所述，趋势分析法中就暗含比较分析的思想。

比较分析法的形式可以多样化，分析人员可以将实际指标数与计划、预算指标数进行比较，将本期指标数与以前期间的指标数进行比较，将本企业指标值与同行业的平均指标值进行比较，从而揭示本企业本期经营活动的不足之处或优势，有针对性地对问题进行治理，对经验进行总结。

第五节　会计报表的综合分析

会计报表综合分析，就是将偿债能力、盈利能力、资产运营效率等诸方面纳入一个有机的整体之中，全方位地对企业的财务状况、经营成果进行解剖与分析。以上所述单项分析只测算几个简单的、孤立的财务比率，或者将一些孤立的财务分析指标堆垒在一起，彼此毫无联系地考察，是不可能得出合理、正确的综合性结论的，有时甚至会得出错误的结论。因此，只有将企业偿债能力、盈利能力、资产运营效率等各项分析指标有机地联系起来，作为一套完整的体系，相互配合使用，才能对企业的财务状况作出系统的综合评价。综合分析方法主要有杜邦财务分析体系和沃尔比重评分法。

一、杜邦分析法

杜邦分析法，也称杜邦财务分析体系，是利用各财务比率指标间的内在联系，对企业财务状况及经营成果进行综合系统分析评价的方法。该体系是以净资产收益率为龙头，以销售净利率、总资产周转率、权益乘数为核心，重点揭示企业获利能力、资产运营能力、权益乘数对净资产收益率的影响，以及各相关指标间的相互影响作用关系。因其最初为美国杜邦公司成功应用而得名。计算公式为：

净资产收益率＝净利润/净资产平均余额×100%
　　　　　　＝资产净利率×权益乘数
　　　　　　＝销售净利率×总资产周转率×权益乘数

其中：权益乘数＝1/（1−资产负债率）或权益乘数＝资产/股东权益

由以上公式可知：决定净资产收益率的因素有三个，即销售净利率、总资产周转率和权益乘数，这样分解以后，可以把净资产收益率这一项综合指标发生升、降变化的原因具体化。杜邦指标体系如图 11-1 所示。

运用杜邦分析法时应注意：（1）净资产收益率是一个综合性较强的财务分析指标，是杜邦分析体系的核心。该指标反映企业所有者投入资本的获利能力，说明企业筹资、投资、资产营运等各项财务及其管理活动的效率。（2）销售净利率反映企业净利润与销售收

第五节 会计报表的综合分析

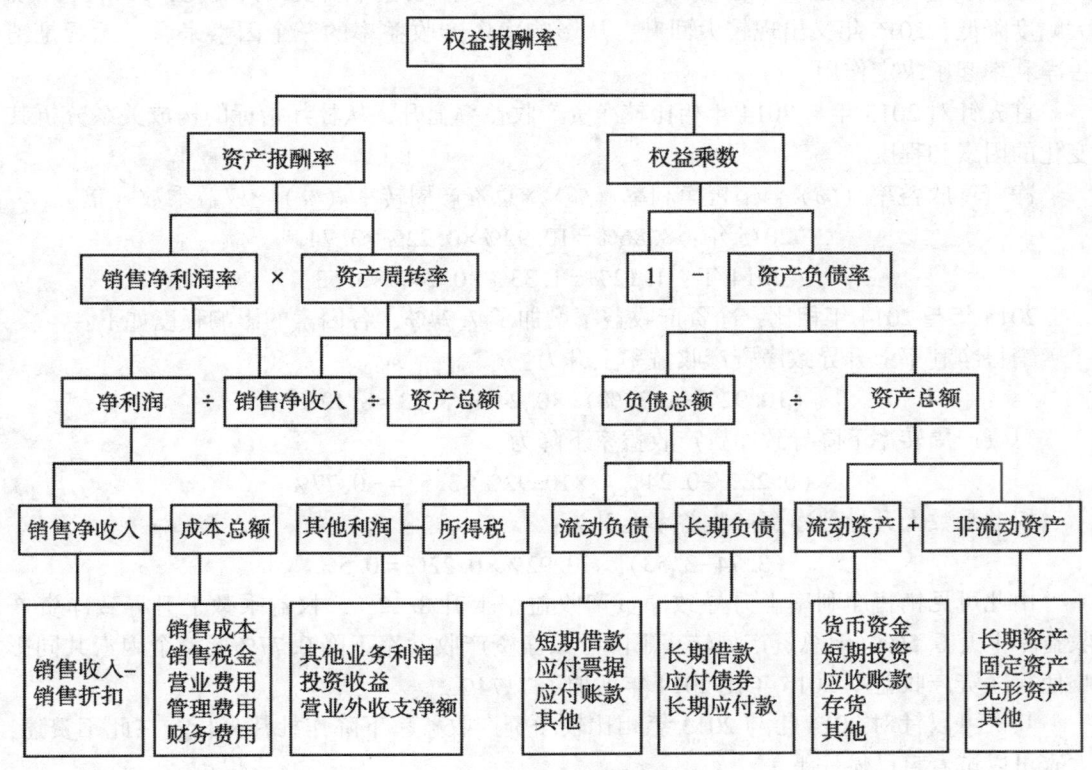

图 11-1 杜邦指标体系图

入的关系。要想提高销售净利率，一是要扩大销售收入，二是要降低成本费用。（3）总资产周转率是反映企业运用资产产生营业收入能力的指标。除分析资产结构是否合理外，还应结合流动资产周转率、应收账款周转率、存货周转率、固定资产周转率等指标进行分析。（4）权益乘数主要受资产负债率指标的影响。在资产总额不变的条件下，资产负债率越高，权益报酬率就越高，能给企业带来较大的财务杠杆收益，但同时伴有较大的财务风险，应结合其他指标综合分析。（5）提高净资产收益率的根本途径在于扩大销售、改善经营结构，节约成本费用开支，合理资源配置，加速资金周转，优化资本结构等。

我们以某上市公司 2013—2015 年报表数据为基础，对其净资产收益率进行分析，指标如表 11-9 所示。

表 11-9 影响净资产收益率的指标

项目	净资产收益率（%）	销售净利率（%）	总资产周转率（%）	权益乘数（倍）
2013 年	12.90	14.57	0.29	3.02
2014 年	1.12	1.33	0.24	3.53
2015 年	8.86	10.92	0.22	3.74

从表 11-9 可以看出，该公司 2013—2015 年净资产收益率出现较大变化，2014 年出现大幅度降低，2015 年又出现较大回升，从影响净资产收益率的三个因素来看，无疑是销售净利率起了决定作用。

首先针对 2015 年与 2014 年相比较净资产收益率上升，从杜邦指标的构成关系分析其变化的因素和程度。

净资产收益率（%）= 销售净利率（%）×总资产周转率（%）×权益乘数（倍）

2015 年：8.86% = 10.92%×0.22%×3.74

2014 年：1.12% = 1.33%×0.24%×3.53

2015 年与 2014 年相比，净资产收益率增加了 7.74%，各因素的影响程度如下：

销售净利率上升导致净资产收益率上升为：

（10.92%−1.33%）×0.24%×3.53 = 8.12%

总资产周转率下降导致净资产收益率下降为：

（0.22%−0.24%）×10.92%×3.53 = −0.77%

权益乘数上升导致净资产收益率上升为：

（3.74−3.53）×10.92%×0.22% = 0.5%

由此可见销售净利率上升导致净资产收益率上升 8.12%，权益乘数上升导致净资产收益率上升 0.5%，但总资产周转率下降导致净资产收益率下降 0.77%，三个因素共同影响使得净资产收益率 2015 年比 2014 年增加了 7.74%。

其次可以针对 2014 年与 2013 年相比较净资产收益率下降作杜邦分析，在此不赘述，大家可以试着自己做一下。

二、沃尔评分法

沃尔评分法的创始人是美国的财务学家亚历山大·沃尔。他在 20 世纪初出版的《财务晴雨表研究》和《财务报表比率分析》中首次提出了信用能力指数的概念，他选择了 7 种财务比率，将选定的财务比率用线性关系结合起来，并分别给定各自的分数比重，然后通过与标准比率进行比较，确定各项财务指标的得分及总体指标的累计分数，从而对企业的综合财务状况和信用水平作出评价。

沃尔评分法的基本步骤包括：(1) 选择评价指标并分配指标权重。(2) 确定各项评价指标的标准值。(3) 对各项评价指标计分并计算综合分数。(4) 形成评价结果。

我们用沃尔评分法，对 G 公司的财务状况评分的结果如表 11-10 所示。

表 11-10　　　　　　　　　　　沃尔评分法

财务指标	比重(%) (1)	标准值 (2)	实际值 (3)	关系比率 (4)=(3)/(2)	评分 (1)×(4)
流动比率	25	2.00	2.33	1.17	29.25
净资产/负债	25	1.50	0.88	0.59	14.75
资产/固定资产	15	2.50	3.33	1.33	19.95

续表

财务指标	比重(%) (1)	标准值 (2)	实际值 (3)	关系比率 (4)=(3)/(2)	评分 (1)×(4)
销售成本/存货	10	8	12	1.50	15.00
销售额/应收账款	10	6	10	1.67	16.7
销售额/固定资产	10	4	2.66	0.67	6.70
销售额/净资产	5	3	1.63	0.54	2.70
合　计	100				105.05

沃尔评分法从理论上讲有一个弱点，就是未能证明为什么要选择这 7 个指标，而不是更多或更少些，或选择别的财务指标，该方法也未能证明每个财务指标所占比重的合理性。这个问题至今仍然没有从理论上解决。尽管沃尔评分法在理论上还有待证明，但它还是在实践中被应用。

【练习题】

1. 列举下面财务指标的计算公式：

（1）毛利率；（2）每股收益；（3）市盈率；（4）权益乘数；（5）总资产报酬率；（6）净资产收益率；（7）流动比率；（8）速动比率；（9）总资产周转率；（10）应收账款周转期；（11）固定资产周转期。

2. 下面是某公司的部分财务指标，请计算第一题中各项财务比率的指标值：

销售收入：2.3 亿元；销售成本：1.6 亿元；

息税前收益：0.57 亿元；净利润：0.42 亿元；

全年流通在外的普通股数量：1.6 亿股；

每股市场价格：6.5 元；红利政策：本年利润的 50%用于分配；

期初流动资产：2.92 亿元；期末流动资产：4.76 亿元；

期初应收账款：0.63 亿元；期末应收账款：1.37 亿元；

期初存货：1.29 亿元；期末存货：1.95 亿元；

期初固定资产：0.81 亿元；期末固定资产：1.07 亿元；

期初流动负债：1.86 亿元；期末流动负债：2.59 亿元；

期初负债：2.06 亿元；期末负债：3.24 亿元。

【参考阅读】

四川西昌电力股份有限公司财务报告制度

第一章　总　　则

第一条　为规范四川西昌电力股份有限公司（以下简称"公司"）财务报告的

编制、对外提供和分析利用工作，确保公司财务报告信息真实、准确、完整、及时，不存在遗漏或虚假描述，满足报告使用者的需要，根据《中华人民共和国会计法》、《企业财务会计报告条例》、《企业会计准则》等有关法律法规、《企业内部控制基本规范》及企业内部控制配套指引等要求，制定本制度。

第二条 财务报告是指企业对外提供的反映企业某一特定日期财务状况和某一会计期间经营成果、现金流量等财务会计信息的文件。本制度所称财务报告分为年度、半年度、季度、月度财务报告。

第三条 年度、半年度财务会计报告应当包括：

（一）会计报表。

（二）会计报表附注。

（三）有关国家法律法规等要求对外提供的其他资料。

会计报表应当包括资产负债表、利润表、现金流量表及相关附表。

第四条 季度、月度财务报告通常仅指会计报表，会计报表至少应当包括资产负债表和利润表。国家统一的会计制度规定季度、月度财务报告需要编制会计报表附注的，从其规定。

第五条 公司应当按照有关法律法规和国家统一的会计制度的规定，按时编制和提供财务报告。

第六条 编制、对外提供和分析利用财务报告，至少应当关注下列风险：

（一）编制财务报告违反会计法律法规和国家统一的会计准则制度，可能导致企业承担法律责任和声誉受损。

（二）提供虚假财务报告或财务报告编制与披露未经适当审核或超越授权审批，导致误导财务报告使用者，造成决策失误，干扰市场秩序。

（三）不能有效利用财务报告，难以及时发现公司经营管理中存在的问题，可能导致企业财务和经营风险失控。

（四）财务报告编制人员没有履行保密义务和管理权责，导致信息泄露，给公司造成不必要的经济损失和信誉影响。

第七条 公司相关机构和岗位在财务报告编制、披露及分析利用中的职责：

（一）董事会：负责批准会计政策、会计估计及其变更；负责批准财务报告及对外信息披露。

（二）监事会：对公司财务报告及编制过程进行监督并发表审核意见。

（三）公司负责人（法定代表人）：负责国家会计法律法规在公司内的贯彻执行；审核财务报告整体合法合规性，并在财务报告上签字；

（四）主管会计工作负责人：负责审核财务部门拟定的会计政策、会计估计及其变更方案并签署意见；负责领导组织财务报告的编制并在财务报告上签字。

（五）会计机构负责人：负责拟定会计政策、会计估计及其变更方案；负责具体组织财务部门编制财务会计报告并在财务报告上签字。

（六）董事会审计委员会按照《四川西昌电力股份有限公司董事会审计委员会年报工作规程》的规定履行相关职责。

（七）独立董事按照《四川西昌电力股份有限公司独立董事年报工作规程》的规定履行相关职责。

（八）公司其他高级管理人员及参与财务报告编制的各单位、各部门应当及时向财务部门提供编制财务报告所需的信息，并对所提供信息的真实性、完整性负责。

（九）公司董事会、监事会及董事、监事、高级管理人员应保证提供的财务报告不存在虚假记载、误导性陈述或重大遗漏，并就财务报告的真实性、准确性、完整性承担个别和连带的法律责任。

第二章 财务报告的编制

第八条 公司财务部门应在编制财务报告前制定财务报告编制方案，经会计机构负责人审核后，报公司主管会计工作负责人批准。财务报告编制方案应明确财务报告的编制方法（包括会计政策和会计估计、合并方法、范围与原则等）、财务报告编制程序、职责分工（包括牵头部门与相关配合部门的分工与责任等）、编报时间安排等相关内容。编制方案中需要上一级审批的事项应根据内部审批权限的规定报经审批。

第九条 公司应当以实际发生的交易或者事项为依据进行会计确认、计量和报告，如实反映符合确认和计量要求的各项会计要素及其他相关信息，保证会计信息真实可靠、内容完整。在编制年度财务报告前，应当按照《企业财务会计报告条例》等有关法律法规进行必要的资产清查、减值测试、债权债务核实和其他工作。

第十条 公司应按照国家统一的会计准则制度规定，根据登记完整、核对无误的会计账簿记录和其他有关资料编制财务报告，做到内容完整、数字真实、计算准确，不得漏报或者随意进行取舍。

第十一条 财务报告列示的资产、负债、所有者权益金额应当真实可靠。各项资产计价方法不得随意变更，如有减值，应当合理计提减值准备，严禁虚增或虚减资产。各项负债应当反映企业的现时义务，不得提前、推迟或不确认负债，严禁虚增或虚减负债。所有者权益应当反映企业资产扣除负债后由所有者享有的剩余权益，由实收资本、资本公积、留存收益等构成。企业应当做好所有者权益保值增值工作，严禁虚假出资、抽逃出资、资本不实。

第十二条 财务报告应当如实列示当期收入、费用和利润。各项收入的确认应当遵循规定的标准，不得虚列或者隐瞒收入，推迟或提前确认收入。

第十三条 各项费用、成本的确认应当符合规定，不得随意改变费用、成本的确认标准或计量方法，虚列、多列、不列或者少列费用、成本。利润由收入减去费用后的净额、直接计入当期利润的利得和损失等构成。不得随意调整利润的计算、分配方法，编造虚假利润。

第十四条 财务报告列示的各种现金流量由经营活动、投资活动和筹资活动的现金流量构成，应当按照规定划清各类交易和事项的现金流量的界限。

第十五条 附注是年度、半年度财务报告的重要组成部分，对反映企业财务状况、经营成果、现金流量的报表中需要说明的事项，作出真实、完整、清晰的说明。

第十六条 公司应按照企业会计准则和中国证监会有关规定的要求，编制和披露财务报表附注。

第十七条 公司编制财务报告，应当充分利用信息技术，提高工作效率和工作质量，减少或避免编制差错和人为调整因素。

第十八条 任何部门、单位和个人不得伪造、变造会计凭证、会计账簿及其他会计资料，不得提供虚假的财务报告。

第十九条 主管报表编制的财务人员应通过人工分析或利用计算机信息系统自动检查会计报表之间、会计报表各项目之间的钩稽关系是否正确，并重点对以下项目进行校验：

（一）会计报表内有关项目的对应关系。

（二）会计报表中本期与上期有关数字的衔接关系。

（三）会计报表与附表之间的平衡及钩稽关系。

第三章 财务报告的对外提供

第二十条 公司应当依照法律法规和国家统一的会计准则制度以及信息披露的有关规定，及时对外提供财务报告和披露相关信息。

第二十一条 对外提供的财务报告反映的会计信息应当真实、完整。

第二十二条 公司财务报告编制完成后，应当装订成册，加盖公章，由公司负责人、主管会计工作负责人和会计机构负责人（会计主管人员）签名并盖章。

第二十三条 公司年度财务报告应由具有证券期货相关业务资格的会计师事务所审计，有关审计报告由上述会计师事务所盖章及由两名或两名以上注册会计师签名盖章。纳入公司财务报告合并范围的重要子公司，以及对公司财务报告有重大影响的联营企业、合营企业的年度财务报告，也应由具有证券期货相关业务资格的会计师事务所审计。

第二十四条 注册会计师及其所在的事务所出具的审计报告，应当随同财务报告一并提供。

公司对外提供的财务报告应当及时整理归档，并按有关规定妥善保存。

第二十五条 董事会审计委员会应在注册会计师进场前，就年度财务报告审计工作安排与公司会计机构负责人进行沟通，提出指导意见。公司财务部负责沟通、协调会计师事务所审计人员，负责核对、校验审计后的汇总财务报告草稿；公司会计机构负责人应与负责审计的注册会计师就其所出具的初步审计意见进行沟通。沟通的情况及意见应由主管会计工作负责人和公司负责人确认。

第二十六条 在注册会计师进场后，董事会审计委员会应加强与注册会计师的沟通，在注册会计师出具初步审计意见后认真审阅年度财务报告相关信息，形成书面意见。

第二十七条 在注册会计师出具初步审计意见后，公司独立董事应与注册会计师沟通审计过程中发现的问题并进行书面记录、签字。

第二十八条 公司董事、高级管理人员应当对年度财务报告签署书面确认意见，监事会应当提出书面审核意见，说明董事会的编制和审核程序是否符合法律、行政法规和中国证监会的规定,报告的内容是否能够真实、准确、完整地反映公司的实际情况。

第二十九条 董事、监事、高级管理人员对年度财务报告内容的真实性、准确性、完整性无法保证或者存在异议的,应当陈述理由和发表意见,并予以披露。

第三十条 公司相关人员应按照上市公司内部信息和外部信息的管理政策,确保信息能够准确传递。

第三十一条 公司相关人员在编制和传递财务报告的过程中应严格遵守公司《四川西昌电力股份有限公司内幕信息保密制度》,切实履行保密义务。财务报告及其数据在公司董事会审议通过并披露之前,相关人员不得违规对外提供财务报告及相关信息。

第四章 财务报告的分析利用

第三十二条 公司应重视财务报告分析工作,在季报、半年报、年报披露后及时召开财务分析会议,充分利用财务报告反映的综合信息,全面分析公司的经营管理状况和存在的问题,不断提高经营管理水平。

第三十三条 主管会计工作负责人应当在财务分析和利用工作中发挥主导作用。公司发电、供电、营销等生产经营以及其他相关部门负责人应参加财务分析会议。

第三十四条 公司应分析自身的资产分布、负债水平和所有者权益结构,通过资产负债率、流动比率、资产周转率等指标分析公司的偿债能力和营运能力范围;分析公司净资产的增减变化,了解和掌握公司规模和净资产的不断变化过程。

第三十五条 公司应分析各项收入、费用的构成及其增减变动情况,通过净资产收益率、收入增长率等指标,分析公司的盈利能力和发展能力,了解和掌握当期利润增减变化的原因和未来发展趋势。

第三十六条 公司应分析经营活动、投资活动、筹资活动现金流量的运转情况,重点关注现金流量能否保证生产经营过程的正常运行,防止现金短缺或闲置。

第三十七条 公司定期的财务分析应当形成分析报告,构成内部报告的组成部分。

第三十八条 公司财务分析报告结果应及时传递给公司内部有关管理层,充分发挥财务报告在公司生产经营管理中的重要作用。

第五章 奖 惩

第三十九条 对于违反本制度规定,存在下列行为并在公司任职的相关人员,公司应责令限期改正,并视其情节轻重给予相应处罚:

(一) 随意改变会计要素的确认和计量标准的。

(二) 随意改变财务报告的编制基础、编制依据、编制原则和方法的。

(三) 提前或者延迟结账日结账的。

(四) 在编制年度财务报告前,未按照相关规定全面清查资产、核实债务等必要工作的。

（五）拒绝有关部门对财务报告依法进行的监督检查，或者不如实提供有关情况的。会计人员有前款所列行为之一，情节严重的，应申请财政机关吊销会计从业资格证书。

第四十条 编制、对外提供虚假的或者隐瞒重要事实的财务报告，构成犯罪的，依法追究刑事责任。

第四十一条 授意、指使、强令会计机构、会计人员及其他人员编制、对外提供虚假的或者隐瞒重要事实的财务报告，或者隐匿、故意销毁依法应当保存的财务报告，构成犯罪的，移交司法机关依法追究刑事责任。

第四十二条 对于在财务报告编制、对外提供及分析利用过程中对公司有突出贡献的部门或个人，公司酌情予以奖励。

第六章 附 则

第四十三条 本制度未尽事宜按有关法律法规和相关管理制度执行。
第四十四条 本制度由公司董事会审议通过并负责修订和解释。
第四十五条 本制度自公司发布之日起生效。

第十二章 成本性态与本量利分析

【学习目标】
1. 了解成本性态及其分类；
2. 掌握变动成本法的内容；
3. 了解本量利分析的基本假设和相关指标；
4. 掌握单一品种下的本量利分析方法；
5. 了解多品种条件的本量利分析方法；
6. 掌握经营杠杆系数及其影响因素。

第一节 成本性态概述

成本性态是指成本总额和业务总量之间的依存关系，它体现的是成本的性质和表现形态。成本按其性态划分为固定成本和变动成本两大类，这是管理会计全部内容的起点。通过成本性态分析，将成本分为变动成本和固定成本两类，对于成本的预测、决策和分析，特别是对于控制成本和寻求降低成本的途径具有重要作用。也正因为如此，成本性态分析在企业生产成本管理中得到极大的应用。

一、成本性态的分类

成本性态是指成本变动与业务量的相互依存关系，它体现成本的性质和表现形态。依据成本对业务量的依存性，可以将成本分为固定成本、变动成本和混合成本三大类。

（一）固定成本

固定成本是指其总额在一定时期及一定产量范围内，不直接受产量变动的影响而能保持固定不变的成本。由于其总额不受产量变动的影响，因而其单位成本与产量呈反比例关系。如折旧费、广告费、财产保险费、租赁费、职工培训费等均属于固定成本。

从定义我们可以看出，固定成本的特点包括：
（1）固定成本总额是固定的，它一般不随着业务量增减变动；
（2）单位固定成本是变动的，它一般会随着业务量的增减呈反比例变动；
（3）固定成本的固定性具有一定的相关范围。

单位固定成本与产量的关系如图 12-1 所示。

（二）变动成本

变动成本是指在特定的产量范围内，其总额会随产量的变动而变动的成本。其总额会

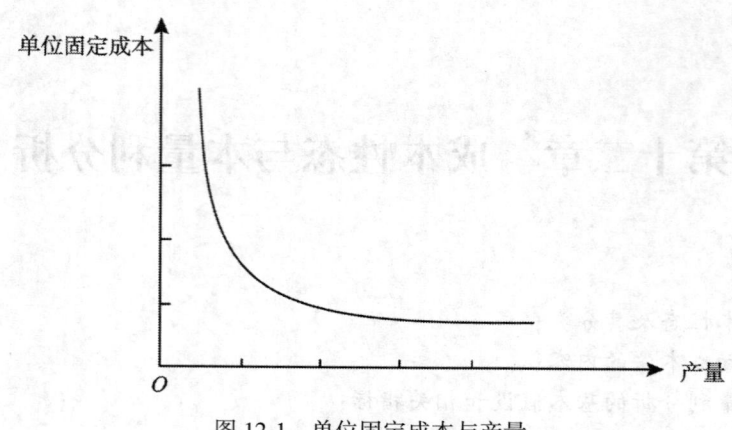

图 12-1 单位固定成本与产量

随产量的增减而呈正比例的增减。总成本与产量之间存在着一个稳定的比例关系。

在制造业中的直接人工、直接材料属于变动成本，而制造费用中随着业务量呈正比例变动的材料物资、燃料费、动力费，按照销售量（额）支付的佣金、装运费、包装费、销售税金等也属于变动成本。

一般来说，变动成本的特点主要包括以下几个方面：

（1）变动成本总额是变动的，它一般会随着业务量的增减而正比例变动；
（2）单位变动成本是固定不变的，它一般不会随着业务量的变动而变动；
（3）变动成本的正比例变动性具有一定的相关范围。

变动成本总额与产量的关系如图 12-2 所示。

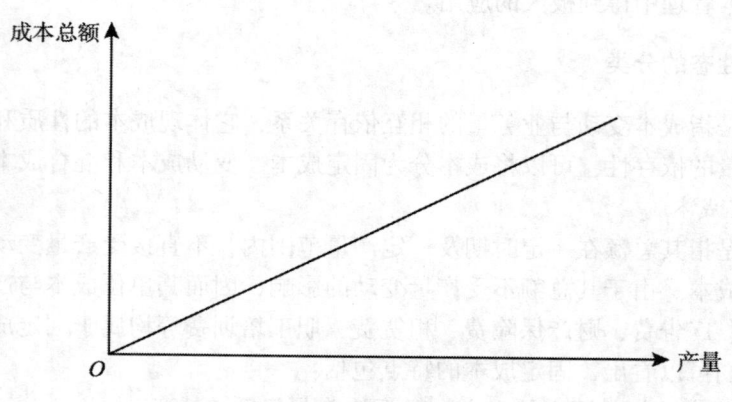

图 12-2 变动成本总额与产量的关系

（三）混合成本

混合成本是指随着业务量的增减变动，其总额虽然也相应地发生变动但变动的幅度并不同业务量的变动保持严格的正比例关系的成本，而是混合了固定成本和变动成本两种不同性态的成本。这类成本的基本特征是，其发生额虽受产量变动的影响，但其变动的幅度并不同产量的变动保持严格的比例关系。

二、成本性态分析法的特征

通过运用回归分析法、账户分析法、技术测定法等，对企业成本、业务量间存在的关联进行分析，被称为成本性态分析法。目前企业成本可以简略分为固定成本、变动成本两部分，成本性态分析法存在着对象相对性、特性暂时性、各种特性间的转化性特征。

相对性指的是企业成本在不同的对象对比中，存在不同的对比结果；同一成本对象在不同企业中，存在不同的性质与特征。在同种企业内部，也存在着不同的企业成本，具有不同的成本性质与特征。

暂时性指的是单一企业成本对象在企业发展的不同时间，会呈现出不同的成本性质与特征。也就是说企业的成本、业务量间的关系函数，会随着企业生产量的增加而发生变化。企业成本在一定的企业生产量范围内，存在固定成本、变动成本的区别。若超出一定的生产业务量区间，企业的固定成本、变动成本会发生相应的转变。企业的固定成本、变动成本与业务量存在的线性关联，也是在一定的生产业务量区间；若超出一定的生产业务量区间，这种线性关联也会不复存在。

成本固定性、变动性的性质划分，是根据一定的生产业务量确定的，属于短期的性态特征。成本性态分析的短期化特征，表明其不能用作长期的成本性态指导信息。而企业长期的成本性态指导方针，需要企业不定时地对成本性态进行分析、测算，不定时更新企业成本、业务量存在的线性关联。

企业成本的可转化性指的是在某些生产业务量节点，固定成本、变动成本能够进行交换与转化。这种转化的过程，也是企业成本、业务量间线性关联变化的过程。企业需要根据不同的业务节点，进行不同的成本性态分析。

三、成本性态分析在企业管理中的应用

企业成本是企业生产不可回避的主要问题，生产成本的管理是企业控制消耗、提高经济效益的主要手段。同时企业成本也能考量企业产品品质的好坏，能够考量企业在成本控制方面的经验与取得的效果。企业成本包括固定成本、变动成本、混合成本等，而各种成本中又会划分出更加繁多而精细的成本。因此企业要根据不同的成本性质与特征，进行不同的成本性态分析。成本性态分析的主要目的是降低企业成本，提高企业的利润收益。变动成本、固定成本是最容易进行成本性态分析的两种成本，也可以运用回归分析法、账户分析法、技术测定法等分析方法，先将混合成本分为固定成本、变动成本，再进行成本性态分析。企业财务管理中的成本性态分析，能够较好地控制企业总成本。

固定成本、变动成本是成本性态分析关注的主要成本，从理论上固定成本、变动成本，能够解决企业成本中存在的所有问题。但是成本性态分析法的应用存在着一系列的问题，主要包括以下几方面：

企业财务管理人员、企业管理者的专业素质与管理意识还有待提高，目前我国部分企业没有成本分析、成本控制的意识，也没有安排专业成本性态分析人员进行成本管理。

企业成本包括多方面内容，而各种成本的核算并不准确，因此企业总成本的核算也存在着众多疏漏。企业总成本的成本性态分析，需要运用专业的数据软件对企业成本进行逐一分析。但复杂的数据分析对电脑的要求较高，普通电脑不能完成日常的成本性态分析工作。成本、业务量间存在的线性关系不恒定，只有在一定的企业生产业务量范围内，这种线性关系才能保持恒定；一旦超出生产业务量范围，这种恒定关系就会发生改变。

第二节 变动成本法

变动成本法与完全成本法是两个相对应的计算成本的概念。变动成本法是指在产品计算中，把产品生产过程中所消耗的直接材料、直接人工和制造费用中的变动部分包括在内，而制造费用中的固定部分被视为期间费用而从相应期间的收入中全部扣除。完全成本法是指在产品成本的计算中，不仅包括产品生产过程中所消耗的直接材料、直接人工，还包括全部的制造费用（变动制造费用和固定制造费用）。与完全成本法相比，变动成本法能够为预测、决策、控制提供更为有用的信息，于是变动成本法作为一种非传统的计算方法，被广泛应用于企业管理。

一、变动成本法的特点

变动成本法的特点可以通过与完全成本法的比较看出来。一般来说，两种方法的特点主要从以下几个方面总结：

（一）划分依据不同

变动成本法是在成本性态分析的基础上，对产品成本按其与产量变动间的线性关系划分为变动成本与固定成本，并进行粗略估计。而完全成本法将成本按其用途分成生产成本与非生产成本两大类。

（二）产品成本构成内容不同

变动成本法将制造费用中的固定部分视作当期的期间费用，随同销售和管理费用一起全额扣除，产品成本中只包含直接人工、直接材料和变动制造费用。完全成本法下，产品成本中包含直接材料、直接人工和为生产产品而耗费的全部制造费用，非生产成本作为期间费用。

（三）计算公式不同

1. 变动成本法

已销产品成本＝直接材料＋直接人工＋变动性制造费用

期间成本＝固定性制造费用＋销售费用＋管理费用＋财务费用

销售毛利＝销售收入－已销产品成本

税前利润＝销售毛利－期间成本

2. 完全成本法

已销产品成本＝直接材料＋直接人工＋制造费用

期间成本＝销售费用＋管理费用＋财务费用

销售毛利＝销售收入－已销产品成本

税前利润=销售毛利−期间成本

二、变动成本法与完全成本法的实际应用

从上面的比较可以看出,变动成本法的计算方法和构成内容与完全成本法并不相同,在产销不平衡时,两种方法确定的损益也不同。下面就以连续期间的损益计算为例,通过一个实例来具体说明变动成本法与完全成本法在计算税前净利时的差异。

例 12.1 已知某企业 2015 年只生产一种产品,企业有关的业务量、售价与成本资料如表 12-1 所示。

表 12-1　　　　　　　　　　企业 2015 年会计年度生产情况

期初存货量(件)	0	变动生产成本(元)	60 000
本期生产量(件)	6 000	固定制造费用(元)	15 000
本期销售量(件)	4 500	变动销售费用(元)	900
期末存货量(件)	1 500	固定销售费用(元)	2 100
售价(元/件)	20	变动管理费用(元)	450
		固定管理费用(元)	4 050

现根据上述材料,分别按变动成本法和完全成本法编制利润表,对两种成本法计算差异进行分析。

从表 12-2 我们可以看出,完全成本法下营业利润−变动成本法下营业利润 = 26 250−22 500 = 3 750,是由于完全成本法下期末存货吸收了一部分固定制造费用。完全成本法下期末存货包含的固定制造费用 = 1 500×15 000/6 000 = 3 750。说明不同的成本计算方法对分期损益会产生不同的影响,其差额就是采用完全成本法下期末存货与期初存货所含固定成本的差额。当然,从一定时期来看,如果产销平衡,那么两种方法计算出的各期总的税前净利是无差异的。

表 12-2　　　　　　　　　　利　润　表

贡献式		传统式	
营业收入	90 000	营业收入	90 000
变动成本		营业成本	
变动生产成本	45 000	期初存货成本	0
变动销售费用	900	本期生产成本	75 000
变动管理费用	450	可供销售产品生产成本	75 000
变动成本合计	46 350	期末存货成本	18 750

续表

贡献式		传统式	
贡献边际	43 650	营业成本合计	56 250
固定成本		营业毛利	33 750
固定制造费用	15 000	营业费用	
固定销售费用	21 00	销售费用	3 000
固定管理费用	4 050	管理费用	4 500
固定成本合计	21 150	营业费用合计	7 500
营业利润	22 500	营业利润	26 250

例 12.2 LK 工艺制品有限公司宣告业绩考核报告后，二车间负责人李某情绪低落。原来，二车间主任李某任职以来积极开展降低成本活动，严格监控成本支出，考核却没有完成责任任务，严重挫伤了工作积极性。财务负责人了解情况后，召集成本核算人员，寻找原因，看看问题到底出在哪里。

二车间实际成本资料显示，材料消耗实行定额管理，产品耗用优质木材，单件定额 6 元；工人工资实行计件工资，计件单价 3 元；在制作过程中需用专用刻刀，每件工艺品限领 1 把，单价 1.3 元；劳保手套每生产 10 件工艺品领 1 副，单价 1 元；当月固定资产折旧费 8 200 元，当期计划产量 5 000 件，摊销办公费 800 元，保险费 500 元，租赁仓库费 500 元。车间实际组织生产时，根据当月订单组织生产 2 500 件，车间负责人李某充分调动生产人员工资积极性，改善加工工艺，严把质量关，杜绝了废品，最终使材料消耗由定额的每件 6 元，降低到每件 4.5 元；领用专用工具刻刀 2 400 把 3 120 元。但是在业绩考核中，却没有完成任务，出现了令人困惑的结果。

财务负责人组织人员进行了以下分析：

(1) 定性分析。产品成本计算有两种方法，即完全成本法和变动成本法。完全成本法所提供的会计信息可以揭示外界公认的成本，与产品在质方面的归属问题，广泛地被外界所接受；而变动成本法，强化为企业内部管理的要求而产生，有助于加强成本管理，它是实行成本责任管理的基础。采用变动成本法有助于将固定成本和变动承包指标分解落实给各个责任单位，分清各部门责任，该案例车间主任李某的责任成本应是产品的变动生产成本部分。该公司在改变成本管理模式实行成本责任管理，确认和考核李某的工作业绩时，应采用变动成本法。

(2) 定量分析。

①采用完全成本法。

定额产量 5 000 件；

直接材料费用 30 000 元（6×5 000）；

直接人工费用 15 000 元（3×5 000）；

制造费用 17 000 元；

定额总成本 62 000 元，定额单位成本 12.40 元；
按实际产量 2 500 件计算定额成本 31 000 元 (12.40×2 500)；
实际成本费用：直接材料费用 11 250 (4.5×2 500)；
直接人工费用 7 500 元 (3×2 500)；
制造费用 13 370 元；
实际总成本 32 120 元。

从上面计算结果看，实际总成本 32 120 元大于定额成本 31 000 元，得出结论：没有完成责任成本。

②采用变动成本法。

首先将费用划分成固定性费用和变动性费用两部分，只有变动性生产费用才是车间主任李某能够控制的，是责任成本。

单位变动成本：直接材料 6 元，直接人工费用 3 元，变动性制造费用 1.4 元；按实际产量 2 500 件计算的变动性生产成本费用 26 000 元；

实际成本：直接材料费用 11 250 元 (4.5×2 500)，直接人工费用 7 500 元 (3×2 500)，变动性制造费用 3 370 元 (1.3×2 400)，其中：工具费用 3 120 元，劳保用品费用 250 元 (1×2 500/10)。实际总成本为 22 120 元。

(3) 总体分析。①对责任成本进行分析，上面计算结果实际成本 22 120 元，比李某的定额变动责任成本 26 000 元小，说明成本比责任成本降低了 3 880 元 (26 000 - 22 120)，所以说李某完成了责任成本，而且比责任成本降低了，采用完全成本法计算的结果扭曲了事实。在这里我们仅仅是用责任成本来考核车间主任工作业绩，然而变动成本法的用途却远不止如此，我们可以用变动成本法对经理人员的业绩进行评价。

②对经理人员业绩进行评价。评价经理人员业绩通常要考虑其所控制部门的赢利能力、前后期的利润差异及实际利润与计划利润的对比，通常用来作为评价管理才能的信号。而要使信号有意义，利润应能反映出经理的努力程度。一般来说，在提高销售量的同时控制住成本，那么利润应比前期增加。这样才能表明经理人员经营成功。如果我们采用的是完全成本法，用它来评价经理人员的业绩就不是很合理了，因为我们知道完全成本法中将固定性制造费用也作为产品的成本，如果当期的销售量小于产量，那么存货中有一部分成本就要递延到下期。这样就算下期的销售量增加了，利润也不一定有所增长。因为这时的利润要弥补上期留在存货中的固定性制造费用，这样就会挫伤人们的积极性，阻碍人们创新意识的产生和发展。

③利用变动成本法对分部报告进行评价，做出正确的短期决策。变动成本法下将固定成本和变动成本进行分离，这对于进行正确的业绩评价十分重要。评价意味着进行相关的决策——是否继续经营某工厂，或者是继续或停止生产某种产品。不区分固定和变动成本，对赢利作业的评价和由此做出的决策可能都是错误的。分部报告由分部经理提供可控成本的信息。所谓可控成本，是指某一经理能够影响其发生水平的成本。因此对于其无权控制的成本，经理人员也就不承担受托责任。

以上案例反映，分部内两个以上工厂共同发生的固定成本就不能分摊给各个工厂，只能列为分部的一项成本。用变动成本法编制的分部损益表，具有一个重要的特点，固定费用被分为两类：直接固定费用和共同固定费用。直接固定费用是由分部本身存在而引起的，是可避免的；共同固定费用是两个或两个以上的分部共同发生的，是不可避免的。在变动成本法中进行了详细的划分，但在完全成本法中却没有这样，在进行短期决策时可能会因为一种产品的亏损而停止生产这种产品，但是实际上这种产品也分担着该分部的共同固定费用，当停止生产该产品时，共同固定费用仍旧发生在这种情况下，分部的净利润会比停产前亏损得更多。这时如果经理人员使用的是固定成本法，就会做出错误的决策，给企业带来损失。

综上所述，为了更好地履行其对内、对外两方面的职能需要，变动成本计算法和完全成本计算法互相补充、取长补短，实现变动成本法和完全成本法的结合。二者结合是企业自身发展的需求，也是管理会计下的大的发展趋势，无论是应用变动成本法还是完全成本法，都是为了更好地服务于企业，为企业提供更加精确的数字依据和有用的决策信息。我们相信变动成本法会得到更加长远的发展。

三、变动成本法的评价

(一) 变动成本法的优点

变动成本法能够揭示产量与成本之间变化的规律，因而有助于企业加强成本管理，强化预测、决策等各项管理职能。具体来说，它的优点主要体现在以下几个方面：

1. 有利于正确进行短期决策

变动成本法是利用业务量与成本的依存关系，再进行科学分析来获得有关重要的经济信息的。利用这些信息能够帮助管理当局深入进行本量利分析和贡献毛益分析，如预测保本点、规划目标利润、目标销售量或销售额、目标成本、编制弹性预算、正确进行短期经营决策等。

2. 有利于加强成本控制和业绩考核

变动成本能够反映相关部门的实际业绩，利用变动成本可以分清哪些因素影响了成本的升降，进而寻求降低成本的方法，评价各部门的业绩。

3. 有利于管理当局重视销售环节，防止盲目生产

采用变动成本法计算损益，在其余条件不变的情况下，企业的盈利将随着销售量的增加而增加。这就促使管理当局重视销售环节，以销定产，提高资金的使用效率。

4. 简化产品成本的计算

变动成本法并不需要在不同成本对象之间分配固定成本，这就简化了产品成本的计算，并减少了固定成本分摊的随意性。

(二) 变动成本法的局限性

变动成本法算出的产品成本和损益既不符合产品定价的要求，也不符合对外报送会计报表的要求和所得税法对计算应税所得额的要求。完全成本法则符合这些要求。因此，需要采用变动成本法计算产品成本的企业，一般只宜在账内计算，并且在月末计算营业利润、编制对外会计报表以前，必须将账面成本调整为完全成本。

实际工作中我们需要把变动成本法和完全成本法有机地结合起来，形成一个完整、有

利于成本控制和成本管理,并为企业的经营决策管理提供有益信息的成本管理系统。

第三节 本量利分析

本量利分析是成本、产量、利润之间依存关系分析的简称,它是指在成本性态分析的基础上,运用数学模型和图式,对成本、利润、业务量与单价等因素之间的依存关系进行具体的分析,研究其变动的规律性,以便为企业进行经营决策和目标控制提供有效信息的一种方法。

这一分析方法是在人们认识到成本可以也应该按照性态进行划分的基础上发展起来的,其基本原理和分析方法在企业的预测、决策、计划和控制等方面具有重要意义,也是管理会计中的一项基础内容。本节重点就本量利分析的具体内容和分析方法进行介绍。

一、本量利分析的基础假设

任何分析理论与方法都是建立在一定的假设前提下才能成立,本量利分析也有其基本假设。

(一)相关范围假设

由于本量利分析是在成本性态分析基础上发展起来的,所以成本性态分析的基本假设也就成为本量利分析的基本假设。一项成本究竟是变动的还是固定的,是在一定相关范围内成立的。这个相关范围就是成本按照性态划分的基本假设,同时,它也构成了本量利的基本假设之一。

(二)线性关系假设

企业的总成本性态可以或者近似可以描述为 $y=a+bx$ 这样一种线性模型。具体来说,就是在一定的相关范围内,固定成本总额保持不变,变动成本总额随着业务量的变化而正比例变化,总成本和业务量呈一定的线性关系。

(三)产销平衡假设

本量利分析中的量是指销售数量而非生产数量。所谓产销平衡就是企业生产出来的产品总是可以销售出去,能够实现生产量等于销售量。

(四)品种结构稳定假设

该假设是指在一个多品种生产和销售额企业中,每种产品的销售收入在总收入中所占的比重不会发生变化。由于多品种条件下各种产品的获利能力一般会有所不同,有时差异还比较大,如企业产销的品种结构发生较大变动,必然导致利润与原来品种结构不变假设下预计的利润有很大差别。因此在本量利分析中,假定产品品种结构保持稳定。

在现实经济生活中,成本、销售数量、价格和利润之间的关系非常复杂。例如,销售收入与销售量之间也不一定是线性关系,因为售价可能发生变动。为了建立本量利分析理论,必须对上述复杂的关系做一些基本假设。正是因为本量利分析建立在上述假设基础上,所以一般只适用于短期分析。

二、本量利分析的基本内容

(一) 基本公式

本量利分析是以成本性态分析和变动成本法为基础的,其基本公式是变动成本法下计算利润的公式,该公式主要包括固定成本、单位变动成本、销售量、销售单价和营业利润等相关因素,反映了成本、业务量和利润各因素之间的相互关系。其基本公式如下:

$$税前利润=销售收入-成本总额$$
$$销售收入=销售量×单价$$
$$成本总额=变动成本+固定成本$$
$$=销售量×单位变动成本+固定成本$$

为了便于公式的利用,现将上述本量利关系的基本公式用字母表述为:

$$R=pQ-(F+bQ) \text{ 或 } R=(p-b)Q-F$$

式中,R——营业利润

　　p——销售单价

　　Q——销售量

　　F——固定成本

　　b——单位变动成本

(二) 贡献毛益及相关指标

1. 贡献毛益

贡献毛益 (contribution margin) 是本量利分析中的一个重要概念,也称为"边际贡献"、"贡献边际"、"边际利润"等,是衡量产品盈利能力的一项重要指标。它是销售收入扣除相应变动成本之后的金额。

贡献毛益有两种表现形式,一是单位概念,称为单位贡献毛益。是指每种产品的销售单价减去该产品的单位变动成本;二是总括概念,称为贡献毛益总额,是指销售收入总额减去变动成本总额。

贡献毛益虽然不是企业的营业利润,但是它能够反映企业的营业利润及其盈利情况。因为贡献毛益首先用来补偿企业的固定成本,余额是对企业的贡献。只有当贡献毛益补偿固定成本还有剩余时,企业才能实现盈利,否则就可能出现亏损。因此,贡献毛益是一个反映企业产品盈利能力的指标,在管理会计中是一项很重要的决策指标。

2. 贡献毛益率

贡献毛益率是指单位贡献毛益与销售单价的比值,或者贡献毛益总额与销售收入总额的比值。贡献毛益率是相对数指标,反映每单位销售额中能提供的贡献毛益金额。

与贡献毛益率相对应的概念是变动成本率。所谓变动成本率,是指单位变动成本与销售单价的比值,或者是变动成本总额与销售收入总额的比值。

贡献毛益率与变动成本率之间的关系都是以销售收入为基础计算的,两者相加之和为1。所以它们之间的关系属于互补性质。企业变动成本率越高,贡献毛益率就越低,变动成本率越低,其贡献毛益率必然越高。

(三) 本量利分析图

将成本、业务量和利润的关系反映在直角坐标系中，即为本量利图，用图示来表明本量利之间的相互关系，也显得一目了然。从图12-3可以看出，销售收入线与总成本线代表盈亏临界点，原点与该点之间是亏损区，产销量在此区间，企业会亏损；超过该点，企业就会盈利。

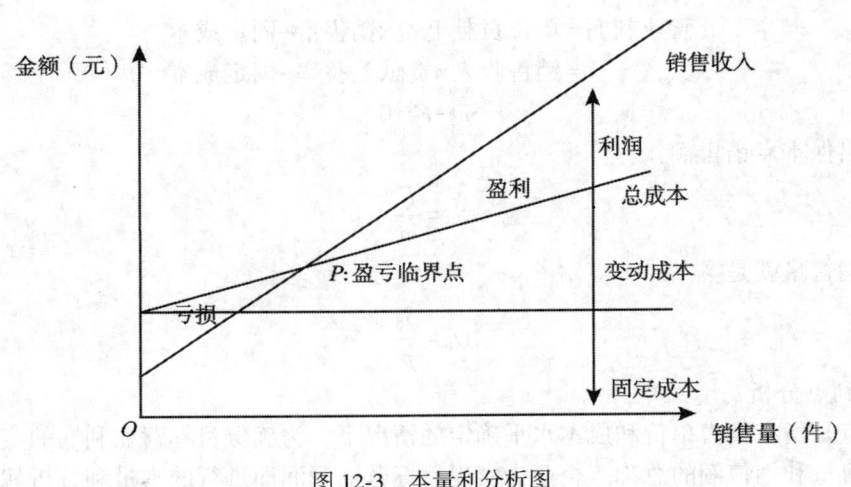

图12-3 本量利分析图

三、本量利分析的分类

(一) 单一品种下的本量利分析

所谓单一品种，是指企业只生产和销售一种产品。虽然这种情况在实践中并不常见，但在此分析的基础上，有助于我们认识和了解本量利基本因素之间的内在关系。在单一品种条件下，本量利分析的主要内容是确定保本点和保利点。

1. 保本点分析

所谓保本，顾名思义，是指企业在一定会计期间达到其营业利润为零或者盈亏平衡、损益两平的状态。保本点就是能使企业达到保本状态时的业务量的总称。单一品种的保本点有两种表现形式：保本点销售量和保本点销售额。

"保本点分析"又称为盈亏临界分析，是对企业正好处于保本状态下本量利关系的分析。它是进行企业经营安全程度分析和保利分析的基础，也是本量利分析的基础。保本分析的关键是保本点的确定。保本点的确定主要是有基本公式法、贡献毛益公式法和图解法。

基本公式法是指根据本量利公司和保本点的概念，确定保本量和保本额的一种方法。其计算公式是：

$$营业利润 = (单价-单位变动成本) \times 销售量-固定成本 = 0$$
$$(p-b)Q - F = 0$$

可以算出保本点的销售量 (Q_0)：

$$Q_0 = \frac{F}{p-b}$$

保本点销售额（S_0）：

$$S_0 = Q_0 p$$

贡献毛益公式法是指利用贡献毛益率和保本点的概念来确定保本点的一种方法。其计算公式是：

$$营业利润 = 单位贡献毛益 \times 销售量 - 固定成本$$
$$= 销售收入 \times 贡献毛益率 - 固定成本 = 0$$
$$Sm - F = 0$$

即解出保本点销售额：

$$S_0 = \frac{F}{m}$$

保本销售量就是：

$$Q_0 = \frac{S_0}{p}$$

2. 保利点分析

保利点是指在销售单价和成本水平确定的情况下，为确保目标营业利润的实现而应当达到的销售量和销售额的总称。企业为实现目标营业利润而进行的本量利分析就是保利点分析。通过保利点分析，实现目标营业利润就必须应达到相应的目标销售量和目标销售额，从而以销定产，确定目标产量、生产成本及资金需要量等。

其中，目标营业利润（TR）计算公式为：

$$目标营业利润 = (单价 - 单位变动成本) \times 销售量 - 固定成本$$
$$TR = (p-b)Q - F$$

因此，可以确定保利点销售量（Q_2）：

$$Q_2 = \frac{F + TR}{p - b}$$

保本点销售额（S_2）：

$$S_2 = Q_2 p$$

（二）多品种条件下的本量利分析

在实际情况下，大多数企业从事多元化生产经营，更多的是两种以上的多品种产销活动。企业同时产销多种产品，本量利分析中的"量"就不能用实物量表示，因为不同质的各种产品，不能在数量上进行相加，只能用货币量来表示。因此，从在单一品种情况下销售数量来表示"量"，到了多品种的情况下，就应该采用销售额来表示。

在多品种生产条件下，本量利分析同样涉及保本点和保利点的分析。具体方法有综合贡献毛益率法和联合单位法。

1. 综合贡献毛益率法

综合贡献毛益率法又称为加权平均法，是指在掌握每种产品本身的贡献边际率的基础上，按各种产品销售额的比重进行加权平均，据以计算综合贡献边际率，进而计算多品种保本额和保利额的一种方法。它适用于多种产品都使用同一固定资产，而固定成本又无法划分的情况。使用这种方法的关键就是如何确定综合贡献毛益率。

采用综合贡献毛益率法进行保本点分析，具体步骤如下：
（1）计算各种产品的贡献毛益率。
（2）计算全部产品总销售额。

$$全部产品的总销售额 = \sum(某种产品的销售单价 \times 该产品的预计销售量)$$

（3）计算各产品的销售比重。

$$某产品的销售比重 = \frac{某产品销售额}{全部产品总销售额}$$

（4）计算企业综合贡献毛益率。

$$综合贡献毛益率 = \sum(各产品的贡献毛益率 \times 各产品的销售比重)$$

（5）计算企业的综合保本点销售额。

$$综合保本点销售额 = \frac{固定成本}{综合贡献毛益率}$$

（6）计算各种产品的保本销售额和保本销售量。

$$某产品的保本销售额 = 综合保本点销售额 \times 各产品的销售比重$$

$$某产品的保本销售量 = \frac{各种产品的保本点销售额}{各种产品的销售单价}$$

同样，利用综合贡献毛益率法进行保利点分析，先确定企业目标营业利润，按照上述方法确定综合贡献毛益率。从而得出综合保利点销售额计算公式为：

$$综合保利点销售额 = \frac{固定成本 + 目标营业利润}{综合贡献毛益率}$$

四、本量利分析的作用

通过本量利分析能够对企业的产品结构、产品种类进行优化，让企业在实际生产过程中能够遵循效益优先的方式。企业生产产品的结构与企业的变动成本是相关联的，企业可以通过本量利分析找出自身优势，进而不断优化产品结构，降低成本进而提高企业的经济效益。

通过本量利分析企业可以预测企业面临的经营风险，在本量利分析中通常使用经营杠杆率来表示企业经营风险情况，销量每变化百分之一，利润相应变化的值称为经营杠杆率。一般而言，经营杠杆率高说明企业的销售量变化的幅度较销售量变化所带来的利润的变化幅度要小，利润波动幅度较大，在这种情况下，企业存在着较高的经营风险。如果企业所在的市场对该企业有利，需要该企业的产品而促使该企业产品销售量增加，在这种情况下企业选择高经营杠杆率的经营方式，能够给企业带来大幅度增加的利润，有利于企业的快速发展。相反的情况，如果企业当前的经营杠杆率较低，则说明企业产品的销售量变化与利润的变化相差不多，最终的二者的比值较小，这种情况说明企业的经营风险较低，如果企业在市场中的市场占有率是固定的，在这种情况下，企业产品的销售量变化对企业的整体利润影响不大，这样的话企业需要通过本量利分析选择新的策略提高企业的利润。

通过本量利分析可以帮助企业提高生产经营安全程度，利用本量利分析可以计算出企业的盈亏平衡点，确定在该点处企业产品的销售数量，它可以帮助企业进行生产经营分析与决策，企业如何继续生产经营、如何销售，都可以这一平衡点作为依据，在保证生产安全的情况下，制定相应的生产措施与决策，合理地制定企业的生产经营目标，制定企业的预算以及企业的目标利润。同时本量利分析可以实现对企业内部的管理，加强企业的管理力度和管理措施等，通过分析可以确定哪些指标对企业目标利润有影响，哪些指标是无影响的，确定这些因素之后，可以重点对有影响的因素进行管理与控制，在必要时可以通过拓宽企业的生产经营范围，增加企业的产品种类，这样对于企业提高自身的经济效益，提升企业整体实力具有重要的作用。

通过本量利分析可以帮助企业计算当前的边际贡献以及边际贡献率，对企业进行敏感性分析，通过边际贡献确定企业的产品定价，确定企业的定价策略等，能够帮助企业寻找最适合的生产经营策略，通过敏感性分析，对技术项目方案的经济效果评价指标的影响程度进行分析，再结合确定的敏感性分析的结果做出进一步综合评价，找出影响企业盈利指标诸多因素中增加利润的决定性因素，寻求企业经营的最优方案。

通过本量利分析方法能够加强企业的经营管理，提高企业的经济效益。本量利分析可以确定企业的产品结构是否合理，企业产品定价如何，如何确定产品的产销数量以及销售渠道等，它能够帮助企业制订科学的企业经营计划，规定企业严格按照这一计划执行。帮助企业制定生产经营策略和方案，以适用的产品、适宜的价格、合理的分销渠道和有效的促销进行企业生产经营，帮助企业实现目标利润，提高企业的经营计划。本量利分析可以确定企业在一定时期内应该生产产品的数量，分析企业的销售情况，通过合理的营销手段减少产品库存，进而降低企业的成本，产生最佳的经济效益。

五、本量利分析在企业发展的不同阶段的运用

（一）在企业成立时期的运用

由于企业初期的技术装备率低，其产出规模小，产品多为劳动密集型，而且其投资主体多为多元化，所以整体的实力并不是很强，资金不足可能是企业发展的一个问题。在企业刚刚成立之初，由于企业还没有生产运作经验，这一时期企业要维持并继续运作下去需要较多的资金，但是由于存在资金不足的问题，企业生产出的产品并不能很快销售出去，生产成本和促销费用都很高，需要加强成本控制，防止现金流出现问题。因此在这个时期就应该充分发挥本量利分析的作用，对企业的成本和运行情况进行监督，控制好企业的成本，充分利用企业现有的资源，使其充分发挥作用实现资源优化配置，取得最大的收益。企业成立初期是企业打基础的时期，是企业在探索中，摸索着前进的一个时期，这一时期的发展在很大程度上决定着企业未来的发展，尽管存在着经验不足之处，但是企业一定要把成本控制工作做好，为企业今后能够更好、更快地发展奠定基础。

（二）在企业成长期的运用

经过了成立初期，企业有了一定的基础，同时积累生产经营、销售等经验，在同行业的市场中占有一定的市场份额，这个时候企业开始进入成长期，企业已经开发出自己的产品，同时竞争者不断进入，企业所在市场竞争加剧，压力增加，这个时候企业要充分利用好本量利分析，分析企业产品策略、市场策略以及价格策略，综合考虑，调整好企业的发展战略，通过继续加大投资，在稳住企业现有市场份额的基础之上，争取占有更多的市场以获取更多的利润。在生产经营的外部条件下，在计划经济时期，尽管提过大、中、小型企业并举的口号，但国家计划实际上是偏重于大型企业的投资建设和生产经营，忽视中小企业在经济发展中的作用，因而，中小企业得不到政府计划的保障。改革开放前，中小企业只能在计划经济的缝隙中生存，随着改革开放的进展和市场机制作用的扩大，中小企业才得到迅速发展。在市场调节下企业才能发展得更快，走得更远。

（三）在企业成熟期的应用

进入成熟期时，企业已经有了自己成熟的产品，有自己固定的客户资源，在市场中也有一定的知名度，已经有了自己的营销渠道以及营销策略，营销过程不像初期那样存在阻碍，渠道相对大企业而言仍然有限，组织程度相对较差，但是目前状况企业可以长期保持最大利润。这个时期企业发展遇到瓶颈，企业想要继续发展，提高利润，突破瓶颈，应当借助本量利分析，改变现有的生产经营策略，降低企业成本，通过技术创新研发新产品，提升企业综合竞争能力，扩大企业净利润，使企业在市场中继续生存与发展。

六、本量利分析的应用实例

例 12.3 某企业生产一种产品，已知某企业只产销一种产品，2015 年销售量为 8 000 件，单价为 240 元，单位成本为 180 元，其中单位变动成本为 150 元，该企业计划 2016 年利润比 2015 年增加 10%。

要求：运用本量利分析原理进行规划，从哪些方面采取措施，才能实现目标利润（假定采取某项措施时，其他条件不变）？

解：（1）目标利润的计算：

$$240 \times 8\ 000 - 180 \times 8\ 000 = 480\ 000\ （元）$$

$$480\ 000 \times (1 + 10\%) = 528\ 000\ （元）$$

（2）本量利相关指标：

$$单位贡献毛益 = 销售单价 - 单位变动成本$$
$$= 240 - 150 = 30\ （元）$$

$$贡献毛益总额 = 单位贡献毛益 \times 销售量$$
$$= 30 \times 8\ 000 = 240\ 000\ （元）$$

$$贡献毛益率 = 单位贡献毛益 \div 销售单价$$
$$= 30 \div 240 = 12.5\%$$

（3）由公式 $R = (p-b)Q - F$ 可以得到：

① 当 $R = 528\ 000$，单位贡献毛益为 30，固定成本为 $30 \times 8\ 000 = 240\ 000$ 时；

$$Q = (240\ 000 + 528\ 000) / (240 - 150) = 8\ 534\ （件）$$

故 2016 年应当增加销售量 8 534 件，才能实现目标利润。

②若要从固定成本进行改变：
$$30×8\ 000-528\ 000=192\ 000（元）$$
$$240\ 000-192\ 000=48\ 000（元）$$
故降低固定成本 48 000 元，才能实现目标利润。

③若改变单位变动成本：
$$(240\ 000+528\ 000)/8\ 000=96（元）$$
$$150-96=54（元）$$
故单位变动成本应降低 54 元，才能实现目标利润。

④若改变单价：
$$150+(24\ 000+528\ 000)/8\ 000=246（元）$$
$$246-240=6（元）$$
故提高单价 6 元，才能实现目标利润。

例 12.4 已知：某公司生产甲、乙、丙三种产品，其固定成本总额为 19 800 元，三种产品的有关资料如表 12-3 所示。

表 12-3　　　　　　　　　　　**产品的有关资料**

品种	销售单价（元）	销售量（件）	单位变动成本（元）
甲	2 000	60	1 600
乙	500	30	300
丙	1 000	65	700

要求：（1）采用加权平均法计算该厂的综合保本销售额及各产品的保本销售量。
（2）计算该公司营业利润。

解：（1）计算各种产品的贡献毛益率：
$$甲产品的贡献毛益率=(2\ 000-1\ 600)/2\ 000=20\%$$
$$乙产品的贡献毛益率=(500-300)/500=40\%$$
$$丙产品的贡献毛益率=(1\ 000-700)/1\ 000=30\%$$

（2）计算全部产品总销售额：
$$全部产品的总销售额=\sum(某种产品的销售单价×该产品的预计销售量)$$
$$=2\ 000×60+500×30+1\ 000×65=200\ 000$$

（3）计算各产品的销售比重：
$$某产品的销售比重=\frac{某产品销售额}{全部产品总销售额}$$
$$甲产品的销售比重=(2\ 000×60)/200\ 000=60\%$$
$$乙产品的销售比重=(500×30)/200\ 000=7.5\%$$
$$丙产品的销售比重=(1\ 000×65)/200\ 000=32.5\%$$

（4）计算企业综合贡献毛益率：

$$综合贡献毛益率 = \sum(各产品的贡献毛益率 \times 各产品的销售比重)$$
$$= 20\% \times 60\% + 40\% \times 7.5\% + 30\% \times 32.5\% = 24.75\%$$

（5）计算企业的综合保本点销售额：

$$综合保本点销售额 = \frac{固定成本}{综合贡献毛益率}$$
$$= 19\,800/24.75\% = 80\,000（元）$$

（6）计算各种产品的保本销售额和保本销售量：

$$某产品的保本销售额 = 综合保本点销售额 \times 各产品的销售比重$$

$$某产品的保本销售量 = \frac{各种产品的保本点销售额}{各种产品的销售单价}$$

甲产品保本量 = 80 000×60%/2 000 = 24

乙产品保本量 = 80 000×7.5%/500 = 12

丙产品保本量 = 80 000×32.5%/1 000 = 26

例 12.5 某特钢公司是一家拥有巨大产销能力的钢材产销国有企业，当前，该企业成本已按性态分类并且企业内部采用变动成本法进行产品成本核算。企业共生产 A、B、C、D、E、F 六种产品，成本数据及预计产销量计划如表 12-4 所示。

表 12-4　　　　　　　　　**预计产销量和成本数据资料**

品种	生产能力	单价（元/吨）	销售收入（万元）	单位变动成本（元）	变动成本（万元）	固定成本（万元）	经营利润（万元）
A	53 000	4 600	24 380	3 950	20 935	3 710	-265
B	60 000	5 700	34 200	4 700	28 200	6 600	-600
C	54 000	8 100	43 740	6 500	35 100	7 560	1 080
D	11 000	12 000	13 200	9 300	10 230	880	2 090
E	115 000	3 400	39 100	2 950	33 925	1 725	3 450
F	107 000	3 600	38 520	3 300	35 310	4 280	-1 070
合计	400 000	—	193 140	—	163 700	24 755	4 685

现就该企业运用本量利分析模型进行分析并提供建议，旨在提供企业总体利润及经营效益。

总体经营分析如下：

企业当前生产经营状况相关指标见表 12-5。从表中的指标结果来看，企业的销售利润率仅为 2.43%，表明企业总体的经营活动无法创造丰厚的利润。究其原因在于企业的 A、B、F 三种产品当前属于亏损产品，但是否意味着这三种产品应该停产，还需要从每种产品的具体分析来看。

表 12-5　　　　　　　　　　企业生产经营状况相关指标

销售利润率	综合保本额	安全边际	贡献毛益	平均贡献毛益率	平均安全边际率
2.43	162 404	30 736	29 440	15.24	15.91

分产品分析：企业的加权平均边际贡献率和综合保本额分别代表产品对利润的贡献大小和弥补成本所需达到的最低销售水平，它是多种产品的综合指标，为了能够更加清晰地进行科学决策，必须分别对每一种产品进行分析。分产品分析旨在识别对企业利润贡献大的产品，并对下一步的生产结构进行优化决策。企业分产品分析相关指标见表 12-6。

表 12-6　　　　　　　　　　企业分产品分析相关指标

产品	保本点	安全边际	贡献毛益	销售利润率	贡献毛益率	安全边际率
D	3 259	7 741	2 970	15.83%	22.50%	70.37%
C	47 250	6 750	8 640	2.47%	19.75%	12.50%
B	66 000	−6 000	6 000	−1.75%	17.54%	−10.00%
A	57 077	−4 077	3 445	−1.09%	14.13%	−7.69%
E	38 333	76 667	5 175	8.82%	13.24%	66.67%
F	142 667	−35 667	3 210	−2.78%	8.33%	−33.33%
综合	—	—	29 440	2.43%	15.24%	15.91%

从表 12-6 中可见，A、B、F 三种亏损产品的边际贡献均大于零，因而不可轻率地停产这三种产品。

从贡献毛益率来看，六种产品的边际贡献率排序为：D、C、B、A、E、F。在六种产品中，D 产品的边际贡献率和安全边际率都较高，对销售利润率的贡献也最大（15.83%）；E 产品对销售利润率的贡献也较大（8.82%），但是，其情况与 D 产品有所不同，E 产品的边际贡献率并不高，其销售利润率之所以能达到 8.82%，是因为其销售量较大，安全边际率较高。A、B 两种产品的边际贡献率都较高，然而由于产销量较低，没有超过保本点，安全边际率都较低，以至于销售利润率为负。从上述分析可见，A、B 两种产品的贡献毛益率较高，其亏损的原因不是别的，正是产销量较低所致。所以，不仅不应该停产，而且应该增加其产销量。在本案例的实际决策中，企业经营层停止 A、B、F 三种产品的生产，是极其错误的。

综上所述，结合此案例分析，对于我国企业生产与经营实践而言，管理会计有着重要的理论指引和科学导向功能，而这一功能的发挥与生效在一定程度上取决和依赖于管理会计工具是否合理地运用。本量利分析工具看似简单，但实质上蕴含着科学的生产经营决策原理，恰当运用其中的原理能够帮助企业找到利润的真正增长点和关键产品，从而作出科学的生产经营决策。本书对当前本量利分析模型的理论知识进行了梳理并重点介绍了决策指标的原理与作用，通过案例运用，更进一步说明保本点、边际贡献、安全边际、贡献毛益率、安全边际率等管理会计指标在决策中所显示的独特作用。

例 12.6 W 企业只生产一种 A 产品，产销平衡。有关资料如下：预计年产销量 27 000 件，单位售价为 2 元，单位变动成本为 1.5 元，计划期固定成本为 10 000 元。该企业拟计划采取甲、乙方案提供的如下措施，优化目前的营销。

甲方案：单价由原来的 2 元提高到 2.5 元，但为了使产品预期的销售量能顺利实现，全年需增加广告费支出 2 000 元。

乙方案：假设 W 企业的生产能力还有剩余，能增加产量，可以采取薄利多销的措施。经研究决定：单价降低 5%，可使销售量增加 12.5%。

要求：(1) 针对甲方案：提高单价的同时增加广告费，计算下列指标：
①保本点的销售量；
②实现原来目标利润所需的销售量；
③如果此时能完成原来预计的销售量，可比原定目标增加多少利润。

(2) 针对乙方案：降低售价的同时增加销售量，计算下列指标：
①保本点的销售量；
②实现原来目标利润所需的销售量；
③如果完成预计降价后的销售量，可比原定目标增加多少利润。

根据资料计算分析如下：

采取各种措施前盈亏临界点的销售量 = 10 000/(2-1.5) = 20 000（件）

采取各种措施前的目标利润 = 安全边际量×单位贡献毛益
$$= (27\,000-20\,000) \times (2-1.5) = 3\,500（元）$$

(1) 甲方案：提高单价的同时增加广告费。
①盈亏临界点的销售量 = (10 000+2 000)/(2.5-1.5) = 12 000（件）
②实现原来目标利润所需的销售量 = (10 000+2 000+3 500)/(2.5-1.5) = 15 500（件）
③如果此时能完成原来预计的销售量，可比原定目标多实现利润 = (27 000-15 500)×(2.5-1.5) = 11 500（元）

(2) 乙方案：降低售价的同时增加销售量。
①盈亏临界点的销售量 = 10 000/[2×(1-5%)-1.5] = 25 000（件）
②实现原来目标利润所需的销售量 = (10 000+3 500)/(1.9-1.5) = 33 750（件）
③如果完成预计降价后的销售量，可比原定目标多实现利润 = [27 000(1+12.5%)-33 750]×(1.9-1.5) = -1 350（元）

通过比较可知，甲方案较好。

此案例只是通过保本量（盈亏临界点的销售量）和实现原来目标利润所需的销售量比较，并结合影响利润的因素加以分析，但并没有考虑各方案的安全性。企业生产经营的安全性可以用安全边际率来表示，即安全边际和正常销售额的比值。其中，安全边际是指正常销售额超过盈亏临界点销售额的差额，它表明销售额下降多少企业仍不致亏损。安全边际和安全边际率的数值越大，企业发生亏损的可能性就越小，企业就越安全。安全边际率是一个相对指标，它便于不同企业和不同行业的比较。企业安全性的经验数据如表 12-7 所示。

表 12-7　　　　　　　　　　安全性检验标准

安全边际率	40%以上	30%~40%	20%~30%	10%~20%	10%以下
安全等级	很安全	安全	较安全	值得注意	危险

第四节　安全边际与经营杠杆分析

一、安全边际相关指标

安全边际是指计划或实际销售量（额）超过盈亏临界点销售量（额）的差额。该指标是用于反映企业经营安全性的指标，并且是以保本点为基础产生的。安全边际越大，盈利的安全程度就越高；反之，安全程度越小，盈利的安全性就越低。一旦安全边际小于零，企业就会面临亏损。安全边际主要有安全边际量、安全边际额、安全边际率和保本作业率等指标。

（一）安全边际量

安全边际量是指企业在正常情况下的实际销售量和保本销售量的差额，可以用公式表述为：

$$\text{安全边际量}(\Delta Q) = \text{实际销售量}(Q_1) - \text{保本销售量}(Q_0)$$

（二）安全边际额

安全边际额是指企业在正常情况下的实际销售额和保本销售额之间的差额，可以用公式表述如下：

$$\text{安全边际额}(\Delta S) = \text{实际销售额}(S_1) - \text{保本点销售额}(S_0)$$
$$= \text{安全边际量}(\Delta Q) \times \text{销售单价}(p)$$

（三）安全边际率

该指标是指企业在正常生产经营情况下安全边际销售量（额）与实际销售量（额）的比率，它是反映企业经营安全程度的相对数指标，因而具有一定的可比性。该指标越大就表示企业经营的安全程度越高，盈利越有保障，反之就越低。其计算公式可以表示如下：

$$\text{安全边际率} = \text{安全边际量} \div \text{实际销售量}$$
$$\text{安全边际率} = \text{安全边际额} \div \text{实际销售额}$$

（四）保本作业率

该指标是指企业在正常生产经营情况下保本销售量（额）与实际销售量（额）的比率，它也是反映企业经营安全程度的相对数指标。

根据安全边际量、保本销售量之间的关系，可以得出：

$$\text{安全边际量}(\Delta Q) = \text{实际销售量}(Q_1) - \text{保本销售量}(Q_0)$$

第四节 安全边际与经营杠杆分析

$$安全边际率 = 安全边际量（额）÷ 实际销售量（额）$$
$$保本作业率 = 保本销售量（额）÷ 实际销售量（额）$$

因此，从上述推导我们可以看出，安全边际率与保本作业率是互补关系，即：

$$安全边际率 + 保本作业率 = 1$$

安全边际是反映企业经营安全程度的相关指标。安全边际指标可以在图 12-4 中反映出来。

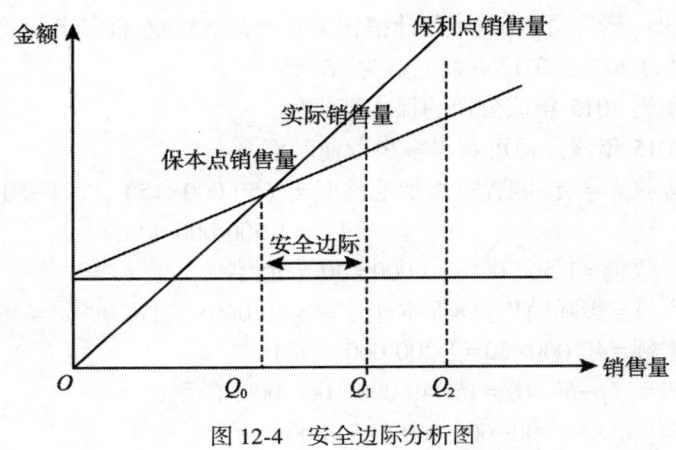

图 12-4 安全边际分析图

二、安全边际型本量利公式

（一）本量利公式变形

在安全边际、安全边际率和保本作业率等反映企业经营安全性安全边际指标基础上进一步扩展，我们就可以总结出本量利分析基本公式的另一种算法。

由保利点公式 $R = (p-b)Q_1 - F$ 和保本点公式 $(p-b)Q_0 - F = 0$ 可以得到：

$$R = (p-b)(Q_1 - Q_0)$$

即：营业利润 = 单位贡献毛益 × 安全边际（量）

营业利润 = 单位贡献毛益率 × 安全边际额

或：营业利润 = （1 - 变动成本率）× 安全边际额

另外由公式：营业利润 = 单位贡献毛益率 × 安全边际额

两边同时除以实际销售额，可以得到：

$$销售收入营业利润率 = 安全边际率 × 贡献毛益率$$

（二）实际应用

例 12.7 某企业只生产一种产品，销售单价 $p = 20$ 元/件；单位变动成本为 $b = 12$ 元/件；固定成本 $F = 80\,000$ 元，实际销售量为 15 000 件。试计算安全边际、安全边际率和保本作业率。

解：保本点销售量：

$$Q_0 = \frac{F}{p-b} = \frac{80\ 000}{20-12} = 10\ 000\ (件)$$

实际销售量：15 000 件

安全边际量（ΔQ）= 实际销售量（Q_1）- 保本销售量（Q_0）= 5 000（件）

安全边际额 = 5 000×20 = 100 000

安全边际率 = 安全边际量/实际销售量 = 5 000÷15 000 = 33.33%

保本作业率 = 1-33.33% = 66.67%

例 12.8 已知：某公司 2015 年预计销售某种产品 50 000 件，若该产品变动成本率为 50%，安全边际率为 20%，单位贡献毛益为 15 元。

要求：（1）预测 2015 年该公司的保本销售额；

（2）2015 年该公司可获得多少营业利润？

解：（1）销售收入 = 贡献毛益/贡献毛益率 =（50 000×15）/（1-50%）
= 1 500 000（元）

销售数量 = 1 500 000/50 000 = 30（元/件）

保本量 = 实际销售量×保本作业率 = 50 000×（1-20%）= 40 000（件）

保本额 = 40 000×30 = 1 200 000（元）

（2）固定成本 =（$p-b$）Q_0 = 15×40 000 = 600 000（元）

税前利润 = 15×50 000-600 000 = 150 000（元）

三、经营杠杆分析

（一）经营风险和经营杠杆系数

企业营业利润是指企业的销售收入减去利息费用、所得税费以外的各项成本和费用，也称为息税前利润。

经营风险是指由于企业生产经营的不确定性等原因所造成的营业利润的不确定性。在不考虑资本结构和所得税税率影响的情况下，销售收入和各项经营成本都会因产品市场、生产要素市场等经营上的因素的变化而变化，从而造成企业营业利润的不确定性，形成了经营风险。

经营风险大小可以用经营杠杆系数表示，经营杠杆系数是本量利分析中的一个重要概念，它主要用于企业的预测分析和企业的经营风险分析，是指息税前利润的变动率相对于产销量变动率的比。其基本公式如下：

$$\text{DOL} = \frac{\Delta R/R}{\Delta Q/Q} \text{ 或 } \text{DOL} = \frac{\Delta R/R}{\Delta S/S}$$

式中：DOL——经营杠杆系数

R——营业利润

Q——销售量

S——销售额

其中，经营杠杆系数表示企业由于销售额或者销售量的变化而引起企业营业利润变化程度，而这里的营业利润是指企业的销售收入减去利息费用、所得税费以外的各项成本和费用，也称为息税前利润。

（二）对本量利公式的进一步拓展

对本量利基本公式 $R=(p-b)Q-F$ 进行微分可以得到：

$$\Delta R = \Delta Q(p-b)$$

有：
$$\frac{\Delta R}{R} = \frac{\Delta Q(p-b)}{R}$$

$$\frac{\Delta R}{R} \bigg/ \frac{\Delta Q}{Q} = \frac{(p-b)Q}{R}$$

故：
$$DOL = \frac{(p-b)Q}{(p-b)Q-F}$$

故有：
$$经营杠杆系数 = \frac{贡献毛益}{营业利润}$$

经营杠杆系数越大表示经营风险越大。例如当 DOL=2 时，表明企业销售量减少 10%，其营业利润将减少 20%，说明企业由于生产经营不确定性造成销售量的变化会引起营业利润较大的变化。

（三）实际应用

例 12.9 某企业基期销售收入为 100 000 元，贡献毛益率为 30%，实现利润为 20 000 元。要求：计算该企业的经营杠杆系数。

解：经营杠杆系数＝贡献毛益/营业利润＝100 000×30%÷20 000＝1.5

经营杠杆系数为 1.5，表示企业该年如果销售量增长 10%，营业利润会增长 15%。经营杠杆系数越大表示经营风险越大。

（四）经营杠杆系数的影响因素

经营杠杆系数是贡献毛益与营业利润的比值，因此经营杠杆系数大小的主要影响因素包括以下几项：

（1）产品市场的稳定性。企业销售收入取决于市场对其产品的需求状况，产品市场需求稳定，经营风险就小；产品市场需求不稳定，经营风险就大。

（2）生产要素市场的稳定性。企业的生产成本由其生产该产品所需的各项生产要素的价格决定，生产要素的价格越稳定，产品成本就越稳定，经营风险就越小；反之，若生产要素的价格变化频繁、幅度大，经营风险大。

（3）产品成本中固定成本的比例。企业固定成本比例越大，经营风险就越大。

（4）企业的应变能力和调整能力。企业如能够迅速地随产品市场需求和生产要素价格的变化而调整所生产的品种和产品结构，以保证销售收入和产品成本的相对稳定，经营风险就低，反之就高。

（5）企业当前的销售量和营业利润。如果企业当前销售量和营业利润较大，表明企业在远离盈亏平衡点之上运营，即使销售量（额）有较大变动也不会引起营业利润较大幅度的变动。

由于不同企业的销售量（额）受上述影响不同，造成了不同行业的企业之间的经营风险的差异。比如，公共事业、食品业等行业的市场需求变化较小，其经营风险也就较低；而一些产品销售周期性变动较强的行业，或者受经济周期影响较大的行业，其经营风险就较大。

（五）经营杠杆相关案例

【案例一】

<h3 style="text-align:center">秦池酒厂的成与败</h3>

秦池酒厂，其前身是1940年成立的山东临朐县酒厂，县级小型国有企业，一直年产量万吨左右，至1992年亏损额达几百万元，濒临倒闭。年末，王卓临危受命，担任厂长。1993年，秦池酒厂避实就虚，在白酒品牌竞争尚存空隙的东北，利用广告投入成功打开沈阳市场，1994年进入东北市场，1995年进入西安、兰州、长沙等重点市场，销售额连续三年翻番，年末组建秦池集团，注册资金1.4亿元，职工增至5 600人。更为精彩的是1995年秦池酒厂赴京参加第一届"标王"竞标，以6 666万元的价格夺得央视黄金时段的广告权，从此秦池酒厂一夜成名，秦池酒身价倍增。中标后一个多月，秦池酒厂签订销售合同4亿元，头两个月就实现销售收入2.18亿元，实现利税6 800万元，相当于秦池酒厂55年总和。至6月底，订货就排到了年底。1996年继续争夺央视广告的"标王"，11月8日以3.2亿元的天价中标。两度成为标王，使秦池酒厂的知名度大大提高，秦池酒在中国的白酒市场上成为名牌，于是全国各地商家纷纷找上门，很短时间，销售网络布及全国。此后销售收入一路飙升至9.5亿元。事实证明：巨额的广告投入确实带来了惊天动地的巨大收益。

然而，就在秦池人还沉醉在"每天开出一辆桑塔纳，开回一辆奥迪"的广告带来的巨大收益中时，危机在悄然引发，销售订单随着广告效应增加，可秦池酒厂的生产能力却没有增加，致使产量跟不上销量，只好进行白酒勾兑，产品质量堪忧，更甚者，已经生产不出，还继续做广告。1997年，秦池酒厂本应该在"标王"竞争中急流勇退，把资金投向生产领域进行设备更新、新技术改造等，可是，它却又奔向了广告，结果，新华社1998年6月25日报道：秦池酒业陷入生产经营困境，亏损已成定局。

纵观秦池酒厂的成与败，广告投入是关键影响因素，正所谓成也"广告"，败也"广告"。广告投入在秦池酒厂的成败中发挥了"经营杠杆"的作用。广告费属于企业经营过程中的固定成本，在秦池酒厂拿到销售订单，而且生产能力能够生产出这些订单时，固定的广告成本带来的是经营杠杆的收益，因为随着产销量 x 的增加，广告成本的总额虽然不变，但每一个单位的产销量分摊的广告费减少，从而每一个单位产销量带来的利润增加，所以固定的广告成本，此时带来的是杠杆收益。但是当秦池酒厂拿到了巨大的销售订单，可是现有的生产能力生产不出来的时候，就意味着实际供货量可能要小于拉到的订单量，此时，若保持现有生产的生产质量，同时更新生产线或投资新的生产线，从而保证产量的持续增加，进而满足市场上的订单量，那么固定广告成本还会带来持续的杠杆收益。然而，秦池酒厂的现实做法是生产不出来，就用白酒勾兑，失去了产品的质量，同时不进行生产设备的固定投资，反而还继续去争夺

"标王"，结果导致销售订单量继续增加，产量跟不上，再加之管理不到位，假冒产品出现，鱼目混珠，导致产销量相对下降，单位产销量分摊的广告费用增加，息税前利润以 DOL 倍下降，直至亏损。此时广告费就带来了经营杠杆的风险。最终，秦池酒厂覆灭。经营杠杆在此案例中得到了经典的展示，前车之鉴，后事之师。

资料来源：蓝莎. 经营杠杆原理及经典案例分析. 会计师，2015（6）.

【案例二】

航空公司的高经营杠杆之美

众所周知：在航空公司的经营中，固定成本非常高，投资于一架飞机几亿甚至几十亿元，再加上燃油的成本，真可谓成本高昂。但一旦飞机起飞，成本便会相对固定，那么客座率便成为航空公司盈利与否的关键。依据经营杠杆的理论，高额投资形成的固定成本就像一个杠杆，只要产销量是增加的，即航空的客座率是增加的，就会带来杠杆收益，即会使航空公司的利润以 DOL 倍在增长。事实上，我国的航空公司正在经历着高经营杠杆之美：随着人民币持续升值及出境手续越发便利，近年来，国内出境游客数量增长迅速，同时随着消费水平的升级，国内航空运量需求也在持续增长。而在供给方，受制于航空公司的飞机订单在短期内难以交付，同时飞行员缺口严重，国内航空运力不足日益凸显。而就是这种将持续较长时间的航空业供需缺口，将逐渐转换成客座率和票价水平稳步上升。

以下是 2007 年的统计数据：

中国航空系列指数显示，8 月，无论是货运还是客运，无论是国内航线还是国际航线，其票价指数相较上年同期均有所上升。10 月国航客座率保持了高水平，达到 83.2%，同比增长 4.1%，前 10 个月，国航累计客座率为 78.8%，同比上升 2.2%。针对客座率的增加，为了在一定程度上缓解运力紧张局面，国航在第四季度将接收 3 架 A330 和 3 架 B737-800，同时将向山东航空租赁 3 架 B737。10 月份，南航 ATK 数据比上年同期提高了 7.1%，前 10 个月 ATK 数据同比增长 11.9%。10 月份，南航客座率创历年来新高，达到 76.6%，同比增长 5.4%，前 10 个月累计 74.4%，同比涨幅和国航相当。值得留意的是，南航持续加大了国际航线上的投入力度，同比增长 21.87%。由于航空公司运营的固定成本很高，飞机一旦起飞其成本相对固定，因此客座率水平与航空公司的业绩相关性极高。马晓立测算，在 2007 年，客座率水平每提高 1%，能给国航增加约 3 亿元净利润，能给南航增加约 4.24 亿元净利润。

航空业的这种高经营杠杆的收益可由其财务数据对比显示出来。2007 年前三季度，南航实现总营业收入 417.12 亿元，同比增长 18.3%，而其营业利润与净利润分别为 28.25 亿元与 21.83 亿元，同比增幅分别为 631.9% 与 436.4%。在收入同比增长仅 18.3% 的情况下，营业利润增长率达到 631.9%，足见南航高经营杠杆之美。

同样的情况可以在国航的财务数据中看到：前三季度，国航实现总营业收入 372.16 亿元，同比增长率为 15.3%，而营业利润及净利润分别为 45.27 亿元与 34.88 亿元，同比增长率分别为 9.8% 与 8.5%。实际上，由于 2006 年同期，国航曾出售港龙航空给国泰航空，获得一次性股权收益 28.91 亿元，其中归属母公司的净利润约为 20 亿元，若扣除此因素，2007 年前三季度国航净利润的实际增长率也在 186.8%。

资料来源：蓝莎．经营杠杆原理及经典案例分析．会计师，2015（6）．

综上所述：经营杠杆是一把名副其实的双刃剑，是利是险，取决于使用者的经营决策。我们在经营的实践中一定要谨慎，要随着实际经营情况的发展变化合理地调控固定成本，从而才能趋利避害，实现企业价值的最大化。

第五节 敏感性分析

敏感性分析是一种常见的分析方法，是指从定量分析的角度研究有关因素发生某种变化对某一个或一组关键指标影响程度的一种分析技术。从前面的保本点和保利点分析中可以看出，销售量、销售单价、单位变动成本、固定成本诸因素中的某个或者某几个因素的变动，都会对保本点和营业利润产生影响，但是各因素影响程度存在差异。在市场经济条件下，我们应该研究如何利用各种经济因素对利润的影响，达到事半功倍的效果，为此，需要进行利润的敏感性分析。

本量利关系中的敏感性分析主要是研究两个方面的问题：一是有关因素发生多大变化会使企业由盈利变为亏损；二是有关因素变化对利润变化的影响程度。

利润的敏感性分析是指专门研究制约利润的有关因素在特定条件下发生变化时对利润所产生影响的一种敏感性的分析方法。本节主要探讨这些因素如何影响利润，以及在何种程度上影响利润。

一、因素临界值的确定

销售量、销售单价、单位变动成本和固定成本的变动，都会对营业利润产生影响。因素临界值就是指在进行相关的决策时，要以企业不亏损为前提来确定各因素变动的最大限速。超过这一水平，企业的经营实质就会发生变化，面临盈利为零、收不抵支的局面。

敏感性分析的目的就是确定引起这种质变的各因素变化的临界值。具体来说，就是求取达到盈亏临界点（营业利润为零的点）的销售量和销售单价的值。由本量利基本公式 $R=(p-b)Q-F$，可以推导出当 R 为零时求取各因素临界值的有关公式。

销售单价临界值（最小值）：$p_0 = \dfrac{F}{Q} + b$

销售量临界值（最小值）：$Q_0 = \dfrac{F}{p-b}$

单位变动成本临界值（最大值）：$b_0 = p - \dfrac{F}{Q}$

固定成本临界值（最大值）：$F_0 = (p-b)Q$

要特别注意的是，这种临界值的确定是以保持除待求变量以外的因素不变为前提而确定的，但是在实际的经济条件下，各种因素之间相互影响，十分复杂。但是掌握这种临界值对于我们短期决策、抓住主要矛盾非常值得借鉴。

二、敏感系数

销售量、销售单价、单位成本变动和固定成本诸因素的变化，都会对营业利润产生影响，但是各个因素在影响程度上存在差别。进行敏感性分析，就是要抓住主要矛盾。因此这就需要决策人员计算营业利润对哪些因素的变化敏感，对哪些因素的变化不太敏感，以分清主次，抓重点，从而确保目标营业利润的实现。

反映敏感程度的指标称为敏感系数，其计算公式为：

$$敏感系数 = \frac{目标值变化率(\%)}{因素变化率(\%)}$$

$$\alpha_X = \frac{\Delta R}{R} / \frac{\Delta X}{X}, \quad (X 为 p、b、Q、F)$$

由本量利基本公式 $R = (p-b)Q - F$ 分别对各因素进行微分处理得到下列各因素敏感系数：

销售单价敏感系数：$\alpha_p = \dfrac{pQ}{(p-b)Q - F}$

销售量敏感系数：$\alpha_Q = \dfrac{(p-b)Q}{(p-b)Q - F}$

单位变动成本敏感系数：$\alpha_b = -\dfrac{bQ}{(p-b)Q - F}$

固定成本敏感系数：$\alpha_F = -\dfrac{F}{(p-b)Q - F}$

公式中敏感系数若为正数，表明它与营业利润为同向增减关系；若敏感系数为负数，表明它与营业利润为反向增减关系。

三、敏感性分析的作用

首先，确定影响项目经济效益的敏感因素，寻找出影响最大、最敏感的主要变量因素，进一步分析、预测或估算其影响程度，找出产生不确定性的根源，采取相应有效措施。

其次，计算主要变量因素的变化引起项目经济效益评价指标变动的范围，使决策者全面了解建设项目投资方案可能出现的经济效益变动情况，以减少和避免不利因素的影响，改善和提高项目的投资效果。

再次，通过各种方案敏感度大小的对比，区分敏感度大或敏感度小的方案，选择敏感度小的，即风险小的项目作投资方案。

最后，通过可能出现的最有利与最不利的经济效益变动范围的分析，为投资决策者预测可能出现的风险程度，并对原方案采取某些控制措施或寻找可替代方案，为最后确定可行的投资方案提供可靠的决策依据。

四、敏感性分析的应用实例

例 12.10 某企业生产和销售甲、乙两种产品，产品单价分别为：甲产品 6 元/件，乙产品 3 元/件。边际贡献率分别为：甲产品 40%，乙产品 30%。全月固定成本为 72 000 元。本月甲产品预计销售量为 30 000 件，乙产品 40 000 件。要求：计算盈亏临界点的销售额。

解：计算盈亏临界点销售额：

甲产品销售收入 = 30 000×6 = 180 000（元）

乙产品销售收入 = 40 000×3 = 120 000（元）

甲产品销售收入比重 = 180 000/（180 000+120 000）= 60%

乙产品销售收入比重 = 120 000/（180 000+120 000）= 40%

综合贡献毛益率 = 40%×60%+30%×40% = 36%

盈亏临界点的销售额 = 固定成本/综合贡献毛益率 = 72 000/36% = 200 000（元）

例 12.11 某企业 2015 年度经营某产品，预计下年的利润增长率为 60%。本年度的有关资料如下：

（1）单价（p）100 元。

（2）单位变动成本（b）60 元。

（3）固定成本（F）300 000 元。

（4）产销量（Q）10 000 件。

要求：对影响利润的因素进行敏感性分析。

解：营业利润（$p-b$）$Q-F$ = 100 000（元）

销售单价敏感系数：$\alpha_p = \dfrac{pQ}{(p-b)Q-F} = 1\ 000\ 000/100\ 000 = 10$

销售量敏感系数：$\alpha_Q = \dfrac{(p-b)Q}{(p-b)Q-F} = 400\ 000/100\ 000 = 4$

单位变动成本敏感系数：$\alpha_b = -\dfrac{bQ}{(p-b)Q-F} = 600\ 000/100\ 000 = 6$

固定成本敏感系数：$\alpha_F = -\dfrac{F}{(p-b)Q-F} = 300\ 000/100\ 000 = 3$

例 12.12 某企业生产和销售单一产品，销量 2 000kg，产品单价为 20 元，单位变动成本为 12 元，固定成本为 100 000 元。求各因素的临界值。

解：临界值的计算：

目标利润：P = 2 000×（20-12）-100 000 = 60 000（元）

销售量的临界值（最小值）：Q = 100 000/8 = 12 500（kg）

单价的临界值（最小值）：p = 100 000/20 000+12 = 17（元）

单位变动成本的临界值（最大值）：b = 20-100 000/20 000 = 15（元）

固定成本的临界值（最大值）：F = 20 000×8 = 160 000（元）

通过以上计算分析如下：

（1）产品销量的最小允许值（即盈亏临界点销量）为 12 500kg，再低就会发生亏损。

（2）产品的单价不能低于 17 元这个最小值，否则就会发生亏损。

（3）单位变动成本表示成本上升到 15 元时，企业的利润将会变成 0。

（4）当固定成本变为 160 000 时，再增加，企业就会发生亏损。

【练习题】

1. 某公司只生产一种产品，2015 年销售收入为 1 000 万元，税前利润为 100 万元，变动成本率为 60%。

要求：（1）计算该公司 2015 年的固定成本。

（2）假定 2016 年该公司只追加 20 万元的广告费，其他条件均不变，试计算该年的固定成本。

（3）计算 2016 年该公司保本额。

2. 已知：某公司生产甲、乙、丙三种产品，其固定成本总额为 19 800 元，三种产品的有关资料如表 1 所示。

表 1　　　　　　　　　　　　　产品相关资料

品种	销售单价（元）	销售量（件）	单位变动成本（元）
甲	2 000	60	1 600
乙	500	30	300
丙	1 000	65	700

要求：（1）采用加权平均法计算该厂的综合保本销售额及各产品的保本销售量。

（2）计算该公司营业利润。

3. 某企业只生产销售甲产品，2016 年甲产品销售量为 12 000 件，单位售价为 120 元/件，全年变动成本为 648 000 元。已知该企业 2015 年安全边际率为 40%。

要求：（1）计算 2016 年该企业息税前利润；

（2）计算 2016 年该企业的保本销售量；

（3）若 2017 年该企业的目标利润为 528 000 元，计算该企业 2016 年实现目标利润的销售量。

【案例讨论】

【案例一】

张杰奇是某公司家居部门的经理，该部门负责生产和销售室内家居用品，包括高档沙发、木质床、写字台和书柜等产品。其中高档沙发是部门的主要获利产品，沙发销售的利润占到部门利润的 90% 以上。近年来，高档沙发市场竞争十分激烈，新厂商不断进入，产品也不断更新。张杰奇作为部门经理面对激烈的竞争感到了极大的压力。

面对激烈的竞争，公司去年对各部门经理的业绩考核方法进行了改革。由原来按照销售额考核调整为按各部门的营业利润进行考核。如果部门的营业利润上升 10%，则该部门经理就可以获得年度业绩奖金。上升越多，奖励也就越高。如果没有达到

10%，则只给予基本奖金。如果下降，则不给任何奖金。

　　针对这项考核方案，张杰奇对产品的销售不敢有任何的松懈。一方面，加大促销力度，增加销售渠道，通过了解客户需求的变化灵活调整生产，取得了非常好的效果，当年销售增加了20%。库存量从年初的10 000件下降到2 000件。另一方面，张杰奇通过对产品成本的积极控制，使得在产品不断变化的同时，单位产品的用料和人工成本以及固定成本总额（主要是折旧成本和生产设备的维护成本）基本保持不变。面对这样喜人的业绩，张杰奇自信能够获得该年度的业绩奖金。但是，当会计人员将当年的利润表呈给张杰奇时，他几乎不敢相信自己的眼睛，当年利润出现了大幅度下滑。

　　作为一名管理会计人员，你认为引起这种现象的可能原因是什么呢？以这种利润作为业绩考核的指标是否合适呢？

【案例二】

　　2016年3月18日，某医院工业公司财务科长根据该公司各企业的会计年报表及有关文字说明，写了一份公司年度经济效益分析报告送交经理室。经理对报告中提到的两个企业情况颇感困惑：一个是专门生产输液原料的甲制药厂，另一个是生产制药原料的乙制药厂。甲制药厂2014年产销不景气，库存大量积压，贷款不断增加，资金频频告急，2015年该厂对此积极努力，一方面适当生产，另一方面则广开渠道，扩大销售，减少库存，但报表上反映的利润2015年却比2014年下降。乙制药厂情况则相反，2015年市场不景气，销售量比2014年下降，但年度财务决算报表上几项经济指标除资金外都比上年好。被经理这么一提，公司财务科长也觉得有问题，于是他将这两个厂交上来的有关报表和财务分析拿出来进行进一步的研究。

　　甲制药厂的有关资料如表2所示：

表2　　　　　　　　　　　　　　利润表

	2014 年	2015 年
销售收入（元）	1 855 000	2 597 000
减：销售成本（元）	1 272 000	2 234 162
销售费用（元）	85 000	108 000
净利润（元）	498 000	254 838
库存材料（瓶）		
在产品		
期初存货数	16 000	35 000
本期生产数	72 000	50 400
本期销售数	53 000	74 200
期末存货数	35 000	11 200

续表

	2014 年	2015 年
期末在产品		
单位售价	35	35
单位成本	24	30.11
其中：		
材料	7	7
工资	4	5.71
燃料和动力	3	3
制造费用	10	14.40

工资和制造费用每年分别为 288 000 元和 720 000 元，销售成本采用先进先出法。该厂在分析其利润下降原因时，认为这是生产能力没有充分利用、工资和制造费用等固定费用未能得到充分摊销所致。

乙制药厂的有关资料如表 3 所示。

表 3　　　　　　　　　　乙制药厂利润表

	2014 年	2015 年
销售收入（元）	1 200 000	1 100 000
减：成本费用（元）	1 080 000	964 700
销售费用（元）	30 000	30 000
净利润（元）	90 000	105 300
库存材料（瓶）		
在产品		
期初存货数	100	100
本期生产数	12 000	13 000
本期销售数	12 000	11 000
期末存货数	100	2 100
售价（元/每公斤）	100	100
单位成本（元/每公斤）	90	87.70
其中：		
原材料（元）	50	50
工资（元）	15	13.85

续表

	2014 年	2015 年
燃料和动力（元）	10	10
制造费用（元）	15	13.85

工资和制造费用两年均约为 180 000 元，销售成本也采用先进先出法。该厂在分析其利润上升的原因时，认为这是在市场不景气的情况下，为多交利润、保证国家利润不受影响，全厂职工一条心，充分利用现有生产能力，增产节支的结果。

问题：
1. 甲制药厂和乙制药厂的分析结论正确吗？为什么？
2. 如果你是公司财务科长，你将得出什么结论？如何向你的经理解释？

【参考阅读】

边际贡献分析法在蒙牛乳业产品生命周期管理中的作用[①]

企业的发展来自于产品盈利水平的增长，而这又与产品的生命周期息息相关。为准确定位产品所处生命周期，需要对产品的盈利能力做出精确判断。蒙牛乳业将边际贡献分析法引入产品盈利能力分析中，对于企业管理层做好产品盈利能力预测分析，加强对产品生命周期管理，优化产品结构，提高企业经济效益具有重要的意义。

一、边际贡献分析法在产品生命周期管理中的应用

（一）划分产品生命周期，查找成本控制关键点并制定控制流程

早在 2006 年，蒙牛乳业就在全集团范围内启动了产品生命周期的研究工作，并将其作为一项战略性工作长期开展。蒙牛乳业将产品的全生命周期划分为导入期、成长期、成熟期、衰退期四个阶段，按照产品全生命周期的特性，对各个阶段合理调控，及时淘汰没有市场、效益差的产品，以达到良好的投入产出效益。同时，蒙牛乳业针对产品开发全生命周期各阶段的不同特点，建立了各自的管控流程，规范了产品研发、改进、营销的控制流程，以此提高新产品成功率、维持成长期产品边际贡献能力、淘汰低效益产品，达到不断优化产品结构、提高产品综合盈利能力和持续增长能力的目标。同时，在对各主要类型产品开发经营情况分析研究的基础上，针对产品的不同特点，建立了各类产品全生命周期的投入产出比管理控制流程和财务闸口标准。

（1）产品导入期。本阶段由新产品立项、试制、评估、试销、批量生产等环节组成，主要风险为新产品市场导入风险。为了避免对没有市场前景产品的盲目开发，产品开发部门、财务部门主要从以下控制点实施控制：一是在新产品进入试生产前对

---

① 案例改编自颉茂华，王瑾，牛月生. 边际贡献分析法在蒙牛乳业产品生命周期管理中的应用. 财务与会计，2015（22）。

产品毛利率进行测算，评估新产品未来市场效益；二是对新产品进入导入期时间进行控制，控制导入期时间的财务闸口指标为3~9个月，如新产品投产后接近导入期上限仍不能满足效益和成长性要求，则需要采取控制措施予以调整；三是对新产品投放市场运营后的过程控制，其主要监控指标是销售增长率、毛利率及利润率，如不能满足控制指标要求，则需要对销售策略及产品定位进行调整。

（2）产品成长期。如果新产品开发成功，导入期结束后将进入较大规模的营销和高速增长阶段，本阶段称为成长期。与导入期相比，成长期最显著的特点是单类产品销量在全生命周期具有最高的增长速度和较好的收益性，因此做好本阶段的经营是产品取得良好的投入产出比的关键。本阶段营销、产品开发、财务部门应对新产品以下控制点实施监控：

一是对销售增长率进行监控。财务部门每季度对产品销售增长率进行一次评估，向主管营销和产品开发的部门及负责人提供评估报告，决定是否调控营销策略。

二是对产品成长期的控制。一般情况下成功产品的成长期会经历两个阶段（每个阶段历时15个月左右），两个阶段之间的缓冲期不超过9个月，可通过缓冲期调整产品实现更新换代，以此进入第二段成长期。三是对产品收益指标的监控。此阶段产品收益指标的闸口值为毛利率大于（或等于）25%、税前利润率大于（或等于）10%。以上闸口标准在每年年初均根据年度预算增长率、利润率进行适当的修正。

（3）产品成熟期。产品经历了高速成长期占有较大的市场份额后，增长速度会有所减缓，进入成熟期。与成长期相比，成熟期内产品的销售增长率开始下降，但绝对销售规模仍在增加，随着市场竞争加剧，效益指标会有所下滑，但总体而言仍保持较好的收益。本阶段管控的重点是销售增长率与边际贡献率两项指标，一旦这两项指标超出闸口控制范围，应考虑实施产品衰退期管理。

（4）产品衰退期。当产品的销售增长率、毛利率、利润率指标不能满足成熟期的控制要求，经过市场、技术、财务分析评估显示难以维持成熟期的情况下，产品将进入衰退期。衰退期给企业带来的最大问题是产品市场萎缩，销售微利或亏损。此时负责产品生产、市场营销的部门及负责人在接到财务部门的评估报告后应当适时组织产品退市，调整生产布局。

（二）建立组织机构，严格按组织程序办事

蒙牛乳业成立产品开发投入产出比研究领导小组，由总经理任组长，组员由各系统或部门负责人组成，具体执行委员为此项工作的具体执行者。

为保证公司产品投入产出管理工作贯彻、落实到位，研究领导小组成员需定期召开小组会议，并严格按照会议安排落实相关要求。季度产品投入产出小组会议原则上在每季末月的下月与高管例会同时召开，季度会议由财务部负责召集，所有领导小组成员均应参加。当引入新品时，在立项时召开新品研发论证会，新品研发论证会由负责提出新品开发的市场部门召集，领导小组组长及组员参加。此外，组长及组员具有召集召开临时会议的权力。召开会议时，讨论的相关内容必须有明确的结论，每次会议的会议纪要对有时间限制的项目必须写明最终完成时间、明确相关责任人、明确达到的目标，会议纪要需在会议结束后的3个工作日内完成。

(三) 事后评价并追究责任

第一，当新品销量不能持续上升或下滑时，应对此进行责任的区分与判定。财务部首先对营销系统进行责任追究，若责任不归属于营销系统，营销系统应该向产品责任判定组成员提出书面的请示，就责任类型、请求的责任归属方等内容做出说明，经过责任判定组成员判定后落实最终责任。

第二，每种上市的新品，月销售增长率闸口控制区间标准为 [10%, 25%]，每高于或低于闸口控制标准 1 个点，正负激励营销系统 50 元，每种产品的正负激励封顶 200 元；当责任归属于其他系统时，相应的奖罚转移到责任方。

第三，新品的日常责任管控适用于上市 1 年内的产品，不包括二代升级产品及确定淘汰的产品；新品日常责任管控设置考察期和管控实施期，考察期为上市有销量月份的次月起 2 个月，不进行奖罚；2 个月的考察期过后，进入管控实施期，管控实施期限为 9 个月。

第四，新品日常责任管控实行月度奖罚、季度平衡和季度总额封顶的原则，对营销系统的奖罚结果直接兑现到各产品经理，部门总监、营销系统第一负责人对考核结果负连带责任。

二、边际贡献法在蒙牛乳业应用的启示

通过以边际贡献理论为指导的产品生命周期管理工作的开展，蒙牛乳业对产品的盈利贡献能力做出了更为真实、合理、准确的评估，对期间费用的分摊更为合理，提高了管理层管控决策的准确性。从蒙牛乳业管理的实践中，可以得到以下几点启示：

(一) 管理层高度重视，强化业务管理部门对经济学等理论的理解与应用

目前蒙牛乳业高级管理层不仅注重企业战略，而且对产品生命周期、产品投入产出也高度重视，这是边际贡献分析法在蒙牛乳业产品不同生命周期管理中的应用取得良好效果的关键。在此基础上，蒙牛乳业管理部门强化对经济学、管理学等理论知识的理解和应用，这也是边际贡献法在蒙牛乳业产品不同生命周期管理中的应用取得良好效果的重要因素。

(二) 各管理系统协同配合

以边际贡献分析法为理论指导的产品投入产出管理思想有待向整个产业链延伸与拓展，要结合公司供应链的各个环节，在采供、研发、生产环节及管理成本、财务成本、人力成本等方面做出必要的探索和研究，将边际贡献的管理思维融入每个经营环节。为实现经营目标，企业内部管理需要明晰分工、团结协作、密切配合。

目前各部门对成本的管理和监督有时会产生分歧，无法对产品管理的合理性和科学性进行有效的监督和审查，绩效评估效果也不如预期，因此以后还必须在产品的管理机制上进一步将相关部门关联起来，利用跨部门协作的机制明确各部门的职责、权利以及义务，共享产品管理的成果。

(三) 建立完善配套的激励机制

产品生命周期管理的过程必须与企业适当的激励手段相结合才能将复杂的工作落到实处。将边际贡献管理的思维与方法运用到产品生命周期管理的各个环节，要想取得良好的效果，也必须创造性地应用一套激励机制，把绩效考核与薪酬体系按量化标

准与产品生命周期管理紧密结合起来,才能真正有效地发挥管理方法在提升企业管理、提高企业经济效益中的作用。

总而言之,企业需要针对各产品不同的生命周期设计科学的管理方法,以提高产品的盈利能力。蒙牛乳业针对产品生命周期,结合边际贡献的理论,对成本性态进行了合理的划分,提高了成本费用分摊的合理性和产品盈利性分析的准确性,避免了决策失误。

第十三章 经营决策和资本投资决策

【学习目标】
1. 了解决策的概念及相关成本分类；
2. 掌握经营决策常用的方法；
3. 掌握生产决策和定价决策的具体内容；
4. 了解长期投资的概念及相关构成；
5. 掌握长期投资的非贴现指标和贴现指标的特点；
6. 掌握内含收益率指标在长期投资项目中的优缺点。

决策是管理中经常发生的一种活动。决策是决定的意思，它是为了实现特定的目标，根据客观的可能性，在占有一定信息和经验的基础上，借助一定的工具、技巧和方法，对影响目标实现的诸因素进行分析、计算和判断选优后，对未来行动作出决定。管理会计的工作是面向未来，而决策是事先做出的抉择，因而决策理论和方法是管理会计的核心内容。

按决策项目的事件跨度分，可把决策分为短期决策和长期决策。经营决策和资本投资决策是企业生产经营过程中需要决策的重要内容。经营决策主要是指一年以内的生产经营决策，它与长期决策的最大区别在于不考虑资金的时间价值。管理会计中的长期投资决策主要是指企业增加固定资产，或对现有固定资产进行改扩建等规划企业未来发展方向、扩大规模的决策。

本章主要介绍了企业经营决策和资本投资决策的重要内容，并通过实际案例引发读者思考。

第一节 决策分析概述

一、决策的概念及分类

(一) 决策的概念

决策是管理中经常发生的一种活动。决策是决定的意思，它是为了实现特定的目标，根据客观的可能性，在占有一定信息和经验的基础上，借助一定的工具、技巧和方法，对影响目标实现的诸因素进行分析、计算和判断选优后，对未来行动作出决定。管理会计的工作是面向未来，而决策是事先做出的抉择，因而决策理论和方法是管理会计的核心内容。

科学决策是现代管理的核心,决策贯穿于整个管理活动。决策不是依靠个人经验和主观判断制定出来的,而是根据多方信息,采取科学的决策分析方法,通过周密的计算和分析,全面衡量得失后作出的最佳选择,因而具有较高的科学性和可靠性。企业管理最大的失误是决策的失误,最大的浪费是决策失误造成的浪费,因为决策是管理的心脏,是企业的命脉所在。正确决策对于促进企业改善经营管理,提高经济效益起着积极的推动作用。

(二) 决策的分类

决策分析贯穿于生产经营的始终,涉及的内容广泛,按照不同的标志可以将其划分为不同的类型。

1. 按决策项目的事件跨度分

按决策项目的事件跨度分,可把决策分为短期决策和长期决策。短期决策是指企业在一个经营年度或经营周期内,为有效地组织现在的生产经营活动,合理利用经济资源,以期取得最佳的经济效益而进行的决策。短期决策的具体内容较多,概括地说主要包括生产决策、定价决策和存货决策三大类。

长期决策是指有关企业今后发展方向的长远的、全局性的重大决策,一般是要在较长时期内(通常超过1年)。需要一定数量的投资,具有实现时间长和风险较大的特点。企业的长期决策,一般是指企业的投资决策。进行投资决策时,主要应考虑四个方面的因素:货币的时间价值、投资的风险价值、资金的成本和现金流量情况。

2. 按决策条件的肯定程度分

按决策条件的肯定程度分,可把决策划分为确定型决策、风险型决策和不确定型决策。确定型决策也称标准决策或结构化决策,是指决策过程的结果完全由决策者所采取的行动决定的一类问题,它可采用最优化、动态规划等方法解决。风险型决策是指决策者对决策对象的自然状态和客观条件比较清楚,也有比较明确的决策目标,但是实现决策目标必须冒一定风险。不确定型决策所处的条件和状态都与风险型决策相似,不同的只是各种方案在未来将出现哪一种结果的概率不能预测,因而结果不确定。

二、决策分析相关的成本

在决策分析的过程中,需要通过比较不同备选方案经济效益的大小进行最优化选择。而影响经济效益大小的一个重要因素是成本的高低。成本是评价方案优劣程度的一个重要依据,在决策中使用的一些概念不同于财务会计的成本概念,两者有联系也有区别。

(一) 差量成本

差量成本也称差别成本、差等成本,是指两个方案的预计成本差异。在进行成本决策时,由于各个方案预计发生的成本不同,就产生了成本的差异。差量成本是进行成本决策的重要依据。判断方案的优劣,可以通过对比各个方案的预计总成本的大小,即计算各个方案预计成本之间的差量成本进行分析。

例如某企业进行工艺方案的设计选择,预计采用A方案的总成本为1 200万元,采用B方案的总成本为800万元,两种方案的预计总成本相差400万元,这个差额就是A、B两方案之间的差量成本。

（二）边际成本

从经济学的角度看，边际成本是指在企业生产能力的范围内，当业务量以一个最小单位增加或者减少时所引起的成本变化量。显然边际成本是差量成本的特殊形式，当业务量的增量是一个、一件或者一批时，边际成本等于单位变动成本或者增加产品的差量成本。运用边际成本法取得信息，对企业管理者进行相关分析和决策具有重要的指导作用。它克服了完全成本法的缺点，避免操纵短期利润，有利于短期产量决策。

（三）机会成本

在互斥的备选方案中，由于我们选定一种方案就必须放弃其他方案，这些被放弃的备选方案的最大收益就构成了选定方案的机会成本。机会成本是指为了得到某种东西而所要放弃另一些东西的最大价值。

例如，某企业有一空闲的车间，既可以用于产品的生产，也可以用于出租，如果用来生产的话，预计可以获得净收入 10 000 元，如果用来出租的话，预计可以取得净收入 12 000 元，对于决策者而言，选择出租就意味着放弃产品生产，可能获得的生产净收入 10 000 元就应该作为选择出租这一方案的机会成本。

机会成本是一种假设成本，它是一种潜在收益，并不需要企业支付现金。它在会计的各种账簿不能直接反映出来，因而容易被人们忽视，但机会成本是客观存在的，而且决策的相关成本，对机会成本的忽视经常会导致错误的决策。为了保证企业资源的充分运用，机会成本在企业的生产经营决策中应该是一个重要因素。

（四）沉没成本与付现成本

沉没成本是指由于过去的决策已经发生，而不能由现在或将来的任何决策改变的成本。由于沉没成本属于非相关成本，与现在或者未来的决策不相关，不应将其列为目前决策的现金流量。

与沉没成本相对应的是付现成本。付现成本是指那些由于未来某项决策所引起的需要在将来动用现金支付的成本。可见付现成本是决策必须考虑的重要影响因素。

例如，① 某企业几年前用 50 000 元购买 A 机器一台，已提折旧 40 000 元，净值 10 000 元。因生产新产品的需要必须对 A 机器进行技术改造，为此需追加支出 20 000 元。市场上有相同的 B 机器出售，其性能与改造后的 A 机器相同，售价为 25 000 元。

在是否改造 A 机器中，如果我们简单地用 A 机器的固定资产净值和追加支出之和（30 000 元）与 B 机器买家（25 000 元）进行比较的话，就会作出选择购买 B 机器比改造 A 机器节约 5 000 元的错误决策。但由于 A 机器的净值属于沉没成本，不影响我们的决策，正确的决策应该是将改造 A 机器的付现成本 20 000 元与购买 B 机器的 25 000 元进行比较，从而作出正确的抉择：选择改造 A 机器比购买 B 机器节约支出 5 000 元。

（五）专属成本和共同成本

经营决策中常常将固定成本按照其所涉及范围的大小划分为专属成本和共同成本。

专属成本是指可以明确归属于企业生产的某种或者某批产品，或为企业设置的某个部门发生的固定成本。例如专门生产某种产品的专用设备的折旧费、保险费都属于专属成

---

① 崔国萍. 成本管理会计. 机械工业出版社，2014：195.

本。在进行方案选择时，专属成本是与决策相关的成本，必须予以考虑。

共同成本是指为多种产品的生产或为多个部门的设置而发生的，应由这些产品或这些部门共同负担的成本。如在企业生产过程中，几种产品共同的设备折旧费、辅助车间成本等，都是联合成本。共同成本，由于它的发生与特定方案的选择无关，因此，在决策中可以不予考虑，也属于比较典型的无关成本。

（六）历史成本与重置成本

历史成本又称为实际成本，是过去某个时间发生的成本支出，是财务会计中资产的入账成本。而管理会计中的经营决策着眼于未来，对于资料的利用总是考虑它的现时状况，因而历史成本在当前决策中往往视为沉没成本不加考虑。

重置成本是指企业重新取得与其所拥有的某项资产相同或与其功能相当的资产需要支付的现金或现金等价物，又称现时成本或现时重置成本。由于过去的成本支出用于评价现在和未来往往是歪曲甚至是错误的，考虑现时的重置成本是十分必要的。

（七）可避免成本与不可避免成本

可避免成本是指如果选择某个特定方案就可以消除的成本。可避免成本通常用于决定是否停止某产品的生产或终止某部门的经营业务等的决策。因此，如果决策人不选择某种方案则可避免发生成本，即这种成本的发生与否，完全取决于与之相联系的备选方案是否选定。不可避免成本是指某项决策行动不能改变其数额的成本，也就是同某一特定决策方案没有直接联系的成本。其发生与否，并不取决于有关方案的取舍。

由于可避免成本构成了不同方案的增量成本，因此是相关成本。在分析、评价方案时往往将可避免成本作为相关成本考虑进去，而不可避免成本在相关范围内不随经营的变化而改变，此时可不做考虑。

（八）相关成本与无关成本

企业在进行经营决策时，可供选择的多种方案中所涉及的各种成本，有些与方案的抉择有关，在决策时必须认真考虑，称为相关成本，而有些对决策没有影响，称为无关成本。

差量成本、机会成本、边际成本、专属成本、可避免成本等属于相关成本。相关成本的基本特点是：一种有差别的未来成本。

沉没成本、联合成本、不可避免成本等属于无关成本，对未来决策没有影响，不予考虑。

相关成本与无关成本的区分不是绝对的。有些成本在某一决策方案中是相关成本，而在另一决策方案中却可能是无关成本。

三、决策分析常用的方法

经营决策主要是指一年以内的生产经营决策，就是企业等经济组织决定企业的生产经营目标和达到生产经营目标的战略和策略，即决定做什么和如何去做的过程。它与长期决策的最大区别在于不考虑资金的时间价值。从实际工作中看，常用的决策方法有差量分析法、贡献毛益分析法、本量利分析法和成本无差别点分析法。

(一) 差量分析法

差量分析法，是指决策过程中只分析计算不同方案间的差量部分，通过差量部分的对比，得出最优方案的一种决策方法。它是成本管理会计中最常见和常用的分析方法，在运用差量分析法时，应首先明确几个概念：

(1) 差量，是指两个备选方案同类指标之间的数量差异。
(2) 差量收入，是指两个备选方案预期收入之间的数量差异。
(3) 差量成本，是指两个备选方案预期成本之间的数量差异。
(4) 差量损益，是指差量收入和差量成本之间的数量差异。

差量分析的一般步骤为四步：计算备选方案的差量收入；计算备选方案的差量成本；计算备选方案的差量损益；比较最优方案。

评价方案的原则是，如果差量损益为正数，则前一个方案优于后一个方案；如果差量损益为负数，则后一个方案优于前一个方案。差量分析法剔除了非相关成本，即将备选方案中数额相等的收入或成本撇开，只评价备选方案中的收入或成本的差额部分，因此大大简化了决策分析过程，提高了工作效率，成为经营决策最常用的方法。

但是，如果对于只有两个备选方案的决策，运用差量分析法比较简单。如果有两个以上的方案，分析过程就会比较麻烦。在实际中运用差量分析方法，除了进行定量的计算，还应结合定性的判断，如从企业的全局利益和长远利益出发，考虑选中方案是否满足这方面的要求，从而更为慎重地做出抉择。

例 13.1 某企业面临生产哪一种产品的决策，生产甲产品的单位变动成本为 80 元，预计销售量为 1 000 件，预计销售单价为 110 元；生产乙产品的单位变动成本为 220 元，预计销售量为 500 件，预计销售单价为 260 元。生产甲乙产品的固定成本相同。则生产甲产品与生产乙产品的：

$$差量收入 = (110 \times 1\ 000) - (260 \times 500) = -20\ 000\ (元)$$
$$差量成本 = (80 \times 1\ 000) - (220 \times 500) = -30\ 000\ (元)$$
$$差量损益 = (-20\ 000) - (-30\ 000) = 10\ 000\ (元)$$

说明生产甲产品比生产乙产品可多获利润 10 000 元，生产甲产品对企业是有利的。

(二) 贡献毛益分析法

贡献毛益分析法是指通过对比备选方案贡献毛益的大小来选择最优方案的决策方法。根据成本习性分析，企业的全部成本可分为变动成本和固定成本两大类。固定成本在相关范围内是不随产量发生变化的，其数额的大小是决策者所无法改变的，因而列入非相关成本不予考虑。在对比备选方案的优劣时，收益作为衡量的标准，而用于对比方案优劣的收益计算只考虑变动成本，所以根据变动成本和销售收入配合计算出来的贡献毛益即可做出决策。评价方案的原则是选择贡献毛益总额最大的方案为最优方案。

根据贡献毛益分析法评价方案时，需注意对比的是各方案的贡献毛益总额，而不是对比单位贡献毛益。因为不同产品的单价和单位变动成本不同，其单位贡献毛益也就不具有可比性。

(三) 本量利分析法

本量利分析法是指在经营决策过程中，根据备选方案的成本、业务量与利润三者之间的关系来确定在什么情况下哪个方案最优的方法。本量利分析法的关键在于成本分界点的界定。在企业的生产经营中,面临许多只涉及成本而不涉及收入即成本型方案的选择,如零部件自制还是外购的决策,采用不同工艺进行加工的决策。成本性态的分类中,任何方案的总成本都可以用 $C=Bx+F$ 表述。所谓成本分界点,是指在该业务量水平上两个不同方案的成本相等,但当高于或低于该业务量水平时,不同方案就具有了不同的业务量优势区域。利用不同方案的不同业务量优势区域进行最优方案的选择,进而找到最优决策。

例 13.2 企业需用的某配件既可自制,又可从市场上买到。若企业自制此配件,每年的相关固定成本为 20 000 元,单位变动成本为 4 元/件。从市场上外购此配件超过 5 500 件,则 6 元/件;5 500 件以下,则 8 元/件。

要求:作出企业取得此配件方式的决策。

解:

(1) 自制此零件,设业务量为 x,成本为 y,则:
$$y=a+bx=20\ 000+4x$$
外购件 $\leq 5\ 500$ 时,$y_1=8x$;
外购件 $>5\ 500$ 时,$y_2=6x$。

(2) 作图 13-1 如下:

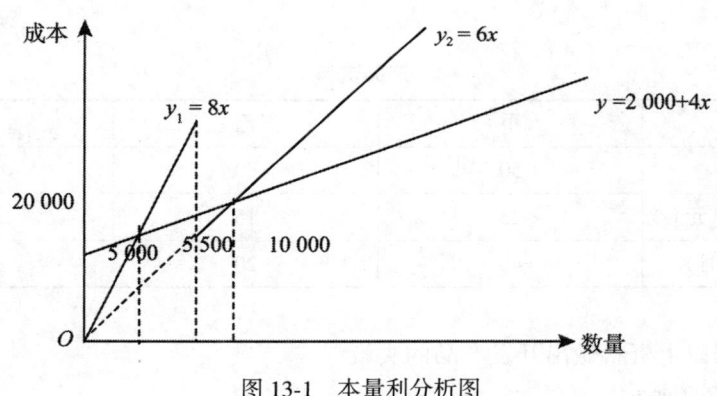

图 13-1　本量利分析图

(3) 求交点:
$x\leq 5\ 500$ 时:有 $20\ 000+4x=8x$ 故有 $x=5\ 000$;
$x>5\ 500$ 时:有 $20\ 000+4x=6x$ 故有 $x=10\ 000$。

故有当:$x\leq 5\ 000$ 时,外购。
　　　　$5\ 000<x\leq 5\ 500$ 时,自制。
　　　　$5\ 500<x\leq 10\ 000$ 时,外购。
　　　　$x>10\ 000$ 时,自制。

第二节　生产组织决策

生产组织决策是在经营总体目标的约束下，依据现有的实际生产能力和其他资源条件，为实现合理利用现有资源、提高企业经济效益，而对生产领域进行的各项决策。例如，生产何种新产品，亏损产品是否停产或者转产，零部件是自制还是外购，联产品（半成品）是否需要进一步加工，是否接受特殊价格追加订货。不同类型的决策所采用的决策分析方法也各不相同。下面就对生产经营决策中的生产组织决策进行详细介绍。

一、生产何种新产品的决策

企业想要在激烈的市场竞争中取胜，就应该不断开发适销对路的新产品。新产品开发决策涉及新产品品种的选择。如果企业有剩余的生产能力可供使用时，在有几种新产品可供选择而每种新产品都不需要增加专属固定成本时，应选择提供贡献毛益总额最多的方案。

例 13.3 某企业生产能力为 80 000 机器小时，尚有 10% 的剩余生产能力，为充分利用剩余生产能力，准备开发新产品，有甲、乙、丙三种产品可供选择，产品资料如表 13-1 所示。

表 13-1　　　　　　　　　　　产品资料

产品名称	甲	乙	丙
售价（元）	50	30	15
单位变动成本（元）	25	15	6
定额工时（小时）	40	20	10

要求：根据以上资料做出开发产品的决策。

解：如表 13-2 所示。

表 13-2　　　　　　　　　　　产品贡献毛益

产品名称	甲	乙	丙
剩余生产能力（机器小时）	8000	8000	8000
最大产量	200	400	800
单位贡献毛益（元）	25	15	9
贡献毛益总额（元）	5000	6000	7200
单位机时贡献毛益（元）	0.625	0.75	0.9

在剩余生产能力一定的情况下，单位资源能够提供的贡献毛益越多，说明该产品的资

源利用效率越高，贡献毛益总额越大，企业经济效益就越好。从表13-2可以看出，丙提供贡献毛益总额最大，所以开发丙产品最为有利。

二、亏损产品都停产或转产的决策

当企业的一个部门或一种产品处于亏损经营时，管理层就应考虑是否停产的问题。亏损产品是指产品销售利润为负的产品。通常认为，停产亏损产品可以使企业整体利润水平得以提高。但当亏损产品的停产仅使与之相关的变动成本减少而不影响企业的固定成本时，对亏损产品是否停产，停产能否使企业的利润增加等问题尚需做出分析。亏损产品是否停产可以采用贡献毛益分析法进行分析。

1. 当亏损产品的生产能力无法转移时

此时，只要亏损产品能提供贡献毛益就不应当停产。某种产品发生亏损，是企业常会遇到的问题。亏损产品是否停产？如果我们按照完全成本法来进行分析，答案似乎很简单，既然产品不能为企业提供盈利，当然应当停产。但是，如果我们按照变动成本法来进行分析，往往会得出相反的结论。由于亏损产品是否停产的决策并不影响企业的固定成本总额，因此这类决策问题一般采用贡献毛益分析法进行分析。

例 13.4 某公司生产 A、B、C 三种产品，按完全成本法计算损益，如表 13-3 所示。

表 13-3 　　　　　　　　　　产品损益（完全成本法）　　　　　　　　　　单位：元

项目	A产品	B产品	C产品	合计
销售收入	100 000	100 000	25 000	225 000
销售成本	75 000	107 500	22 500	205 000
利润	25 000	−7 500	2 500	20 000

要求：分析亏损产品是否停产。

根据表 13-3 提供的资料，公司生产 B 产品亏损 7 500 元，如果认为停止 B 产品的生产可以减少亏损 7 500 元，从而使公司利润增加 7 500 元，达到 27 500 元，则是错误的。因为，如果停止 B 产品的生产，公司的生产能力必然会有剩余，固定成本并不会随着生产能力的下降而减少，这样原来由 B 产品负担的固定成本势必转由 A、C 两种产品来负担。

本例中，如果在公司的销售成本中，固定成本总额为 112 500 元，并按各种产品的销售比重进行分配。固定成本分配率和各种产品分摊的固定成本可计算如下：

固定成本分配率 = 112 500 ÷ 225 000 = 0.5（元）
A 产品分配的固定成本：100 000 × 0.5 = 50 000（元）
B 产品分配的固定成本：100 000 × 0.5 = 50 000（元）
C 产品分配的固定成本：25 000 × 0.5 = 12 500（元）

按变动成本法计算损益如表 13-4 所示。

表 13-4　　　　　　　　　　　产品损益（变动成本法）　　　　　　　　　单位：元

项目	A 产品	B 产品	C 产品	合计
销售收入	100 000	100 000	25 000	225 000
变动成本	25 000	57 500	10 000	92 500
贡献毛益	75 000	42 500	15 000	132 500
固定成本	50 000	50 000	12 500	112 500
利润	25 000	−7 500	2 500	20 000

若 B 产品停止生产，则固定成本分配率和各种产品分摊的固定成本计算如下：
固定成本分配率 = 112 500 ÷ 125 000 = 0.9（元）
A 产品分配的固定成本：100 000 × 0.9 = 90 000（元）
C 产品分配的固定成本：25 000 × 0.9 = 22 500（元）
则按变动成本法重新计算损益如表 13-5 所示。

表 13-5　　　　　　　　　　　　产　品　损　益　　　　　　　　　　　　单位：元

项目	A 产品	C 产品	合计
销售收入	100 000	25 000	125 000
变动成本	35 000	10 000	35 000
贡献毛益	75 000	15 000	90 000
固定成本	90 000	22 500	112 500
利润	−15 000	−7 500	−22 500

从表 13-4、表 13-5 可见，由于停止 B 产品的生产，公司不仅没有增加利润，反而由盈利 20 000 元变为亏损 22 500 元，两者相差 42 500 元，而这个差额正是 B 产品提供的贡献毛益。这就是说，尽管 B 产品是亏损产品，但仍能为企业提供 42 500 元的贡献毛益，用以补偿固定成本，因此不能停止 B 产品的生产。

由此我们可以得出结论：当亏损产品仍能为企业提供贡献毛益时，在停止其生产又不能增加其他产品的生产或转产新产品的情况下，亏损产品就应继续生产。

2. 如果亏损产品的生产能力可以转移

如果亏损产品停产后其闲置下来的生产能力可以转向生产其他产品，只要转产产品所创造的贡献毛益大于亏损产品的贡献毛益，那么这项转产方案就是可行的。反之就不可行。

例 13.5　如上例，若公司在 B 产品停产后，可用其剩余的生产能力转产 D 产品，并能取得同样的销售收入，如表 13-6 所示。

表 13-6　　　　　　　　　　　　销　售　成　本　　　　　　　　　　　单位：元

项目	A产品	C产品	D产品	合计
销售收入	100 000	25 000	100 000	225 000
变动成本	25 000	10 000	30 000	65 000
贡献毛益	75 000	15 000	70 000	160 00
固定成本	50 000	12 500	50 000	112 500
利润	25 000	2 500	20 000	47 500

根据表 13-6 的资料，由于 D 产品提供的贡献毛益比 B 产品多 27 500 元，因而转产 D 产品可以比继续生产 B 产品增加利润 27 500 元，说明转产方案是可行的。

在实际工作中，对于亏损产品是否应该停产的决策需要考虑许多因素。如亏损产品的停产是否对客户关系造成损害，是否对企业的产品配套问题造成不利影响，如由于钢材涨价，自行车制造厂生产车轮无利可图，但是车轮是自行车必不可少的配件，因此还是得照常生产。除此之外，还得考虑企业的产品结构和社会效益的需要等要素。

三、自制还是外购的决策

对于那些具有加工能力的企业而言，常面临所需零部件是自制还是外购的决策问题。对此，管理人员需要根据具体情况来做出决策。由于所需零部件的数量对于自制还是外购方案都是一样的，因而这类决策通常只需要考虑自制方案和外购方案成本的高低，在质量相同并保证及时供货的情况下，选择成本低的方案。对这类问题我们一般采用差量分析法或者本量利分析法。

例 13.6　某企业每年需要 A 零件 2 000 件，原由金工车间组织生产，单位变动成本为 6 元/件。如果改从市场采购，单价为 8 元，同时将剩余生产能力用于加工 B 零件，可产生收入 2 000 元。要求：为企业做出外购或自制 A 零件的决策，并说明理由。

解：

$$外购增量成本 = 2\ 000 \times 8 = 16\ 000（元）$$
$$自制增量成本 = 2\ 000 \times 6 + 2\ 000 = 14\ 000（元）$$

因为自制的相关成本低于外购，所以应自制该零件。

四、是否接受特殊价格追加订货的决策

在企业尚有一定剩余生产能力可以利用的情况下，如果外单位要求以低于正常价格的特殊定价追加订货量，企业是否可以考虑接受这种条件苛刻的追加订货呢？特殊定价一般低于企业正常销售产品的价格，甚至低于产品的单位成本。对此，管理人员必须运用一定方法，分析各相关因素，对是否接受订货做出选择。通常应针对不同情况区别对待：

（1）当追加订货不冲击正常订货的完成，又不要求追加专属成本的情况下，只要特殊订货能提供正的贡献毛益，就可以接受该追加订货。

（2）若追加订货会妨碍正常订货的完成，应将由此减少的正常收入作为追加订货方案的机会成本。当追加订货的贡献毛益总额足以补偿这部分机会成本时，则可以接受订货。

（3）若该订货要求追加专属固定成本，则接受此追加订货方案的可行条件是，该方案的贡献毛益总额大于专属固定成本。

（4）当企业的剩余生产能力可以转移（以上3种情况均假定无法转移），则应将与此有关的可能收益作为追加订货方案的机会成本综合考虑。

例13.7 某企业只生产一种产品，企业最大生产能力为1 200件，年初已按100元/件的价格接受正常任务1 000件，该产品的单位变动成本为55元/件。现有一客户以70元/件的价格追加订货。要求：

（1）剩余能力无法转移，追加订货量为200件，但因有特殊要求，企业需追加1 000元专属成本，是否接受该低价追加订货。

（2）追加订货量为200件，不追加专属成本，但剩余能力可对外出租，可获租金收入5 000元，是否接受该低价追加订货。

解：

（1）追加订货的变动成本 = 55×200 = 11 000（元）

　　追加订货的相关收入 = 70×200 = 14 000（元）

　　追加订货的贡献毛益 = 14 000 − 11 000 = 3 000（元）

因为贡献毛益总额大于专属固定成本，所以该项追加订货应该接受。

（2）由上面计算可知，追加订货的贡献毛益为3 000元，不能够弥补机会成本5 000元，所以该项追加订货不应该接受。

五、半成品（或联产品）是否深加工的决策

1. 半成品是否深加工

当半成品可以对外销售时，存在一个将产品加工到什么程度（卖半成品还是产成品）的问题。对于这类问题，决策时只需考虑加工后增加的收入是否超过增加的成本，如果前者大于后者，则进一步加工销售，否则就直接作为半成品出售。在此，进一步加工前的收入和成本都与决策无关，不必予以考虑。

产品作为半成品销售，其售价和成本都低于进一步加工后作为产成品出售的售价和成本。是否进一步加工，可以按照下面的公式计算：

　　　　进一步加工后收入 − 进一步加工后成本 > 半成品销售收入 − 产成品成本

进一步加工成本包括追加的变动成本和专属固定成本。如果满足上式应该进一步加工，反之就会直接出售。

2. 联产品是否深加工

所谓联产品，是指一种原材料经过同一生产过程，能够同时加工出两种或两种以上的产品。联产品既可以在市场上直接出售，也可以继续加工成最终产品后再出售。

究竟是深加工联产品还是直接出售联产品？在这样的决策中涉及两个重要的成本概

念：共同成本和可分成本。分离点前发生的成本称为联合成本或共同成本，分离以后有的可直接销售，有的需要进一步加工后再销售。而进一步加工的成本称为可分成本。联产品是否进一步加工不会引起共同成本的变化，因此共同成本属于决策无关成本。可分成本是指联产品分离后对某一种产品进一步加工而支付的成本，因此属于决策相关成本，决策时应予以考虑。联产品是否进一步加工，可以按照下面的公式计算确定：

$$分离后的销售收入-可分成本>分离前销售收入$$

上式满足，则应进一步加工；反之，则分离后即出售。

第三节 产品定价决策

一、影响价格的因素

在现代市场经济学中，价格是由供给与需求之间的互相影响、平衡产生的；在古典经济学以及马克思主义经济学中，价格是对商品的内在价值的外在体现。一种产品价格制定得是否得当，往往决定了该产品能否为市场所接受，并直接影响该产品的市场竞争地位和市场占有率。一般来讲，影响价格制定的基本因素包括以下几种。

（一）成本因素

成本是影响定价的最基本的因素。从长期来看，产品价格应等于总成本加上合理的利润，否则企业无利可图，将会停止生产；从短期来看，企业应该根据成本结构确定产品价格，即产品价格必须高于平均变动成本，以便掌握盈亏情况，减少经营风险。

（二）市场需求因素

一定时期内市场上的产品需求和产品价格之间存在着一定的联系。当其他条件不变时，消费者对某种产品的需求量与产品价格的高低呈反方向变化。市场需求与价格的关系可以简单地用市场需求潜力与需求价格弹性来反映。市场需求潜力是指在一定的价格水平下，市场可能达到的最高水平。

需求价格弹性就是指在其他条件不变的情况下，某种产品的需求量随其价格的升降而变动的程度，它是用需求变化率与价格变化率之比来表示的。需求价格弹性大的商品，其价格的制定和调整对市场需求影响大；需求价格弹性小的商品，其价格的制定和调整对市场需求影响小。

例如消费者日常生活中的必需品、柴米油盐等商品，其价格的变动对消费者需求的影响并不大，属于价格弹性较小的商品。而高档消费品、奢侈品就属于价格弹性大的商品。对于价格弹性大的商品，企业应该采用低价或者降价策略以实现增加收益的目的；对于价格弹性较小的产品，企业可以采取适当高价和提价的策略来实现增收的目的。

（三）产品的生命周期因素

产品的生命周期是指产品从进入市场到退出市场所经历的市场生命循环过程。典型的产品的生命周期包括4个阶段，即投入期、成长期、成熟期、衰退期。不同阶段定价策略应有所不同。投入期的价格，既要补偿高成本，又要能被市场接受，为了打开市场，偏高的价格可能并不适用;成长期和成熟期阶段,产品大量销售,企业要扩大市场占有率,必须稳定价格以利于开拓市场,此时可以适当采取薄利多销的战略;进入衰退期后,一般采取降价策略,尽快减少库存,收回资金,以便充分挖掘产品的经济效益。

(四)竞争因素

产品竞争的激烈程度不同,对定价的影响也不同,竞争越激烈,对价格的影响越大。完全竞争的市场,企业几乎没有定价的主动权;在不完全竞争的市场中,竞争的强度主要取决于产品制作的难易和供求形势。由于竞争影响定价,企业必须充分了解竞争者的情况,包括竞争对手的实力、主要竞争者的定价策略等。

(五)政策法规

国家的政策法规也会影响价格。比如,国家一般对农产品进行补贴,而对某些行业(烟酒)征税。政府如果取消对这些行业的限制,则这些行业的产品价格完全由市场决定;政府一旦介入,就要考虑政府税收和补贴对产品价格的影响。

(六)科学技术因素

新产品、新材料、新工艺的出现会形成新的产业结构、竞争结构和消费机构。这种科学技术因素对销售价格的影响,必须加以考虑。

(七)相关工业产品的销售量

某些产品的销售量主要取决于相关产品的销售量,如服装业与纺织业、轮胎业与汽车业、玻璃业与建筑业,基本上是后者决定前者的销售。因此前者销售价格的制定可以根据后者的预测资料进行。

除上述几方面之外,产品的质量、产品的比价、差价与价格体系、消费者的支付能力与心理状态等,也是影响产品价格的重要因素。

二、产品定价决策策略

(一)以成本为基础的定价决策

成本是构成产品价格的基本因素,也是价格的最低经济界限。以成本为基础制定产品价格,不仅能保证生产中的耗费得到补偿,而且能保证企业必要的利润。成本加成定价法是指在产品成本的基础上,加上企业期望获得的收益,以此确定产品的销售价格。成本加成法中的成本,可以按照全部成本法和变动成本法计算出来的单位产品成本为基础,在这个基础上加上预期的收益率[1]。其定价模型为:

$$产品销售单价 = 单位产品成本 \times (1 + 成本加成率)$$

1. 采用完全成本加成定价法

采用完全成本加成定价法,其"成本"基数是指单位产品的制造成本,"加成"内容包括非制造成本(如推销成本及管理成本)和目标利润。

假定甲公司正研究 A 产品的定价,该产品的估计成本资料如表 13-7 所示。

---

[1] 崔国萍. 成本管理会计. 机械工业出版社,2014:207.

表 13-7　　　　　　　　　　　　　　**成 本 资 料**　　　　　　　　　　　　单位：元

项目	数量×单位成本	合计
直接材料	（10 000×7）	70 000
直接人工	（10 000×5）	50 000
变动性制造费用	（10 000×4）	40 000
固定性制造费用	（10 000×8）	80 000
变动性推销与管理费用	（10 000×2）	20 000
固定性推销与管理费用	（10 000×1.5）	15 000
合　　计		275 000

目标售价在制造成本的基础上加成 50%。

计算目标售价：

（1）按照完全成本法计算 A 产品每单位的制造成本，作为成本加成的基础。

（2）以制造成本为基础，加上相当于制造成本的 100%，作为 A 产品的目标售价，因此可以得出：A 产品的单位成本 = 5+7+4+8 = 24（元）

在制造成本的基础上加成 50% 作为目标售价，则目标售价为 24×（1+50%）= 32（元）。

2. 采用变动成本加成定价法

采用变动成本加成定价法，其"成本"基础是指单位产品的变动成本，"加成"内容包括全部的固定成本及目标利润。沿用完全成本加成定价法下的成本资料，假定要求在变动成本基础上加成 50%，作为 A 产品的目标售价。

解：甲产品单位变动成本 = 直接材料+直接人工+变动制造费用+变动管理费用
　　　　　　　　　　　= 7+5+4+2 = 18（元）

在制造成本的基础上加成 50% 作为目标售价，则目标售价为 18×（1+50%）= 27（元）

3. 加成百分比的确定

如何确定附加于成本基础上的加成百分比，是成本加成定价法的核心问题。无论是采用完全成本加成定价法还是采用变动成本加成定价法，所确定的加成数除了能提供所需的利润外，均还需包含一部分成本项目。

（1）若采用完全成本加成定价法：

加成百分比 =〔（投资额×期望的投资报酬率）+非制造成本〕÷产品制造成本总额

假设某公司投资 1 000 000 元，每年产销 A 产品 50 000 件，其单位制造成本 40 元，销售与管理费用每年 500 000 元。若该公司期望获得的报酬率为 20%，则采用完全成本加成定价法，其加成百分比计算如下：

加成百分比 =［（1 000 000×20%）+500 000］÷（50 000×40）= 35%

按此加成百分比计算，A 产品的目标售价为 40×（1+35%）= 54（元）。

（2）若采用变动成本加成定价法：

加成百分比=〔（投资额×期望的投资报酬率）+固定成本〕÷产品制造成本总额

假设某公司投资1 000 000元，每年产销A产品50 000件，其单位变动成本25元，固定性制造费用750 000元，固定性销售与管理费用每年500 000元。若该公司期望获得的报酬率为20%，则采用变动成本加成定价法，其加成百分比计算如下：

加成百分比=〔（1 000 000×20%）+（750 000+500 000）〕÷（50 000×25）=116%

按此加成百分比计算，A产品的目标售价为25×（1+116%）=54（元）。

成本加成定价法简单实用，是大多数企业所采用的方法。一方面，产品成本在企业对外报告的现成资料中都有体现，收集信息的成本较低；另一方面，从长期来看，产品的价格必须补偿产品成本、期间费用及销售税金并获得正常利润。但是应该注意的是，成本加成法制定产品的售价，其缺点在于并没有考虑价格与销售量之间的关系。

（二）以需求为基础的定价策略

以成本为基础的定价决策方法，着重考虑企业的成本状况而基本不考虑需求状况，因而制定的产品价格从企业取得最大产销收入或利润的角度来看，不一定是最优价格。为此，必须考虑市场需求状况与价格弹性，分析销售收入、成本利润与价格之间的关系，寻找最优价格点。

1. 需求价格弹性定价法

市场供求关系的变化，是影响企业产品价格的一个重要因素。因此，企业制定价格最需要考虑的因素是需求价格弹性。需求价格弹性，是指需求变动率与价格变动率之比，反映价格变动引起需求变动的方向和程度。需求价格弹性的大小取决于产品的需求程度、可替代性和支出占消费者收入的比重等。

需求价格弹性的大小可用下面的公式计算：

$$E_p = -\frac{\Delta Q/Q}{\Delta p/p}$$

式中，E_p——需求价格弹性系数

Q——基期需求量

P——基期产品销售单价

ΔQ——需求变动量

Δp——价格变动数

$E_p>1$时，富有弹性，价格下降使需求上升更大的幅度；$E_p \leqslant 1$时缺乏弹性，价格下降使得需求上升较小的幅度。

富有价格弹性的产品，可适时采取降价策略以抢占更多的市场份额，比如服装、化妆品等；缺乏价格弹性的产品，可适时采取提价策略以树立优质优价的高端品牌形象，比如奢侈品、药品等。当企业掌握了某种产品的需求价格弹性后，就可以利用弹性系数来预测价格变动的最优方向和幅度。

2. 利润最大化定价法

需求价格弹性本质上是由价格和需求两者之间的关系确定的，即价格的高低决定了企业销售量的多少，而在产销平衡的情况下，销售量又决定了产品的成本。因此价格是企业营业利润的函数。

假设需求-价格函数为：$Q=A-Bp$

总成本函数为：$C=Bq+F$

则营业利润函数：$R=Pq-C$

即：$R=-Bp^2+(A+Bb)p-(Ab+F)$

对 p 求导得：$\dfrac{\partial R}{\partial p}=-2Bp+A+Bb$

令其为零，此时 R 有最大值，即得出：

$$p_0=\dfrac{Bb+A}{2B}$$

(三) 其他定价策略

1. 心理定价策略

心理定价策略主要是零售企业针对顾客消费心理而采取的定价策略。常用的方法主要有以下几种：

尾数定价是指消费者偏重于价格的整数，而忽略价格的零数。例如，当一件商品标价为 1.98 元与标价 2 元时，虽然这两种标价之差仅为 0.02 元，而消费者却认为这两种标价之间的差别很大，这种消费者在购物时对价格数字的心理倾向，会指导消费者的购物行为。它一般适用于价值较小、销售量大、购买次数多的中低档日用消费品。

声望定价是指有名望的商店出售的商品其价格比一般商店要高；同类商品之中，名牌商品的价格更高。由于声望定价商品的购买者多是以商品能否显示其身份和地位为目的，因而往往采用整数高位定价，以满足消费者的心理需要。

心理折扣定价是利用消费者求廉务实的心理特点而采取的降价促销措施。当一种商品的牌号、性能不为广大消费者熟悉和了解，其市场的接受程度较低，采用心理折扣价格，即标明原价之后再打折扣，会给消费者带来物美价廉的感觉，从而吸引消费者购买商品，这种定价方法对市场接受程度低或销路不太好的商品比较有效。

2. 折扣定价策略

折扣定价策略是指在一定条件下，以降低商品的销售价格来刺激购买者，从而达到扩大商品销售量的策略。具体有以下几种方式：

数量折扣是一种按照购买者购买数量的多少所给予的价格折旧。购买数量越多，折扣越大；反之，则越小。它鼓励购买者大量或集中向本企业购买。数量折扣又分为累计和非累计数量折扣两种。非累计数量折扣，规定一次购买某种商品达到一定数量时，给予折扣优惠，其目的是在鼓励购买者大量购买的同时，便于企业安排大批量生产和销售，节约生产销售费用。累计数量折扣规定购买者在一定时期内，购买数量如果达到一定数量和金额，可按照总量的大小给予不同的折扣。这样做的目的是鼓励购买者经常向本企业采购，成为稳定的长期用户。

现金折扣是一种按照购买者付款期限的长短所给予的价格折扣，其目的在于鼓励购买者尽早偿付货款，加速资金周转。

季节性折扣是对购买者在商品淡季购买所付出的价格折扣。这样做，既鼓励了购买者提早采购，减轻了企业的仓储压力，又加速了企业的资金周转，充分发挥了企业的生产能力。

第四节 投资决策概述

一、投资决策的定义和类型

（一）投资决策的定义

投资决策，也称为资本支出决策。是指企业为适应今后生产经营中的长远需要，将资金投入某一项目以获取长期利益的决策。它既包括将资金长期投向企业外部的其他单位的决策，如购买债券、股票，或实行联营投资的决策；也包括将资金长期投向企业内部的某些项目的决策，如构建厂房、设备、流水线等固定资产进行改扩建等。

投资决策是一个过程，包括制订计划、设定目标和优先顺序、安排资金以及按照某种标准选择要进行投资的长期资产。投资决策具有投入资金多、涉及时间长、风险大，对企业资产和财务状况影响深远等特点。管理会计中的长期投资决策主要是指企业增加固定资产，或对现有固定资产进行改扩建等规划企业未来发展方向、扩大规模的决策。

（二）投资决策的类型

投资决策的类型包括固定资产投资决策、设备更新决策和无形资产投资决策。其中：固定资产投资决策是指企业构建固定资产、扩大企业生产能力的决策。设备更新决策是指随着使用年限的增长和技术的进步，为了提高产品的质量、增加企业市场竞争能力、提高经济效益，企业需要对旧的设备进行更新的决策。无形资产投资决策是指企业创建无形资产或外购无形资产的决策。无形资产是指企业长期使用但没有实物形态的资产，专利权、非专利技术、商标权、著作权、土地使用权、商誉等均属于无形资产。

二、长期投资的特点及决策程序

（一）长期投资的特点

长期投资的主要特点有：投资的回收期较长。长期投资决策一经作出，便会在较长时间内影响企业。因此要强化长期投资的决策管理，准确预测长期投资的未来收益。长期投资的变现能力较差。长期投资的实物形态主要是厂房和机器设备等固定资产及专利权、专有技术等无形资产，这些资产不易改变用途，出售困难，变现能力差，只能采取逐步变现的方式。长期投资的风险较大。长期投资形成资产之后，其用途相对固定，如果不适应市场的需要，长期投资会得不到收益，甚至面临投资损失。长期投资的资金需求量较大，一般需要较多的资金，对企业财务状况和现金流量有相当大的影响。因此企业需要进行筹资决策以确定筹资规模和筹资方式。

（二）长期投资的决策程序

长期投资决策大部分具有投资数额大、建设周期长、建成使用年限长的特点，而且一经建成，其使用功能和工作地点不能轻易改变或不能改变。因此正确的投资决策十分重要。科学的投资决策是保证投资有效性的前提。要实事求是，注重对数据资料的分析和运用，不能靠拍脑袋来决定事关重大的投资决策方案。

1. 选择投资方向

在明确投资目标后，就可以进一步拟定具体的投资方向。这一步也很重要，事关企业今后在哪里发展的问题。

2. 制订投资方案

在决定投资方向之后，就要着手制订具体的投资方案，并对方案进行可行性论证。一般情况下，可行性决策方案要求在两个以上，因为这样可以对不同的方案进行比较分析，对方案的选择是有利的。

3. 评价投资方案

这一步主要是对投资风险与回报进行评价分析，由此来断定投资决策方案的可靠性如何。企业一定要把风险控制在它能够承受的范围之内，不能有过于投机或侥幸的心理，一旦企业所面临的风险超过其承受的能力，将会铸成大错，导致企业的灭亡。

4. 投资项目选择

狭义的投资决策就是指决定投资项目这个环节。选择的投资项目必须由相应一级的人来承担责任。把责任落实到具体的人，这样便于投资项目的进行。

5. 反馈调整决策方案和投资后的评价

投资方案确定之后，还必须根据环境和需要的不断变化，对原先的决策进行适时的调整，从而使投资决策更科学合理。

三、货币的时间价值和现金流量

长期投资的决策特点是投资支出的金额大，投资及产生收益的时间长，因为投资决策的风险也大。所以为了决策的正确性，在长期投资决策中必须考虑资金的时间价值和现金流量等因素。

（一）资金的时间价值

资金的时间价值是指在不考虑风险和通货膨胀的情况下，一定数量的资金经历一定时间的投资和再投资后所产生的增值。如：年初1元钱的价值大于年末1元钱的价值。因此货币的时间价值使得等量的货币在不同的时间点上具有不同的经济价值。在长期投资决策中，只有考虑了货币的时间价值因素才能真正地进行正确的决策。

资金的时间价值有两种表现形式：一种是绝对数的表现形式，是资金在周转使用过程中产生的增值额。另一种是相对数的表现形式，是在没有风险和没有通胀条件下的社会平均资金利润率。

货币的时间价值随着时间的推移而形成增值。货币的时间价值从理论上讲，就是资金的机会成本。资金的时间价值不仅是评价投资方案的基本标准，而且是资产估价的重要依据。资金的时间价值的重点在于：不同时点上的等量资金具有不同的含金量，因而不能直接简单汇总；不同时点上的资金只有借助于资金时间价值换算为同一时点上的价值，才能汇总、比较和分析。

（二）资金时间价值的计算方法

资金时间价值的主要计量形式有：复利终值、复利现值、年金终值和年金现值。资金的时间价值一般采用复利计算。复利法是指不仅对本金要计息，而且对本金所产生的利息在下一个计息期也要计入本金一起计息的方法，即利滚利。计息期一般是一年。资金的时间价值的计算中，通常使用以下概念及符号：

本金，又称初始金额或现值，以 P 表示；

利率，年利息和本金之比，以 i 表示；

利息，以 I 表示；

时间，通常以年为单位，以 n 表示；

终值，本金和利息之和，以 F 表示。

1. 复利终值

复利终值又称本利和或到期值，是指一定数量的本金按照复利计算的若干年后的本利和。假设第一年年初的资金为 P，利息为 i，则有：

第一年年末本利和 $P(1+i)$；

第二年年末本利和 $P(1+i)(1+i)=P(1+i)^2$；

以此类推，第 n 年的本利和为 $P(1+i)^n$。

因此复利终值的计算公式为：$F=P(1+i)^n$。

其中，$(1+i)^n$ 称为"1元复利终值系数"，用符号 $(F/P, i, n)$ 表示，其数值可通过查复利终值系数表获得。

例 13.8 已知利率为 10%，求投资 20 000 元 5 年后的终值是多少。

解：查表可知利率 10%，5 年期的终值系数为 1.611，则这笔投资 5 年后的终值为：

$$20\ 000 \times 1.611 = 32\ 220\ (元)$$

2. 复利现值

复利现值是指在将来某一特定时间取得或支出一定数额的资金，按复利折算到现在的价值，即 n 年后有资金 F，那么现在的资金价值 P 为多少？复利现值就是复利终值的逆运算，计算现值的意义与计算终值的意义正好相反。即已知将来值 F 计算现值（本金）P。因此，根据复利终值的计算公式可求得复利现值，复利现值的计算公式如下：

$$P = \frac{F}{(1+n)^n}$$

其中，$1/(1+i)^n$ 称为"1元复利现值系数"，用符号 $(P/F, i, n)$ 表示，其数值可查"1元复利现值系数表"直接获得。同时，从复利现值的计算公式中可以看出，在一定利率条件下，复利现值与计息期数之间具有反向关系，通过延长投资年限或提高复利率可以使投资的现值变小。

例 13.9 某企业打算年初存入一笔资金，3 年后一次取出本利和 100 000 元，已知年复利率为 6%，企业现在应该存多少钱？

解：已知 $F=100\ 000$，$i=6\%$，$n=3$，则有：

$$100\ 000/(1+6\%)^3 = 83\ 960\ (元)$$

3. 年金终值

年金是指一定时期内等额多次收付的款项，如果在一定的时期内，每隔相同的时间，收入或支出相同金额的系列款项，这样的系列称为年金。年金收付方式在金融领域和经济领域中的应用比较广泛，如投资 100 万元给一个企业，每年拿到一笔固定的收入，该笔固定收入就属于年金。日常生活中，人寿保险、退休金、零存整取等都属于年金的范畴。

年金具有连续性和等额性的特点。年金根据每期收入或支出的具体情况可以分为多种形式：收到或支付在每期期末的年金，称为普通年金或者后付年金；收到或支付在期初的年金，称为预付年金；收到或支付在第一期期末以后的某一时间的年金，称为递延年金；无限期继续支付的年金，称为永续年金。在管理会计中，讲到年金，除非特别指明，一般是指普通年金。普通年金也称为后付年金，有连续 n 个相等的现金流量发生的期末时点上。

若用 F 表示年金终值，A 表示每期期末收入或支出的款项，i 表示利率，期数用 n 表示，那么可以有：

第 n 期期末收到的 A 的终值为 $A(1+i)^0$，即为 A；

第 $n-1$ 期期末收到的 A 的终值为 $A(1+i)^1$；

……

第 2 期期末收到的 A 的终值为 $A(1+i)^{n-2}$；

第 1 期期末收到的 A 的终值为 $A(1+i)^{n-1}$；

那么，n 期的年金终值之和为：

$$F = A + A(1+i)^1 + \cdots + A(1+i)^{n-2} + A(1+i)^{n-1}$$

等比数列求和，经整理得出普通年金终值公式如下：

$$F = A\left[\frac{(1+i)^n - 1}{i}\right]$$

$\frac{(1+i)^n - 1}{i}$ 称为 1 元年金终值系数，称为 $(F/A, I, n)$，表示普通年金为 1 元、利率为 i、有 n 期连续相等的普通年金终值是多少。可查 "1 元年金终值系数表" 直接得到。

例 13.10 某公司计划每年年末存入银行 100 000 元，存 5 年积累一笔款项，用于建造福利设施，年利率为 5%，问第五年年末总共可以积累多少资金？

年金终值 = 100 000×5.525 6 = 553 560（元）

4. 年金现值

年金的现值是指一定时期内每期期末等额收支款项的复利现值之和，即为了在期末取得或支出相等的金额款项，现在需要一次投入或借入多少资金。年金现值用 P 表示，每期期末收入或支出款项用 A 表示，利率为 i，期数为 n。那么现值 P 的计算公式为：

$$P = A\left[\frac{(1+i)^n - 1}{(1+i)^n i}\right]$$

$\frac{(1+i)^n - 1}{(1+i)^n i}$ 称为 "1 元年金现值系数"，记作 $(P/A, i, n)$，表示普通年金为 1 元、利率为 i、有 n 期连续相等的年金现值是多少，可查 "1 元年金现值系数表" 直接获得。

例 13.11 每年年末收入 100 元，年利率为 12%。5 年后年金现值为多少？

解：年金现值 = 100×3.605 = 360.5（元）

(三) 投资决策中现金流量的构成

这里的现金流量是指与长期投资决策有关的现金流入和流出的数量，是评价长期投资项目是否可行时必须事先计算的基础性指标。现金流量包括现金流入量、现金流出量和现金净流量3个概念。现金流入量是指长期投资项目引起的企业现金收入增加额；现金流出量是指长期投资项目引起的企业现金支出的增加额；一定时期内现金流入量减去现金流出量为净现金流量。

净现金流量一般分为3个部分：投资总额、营业现金流量、净残值。投资总额一般是指开始投资时发生的现金流出量。投资总额包括固定资产投资额和流动资产投资额。营业现金流量是指项目投入使用后，由生产经营带来的营业现金流入量和营业现金流出量的净额，一般按照年度计算。净残值是长期投资项目终结时所发生的净现金流量，主要包括固定资产残值收入或变价收入和原先垫支在各种流动资产上的资金回收等现金流入量再减去清理、变现费用等现金流出量。

(四) 投资决策的现金流量的测算

1. 投资总额的计算

测算投资总额需要按照固定资产投资额和流动资产投资额分别进行测算。固定资产投资额是指项目按照拟定建设规模、产品方案、建设内容进行建设所需的费用，包括建筑工程费、设备购置费、安装工程费、工程建设其他费用和预备费用。测定固定资产投资额常用的方法有编制概算法、单位生产能力估算法和生产能力指数估算法。流动资产投资额是指为维持生产所占用的营运资本，是流动资产与流动负债的差额。流动资产的测算方法主要有财务指标测算法和分项详细测算法等。

2. 营运现金流量的测算

营业收入的测算：营业收入的测算需要预测长期投资在营业期间的销售量和销售价格。

$$营业收入 = 销售量 \times 销售单价$$

营业成本的测算：

$$经营成本 = 总成本费用 - 折旧及摊销 - 利息支出$$

$$总成本费用 = 外购原材料燃料及动力费 + 工资及福利费 + 折旧及摊销 + 利息支出 + 其他$$

$$外购原材料燃料及动力费 = 产品年产量 \times 单位产品材料燃料好用定额 \times 单价$$

$$年工资总额 = 定员人数 \times 每人年平均工资额$$

$$年福利费 = 年工资总额 \times 计提比例$$

所得税费用的测算：所得税费用是指长期投资在营业期间因有生产经营所得而依据税法规定向国家缴纳的企业所得税支出。

$$所得税费用 = 应纳税所得额 \times 所得税率$$

长期投资项目每年发生的营业现金流量为：

$$营业现金流量 = 现金流入 - 现金流出$$
$$= 营业收入 - 营业成本 - 所得税费用$$

$$营业现金流量 = 净利润 + 折旧及摊销 + 利息支出$$

其中，固定资产折旧按照平均年限法、工作量法、双倍余额递减法、年数总和法计提，无形资产按预计使用年限进行平均摊销。

利息支出，是指投资项目在经营期间支付的债务利息。建设期间的利息支出予以资本化，进入固定资产投资额。

其他费用如固定资产修理费、办公费、差旅费、广告促销费、销售税金等可根据长期投资的具体情况并参照经验数据进行测算。如修理费按照固定资产原值的一定百分比计提；销售税金按照销售收入的一定百分比计算。

3. 残值的测算

残值是指长期投资项目完结时发生的净现金流量，包括固定资产净残值和流动资产收回净额。固定资产净残值即投资项目终了所收回的固定资产清理净值，通常是一次性收入，计算公式为：

$$固定资产净残值 = 固定资产处理变价收入 - 处理清理费用$$

$$流动资产回收净额 = 流动资产回收变价收入 - 变现费用 - 流动负债清偿额$$

因此项目终结点的年净现金流量除了利润加上折旧之外，还应该包括回收的流动资金以及固定资产的残值收入。

第五节 投资决策评价指标及其应用

一、投资决策相关指标

长期投资决策指标是客观、科学地评价长期投资项目在经济上是否可行的依据。长期投资决策指标根据是否考虑资金的时间价值和风险价值，可以分为静态指标和动态指标两大类。

（一）静态指标及其计算

静态评价指标也被称为非贴现指标，即没有考虑资金的时间价值和风险价值因素，常用的有投资回收期、平均投资报酬率等指标。

1. 投资回收期（T）

投资回收期是指回收初始投资总额所需要的时间，一般以年为单位。投资回收期指标所衡量的是收回初始投资的速度的快慢。其基本的选择标准是：在只有一个项目可供选择时，该项目的投资回收期要小于决策者规定的最高标准；如果有多个项目可供选择时，在项目的投资回收期小于决策者要求的最高标准的前提下，还要从中选择回收期最短的项目。投资回收期越短，投资效益越好；反之，投资项目的投资效果就越差。通常按照累计现金流量法计算投资回收期，计算公式如下：

$$\sum_{t=0}^{T} NCF_t = 0$$

式中：T——投资回收期

NCF_t——第 t 年净现金流量

投资回收期的计算比较简便，易于理解，可促使企业尽最大努力提高经济效益，缩短投资回收期，减少投资风险。

但是投资回收期的风险主要在两个方面：首先没有考虑资金的时间价值，对回收期长、大型投资项目容易形成决策失误；其次是忽略了回收期之后的净现金流量，没有考虑项目整个寿命周期的盈利水平，注重短期行为，忽视长期利益，所以有较大的局限性。只注意项目回收投资的年限，没有直接说明项目的获利能力。

例 13.12 某项目的现金流量的资料如表 13-8 所示，试计算 A 项目的投资回收期。

表 13-8　　　　　　　　　　　　现金流量资料　　　　　　　　　　　　单位：万元

项目	0	1	2	3	4	5	6	7
净现金流量	−1 000	−500	340	340	340	340	340	—
累计净现金流量	−1 000	−1 500	−1 160	−820	−480	−140	200	—

解：回收期在第 5 年和第 6 年之间。第 5 年年末还有 140 万元没有回收，需要在第 6 年回收，而第 6 年的现金流量为 340 万元，因此投资回收期为：

$$5+140/340=5.41 \text{（年）}$$

2. 平均投资收益率（ARR）

平均投资收益率是长期投资的年平均投资收益与投资额的比值。长期投资的年平均收益就是长期投资在经营期间的年净现金流量。平均投资收益率越高，说明有关的长期投资效果越好，反之则效果差。

平均投资收益率的计算公式如下：

$$\text{ARR} = \frac{\text{年平均收益}}{\text{投资额}} \times 100\%$$

式中：年平均收益——经营期内的平均年净现金流量

平均投资收益率越大越好，应该同标准投资收益率进行比较，长期投资大于标准的投资收益率才可取。与投资回收期一样，平均投资收益率的优点是简明、易算、易懂。其主要缺点是没有考虑资金的时间价值，第一年的现金流量与最后一年的现金流量被看作具有相同的价值。所以有时会做出错误的决策。因此静态投资指标一般用于方案的初选，或者投资后项目间经济效益的比较。

例 13.13 利用上例的资料，试计算 A 项目的平均投资收益率。

解：年平均收益为 340 万元，故有该项目的平均投资收益率 = 340/1 500 = 22.67%

（二）动态指标及其计算

动态指标也称为贴现指标，即考虑自己的时间价值因素的指标，主要包括净现值、获利指数、内部收益率等指标。

1. 净现值（NPV）

根据货币的时间价值观念，不同时期货币的时间价值是不等的。这两类金额只有统一在同一个"时点"上才可以相互对比。净现值一般是指长期投资经营期间的净现金流量，按综合资本成本或预期投资收益率折现为现值，减去初始投资以后的余额，称为净现值。

如果净现值为正，表明投资不仅能获得符合预定收益的预期收益，而且还可以得到以正值差额表示的现值利益，这在经济上是有利的。反之在经济上就是不合算的。

$$NPV = \sum_{t=m+1}^{n} \frac{NCF_t}{(1+K)^t} - \sum_{t=0}^{m} \frac{I_t}{(1+K)^m}$$

式中：NPV——净现值

NCF$_t$——经营期间第 t 年的净现金流入量

n——经营终止年份

I_t——建设期间第 t 年的投资现金流出量

m——建设期终止年份

当 NPV>0，长期投资可行，越大越好。净现值的优点是考虑了资金的时间价值，能够反映各种投资项的现金流量分布情况，是一种较好的方法；缺点是该指标评价的是项目总体投资效果，并不能解释各个长期投资本身可能达到的实际收益率为多少。当几个方案的投资额不相同时，仅以净现值绝对值的大小，是不能做出获利水平高低的正确评价的，还应该结合其他动态指标进行分析评价。

例 13.14 某投资项目中规定，投资 11 000 元，在五年中每年平均收入 5 310 元，并且还有残值 2 000 元，每年支出的经营费和维修费为 3 000 元，按投入赚得10%的利率计算，试说明它是否为一个理想方案。

$$NPV = -11\ 000 + (5\ 310 - 3\ 000)(P/A\ 10\%\ 5) + 2\ 000(P/F\ 10\%\ 5)$$
$$= -1\ 001.5\ (元)$$

净现值小于零，所以它不是一个理想方案。

2. 获利指数（PI）

获利指数是项目未来投资收益的现值同投资总额的现值之比。如果未来投资收益的现值与投资总额的现值之比大于1，则表明投资在取得预期投资收益率之外，还可以获得超额的现值利益，这在经济上是有利的，反之就是不合算的。只有获利指数大于1或等于1的投资项目才具有财务可行性。

获利指数的计算公式为：

$$NPV = \sum_{t=m+1}^{n} \frac{NCF_t}{(1+K)^t} \Big/ \sum_{t=0}^{m} \frac{I_t}{(1+K)^m}$$

$\sum_{t=m+1}^{n} \dfrac{NCF_t}{(1+K)^t}$ ——未来投资收益的现值

$\sum_{t=0}^{m} \dfrac{I_t}{(1+K)^m}$ ——投资总额的现值

获利指数的优点是可以从动态的角度反映项目投资的资金投入与总产出之间的关系，缺点是无法直接反映投资项目的实际收益率。

例 13.15 依据上例可以计算该项目的获利指数 PI：

$$9\ 998.5/11\ 000 = 90.9\%$$

由于该项目的获利指数小于1，因而不是一个理想的方案。

3. 内部收益率（IRR）

内部收益率是使项目的净现值等于零的折现率。内部收益率实际上反映了长期投资的真实收益率，其计算公式为：

$$NPV = \sum_{t=m+1}^{n} \frac{NCF_t}{(1+K)^t} - \sum_{t=0}^{m} \frac{I_t}{(1+K)^m} = 0$$

从上式解出折现率（K），一般利用差值法计算IRR。如果IRR大于综合资本成本或预期投资收益率，项目可行；否则项目不可行。

内部收益率综合考虑了资金的时间价值，反映了长期投资的真实收益率，概念也易于理解，但是计算方法较为繁琐。内部收益率计算方法如下：

首先，先预估一个贴现率，并按此贴现率计算净现值。如果计算出的净现值为正数，则表示预估的这个贴现率小于该项目的实际内部收益率，所以应提高预估值再代入计算净现值（注：净现值与贴现率成反比）。如果计算出的净现值为负，则表明预估的贴现率大于该方案的实际内部收益率，应降低预估值，再代入计算净现值。经过这种反复的试算，直至算出净现值刚好由正变为负或刚好由负变为正，也即一直试算到净现值刚好变号为止。

其次，找出与上述两个相邻净现值相对应的两个贴现率，用直线插值法求得内部收益率。

例13.16 已知某项目在折现率为10%时，净现值为25万元，折现率为12%时，净现值为-5万元，则该项目的内含报酬率为多少？

解：由于按照内含报酬率计算得出的净现值=0，所以，根据插值法可知：

$$(25-0) / (-5-25) = (10\%-IRR) / (12\%-10\%)$$

解得：IRR=11.67%。

二、投资决策评价指标的应用

（一）独立方案的评价

下面通过例题具体说明独立方案的评价。

例13.17 某项目各年净现金流量如表13-9所示（$i=10\%$）。

要求：试用净现值指标判断项目是否可行。

表13-9　　　　　　　　　　　　　**企业净现金流量**

年	0	1	2	3	4-10
净现金流量	-30	-750	-150	225	375

解：（1）NPV（10%）= -30-750（P/F, 10%, 1）-150（P/F, 10%, 2）+225（P/F, 10%, 3）+375（P/A, 10%, 7）（P/F, 10, 3）= 704.9>0

所以项目可行。

例 13.18 某项目初始投资 80 000 元,第一年末现金流入 20 000 元,第二年末现金流入 30 000 元,第三、四年末现金流入均为 40 000 元,请计算该项目的净现值、内部收益率、投资回收期(i = 10%)。

解: 如表 13-10 所示。

表 13-10 内含报酬率

年	0	1	2	3	4
现金流量	-80 000	20 000	30 000	40 000	40 000
累计净流量折现值	-80 000.00	-61 818.18	-37 024.79	-6 972.20	20 348.34

$$NPV = 20\ 348.34$$

IRR = 19.96%(计算内含报酬率可以用线性插值的办法,其中 NPV(15%)= 9 246.39,NPV(20%)= -61.73。但是推荐使用 EXCEL 财务函数。)

$$投资回收期 = 3 + 6\ 972.2 / (20\ 348.34) = 3.26(年)$$

(二) 互斥方案的评价

如果两个项目不是独立的,它们之间只能 2 选 1,则称为互斥项目。评价互斥项目就是用评价指标评价哪个项目更好,使用 NPV、IRR 评价互斥项目有时候是矛盾的。为了解决这一问题,需要采用差额现金流量法进行评价,也就是评价虚拟项目 A-B 来决定二者的取舍,虚拟项目(A-B)的净现值和内部收益率评价指标是一致的,该方法也被称为差额现金流量法。如果虚拟项目可行,就表明 A 项目优于 B 项目。

例 13.19 某企业准备购买一台新设备替换目前正在使用的旧设备,经测算,有关资料如下:

①使用新设备可使年付现成本由原来的 80 000 元降到 60 000 元。两设备的年产量和设备维修费相同。

②新设备买价 46 000 元,运费和安装费 5 000 元,该设备可使用 4 年,4 年后的残值为 4 000 元,年折旧额 11 750 元。

③旧设备原值为 42 000 元,已计提折旧 20 000 元,可再使用 4 年,4 年后残值为 2 000 元,年折旧额 5 000 元。如果现在出售该设备,可得价款 15 000 元。

④企业所得税税率为 25%,资本成本 16%。

该例题只给出了新旧费用有关成本费用的相关资料,没有给收入资料,可以认为新旧设备产品的销售收入没有发生变化,故可以采用差量分析法比较两个方案的差额净现金流量。

(1) 计算初始投资的差额、折旧额的差额和残值的差额。

根据上述资料可以知道,购买新设备的成本为 51 000(46 000+5 000)元,但是旧设备现时出售价格为 15 000 元,另外有出售旧设备的净损失为 22 000-15 000=7 000 元。这

7 000元的损失虽然与投资现金流量无关,但是可以减少当年的所得税1 750元(7 000×25%)。

因此Δ初始投资为:
$$-46\,000-5\,000+15\,000+1\,750=-34\,250\,(元)$$
$$\Delta\text{折旧额}=11\,750-5\,000=6\,750\,(元)$$
$$\Delta\text{残值}=4\,000-2\,000=2\,000\,(元)$$

Δ折旧额的计算,将折旧额视为现金流入量,Δ折旧额就是剩余新设备的折旧额减去旧设备的折旧额。

(2) 计算经营期净现金流量差额。
$$\Delta NCF_{1-3}=[(80\,000-60\,000)-(11\,750-5\,000)]\times(1-25\%)+6\,750=16\,687.5(元)$$
$$\Delta NCF_4=16\,687.5+(4\,000-2\,000)=18\,687.5\,(元)$$

(3) 计算新设备比旧设备增加的净现值。
$$\Delta NPV=16\,687.5\times(P/A,16\%,3)+18\,687.5\times(P/F,16\%,4)-34\,150=13\,545.63(元)$$

由上面可以看出得出的净现值增加值为正,因此用新设备替代旧设备比较合适。

【练习题】

1. 公司因业务发展的需要,准备购入一套设备。现有甲、乙两个方案可供选择,其中甲方案需投资20万元,使用寿命为5年,采用直线法计提折旧,5年后设备无残值。5年中每年销售收入为8万元,每年的付现成本为3万元。乙方案需投资24万元,也采用直线法计提折旧,使用寿命也为5年,5年后有残值收入4万元。5年中每年的销售收入为10万元,付现成本的第一年为4万元,以后随着设备不断陈旧,将逐年增加日常修理费2 000元,另需垫支运营资金3万元。假设所得税税率为40%。

要求:(1) 试计算两个方案的现金流量。
(2) 如果该公司资本成本为5%,试用净现值法对两个方案作出取舍。

2. 某企业需要用的F配件既可以自制又可以从市场上买到,售价为每件20元,每年自制F配件需增加专属成本30 000元,单位变动成本为每件14元。

要求:做出需求量在什么范围内F配件自制或者外购的决策。

3. 某企业生产W产品,最大生产量为100 000件,每件售价80元,生产成本60元,其中变动成本45元,固定成本15元,现已接受订货70 000件,尚有30 000件生产剩余能力。现有一外商要求订货30 000件,但出价每件为50元。

要求:(1) 若不增加专属成本,此订货是否可以接受?为什么?
(2) 若此订货需增加一专属设备,如租赁,每生产一件需追加6元的专属成本,此订货可否接受?为什么?

4. 假定某公司产销甲、乙、丙三种产品,其中甲产品是亏损产品,乙、丙两种是盈利产品。它们按全部成本法编制的损益表资料如表1所示。

表1　　　　　　　　　　　　　损　益　表　　　　　　　　　　　单位：元

产品名称	甲产品	乙产品	丙产品
销售收入	4 000	6 000	8 000
制造成本：			
直接材料	900	800	1 400
直接人工	800	700	800
变动制造费用	700	600	600
固定制造费用	1 100	1 000	1 600
非制造成本			
变动营业管理费用	600	900	1 200
固定营业管理费用	400	600	800
成本合计	4 500	4 600	6 400
税前净利	(500)	1 400	1 600

要求：（1）作出甲产品是否应停产的决策分析（假定甲产品停产后，其生产设备不能移作他用）。

（2）假定甲产品停产后，其生产设备可出租给别的工厂，预计每年可获得租金净收入 1 800 元，那么在这种情况下甲产品是否应停产？

【案例讨论】

关于马钢三铁厂是否停产的决策

1998 年马鞍山钢铁股份有限公司有关部门围绕三铁厂的结构调整问题已经进行过多次调研和测算，但迟迟未下决心。在前期研究成果的基础上，5 月 18—22 日原冶金部经研中心研究员刘海民与马钢财务部、企管办等部门和三铁厂一道，对测算三铁厂效益所涉及的价格、原料配比等参数进行了进一步核实，从不同角度得出了各方面都基本认可的测算结果，同时对不同方案的利弊和影响进行了估计和分析。调研的初步结论是：不管从当前效益出发还是从未来发展前景看，三铁厂尽快停产是符合公司利益的较好选择。

三铁厂的基本情况

第三炼铁厂是公司下属的放开经营单位，现有在册职工 891 人。主体生产设备有 $80m^3$ 高炉 4 座，铸铁机 2 台，$24m^2$ 和 $18m^2$ 烧结机各 1 台。1997 年产生铁 22.5 万吨，烧结矿 30.4 万吨。兼营业务有一个汽车队和一个联营铸造厂，其中铸造厂主要生产哑铃等体育用品，1997 年销售哑铃和铃片 602 吨。

1998 年 4 月末三铁厂的资产负债状况为：资产总额 6 962 万元，其中固定资产净值 2 279 万元（原价 4 009 万元），加上在建工程 115 万元，固定资产为 2 394 万元；流动资产 4 567 万元，其中存货 2 255 万元，对公司以外单位的应收和预付账款 467 万元，其余部分基本上是对公司内部有关单位的债权。负债和权益总额 6 962 万元中，绝大部分系公司拨付的流动资金及对公司内部有关单位的往来债务，真正属于对公司以外单位的负债只有约 250 万元。多年来，三铁厂作为公司内部的生产厂，按公司计划组织生产，长期属于内部亏损单位。1996 年以来公司对三铁厂实行放开经营的管理方式，对促使三铁厂感受市场压力，逐步减亏起到了一定的积极作用。但由于技术装备落后，不具备经济规模，产品单一，市场容量有限，特别是近两年受东南亚金融危机的影响，生铁出口价格大幅度下滑，再加上三铁厂放开经营后的产品销售仍主要依靠国贸公司出口，缺乏开拓国内市场的能力（1997 年自销生铁只有 9 169 吨，仅占当年产量的 4%），因此亏损仍十分严重。1996 年计划亏损 1 654 万元（按现行核算体制，除少量外购外销外，均采用内部结算价格，下同），实际亏损 1 191 万元；1997 年计划亏损 1 951 万元，实际亏损也是 1 951 万元；1998 年计划亏损 1 491 万元，4 月末已累计亏损 481 万元。近期公司取消了三铁厂的部分原料采购权，今后亏损幅度将加大，全年控亏目标难以完成。

（一）停产的理由

停掉三铁厂，除了每年为公司增加上千万元效益以外，还有以下几点理由。

（1）三铁厂停产符合国家产业政策。目前我国钢铁工业的发展已经到了以淘汰落后设备、实现产业升级为主要内容的战略性调整阶段。三铁厂的 80 立方米高炉属于国家产业政策明确要求在 2000 年以前淘汰的设备之列。既然迟早要淘汰，并且现在给公司效益带来的是负面影响，就没有必要等到 2000 年才予以淘汰。

（2）三铁的产品没有市场和竞争能力。三铁厂的生铁生产独立于公司的大生产系统，不能变成钢材，只能铸块外销。由于化铁炼钢属于逐步淘汰的工艺，生铁炼钢的市场将不断萎缩，铸造生铁的市场也十分狭窄。国内目前虽然有一些小铁厂尚在运转，但基本上处于勉强维持状态。如果让三铁厂采取彻底放开经营的方式参与市场竞争，也只能采用降价竞争的手段，亏损会更大。即使将来市场价格有所回升，与大中型高炉及拥有资源优势的企业相比，仍然处于劣势。

（3）三铁停产后，有利于公司的能源综合利用。如公司的自产焦炭可省下来 14.5 万吨/年，焦炭不足的矛盾可以得到缓解，有利于大中型高炉增产，降低生铁成本；公司可减少外购电约 2 600 万千瓦时，首先减的是议价电，不仅减少资金支付，而且能降低公司的综合用电成本。

（4）三铁的职工分流到其他生产厂或顶替劳务工，可节省劳务费开支；并且通过引进竞争上岗机制，可对现在岗职工形成压力，对其他亏损单位也有示范作用。

（5）需要处置的生产设备净值在总的固定资产净值中所占比例不大（冶金、机械、动力、传导、仪器仪表和工具等净值只有 670 万元），减去处置收入后的净损失，不会对公司当期损益构成重大影响。

（6）汽车运输、体育用品铸造等，仍可继续经营，可安排部分职工就业；厂房、场地及办公用房，可以用于开发其他经营项目或供公司作仓储等使用。

（二）停产面临的问题

（1）职工安置问题。这是三铁厂停产后公司将面临的最大难题。需作以下几方面的思想准备：其一，目前其他生产厂人员已经基本饱和，空缺岗位很少，并且面临进一步"减人增效"的任务，主动提出招聘人员的可能性不大；其二，安排在钢、轧系统受到专业的限制；其三，三铁厂职工年龄偏大，平均工龄近20年，50岁以上的职工约占20%，做劳务工有困难；其四，替代劳务工，将挤掉江东公司和利民公司的部分业务，为三铁厂服务的大集体（约400人）的生存问题也需一并考虑。

（2）矿石平衡问题。主要涉及桃冲块矿4万吨和南山东精矿4万吨的利用。由于数量不大，可考虑由大中型高炉配合使用。

（3）出口生铁问题。三铁厂的生铁大部分供出口，每年为公司创汇1 520万美元。三铁停产后，利用现有富余铁水及铸铁能力，努力增加坯材出口，可弥补这个缺口。

决策建议

（1）鉴于目前三铁干部职工的情绪已受到停产调研的影响，设备检修也举棋不定，给安全生产留下隐患，因此建议公司尽快做出三铁停产的决策。

（2）尽快组成生产协调、财务与财产处置、职工安置三个工作组，负责三铁停产及善后事项的处理。

（3）建议参考铁合金停产安置的做法，并考虑三铁的特殊情况做好职工再就业工作。分流职工顶替劳务工后，实际就成了该厂的正式职工，他们应有与其他职工同等的权利，因此建议利用这个机会在各单位推行竞争上岗机制，也给他们一个平等竞争的机会。

资料来源：改编自百度文库《经营决策案例》。

要求：根据上述材料，说明企业停产应该考虑哪些因素。

【参考阅读】

审计署[①]发布了对中石化、中海油、东航等10家央企2014年度财务收支审计结果公告，介绍抽查的284项重大经济决策中，有51项存在违规决策等问题，造成损失浪费等126.82亿元。同时还发现47起重大违纪违法问题线索，涉及295.02亿元，其中16起涉及金额均超过亿元。同时，审计署还发布了对农行、人寿等5家金融机构2014年度资产负债损益审计结果，称存在违规放贷情况，以及利用企业并购等内幕信息在股票交易中牟利等重大违法违纪问题。

（一）47起央企违纪违法线索涉及295.02亿元

昨日审计署发布的对中石化、南航、中铝公司等10家中央企业的审计公告显示，此次审计发现47起重大违纪违法问题线索涉及295.02亿元，其中16起涉及金额均超过亿元，94名责任人员中有26名为企业负责人。

审计署企业审计司有关负责人介绍，这些问题线索多发生在权力集中、资金密集、资源富集、资产聚集的关键部门和岗位，主要包括涉嫌滥用职权造成重大国有资产损失、利用职权输送利益、贪污受贿、挪用公款、违规投资入股等。该负责人称，

---

① 黄颖. 10家央企决策失当消费126.82亿. 新京报，2016-06-30.

审计署已依照有关法律法规将查出的这些问题线索，移送纪检、监察或司法机关等查处。

新京报记者梳理这 10 家央企的审计公告发现，均显示"相关违法违纪问题线索，已依法移送有关部门进一步调查处理"。此外，时任审计署审计长刘家义介绍，本次审计还抽查了 10 家企业的 284 项重大经济决策，其中有 51 项存在违规决策、违反程序决策、决策不当等问题，造成损失浪费等 126.82 亿元。同时，这 10 家企业在工程建设、物资采购和投资中不规范问题涉及 808.76 亿元，造成损失浪费等 20.84 亿元。

审计还发现中央八项规定出台后，中国电子、中国海油、港中旅集团等 7 家企业所属的 8 家单位违规发放津补贴等 591.23 万元，涉及 64 名单位领导班子成员；10 家企业所属的 70 家单位存在违规购建楼堂馆所、超标准办会购车、公款旅游、打高尔夫球等问题涉及 11.16 亿元。

（二）金融机构已追责问责 219 人次

去年审计署对光大集团、农业银行、人保集团、国寿集团、太平保险 5 家金融机构进行了审计，企业类型包含银行、金融控股集团和保险公司，区域涉及境内外，其中有的审计对象还是第一次接受国家审计。

刘家义介绍，这 5 家金融机构的 8 家银行，去年的不良贷款余额和不良率呈双升趋势，其原因是这些商业银行风险偏好和信贷投向趋同，不良贷款发生领域趋于集中。

此次审计还发现了有金融机构的一些工作人员存在违规放贷、违规办理保险或债券、股票业务等问题，有 18 起涉嫌重大违纪违法。同时还存在向已列入国家淘汰落后和过剩产能名单的部分企业等新增融资的情况，金额达 120 多亿元。而在中央八项规定出台后，5 家金融机构存在超标准购车、在风景名胜区开会等问题 7 262.3 万元。

刘家义表示，对上述问题，有关金融机构已整改 207.53 亿元，修订完善制度 103 项，追责问责 219 人次。

（三）回应：央企均表示基本整改完毕

审计署企业审计司主要负责人介绍，对审计发现的问题，10 家企业已追回违规发放的各项资金，建立健全企业招投标管理、境内外资产管理等方面的规章制度 609 项，处理 453 人次。对提出的 39 条审计建议，企业均已采纳。

据统计，截至昨日，10 家被审计点名的央企均在各自官网公布了《关于 2014 年度财务收支审计结果的说明》和整改情况，表示已基本完成整改要求，并介绍了整改情况。针对审计中发现的廉洁从业问题，东航集团表示，关于所属地面服务部下设的后勤保障部存在干预招投标的问题，和其所属上海东方福达运输服务有限公司应收账款无法收回的问题，均已对相关人员进行问责处理。

中石化则表示，对于审计公告反映的 31 个问题全部落实整改措施，28 个问题已整改完毕。同时，责令 10 家单位向公司党组作出书面检查，问责追责 97 人次，其中记过 7 人、警告 11 人、免职 1 人。针对以前年度审计查出问题的整改情况，招商局回应称，关于未按规定代扣代缴个人所得税的问题，相关公司在审计期间已将总经理奖励基金余额全部冲回，组织有关人员补交了 20 万元个税。

(四) 盘点：部分企业整改不力又被审计署"点名"

审计署企业审计司主要负责人介绍，此次审计也发现有个别企业对以前年度审计查出的问题整改不到位，或改后又犯的情况。该负责人表示，相关整改情况由企业自行公告，审计署也会对企业整改情况进行检查，并将检查结果向社会公告。

审计署 2011 年审计中指出，中电科所属第四十一研究所 52 名中层及以上领导人员违规持有 4 家下属公司股权 242.43 万元。至 2015 年 6 月尚未完成清退。

审计署 2009 年审计中指出，中航工业所属陕西华燕航空仪表有限公司违规对外出借资金 6 120 万元。至 2015 年 6 月，有 320 万元尚未收回。

审计署 2011 年审计中指出，中国石化有 25 827 宗土地未取得土地使用权证。对此，中国石化组织进行了整改。但截至 2015 年底，仍有 3 202 宗尚在办理土地使用权证。

审计署 2009 年对东航集团的审计中指出，所属中国东方航空西北公司等 2 家企业 1423.27 万元往来款长期挂账，未及时清理。此问题至此次审计时尚未完全整改。

审计署 2011 年审计中指出，招商地产未经招标将工程项目直接委托给下属深圳市招商建设有限公司，后者又违规转包。对此，招商地产未有效堵塞管理漏洞，2013 年仍违规直接委托这家下属企业建设 2 个项目，合同金额 7.92 亿元中有 4.36 亿元违规转包。

审计署 2011 年审计中指出，招商工业下属友联船厂（蛇口）有限公司向员工发放"总经理奖励基金"时未按规定代扣代缴个人所得税。对此，招商工业未有效堵塞管理漏洞，2012 年至 2014 年发放"总经理奖励基金"293 万元时，仍未代扣代缴个人所得税。

(五) 违规持股：4 家央企存在违规持股情况

今年审计署发布的对 10 家央企、5 家金融机构的廉洁从业问题中，均出现了违反中央八项规定的情况。其中有 6 家央企涉及违规报销、违规领补贴的情况，且多发生在领导班子之中。另外还有 7 家涉及违规高尔夫消费，5 家违规购车的情况。

值得注意的是，有 4 家央企出现了违规持股，或未按规定清退所持下属公司股权的情形，涉及金额较大，例如截至 2015 年 6 月，中电科所属第十三研究所等两家单位 19 名中层及以上领导人员未按规定清退所持下属公司股权，涉及金额 4 356.84 万元。

另外，东航还出现了对特定关系企业给予"关照"的情况。在 2012 年，其所属地面服务部下设的后勤保障部对参与保洁项目竞标的一家企业给予"关照"，至 2015 年 6 月，地面服务部累计支付服务费 850.26 万元，其中 2014 年 283.96 万元。

同时，2011 年以来，东航所属上海东方福达运输服务有限公司与特定关系企业开展业务；至 2015 年 6 月底，尚有 160.96 万元货运收入无法收回。5 家金融机构中，也部分存在违规发放福利的情况。审计查明，2012 年至 2015 年，人保集团本部及所属 7 家公司支付 5 381.3 万元定制金质、银质纪念章 96 956 枚，部分用于对外赠送和发放给员工。

审计公告还显示，太平财险云南分公司1名领导人员违反廉洁从业规定经商办企业，开办的企业与太平财险存在业务合作关系。

（六）违规决策：港中旅违规投41亿元建度假区

此次审计发现，有的企业"三重一大"决策违规，发生重大违纪违法、重大损失浪费等问题。刘家义表示，国有企业领域重点反映投资和决策中造成损失浪费问题，特别是部分企业境外业务中，存在项目论证不充分、未按程序报批、对关键岗位人员监管和佣金支付等关键业务环节管控薄弱等问题。

新京报记者梳理10家央企的审计报告发现，2011年11月，中航工业未严格执行内部集体决策程序，批准所属企业出资0.5亿元对外收购股权。该被收购企业2012年至2014年累计亏损6.31亿元，其中2014年亏损2.59亿元。

与之类似，2013年1月，南航股份未经总经理办公会集体决策，将1架A321飞机的采购付款方式由融资租赁变更为以自有资金支付，涉及金额2.7亿元。2007年，港中旅集团未经集团董事会批准和发展改革委核准，违规建设计划总投资41.36亿元的青岛海泉湾度假区项目；并在土地竞买中，向竞争对手支付2 000万元，使其退出竞买。至2014年底，该项目累计完成投资27.87亿元，因可行性研究不充分等造成亏损2亿元。

（七）违规放贷：农行6分行违规放贷182亿元

在5家金融机构中，还存在违规放贷、违规使用险金，以及从业人员利用职权违规牟利，乃至放高利贷的情况。审计显示，2010年至2014年，农行山东、江苏、浙江、广东、四川、上海6家分行向提供虚假资料、贸易背景不实等不符合条件的企业违规办理贷款、承兑汇票等信贷类业务182.32亿元，其中2014年142.84亿元。

太平保险有违规使用险金和违规投保的情况。审计查明，2012年至2014年，太平人寿和太平财险以旅游费、体检费等名义，给予投保人、被保险人和代理机构等业务合同约定之外的利益1.25亿元，其中2014年0.29亿元。

而在2012年9月至2014年10月，太平养老违反规定，未经被保险人父母许可，承保幼儿园为幼儿投保的人身保险，承保保额1.05亿元，收取保费12.01万元，其中2014年7.97万元。

审计统计还显示，光大银行个别从业人员存在违规行为，其中上海分行2名理财经理私自销售股权投资基金，至2015年5月底，该基金余额1.54亿元已无法兑付；上海分行1名客户经理违规利用其个人账户帮助朋友向其负责管理的对公授信客户借款70万元；大连分行有关人员及亲属违规从事高利放贷活动。

第十四章 预算控制

【学习目标】
1. 了解预算控制的含义、特性；
2. 理解预算与其他管理体系的关系；
3. 了解预算控制管理体系及预算控制构成；
4. 掌握预算的编制程序和方法；
5. 理解预算编制中经营预算、专项预算、财务预算间的钩稽关系。

第一节 预算控制概述

一、预算的含义

法文 baguette 经过演变就成了"预算"（budget），原意是袋子或公文包。在 19 世纪的中期，英国的财政大臣通过打开公文包来提出下半年度税收需求，这便是预算的起源。预算的现代意义始于 19 世纪末，在发展初期，预算主要是作为一种管理控制工具。一些大型的西方企业，如杜邦、西门子等自 20 世纪 20 年代起就已经开始利用预算来协调与控制企业的内部职能，以达到管理成本和控制企业现金流的目的。20 世纪六七十年代，预算逐渐演化为业绩考评工具，并进一步与企业的激励措施相结合。我国国家经贸委在 1999 年第一次提出了在企业中推行预算管理的要求，财政部专门规定了有关预算的内容，预算管理越来越受到重视并在企业管理中占据着重要的地位。

预算是公司整体战略发展目标和年度计划的细化，是指在一定的时期内（通常为一年或一个期间内）企业管理与经营相关的投资活动、经营活动和财务活动，对这些活动进行未来的预期并控制的一种管理行为和制度的安排。[1] 从预算的起源、含义的演变与预算的功能中可以看出，预算在企业中起到协调的作用，是控制的标准，是企业考核的依据。在越来越强调企业内部管理规范化和科学化的今天，能起到约束企业各级管理人员的作用，并促进企业实现自我发展。

二、预算的特性

预算控制具有以下一些特性。

---

[1] 孙茂竹，文光伟，杨万贵．管理会计学．中国人民大学出版社，2009：301.

（一）整体性

在预算中，数字关系将企业内部的各种预测、计划和预算结成一个整体，它们之间相互衔接、钩稽，共同构成了综合的预算控制体系。

（二）适宜性

预算必须与企业所处的环境、企业的战略目标和企业所拥有的资源相适应，并随着这些要素的改变而变化，从而与企业所处的经营环境与拥有的资源和企业的发展目标保持动态平衡，否则预算的功能将很难得到发挥甚至会起到相反的作用。

（三）规范性

企业内部既定的预算系统是企业编制预算的基础，企业编制预算应按照此标准统一编制，以规范企业的运营。

（四）全员性

编制预算是一项系统、复杂的过程，是一项费时费力的工作，因此企业在编制预算的过程中，需要全员参与，以制定出切实可行的企业发展目标。

（五）责任性

在编制预算的过程中，所有责任中心是按照可控原则进行划分的，在编制出的预算中，对每位员工的职责范围及员工间的相互关系都应有明确的规定，即做到责任到位、分工明确、相互衔接。

三、预算的作用与意义

从预算的含义、预算的特性可知预算在现代企业管理中具有以下作用：

（一）预测

预算的一个重要内容就是对投资活动、经营活动和财务活动进行预期，通过对企业运营的规划、分析，并经过数量化的系统编制，使企业的目标得以具体化，使企业对未来特定期间（通常为一年或一个特定的期间）的发展方向和既定目标具有明确的认识。

（二）规划

预算是一项系统工程，预算的制定过程是将企业的总体目标数量化，并进行分解、落实到各责任部门和岗位的过程。从这可以看出，预算制定的过程就是具体规划的过程，因此，企业为了达到总体目标，预算承担着对内部工作职能和业绩规模进行具体规划的功能。

（三）评价与激励

编制出的预算为企业绩效评估及信息的反馈提供了标准，同时在实务中，预算目标也可以作为考核、奖励员工的计量标准。一方面，企业通过预算为下属单位确定了具体可行的努力目标，并建立了共同遵守的行为规范，从而可以利用预算目标对企业的业绩进行评价。另一方面，通过对预算执行及监控，以及对预算执行结果的考核，利用业绩评价的结果，预算能起到激励员工的作用。

（四）控制

预算是执行战略过程中进行管理监控的基准和参照，也是企业业绩评价的基础和比较对象，管理者通过将实际绩效与原定计划进行比较，可找出差异并分析差异形成的原因。

因此，预算作为衡量绩效的标准和改善未来绩效的依据，起到控制工具的作用，是预算最本质的功能。

（五）信息沟通

现代企业越来越强调信息沟通的重要性，企业致力于创造流畅的信息沟通机制。预算系统可以使各部门了解各自的职责分工及与其他部门间的关系，减少了各部门在操作过程中可能形成的隔阂，并通过信息系统加强了各部门间的信息沟通。在预算实施的过程中，企业应将工作成果与预算进行对比，及时发现偏差。当发现重大偏差时，还应及时进行信息沟通。

（六）协调

企业总体目标的实现有赖于各部门的配合与协作，特别是在规模较大、运营复杂的企业中，各部门之间形成错综复杂的关系，彼此相互影响、相互制约。预算可以帮助企业通过对各部门预算完成情况进行对比分析，并在部门间进行协调；各部门也可以按照预算目标自觉调整本部门的工作，以配合其他部门共同实现企业的总体目标。

（七）资源分配

企业的资源总是有限的，如何利用有限的资源为股东创造最大的收益，既是企业管理者的责任也是企业管理者的难题。预算通过对未来的预测制定总体的目标，并对总体目标进行具体化、细化，分配到企业的各个部门，对预算的过程进行控制和协调，确保总体目标的实现。这一过程就是将企业的有限资源整合、协调与分配到企业各项业务与活动中，通过企业资源的优化配置，增强资源的价值创造能力，提高企业的经营效率，最终达到提高企业经济效益的目的。

（八）风险控制

预算是企业内部管理控制的工具，所以控制企业的风险、实现企业的目标也是其一项基本功能。对企业经营过程中所面临的各种风险进行识别、评估与控制的过程包含在预算实施和执行的过程中，这也是将预算控制作为企业重要的控制活动和风险控制措施的原因。

四、预算的内容与分类

预算主要包括业务预算、专项预算和财务预算三大类。

（一）业务预算

业务预算是企业在预算期内日常发生的各种经营活动的预算。它主要包括销售预算、生产预算、直接材料预算、直接人工预算、制造费用预算、产成品成本预算、销售及管理费用预算等。

（二）专项预算[①]

专项预算是指企业为不经常发生的长期投资决策项目或筹资项目所编制的预算。包括资本支出预算和筹资预算。

---

① 冯巧根. 管理会计. 中国人民大学出版社，2013：135.

(三) 财务预算

财务预算是指企业预算期内有关现金收支、经营成果和财务状况的预算。它主要包括现金收支预算、预计损益表和预计资产负债表三种。

此外,预算按其涉及的预算期可分为长期预算和短期预算;按其涉及的内容分为总预算和专门预算;按其涉及的业务活动可分为销售预算、生产预算和财务预算。

五、预算控制管理体系

预算是企业的一项重大经营管理决策活动,并且也是一项工作量大、涉及面广、时间性强、操作复杂的系统工程,包括预算的编制、执行、分析、评价及控制等工作。企业应当加强全面预算工作的组织领导,明确预算管理体制以及各预算执行单位的职责权限、授权批准程序和工作协调机制。

企业应当设立预算管理委员会履行全面预算管理职责,其成员由企业负责人及内部相关部门负责人组成。预算管理委员会下设预算管理工作机构,由其履行日常管理职责。预算管理工作机构一般设在财会部门。

(一) 预算管理决策机构

预算决策机构在企业的组织架构中属于公司的治理层,一般情况下直接归属于公司董事会,其主要职责包括:(1) 拟定预算目标和预算政策,制定预算管理的具体措施和办法;(2) 组织编制、平衡预算草案;(3) 下达经批准的预算,协调解决预算编制和执行中的问题;(4) 考核预算执行情况,督促完成预算目标。总会计师或分管会计工作的负责人应当协助企业负责人负责企业全面预算管理工作的组织领导。

(二) 预算管理工作机构

作为企业预算管理工作的常设管理机构,预算管理工作机构的主要职责一般包括以下内容:(1) 根据预算决策机构的要求拟定企业各项全面预算管理制度,并负责检查落实预算管理制度的执行;(2) 根据拟定的预算目标,拟定年度预算总目标分解方案及有关预算编制的程序、方法的草案,并上报决策机构审定;(3) 组织和指导各级预算单位开展预算编制工作,并预审各预算单位的预算初稿,综合平衡,提出修改意见和建议;(4) 汇总编制企业全面预算草案;(5) 对企业预算执行的情况进行跟踪、监控,并将预算单位的预算执行情况进行汇总、分析,将分析报告提交决策机构并提出决策建议;(6) 对企业预算编制和执行中的有关问题进行协调解决,审查各预算单位的预算调整申请,汇总并制定年度预算调整方案,提交决策机构审议;(7) 向决策机构提交预算考核和奖惩方案,并组织开展对预算执行单位的预算执行情况的考核,将考核结果和奖惩建议提交决策机构。

(三) 全面预算执行单位

在实现预算总目标的过程中,能够按照其所起的作用和所负的职责,承担一定的经济责任并享有相应权利的企业内部单位都可以称为企业全面预算的执行单位,如企业内部的职能部门以及所属分(子)公司等。预算执行单位在预算管理决策机构及其工作机构的指导下开展工作,其主要的职责包括:(1) 提供编制预算的各项基础资料,并负责本单位全面预算的编制和上报工作;(2) 对本单位的预算指标进行分解、落实,并监督检查本单位的预算执行情况;(3)对本单位的预算执行情况进行分析、报告,及时解决预算执行中的问题;(4)根据内外部环境变化及企业预算管理制度,提出预算调整申请;(5)组织实施本单位内部的预算考核和奖惩工作;(6)配合预算管理部门做好企业总预算的综合平衡、执行监控、考核奖惩工作。

六、预算与其他管理体系的关系

(一)预算与计划

预算与计划具有十分紧密的关系,预算是建立在计划的基础之上的。企业的计划主要包括销售计划、生产线安排计划、生产计划、原材料采购计划、库存计划、薪酬计划,以及资产计划、资金计划和用品采购计划等。在这些计划的基础之上,制定出收入预算、成本预算(包括生产成本预算、人力预算及固定成本预算)、各项费用预算等,最后形成预计利润表。由此可见,计划是预算的前提,预算则是对计划价值比数量化的表述和安排。

(二)预算与预测

预算的第一项功能就是预测,由此可见预算与预测之间的密切联系。预测是根据历史资料和现在的信息,运用一定的科学预测的方法,对未来市场趋势、经营活动可能产生的经济效益和发展趋势进行预计与推测,它与计划一样,是预算的基础。预算是对企业未来发展的对策性方案和计划的数量表述,它是将企业未来的收入、现金流量和财务状况以货币的形式进行预期量化。

(三)预算与财务

预算包括财务计划,又不仅仅是财务计划。预计财务报表是预算反映企业在一定时期内与经营、财务、投资等价值流相关的总体计划的最终形式。管理、控制和协调始终贯穿于预算制定和执行的全部过程,而在这一过程中,财务也承担着十分重要的角色。

(四)预算与战略规划

为实现战略目标所拟定的行动的路线和资源配置计划,企业需要在战略决策的基础上进行战略规划,战略规划是在企业中长期经营方向的指导下约束及配置相关经营资源。而预算以战略规划为起点,服务于战略规划并对战略规划进行分解,通过合理地配置资源,制定各项详细预算,最终形成财务预算表。从这可以看出,预算是通过连续的控制指导资源的分配以实现战略目标的过程。

七、预算的局限性

任何一项管理工具,如果运用不当会给企业带来负面的影响,预算也是如此。预算常见的局限性包括:

(一)预算对集中控制的强化会导致企业僵化

预算的本质就是集中控制管理,集中是预算的前提,并且在预算的过程也不断强化集中控制。由于系统各方面的制约,预算一旦制定往往也很难进行调整,这会导致组织僵化。因此,对于创新型的企业、规模较小的企业或是追求灵活的企业,过分强调预算的控制作用就不适应了。

（二）预算是一项费时费力的工作

预算的特性包括全员化，它是对企业各个方面的计划进行数量化的反映，涉及企业全部的部门，在编制预算的过程中还需进行不断的调整，预算编制的每一个步骤都是一个系统化的过程，因此编制预算的工作量很大，是一项费时费力的工作。

（三）预算运用不当会适得其反，阻碍企业发展

预算需要与企业所处的经营环境、企业的战略相适应，一旦预算不满足这一要求就可能没有支持企业的战略，甚至与企业的战略相冲突，影响企业的发展。此外，在预算过程中，基层管理者会尽力降低预算目标以获取更多的奖励等，这些都不利于企业的发展。

（四）预算可能不符合股东利益最大化的要求

预算过分关注控制成本，可能会忽略企业价值的增加，这与股东利益最大化的要求相背离。

第二节　预算的编制程序和方法

一、预算的编制程序

预算的编制涉及经营管理的各个部门，预算目标的完成需要预算的执行人员参与预算的编制。总的来说，预算的编制需要采用自上而下、自下而上、分级编制、逐级汇总的方法，并不断地反复和修正。最后由有关部门综合平衡，以书面的形式传达到各个部门付诸实施。

预算的编制程序可以归纳为以下几个步骤：（1）最高领导机构以长期规划为基础，确定企业一定时期的总目标。在此过程中，最高领导机构需要利用本量利等分析工具，并根据制定的总目标向各级下达规划目标；（2）为使预算较为可靠、符合实际，最基层成本控制人员需自行草编预算；（3）各部门汇总部门预算，并初步协调本部门预算，编制出销售、生产、财务等业务预算；（4）预算管理委员会应对业务预算进行审查、平衡，以汇总出公司的总预算；（5）审议机构审议预算以做出通过或者责令修改预算的决定；（6）审议通过的预算的主要预算指标提交董事会讨论或驳回修改；（7）各部门根据批准后的预算执行本部门的预算，自觉努力完成预算目标。

二、预算编制的原则

为提高预算的编制质量，预算编制应遵循以下原则：

（一）明确的经营目标是编制预算的前提

只有经营目标确定，企业才能据此开展预算的编制工作。例如，目标利润一旦能确定，则与目标成本编制有关的营业收入和费用、成本的预算也就能相应地确定。

（二）编制预算要做到全面、完整

尽量避免由于预算缺乏周详的考虑而影响目标的实现，凡是会影响目标实现的业务和事项，均应以货币或其他计量形式具体地加以反映。有关预算目标指标之间要相互衔接，钩稽关系要明确，以保证整个预算的综合平衡。

(三）预算要积极又需要留有余地

可靠是指为保证预算在实际执行的过程中充分发挥其指导和控制的作用，编制预算时需要充分估计目标实现的可能性，不要把预算指标定得过低或过高。与此同时，为了应对实际情况的千变万化，预算又必须留有余地，具备一定的灵活性，以免实际情况发生变动时造成被动，影响平衡，以至于影响原定目标的实现。

三、预算的内容及编制要点

预算通常包括业务预算、专项预算及财务预算三个部分，随着企业的性质和规模的不同，预算的编制方法也会有所不同。预算的具体内容主要包括：

（一）业务预算

业务预算是指为供、产、销及管理活动所编制的，与企业日常业务直接相关的预算，主要包括销售预算、生产预算等。这些预算以实物量指标和价值量指标分别反映企业收入与费用的构成情况。业务预算以公司经营预算目标为基础，分析用户需求、资费标准、市场份额和市场竞争情况，对预算年度各业务的用户发展数量等进行预测，并以此为起点编制业务收入预算。同时根据业务发展需要，预测业务促销、委代办等支出，编制业务发展费用预算，最后形成业务预算。

业务预算包括：销售预算的编制；生产预算的编制；直接材料预算的编制；直接人工预算的编制；制造费用预算的编制；产成品成本预算的编制；销售及管理费用预算的编制。

（二）专项预算

专项预算是指预算期企业涉及长期投资的、非经常发生的、一次性业务支出的预算。专项预算包括：资本支出预算的编制；筹资预算的编制。

（三）财务预算

财务预算是一系列专门反映企业未来一定预算期内预计财务状况和经营成果，以及现金收支等价值指标的各种预算的总称。财务预算包括：现金收支预算的编制；预算损益表的编制；预计资产负债表的编制。

预算是对生产、成本费用以及现金收支等各方面进行预测，它是以销售预测为起点来进行预测的。在这些预测的基础上，最终形成预计资产负债表、预计利润表等预计财务报表，反映的是企业未来期间的财务状况和经营成果。

企业经营预算和财务预算的预算期通常为一年，并且与企业的会计年度相一致。编制的顺序是先编制销售预算，然后再以"以销定产"的方法，依次编制生产预算、直接材料采购预算、直接人工预算、制造费用预算、销售及管理费用预算等，同时编制各项专门决策预算。最后，根据业务预算和专门决策预算编制财务预算。企业的财务预算是在上述经营预算和资本支出预算的基础上，按照一般会计原则和方法编制的。

下面对经营预算和财务预算的各个子预算的编制要点进行介绍。

（一）销售预算

企业对未来产品销售情况作出的预测，就可以依此推测下一预算期的产品销售量和销售单价，这样就可求出预计的销售收入。计算公式为：

$$销售收入 = 销售量 \times 销售单价$$

销售预算是其他预算的起点，并且销售收入是企业现金收入最主要的来源，因此销售预测的准确性对整个预算的科学合理性起着至关重要的作用。

(二) 生产预算

根据预计的销售量和预计的期初、期末产成品存货量，就可以按产品分别计算出每一个产品的预计生产量，计算公式为：

$$预计生产量 = 预计销售量 + 预计期末产成品存货量 - 预计期初产成品存货量$$

为了尽可能降低产品的单位成本，生产预算不仅要考虑到企业的销售能力，同时要考虑到预算期初和期末的存货量。这样也可以避免存货过多而造成资金积压和浪费，或是存货不足、无法销售而导致收入下降的情况发生。

(三) 直接材料预算

预计的生产量确定后，按照单位产品的直接材料消耗量和期初、期末的材料存货量，便可以编制直接材料预算。计算公式为：

$$预计直接材料采购量 = 预计生产量 \times 单位产品耗用量 + 预计期末材料存货 - 预计期初材料存货$$

预计直接材料采购量确定后，可以安排预算期内的采购计划，也可以计算出直接材料的预算额：

$$直接材料预算额 = 直接材料预计采购量 \times 直接材料单价$$

在编制直接材料预算时与编制生产预算相同，都需要同时考虑期初、期末存货，也是为了尽可能降低产品成本，避免因材料存货不足影响生产，或由于材料存货过多而造成资金的积压和浪费。

(四) 直接人工预算

直接人工预算也是在生产预算的基础上进行的，计算公式为：

$$直接人工预算额 = 预计生产量 \times 单位产品直接人工小时 \times 小时工资率$$

(五) 制造费用预算

直接材料、直接人工和制造费用共同构成产品的成本，制造费用按照其与生产量的相关性，通常可分为变动制造费用和固定制造费用两类。而制造费用预算编制的方法也随着制造费用性态的不同而不同。因此，在编制制造费用预算时，通常是将两类费用分别进行编制的。

变动制造费用与生产量之间存在着线性关系，计算方法为：

$$变动制造费用预算额 = 预计生产量 \times 单位产品预定分配率$$

由于固定制造费用与其生产量之间不存在线性关系，其预算通常都是根据上年的实际水平经过适当的调整而取得的。此外，在编制制造费用预算，计算现金支出时需要将固定资产折旧从固定制造费用中扣除，因为虽然固定资产折旧是一项固定制造费用，但是其不涉及现金的支出。

(六) 产成品成本预算

期末产成品成本不仅影响到生产预算，其预计金额也直接对预计损益表和预计资产负债表产生影响。其预算方法为：先确定产成品的单位成本，然后将产成品的单位成本乘以预计的期末产成品存货量即可。计算方法为：

$$产成品成本预算 = 产成品单位成本 \times 预计期末产成品存货量$$

（七）销售成本预算

销售成本预算是在生产预算的基础上，按产品对其成本进行归集，计算出产品的单位成本。计算公式为：

$$销售成本预算 = 产品单位成本 \times 预计销售量$$

（八）销售及管理费用预算

销售与管理费用包括除制造费用以外的其他所有费用，销售与管理费用的预算编制方法与制造费用预算的编制方法相同，也是要根据费用的不同性态分别进行编制的。

（九）现金收支预算

现金收支预算是所有有关现金收支预算的汇总，通常应包括现金收入、现金支出、现金多余或现金不足，以及资金的筹集与应用等四个组成部分。现金预算作为企业现金管理的重要工具，有助于企业合理安排和调动资金，以降低资金的使用成本。

（十）预计损益表

预计损益表是在上述各经营预算的基础上，按照权责发生制的原则编制的，其编制方法与编制一般财务报表中的利润表相同。预计损益表反映的是企业未来的盈利情况。企业管理当局可以据此了解企业的发展趋势，适时调整其经营策略。

（十一）预计资产负债表

预计资产负债表反映的是企业预算期末各账户的预计余额，企业管理当局可以根据预计资产负债表了解到企业未来期间的财务状况，以便可以事先采取措施，防止企业不良财务状况的出现。

预计资产负债表是在预算期初资产负债表的基础上，根据经营预算、资本支出预算和现金收支预算的有关结果，对有关项目进行调整后编制而成的。

四、预算编制方法

（一）固定预算与弹性预算

固定预算是一种最基本的预算编制方法，这种方法所涉及的各项预定指标均为固定数据，所以这种方法也叫静态预算。

固定预算具备如下特征：（1）不考虑预算期内业务活动水平可能发生的变动，只按照预算期内计划预定的某一共同的业务活动水平为基础确定相应的数据；（2）将实际执行结果与预算期内计划预定的某一共同的活动水平所确定的预算数进行比较分析，并据以进行业绩评价、考核。

固定预算的局限性体现在：当企业的实际执行结果与预期业务活动水平相距甚远时，固定预算难以起到预算控制的作用。事实上，固定预算对预算控制的有用性仅限于当实际业务水平与预期业务活动水平完全一致时，否则就难以为预算控制服务。所以当市场变化的速度较快、幅度较大时，固定预算是不宜采用的。

在企业实际经营的过程中，市场等因素会不断变化，随着这些因素的变化预算期的各项指标如：销售量、售价以及各种变动成本费用等都有可能发生变化。在这样的情况下，弹性预算应运而生。弹性预算就是在变动成本法下，充分考虑预算期内各预定指标可能发生的变化，而编制出的能适应各预定指标不同变化情况的预算，从而使得预算对企业在预算期的实际情况更加具有针对性。弹性预算也称为动态预算。

弹性预算的类型主要有：全面弹性预算、弹性成本预算、弹性管理费用预算、弹性销售费用预算和弹性利润预算等。

弹性预算具有如下优点：（1）弹性预算使预算与实际具有可比基础，使预算控制和差异分析更有意义和说服力，所以弹性预算的应用范围更广；（2）弹性预算可以减少预算编制的工作量。因为弹性预算只要一经编制，只要各项消耗标准和价格等依据不变，便可连续使用；（3）弹性预算除了能很好地进行预算控制外，能使企业对预算责任单位、责任人或员工的工作业绩进行更好的、正确的评价。

（二）增量预算与零基预算

增量预算指新的预算使用以前期间的预算或者实际业绩作为基础来编制，在此基础上增加相应的内容。资源的分配是基于以前期间的资源分配情况。增加预算并没有考虑具体情况的变化，增量预算关注财务结果，而不是定量的业绩计量，并且和员工的业绩并无联系。

增量预算的优点：（1）预算是稳定的，并且变化是循序渐进的；（2）经理能够在一个稳定的基础上经营他们的部门；（3）系统相对容易操作和理解；（4）遇到类似威胁的部门能够避免冲突；（5）容易实现协调预算。

增量预算的缺点：（1）增量预算假设经营活动以及工作方式都以相同的方式继续下去；（2）增量预算不能拥有启发新观点的动力；（3）增量预算没有降低成本的动力；（4）增量预算鼓励将预算全部用光以便明年可以保持相同的预算；（5）增量预算可能过期，并且不再和经营活动的层次或者执行工作的类型有关。

零基预算指在每一个新的期间必须重新判断所有的费用。零基预算开始于"零基础"，需要分析企业中每个部门的需求和成本。无论这种预算比以前的预算高还是低，都应当根据未来的需求编制预算。零基预算通过在企业中的特定部门的试行而在预算过程中实施高层次的战略性目标。此时应当归集成本，然后根据以前的结果和当前的预测进行计量。

零基预算的优点：（1）能够识别和去除不充分或者过时的行动；（2）能够促进更为有效的资源分配；（3）需要广泛的参与；（4）能够应对环境的变化；（5）鼓励管理层寻找替代方法。

零基预算的缺点：（1）零基预算是一个复杂的、耗费时间的过程；（2）零基预算可能强调短期利益而忽视长期目标；（3）管理团队可能缺乏必要的技能。

（三）定期预算与滚动预算

定期预算是指在编制预算时以不变的会计期间作为预算期的一种编制方法。定期预算的优点在于使预算期和会计年度相衔接，使企业便于考核和评价预算的执行结果。

定期预算的缺点：（1）定期预算存在盲目性。定期预算往往是在年初甚至提前两三个月编制的，很难对预算年度的生产经营活动作出准确的预算，而对后期的预算也只能采用估算的方法，缺乏远期的指导性。（2）定期预算存在滞后性。定期预算不能随着情况的变化进行及时调整，当各种生产经营活动发生重大变化时，就会使预算滞后过时。（3）

定期预算具有间断性。定期预算是指在编制预算时以不变的会计期间作为预算期的一种编制方法，因此经营管理者的决策视野往往限于本期规划的经营活动，而不会考虑下期。

滚动预算是指在编制预算时，将预算期和会计年度脱离开，随着预算的执行不断延伸补充预算，逐期向后滚动，使预算期永远保持为 12 个月。滚动预算的实质是动态的不断连续和更新调整的弹性预算。

滚动预算具有如下优点：（1）透明度较高。滚动预算能使管理人员从动态的角度把握企业近期的规划目标和远期的战略布局，实现了与日常经营管理的紧密衔接，透明度较高。（2）及时性强。滚动预算能够使预算根据经营情况的变化和前期预算的实现情况及时调整和修订近期预算，使预算更加切合实际，能够充分发挥预算的指导和控制作用。（3）突出的连续性、完整性和稳定性。滚动预算的突出特点是不受日历年度的限制，因而能够连续不断地规划未来的生产活动，预算不会由于人为的原因而中断，而同时滚动预算总是为管理者提供着未来 12 个月内的总体规划和预算目标，所以能够确保管理工作的完整性与稳定性。

由于滚动预算的实质是动态的不断连续和更新调整的弹性预算，滚动预算与弹性预算一样，缺点在于编制预算的工作量大。

（四）概率预算

上述的所有预算的编制方法都是建立在稳定的生产和销售情况下的，此时的业务量、价格、成本等变量是一个确定的值，所以依此编制的预算也是确定的。但是在现实的经营活动面临着很多的不确定性，随着市场供求、产销的变动，业务量、价格、成本等变量是难以确定的。这时就需要企业对有关变量进行分析，估计它们可能的变动范围和每种变动范围出现的概率，然后将概率和各个变量进行结合，进行调整，计算期望值，编制预算。

概率预算的优点在于考虑了各种预算期内的可能情况，因而考虑问题比较全面。也正是由于此，概率预算的缺点也是比较显而易见的：很难估计未来的各种情况发生的概率，而概率的估计易受人的主观因素的影响。当然，这一缺点可以通过对历史资料的统计分析来克服。

第三节　预算编制举例

从前面有关预算的内容可知预算可以分为业务预算、专项预算和财务预算，各类预算又包括不同内容的预算。下面，我们将举例说明各类预算编制的具体应用方法。

一、业务预算

业务预算是反映企业在计划期内日常发生的各种具有实质性的基本活动的预算。主要包括：销售预算、生产预算、直接材料预算、直接人工预算、制造费用预算、产成品成本预算、销售及管理费用预算。

（一）销售预算的编制

销售预算是编制预算的起点，预算的其他各个项目，如生产、材料采购、人工费用等方面的预算，都要以销售预算为基础。销售预算包括产品的名称、销售量、单价、销售额等项目。为了编制预算期的现金收支预算,在销售预算中一般还附有预计现金收入计算表,预期的现金收入等于上期销售本期收到的现金加上本期销售本期收到的现金。

例 14.1 A 公司在 2016 年度只生产和销售 A 产品,销售单价为 50 元,每季度的商品销售在当期收到货款的 80%,其余 20% 在下个季度收回。2015 年末的应收账款余额为 90 000 元。A 公司 2016 年度的分季销售预算如表 14-1 所示。

表 14-1 A 公司销售预算
2016 年度 单位:元

	项目	第一季度	第二季度	第三季度	第四季度	全年
	预计销售量(件)	2 000	7 000	10 000	12 000	31 000
	预计销售价格(元/件)	50	50	50	50	50
	预计销售额(元)	100 000	350 000	500 000	600 000	1 550 000
预计现金收入计算表	期初应收账款(2015 年 12 月 31 日)	90 000				90 000
	第一季度销售收入	80 000	20 000			100 000
	第二季度销售收入		280 000	70 000		350 000
	第三季度销售收入			400 000	100 000	500 000
	第四季度销售收入				480 000	480 000
	现金收入合计	170 000	300 000	470 000	580 000	1 520 000

表 14-1 中的销售量、销售价格均来自对计划期销售情况的预测,每期收到的现金数占销售收入金额的比例是根据以往的经验确定的。

(二)生产预算的编制

在销售预算的基础上可以编制生产预算。由于一般企业都是库存订单式生产,每期的生产数量与当期的销售量不一定相等,需要用到下面的公式:

预计生产量=预计销售量+预计期末产成品存货量-预计期初产成品存货量

例 14.2 依前例,假定 A 公司 2016 年的生产预算中,各季度期末产成品存货数量用下期销售数量乘以一定比率计算得出,本例中为 30%;年末产成品存货数量则是根据下一年度第一季度销售数量的估计数计算出来;期初产成品存货量即上期期末产成品存货量。该公司 2016 年度的生产预算如表 14-2 所示。

表 14-2 A 公司生产预算
2016 年度 单位:元

项目	第一季度	第二季度	第三季度	第四季度	全年
预计销售量(表 14-1)	2 000	7 000	10 000	12 000	31 000
加:期末产成品存货数量	2 100	3 000	3 600	900	900

项目	第一季度	第二季度	第三季度	第四季度	全年
产成品需要量合计	4 100	10 000	13 600	12 900	31 900
减：期初产成品存货数量	1 000	2 100	3 000	3 600	1 000
生产量	3 100	7 900	10 600	9 300	30 900

（三）直接材料预算的编制

直接材料预算是依据计划产品数量、单位产品直接材料耗用量和直接材料单位价格来进行预算的。直接材料购买数量预算公式为：

预计直接材料采购量＝预计生产量×单位产品耗用量＋预计期末材料存货－预计期初材料存货

在企业实际的工作中，材料采购预算还会附有预计期间的预计现金支出计算表，其中包括前期应付购料款的偿还，以及本期购料款的支付。

例14.3 依前例，假定A公司单位产品的材料消耗定额为5千克，计划单价为1元，每季度的购料款单季度付70%，剩下的部分在下个季度支付。各季度的期末存料按下一季度生产需要量的10%计算，各季度期初存料与上期期末存料相等，期初应付购料款为8 000元。现根据生产预算中的预计生产量，结合期初、期末存料水平，以及单位产品的材料消耗定额编制直接材料预算，如表14-3所示。

表14-3　　　　　　　　　　　　A公司直接材料预算
2016年度　　　　　　　　　　　　　　　　　　　单位：元

项目	第一季度	第二季度	第三季度	第四季度	全年
生产量（件）（表14-2）	3 100	7 900	10 600	9 300	30 900
单位产品直接材料耗用量（千克）	5	5	5	5	5
总耗用量（千克）	15 500	39 500	53 000	46 500	154 500
加：期末直接材料存货数量	790	1 060	930	850*	900*
总需要量（千克）	16 290	40 560	53 930	47 350	155 400
减：期初直接材料存货量	1 000	790	1 060	930	1 000
直接材料采购量（千克）	15 290	39 770	52 870	46 420	154 400
直接材料单位价格（元/件）	1	1	1	1	1
直接材料采购金额	15 290	39 770	52 870	46 420	154 400

续表

项目		第一季度	第二季度	第三季度	第四季度	全年
预计现金支出计算表	应付账款	8 000				8 000
	第一季度付现额	10 703	4 587			15 290
	第二季度付现额		27 839	11 931		39 770
	第三季度付现额			37 009	15 861	52 870
	第四季度付现额				32 494	32 494
	现金支出合计	18 703	32 426	48 940	48 355	148 424

注：*表示估计数。

（四）直接人工预算的编制

通常情况下，企业往往需要雇用不同工种的人工，直接人工预算编制就应该按不同工种分别计算，然后合计。单个工种的直接人工预算的计算公式为：

直接人工预算额＝预计生产量×单位产品直接人工小时×小时工资率

例 14.4 依前例，假定 A 公司在计划期内所需直接人工只有一个工种，单位产品的定额公司为 0.5 个小时，单位工时的工资率为 8 元，现根据计划期生产预算的预计产量，编制直接人工预算，如表 14-4 所示。

表 14-4 A 公司直接人工预算
2016 年度   单位：元

项目	第一季度	第二季度	第三季度	第四季度	全年
生产量（件）（表 14-2）	3 100	7 900	10 600	9 300	30 900
单位产品直接人工工时（小时）	0.5	0.5	0.5	0.5	0.5
直接人工工时合计（小时）	1 550	3 950	5 300	4 650	15 450
单位工资率（元）	8	8	8	8	8
直接人工耗费总额（元）	12 400	31 600	42 400	37 200	123 600

（五）制造费用预算的编制

制造费用预算表与直接材料预算表一样，在表下面还要附有现金支出预算表，以便今后编制财务预算类的现金预算。

例 14.5 依前例，假定 A 公司制造费用的变动部分，按计划年度所需直接人工小时总数进行规划，固定部分则根据基期的实际开支数，按上级下达的成本降低率3%计算，并编制如下的四个季度支出相等的制造费用预算，固定制造费用在各季度之间平均分配，如表 14-5 所示。

表 14-5　　　　　　　　　　　**A 公司制造费用预算**

2016 年度　　　　　　　　　　　　　　单位：元

成本项目		金额	费用分配率计算
变动制造费用	间接人工费用	20 000	变动制造费用分配率＝变动制造费用预算合计/标准总工时＝61 800/15 450＝4（元/小时）
	间接材料费用	10 000	
	维修费	15 000	
	水电费	16 800	
	合计	61 800	
固定制造	折旧费	22 250	固定制造费用分配率＝固定制造费用预算合计/标准总工时＝77 250/15 450＝5（元/小时）
	维护费	15 000	
	管理费	30 000	
	保险费	10 000	
	合计	77 250	

项目	第一季度	第二季度	第三季度	第四季度	全年合计
预计直接人工工时（小时）	1 550	3 950	5 300	4 650	15 450
变动制造费用分配率	4	4	4	4	4
预计变动制造费用	6 200	15 800	21 200	18 600	61 800
预计固定制造费用	19 312.5	19 312.5	19 312.5	19 312.5	77 250
预计制造费用	25 512.5	35 112.5	40 512.5	37 912.5	139 050
减：折旧费用	5 562.5	5 562.5	5 562.5	5 562.5	22 250
现金支出的制造费用	19 950	29 550	34 950	32 350	116 800

（六）产成品成本预算的编制

以上五种业务预算是编制产成品成本预算的基础，以上五种预算编制出后，产成品的预算成本就可得出。实际工作中，企业实行标准成本制度，标准成本就是按成本项目反映的单位产品的目标成本。实行标准成本制度有助于日常的控制和考核。

在制定标准成本时，通常只针对产品生产成本中的直接材料、直接人工和制造费用三大项目制定，而管理费用和销售费用一般不制定标准成本。相关标准成本的计算公式如下：

（1）直接材料标准成本＝计划单价×消耗定额。

（2）直接人工的标准成本＝工资率×工时定额。

其中，工资率＝预计支付直接人工工资总额/标准总工时。

（3）变动制造费用的标准成本＝变动费用分配率×工时定额。

（4）固定制造费用的标准成本＝固定费用分配率×工时定额。

在实际工作中，通常还需要在正表下面附期末存货预算，可根据生产预算中的期末存货数量乘上产品的标准成本得出。根据以上五种业务预算编制的结果，可得到如下产成品预算表（见表 14-6）。

表 14-6　　　　　　　　　　　A 公司产成品成本预算
2016 年度

项目	单位成本			生产成本（元）（30 900 件）	期末存货成本（元）（900 件）	销货成本 *（元）
	单价（元）	单位耗用量	成本（元）			
直接材料（表 14-3）	1	5	5	154 500	4 500	155 000
直接人工（表 14-4）	8	0.5	4	123 600	3 600	124 000
变动制造费用（表 14-5）	4	0.5	2	61 800	1 800	62 000
固定制造费用（表 14-5）	5	0.5	2.5	77 250	2 250	77 500
合计			13.5	417 150	12 150	418 500

销货成本由公式（销货成本 = 期初产成品存货成本 + 本期生产成本 − 期末产成品存货成本）计算得出，期初产成品存货为 1 000 件。

（七）销售及管理费用预算的编制

销售费用预算是指对为实现销售预算而需要支出的费用所做的预算，管理费用预算是对企业运营过程中需要支出的管理费用所做的预算。在编制时需要以企业以往的实际支出为参考，结合分析企业的业务情况，努力使费用支出更合理、更有效。还需注意的是，在编制预算时，需要区分变动费用和固定费用。对于变动费用，可以依据销售量在各季度之间进行分配，而固定费用则可以在四个季度之间进行平均分配。对于混合费用应先分解为变动费用和固定费用后再进行分配。

A 公司管理费用和销售费用预算如表 14-7 所示。

表 14-7　　　　　　　　　　A 公司销售及管理费用预算
2016 年度　　　　　　　　　　　　　　　　　　　　　　　　　单位：元

项目	第一季度	第二季度	第三季度	第四季度	全年
预计销售量（件）（表 14-1）	2 000	7 000	10 000	12 000	31 000
单位变动销售及管理费用耗用量	1.5	1.5	1.5	1.5	1.5
预计变动销售及管理费用耗用额	3 000	10 500	15 000	18 000	46 500
固定销售及管理费用：					
广告费	30 000	25 000	25 000	20 000	100 000
管理人员工资	40 000	40 000	40 000	40 000	160 000
保险费	10 000		20 000		30 000

续表

项目	第一季度	第二季度	第三季度	第四季度	全年
财产税				15 000	15 000
固定销售及管理费用合计	80 000	65 000	85 000	75 000	61 000
预计销售及管理费用合计	83 000	75 500	100 000	93 000	107 500

二、专项预算

专项预算是指企业为不经常发生的长期股权投资决策项目或筹资项目所编制的预算。主要包括资本支出预算和筹资预算。

（一）资本支出预算

企业要规划未来期间选择和评价长期资本投资活动的相关原则和方法就需要编制资本支出预算。一般来说，资本投资应该遵循以下步骤：（1）投资意向；（2）对战略、市场和技术因素进行估计，并预计现金流量；（3）对现金流量进行评价；（4）根据标准选择项目；（5）执行计划；（6）不断对项目进行重新评价或事后审计。资本支出预算就是对上述步骤在未来期间做一个全面的考虑，量化相应的指标供管理人员进行决策。而企业和资本支出的规模和选择的标准则决定着对资本支出预算的评价和专业水平需要达到的层次。

例 14.6 依前例，假设 A 公司董事会批准在计划期间的第一季度用自有资金购置一台固定设备的投资项目，需支付 70 000 元，分四个季度付款，资本支出预算如表 14-8 所示。

表 14-8　　　　　　　　　　**A 公司资本支出预算**
2016 年度　　　　　　　　　　　　　　　　　　　　单位：元

项目	预计购买日期	预计成本	第一季度	第二季度	第三季度	第四季度	全年
动力设备	第一季度	70 000					70 000
现金支出			20 000	20 000	20 000	10 000	70 000

（二）筹资预算

筹资预算主要依据单位有关资金需求决策资料、发行债券审批文件、期初借款余额及利率等编制。企业批准发行股票、配股和增发股票，都应当根据股票发行预算、配股预算和增发股票预算等资料单独编制预算。而股票的发行费用，应当在筹资预算中分项做出安排。

例 14.7 依前例，假定 A 公司根据计划期间现金收支情况，预计第一季度初需向银行借款 95000 元，第三、四季度分别偿还本金和利息。另外，税法规定，计划期间每季度末预付所得税 18 000 元，全年 72 000 元。在第一、三季度发放现金股利 8 000 元。A 公司年度筹资预算如表 14-9 所示。

表 14-9　　　　　　　　　　　　　A 公司筹资预算
2016 年度　　　　　　　　　　　　　　　　　　　　单位：元

项目	第一季度	第二季度	第三季度	第四季度	全年
筹措资金	95 000				95 000
归还资金			55 000	40 000	95 000
偿还利息			4 125	4 000	8 125
预付所得税	18 000	18 000	18 000	18 000	72 000
预付股利	8 000		8 000		16 000

注：假定借款年利率为 10%，偿付的利息就当期偿还的本金部分计算，因此本例中第三季度偿付的利息为：55 000×10%×（3/4）= 4 125（元），第四季度偿付的利息为 40 000×10% = 4 000（元）。

三、财务预算

财务预算是对企业整体的预算，是企业计划期内反映有关现金收支、经营成果和财务状况的预算。主要包括现金收支预算、预算损益表和预计资产负债表。

（一）现金收支预算的编制

现金收支预算包括五个部分：（1）现金收入；（2）现金支出；（3）现金余缺；（4）资金融通；（5）期末现金余额。其中现金收入包括计划期的期初现金余额和计划期内的预计现金收入。而现金支出是指计划期内预计可能发生的一切现金支出，包括现金支付的材料采购费、直接人工费用、制造费用、销售费用、管理费用、固定资产购置及所得税支出和股利的发放等，数据均来源于表 14-3、表 14-4、表 14-5、表 14-7，随着业务预算和目标利润的确定，所得税和股利发放金额也就能确定。

期末现金余额是用计划期的现金收入总额减去现金支出总额，再减去资金投放或归还总额，或加上资金筹措总额。

例 14.8　依前例，假定 A 公司是按年份季度编制现金预算的，该公司规定计划期间现金的最低库存余额为 40 000 元，现根据以上各种预算中的有关资料编制现金收支预算，如表 14-10 所示。

表 14-10　　　　　　　　　　　　　A 公司现金预算
2016 年度　　　　　　　　　　　　　　　　　　　　单位：元

项目	数据来源	第一季度	第二季度	第三季度	第四季度	全年
期初现金余额	转入	41 000	41 500	40 100	42 000	164 600
加：销售现金收入	表 14-1	170 000	300 000	470 000	580 000	1 520 000
现金收入合计		211 000	341 500	510 100	622 000	1 684 600
减：现金支出						
直接材料	表 14-3	18 703	32 426	48 940	48 355	148 424

续表

项目	数据来源	第一季度	第二季度	第三季度	第四季度	全年
直接人工	表14-4	12 400	31 600	42 400	37 200	123 600
制造费用	表14-5	19 950	29 550	34 950	32 350	116 800
销售与管理费用	表14-7	83 000	75 500	100 000	93 000	351 500
所得税		18 000	18 000	18 000	18 000	72 000
购置生产设备	表14-8	20 000	20 000	20 000	10 000	70 000
发放股利	表14-9	8 000		8 000		16 000
现金支出合计		180 053	207 076	272 290	238 905	898 324
资金融通前现金余额		30 947	134 424	237 810	383 095	786 276
资金融通						
借款		95 000				95 000
还款	表14-9			55 000	40 000	(95 000)
偿还利息				4 125	4 000	(8 125)
资金融通合计		95 000		59 125	44 000	(8 125)
期末现金余额		125 947	134 424	178 685	339 095	778 151

(二) 预计损益表的编制

预计损益表也称利润预算，格式与实际的损益表相同，只是数据来源于上述各项预算而不是实际。

例14.9 依前例，A公司根据以上预算表的有关资料，编制2016年度的预计损益表，如表14-11所示。

表14-11　　　　　　　　　　A公司预计损益表

2016年度　　　　　　　　　　　　　　　　　单位：元

项目	数据来源	金额
销售收入	表14-1	1 550 000
减：变动成本		
变动生产成本	表14-3，表14-4，表14-5	339 800
变动销售及管理费用	表14-7	46 500
边际贡献总额		1 163 700
减：期间成本		
固定制造费用	表14-5	77 250
固定销售及管理费用	表14-7	61 000

续表

项目	数据来源	金额
营业净利		1 025 450
减：利息费用	表14-9	8 125
利润总额		1 017 325
所得税	表14-9	72 000
净利润		945 325

（三）预计资产负债表的编制

预计资产负债表是根据计划期的销售预算、生产预算等具体预算对期初资产负债表进行适当调整编制而成的。

例 14.10 依前例，根据上述相关资料，编制 A 公司的 2016 年度预计资产负债表，如表 14-12 所示。

表 14-12　　　　　　　　　　A 公司预计资产负债表

2016 年度　　　　　　　　　　　　　　　单位：元

资产			负债及所有者权益		
项目	期初余额	期末余额	项目	期初余额	期末余额
流动资产			流动负债：		
现金（表14-10）	41 000	339 095	应付账款（表14-3）	8 000	13 926
应收账款（表14-1）	90 000	120 000	流动负债总额长期负债：	8 000	13 926
直接材料（表14-3）	500	450	长期借款	100 000	100 000
产成品（表14-6）	1 000	12 150	长期借款总额	100 000	100 000
流动资产总额	132 500	471 695	负债总额	108 000	113 926
固定资产			所有者权益：		
土地	80 000	80 000	普通股股本	100 000	100 000
房屋与设备	150 000	455 000	未分配利润（表14-9，表14-11）	90 500	1 019 825
减：累积折旧	64 000	227 056			
固定资产总额	166 000	762 056	所有者权益总额	190 500	1 119 825
资产总额	298 500	1 233 751	负债与所有者	298 500	1 233 751
权益总额	298 500	1 233 751			

注：1. 期末应收账款＝第四季度销售额×20%＝600 000×20%＝120 000（元）。

2. 期末应付账款＝第四季度材料采购金额×30%＝46 420×30%＝13 926（元）。

3. 土地、长期借款、普通股本三项未发生变动；房屋与设备等数据结合表14-5综合所得。

4. 期末未分配利润＝期初未分配利润（转入）＋本期净利润—本期发放股利＝90 500＋945 325－16 000＝1 019 825（元）。

【练习题】

一、单项选择题

1. 企业预算是从编制（　　）开始的。
   A. 生产预算　　　B. 销售预算　　　C. 产品成本预算　　　D. 现金预算
2. 在编制预算时，下列不适宜采用弹性预算编制方法的是（　　）。
   A. 利润预算　　　B. 制造费用预算　　C. 销售及管理费用预算　D. 现金预算
3. 预计损益表中，利息支出是根据（　　）确定的。
   A. 销售预算　　　B. 生产预算　　　C. 产品生产成本预算　　D. 现金预算
4. 在一定的产销数量限度范围内，当产品产销数量增加时，固定成本将（　　）。
   A. 增加　　　　　B. 减少　　　　　C. 相对稳定不变　　　　D. 不一定
5. 已知企业本年的目标利润为 2 500 万元，产品单价 1 000 元，变动成本率 40%，产品固定成本为 700 万元，要达到目标利润，企业需要销售（　　）。
   A. 80 000 件　　　B. 53 333 件　　　C. 41 667 件　　　D. 62 500 件

二、多项选择题

1. 从实用角度看，弹性预算主要用于编制（　　）。
   A. 特种成本预算　　　　　　　B. 成本预算
   C. 利润预算　　　　　　　　　D. 销售及管理费用预算
2. 下列各项中，属于定期预算的缺点的是（　　）。
   A. 盲目性　　　B. 编制的工作量大　　C. 不变性　　　D. 间断性
3. 下列各项中，包括在现金预算中的是（　　）。
   A. 现金收入　　　　　　　　　B. 现金支出
   C. 现金收支差额　　　　　　　D. 资金的筹集与使用
4. 下列各项中，属于成本中心考核指标的是（　　）。
   A. 产品成本　　　　　　　　　B. 成本或费用变动额
   C. 费用变动额　　　　　　　　D. 成本或费用变动率
5. 以下关于利润中心的表述，正确的是（　　）。
   A. 不能直接对外销售产品或提供劳务
   B. 对内提供产品的价格能够合理确定
   C. 一般也具有相对独立的经营管理权
   D. 企业大部分成本中心都能够转为利润中心

【案例分析】

杭州钢铁集团公司全面预算管理①

（一）公司概况

杭州钢铁集团公司（下称杭钢集团），是目前浙江省最大的工业企业，拥有全

---

① 本案例改编自曹永华. 全面预算管理与经济责任制的结合. 浙江财税与会计，2001（12）.

资、控股企业 38 家，总资产 92 亿元，净资产 41 亿元，以钢为主业，并涉足国内外贸易、机械制造、建筑安装、工业设计、房地产、电子信息、环保、旅游餐饮、教育等产业。2001 年实现销售收入 73.13 亿元，实现利润 4.8 亿元，分别比 2000 年增长 19.67%和 19.17%。长期以来，公司坚持"企业管理以财务管理为中心，财务管理以资金管理为中心"的指导思想，紧紧抓住资金、成本两个管理中心环节，追求综合效益的最优化。近年来，通过对全面预算的不断探索和实践，保证了企业资金的有序控制，为企业持续发展提供了可靠保证，虽然规模在全国冶金行业中处于第 28 位，但实现利润连续四年名列前 10 位，吨钢利润名列前 2 位。

（二）内部管理制度的沿革

杭州集团的经营管理体制经历了两次质的转变：

1. 第一次质的转变

随着计划经济体制向生产经营型体制的转变，企业管理制度实现了由生产计划型管理模式向目标管理为主体的经济责任管理模式的转变。在这一转变过程中，杭州集团严格遵循市场经济规律，着眼于内部改革，建立和完善了一套适合企业实际的管理制度，如以成本控制为突破口的目标成本管理制度、以资金集中管理为核心的投资集中管理、投资项目集中管理以及内部银行管理制度、以费用控制为重点的"决额控制，分项核定"的费用管理制度等。这些制度为进一步完善企业经营管理和财务管理奠定了良好的基础，也为财务管理部门全面参与企业经营管理提供了前提条件。

2. 第二次质的转变

随着生产经营型体制向资产经营型体制的转变，企业管理制度又实现了由经济责任制管理模式向全面预算管理模式的转变。内部经济体制改革的不断深化和现代企业制为主体的单一管理模式已不能完全适应需要。为了更好地配置经济资源，促进工艺结构和产品品种结构的调整，提高企业的核心竞争力，增强企业的持续发展能力，需要有一种更为先进、能对企业生产经营活动实行全方位控制的管理模式。为此，杭钢集团引进全面预算管理体制，并在 1996 年开始实施。

实施预算管理的第一年（1996 年）处于探索阶段。杭钢集团采用经济责任制和全面预算管理双轨制的运行办法，不仅给日常管理和具体操作带来了很大的不便，而且各二级管理单位也难以接受，无法达到对经营管理活动进行全面控制的预期效果，也给预算管理模式的深层次运行带来了较大阻力。针对双轨制运行办法存在的问题，杭钢集团对这两种管理模式的异同点进行了仔细的比较分析，以会计核算体系为突破口探索两者结合的途径。经过半年多的实践，逐步理顺了思路，总结出一套较为成熟的结合方式。预算委员会办公室对两者结合的具体方式进行了规范，自 1997 年开始实施。同时，公司董事会提出了"以全面预算为龙头，以'学邯钢'为载体，以经济责任制为手段，以班组经济核算为基础"的预算管理指导方针。预算管理不仅与经济责任制、以产权为纽带的资产经营责任制、以公司重点攻关项目为主体的"一体两翼"承包责任制等管理手段有了合适的结合点，而且把科技创新、目标管理、责任会计、质量管理等控制手段充实到了全面预算管理体系之中。

（三）全面预算管理的基本框架

1. 预算控制组织体系

为了确保预算的权威性以及杭钢集团整体目标与局部目标的协调统一，根据全面预算管理的特点，结合生产经营管理的要求，建立了集团预算委员会，由集团主要领导及各专业主管部门领导组成，下设办公室；各二级单位根据集团的有关规定设立相应的组织机构，由集团赋予相应的权限和职责。

预算委员会办公室设在财务部，是预算委员会的日常办事机构。为此，财务部成立了预算成本科，该科担负着两大管理职能，即负责公司预算和经济责任制的编制、分解、分析和考核。这样，既克服了经济责任制管理方式中存在的部门之间难以达到良好沟通的缺陷，又使财务部在履行预算委员会赋予的管理职能时，可以按照公司预算控制的程序认真协调好各管理职能部门之间的业务关系。

2. 授权批准制度

为保证各级组织机构认真履行职责，对生产经营活动进行有效控制，集团严格遵循不相容职务相分离和授权批准控制的原则。集团全面预算管理制度强调，预算编制必须坚持从集团实际出发、实事求是、科学合理地确定各项技术经济指标；并对预算编制的原则、编制程序、审批权限、预算调整、控制及考核等作出了明确的规定。主要体现在：集团预算委员会由董事会领导，其成员由董事会任免；集团董事会授权预算委员会组织财务部编制公司全面预算方案，协调预算编制中出现的问题，并对方案进行平衡、审核后上报集团董事会审批；预算的最终审批权属于集团董事会，批准后的预算方案由预算委员会负责组织实施；预算的整个编制过程按照"自上而下，自下而上"、"谁花钱，谁编预算，谁控制，谁负责"等原则逐级编制上报；各专业主管部门只能在授权的职责范围内，对预算编制过程中或经批准实施的相关指标有权进行审核或作出批准；集团预算的调整必须按预算编制程序的规定逐级上报，除涉及集团重大经营方针、政策、技改及投资项目的调整由集团董事会批准外，其他项目的调整由董事会授权预算委员会审核批准。除上述授权批准以外，任何人、任何单位均无权对预算作出调整。这套有效的组织及机构管理原则，保证了预算编制和实施过程中，各个层次、各个环节都始终围绕集团经营总目标而展开，层层审核把关，环环相扣又相互制约，为预算责任的分解落实、有效控制奠定了基础。

3. 预算管理的内容

杭钢集团全面预算管理的主要内容包括损益预算、现金流量预算和投资预算。

损益预算包括销售预算、生产预算、物资采购预算、人工费用预算、制造及期间费用预算及其他项目预算。损益预算以销售预算为起点，按集团确定的利润目标倒挤出产品销售成本，然后以经济责任制形式分解、落实，达到对生产经营活动全过程的控制，以保证集团总目标的实现。

现金流量预算的主要内容有现金流入、现金流出、现金多余或不足的计算，以及对现金不足的部分的筹措或多余部分的运用方案等。现金流量控制是集团预算管理的核心内容，资金集中管理为编制现金流量预算奠定了基础，"收支两条线、量入而出、确保重点、略有节余"是现金流量预算编制的原则。

投资预算是根据集团中长期发展规划的要求确定预算期投资项目所需的现金流出

量。投资项目所需现金流量是集团整个现金流量预算的一部分,纳入集团预算综合平衡后最终确定。

4. 预算编制的程序

集团预算的编制一般安排在第四季度进行,具体操作程序如表1所示。在整个预算编制过程中,主要做好以下几方面的平衡工作:

表1

时间	管理要点	内容
10月上旬	召开预算委员会专题会议	(1) 分析当前市场及生产经营情况; (2) 剖析预算管理中存在的问题; (3) 预算委员会提出预算编制的重点和要求
10月中旬	销售及生产预算的编制与平衡,技术经济指标预算的编制	(1) 公司营销部门编制销售数量及收入预算; (2) 生产主管部门编制生产预算; (3) 技术、质量部门编制技术及质量指标预算; (4) 预算委员会或总经理专题会议协调平衡; (5) 修订未达标预算
10月下旬	销售收入、成本及利润目标的预测	(1) 财务部编制预计损益表,提出经营目标报预算委员审核; (2) 预算委员会确定经营目标; (3) 财务部修订未达标预算; (4) 布置编制分项预算
11月上中旬	汇总分项预算,编制总预算	(1) 11月上旬各预算责任单位编制分项预算并报预算成本科; (2) 11月中旬财务部审核、汇总编制总预算; (3) 预算责任单位修订未达标分项预算; (4) 财务部进一步平衡后,将总预算报预算委员会审核
11月下旬	预算委员会审核总预算	(1) 审核后返回财务部进一步修订未达标预算,再报预算委员会审核; (2) 预算委员会审核同意后报公司董事会审批
12月上旬	公司董事会审核批准	公司董事会召开预算管理专题会议讨论预算方案,作出批准或返回修改
12月中旬	预算指标分解落实	财务部将经公司董事会批准的预算方案,按指标分解程序分解落实到各预算责任单位

(1) 销售预算与生产预算的综合平衡,协调一致。

第一步:集团营销部门在对市场形势进行预测的前提下,通过分析集团生产经营的实际情况，以市场为导向对下一年度产品销售进行预测，编制集团销售预算（要求分品种、规格、数量、售价、销售额等）。

第二步：集团生产管理部门根据营销部门编制的销售预算，结合集团产品生产能力及资源的配置情况，对销售预算中的品种、规格、数量进行细致的分析，编制生产预算，并对目前集团产品实际生产能力与市场需求之间存在的矛盾提出解决的措施。

第三步：集团总经理召开办公会议对销售与生产之间存在的不一致进行协调、平衡，对解决矛盾的具体措施作出安排，保证生产适应市场的需求。

第四步：销售及生产主管部门根据集团总经理办公会议精神重新编制销售与生产预算，报财务部。

（2）分项预算与总预算之间的平衡。

总预算应该是集团经营目标的具体化，但它又是由分项预算汇总编制得到。虽然集团制定了预算编制的要求和方法，但分项预算编制的结果与集团的经营目标之间肯定存在差距。因此，总预算与分项预算之间需要进行协调平衡。平衡的重点是：集团生产预算确定的产品生产量、品种、规格与分项预算中的具体产品生产量、品种、规格之间的平衡；集团总预算的资源配置安排与分项预算中预计资源需要之间的平衡；总预算中的技术经济指标预算与分项预算中预计可达到的技术经济指标之间的平衡。具体平衡步骤是：

第一步：财务部以集团销售及生产预算为依据，按预计售价编制公司销售收入预算；再按产品成本的经济用途分类项目，依据预计的下年度物资采购价格、各项技术经济指标及费用控制目标对产品销售成本进行测算，同时编制物资采购及其他预算，并编制出集团下年度的预计损益表，提出集团预计经营目标及物资采购总量和所需采购资金及资源平衡等情况的初步方案，报预算委员会审核。

第二步：财务部根据预算委员会的审核意见修订未达标预算，并结合销售及生产预算制定集团预算编制的总体要求，以书面形式布置各预算责任单位编制下一年度分项预算。

第三步：各预算责任单位按集团预算编制要求，结合本部门实际编制分项预算，经所在单位预算管理机构批准后报财务部。

第四步：财务部汇总各预算责任单位上报的分项预算，根据集团经营总目标进行总体平衡后，编制集团下年度的全面预算方案报预算委员会审核；预算委员会审核后提出修改意见返回财务部；财务部将再次修改后的预算方案报预算委员会审核同意后，上报集团董事会审批。

第五步：财务部将经董事会批准的预算方案分解、落实到各预算责任单位。

通过上述平衡后，使各个分项预算与总预算之间协调一致，保证集团经营总目标的实现。

（3）预算指标与经济责任制指标之间的综合平衡。

杭钢集团实行产销分离的经营管理体制，即生产厂只负责产品的生产，不负责产品的销售，产品由集团营销部门集中销售。因此，在损益预算中预算指标与经济责任制指标之间的不平衡,主要是产品销售成本与目标成本之间的不平衡。

杭钢集团在实践中已把预算管理与经济责任制管理结合起来。预算管理强调综合经济效益最大化而采取全面控制手段;经济责任制则强调目标管理,其具体控制手段是采用责任会计的一整套技术方法。虽然两者的管理侧重点及控制手段都有所不同,但两者在责任预算编制中的最大区别主要是计价方式不同。预算管理中采用预计的实际价格计量;经济责任制中的目标成本则是根据产品生产流转的特点,为尽快反映成本信息而采用计划价格计量。两者要达到平衡,就要将目标成本按一定的方法调整为预算管理中的实际成本。若调整后未达到预算管理的要求,则需要认真分析产生差异的原因,然后与相关的预算责任单位进一步沟通,对目标成本指标作出调整,使预算指标与经济责任制指标达到相对平衡。

(4) 现金流量预算项目之间的综合平衡。

现金流量预算各项目之间的平衡,主要是处理好现金流入总量与现金流出总量之间的平衡关系:

——现金流入总量的控制重点是产品销售收入货款回笼总额。由于公司坚持款到发货的营销策略,以有效地降低应收账款,保证货款的及时回笼,因此公司要求营销部门销售货款回笼率达到100%来平衡现金流入总量,其计算公式如下:

销售回笼现金总额=产品销售收入总额×(1+增值税率)

——当年现金流出总量与现金流入总量之间的平衡,采用"量入为出,确保重点,略有结余"的原则,主要解决物资采购所需资金与预计可支付现金总量之间的平衡、投资项目所需资金与预计可支付的现金总量之间的平衡、税金及职工工资福利预计需支付现金总量等。上述重点项目的年度预计现金流出总量要根据公司年度预计现金流入总量进行综合平衡来确定,以保证公司对现金流量的统筹安排,有效控制。

(5) 控制手段和形式。

预算既是决策的具体化,又是控制生产经营活动的依据。在预算实施过程中,管理的重心转入预算控制。按企业组织结构和经营管理特点划分责任中心,并确定不同的控制手段和形式是预算控制的前提条件。

杭钢集团根据浙江省人民政府的规定,实施了资产授权经营,以资产产权结构为纽带对企业内部进行了深化改革,在经营的总体规模上逐渐形成了钢铁主业和非钢产业两大部分,在核算体制上有独立核算的子公司、分公司及非独立核算的生产厂、费用单位等内部经济实体。集团根据各自不同的组织结构和经营管理特点,以预算指标作为控制标准,与经济责任制、资产经营责任制、资金集中管理等日常管理有机结合,划分不同的控制主体,确定不同的管理手段。同时,集团还根据不同经营主体生产经营的特点选择了目标成本、现金流量、费用定额、销售收入、利润总额等作为预算指标的分解及控制的具体形式,从而对生产经营活动实行了有效的综合控制,如表2所示。

表 2

企业类型 \ 指标形式	核算体制	预算指标分解落实形式	控制重点指标	管理要求及措施
钢铁主业	生产厂	经济责任制	目标成本	对标挖潜、降低成本
	营销部门	经济责任制	经营收入、营业费用、现金流量、产销率	货款回收率及产销率达100%
	职能部门	经济责任制	费用总额	以现金流量控制费用支出
	投资部门	经济责任制	投资成本与现金流量	以现金流量控制工程成本
	物资分公司	资产经营责任制与经济责任制结合	现金流量、采购成本、存货定额	采购方式创新，现金流量与降低采购成本及定额资金双向挂钩
	经营性子公司	资产经营责任制与经济责任制结合	利润总额，现金流量	以经济责任制作为指标控制形式，加强目标管理，提高效益
	经营性公司	资产经营责任制	利润总额、现金流量、资产保值增值率	加强内部管理，拓展市场，提高效益

(6) 指标控制保证体系。

杭钢集团实行"统一领导，分级管理"的内部管理体制，预算管理与经济责任制的指标结合在一起，编制程序与指标分解程序也取得了一致。根据这一特点，对预算指标的分解落实分两步进行：

第一步：由集团预算委员会办公室将经董事会批准的预算目标，分解落实到各业务主管部门（或预算责任中心），再由各业务主管部门将指标分解落实到各预算责任中心。

第二步：由各预算责任中心把集团下达的预算责任指标结合本单位的实际情况，把指标再细分，进一步分解落实到各职能科室、车间、班组或个人。

为了规范指标分解程序，使各责任中心做到把经济责任制的分解体系与预算指标的分解体系保持一致，确保各责任中心能认真地把指标分解落实下去，财务部专门组织业务骨干采用先试点后全面推广的方式，帮助各预算责任中心规范指标分解落实体系。从而在公司内部形成了"厂部—职能科室—车间—班组（或个人）"的指标分解体系，并建立了"个人保班组，班组保车间，车间保厂部，厂部保公司"的自下而上、逐级的指标控制保证体系。这样，使集团全面预算指标实实在在地分解落实到生产经营全过程的各个部门、各个环节，并逐级建立起纵横交错、各负其责、环环相扣的责任控制体系，促使集团的整体目标与各责任中心的局部目标得到有机结合，协调一致，为确保集团总目标的实现提供了坚实的基础。

(7) 预算的调整。

为了不影响预算管理的严肃性和权威性，集团强调预算调整除严格执行预算管理制度的有关规定及自下而上逐级上报审批的程序外，原则上不对集团年度经营总目标作出调整，只对分项预算中不适应市场需求而影响集团总目标实现的部分进行调整。

例如，市场需求变化或产品售价波动或产品质量达不到用户要求等原因，造成集团预算的执行出现偏差，影响集团总目标的实现，则集团将作出调整产品生产工艺、产品品种结构或采取其他有效措施来调整分项预算，以便保证集团预算的有效实施。

再如，由于原材料采购价格突破预算控制点而影响产品销售成本的完成，公司将通过对市场的动态作进一步的调查分析，以调整物资采购方式，加大竞价招标采购的力度，努力降低采购成本的方式来调整预算与市场存在的差异；或物资的市场采购价格确实趋于上升的态势，则将通过进一步加强内部管理，加大"对标挖潜"的力度，采用规范操作、节能降耗来降低成本，从而保证分项预算与集团总目标的一致性。

预算调整的方法，集团一般采用动态调整法。具体采用何种方法，则视实际情况而定。

(8) 现金流量的集中控制。

随着企业内部体制改革的深入，传统的资金管理模式已限制了资金管理向深层次发展。杭钢集团实行全面预算管理后，资金集中管理模式已转化为以现金流量控制为核心的集中管理模式，促使资金管理的目标更加明确，措施更加有效，资金的调控能力更强。具体方法是：由全面预算确定现金流量年度控制总额，通过指标分解确定各责任中心的现金流量，实行年度总额控制；根据集团生产经营的实际情况，进行月度现金流量的总体平衡，核定各责任中心月度总额控制指标；将各责任中心的现金流量月度控制指标通过资金结算中心实行按日控制，对超过月度控制目标的，除影响公司产品质量、环保或生产经营而急需的技术改造等例外情况外，一律停止对外支付。

(9) 信息反馈系统和预算的动态控制。

杭钢集团通过建立有效的信息反馈系统，将预算实施过程中的有关信息及时反馈、传递到预算控制中心，及时掌握预算控制的态势，进而通过对信息的比较分析，判断差异产生的原因，采取有效的措施，纠正实际脱离预算的差异，实行预算的动态管理。通过及时反馈预算控制信息及掌握实际结果，使预算委员会集中精力分析研究重大经营决策及处理例外事项，促使预算管理方式和手段的不断创新。

预算信息的反馈是通过定期（或不定期）的业绩报告实行的。财务部通过对各责任中心预算执行结果的比较分析，根据集团制定的预算考核管理办法，按月对各责任中心实行考核。同时对预算执行的动态情况，每旬在集团早会上汇总通报销售收入、目标成本、销售货款回笼等主要指标的完成情况，并根据实际情况研究解决预算执行中存在的问题。

公司还建立和健全了以"公司、厂部、车间、班组"等控制体系为主体的预算指标执行结果月度分析例会制度，有效地完善了实施预算管理的监督控制体系。

(10) 预算管理的信息平台。

杭钢集团近几年来十分重视信息化建设，集团已先后投入4 000多万元建设信息化工程，目前主体工程已建成并验收通过。2003年年内还将完成ERP物流信息管理系统、财务管理信息系统、人力资源管理信息系统、质量管理信息系统、OA系统等配套工程，加上已经在运用的CMIS信息管理系统，组成杭钢集团计算机网络管理信息系统，实现管理手段的现代化。通过计算机网络的运用，经营管理过程各个模块的管理信息实行联机实时处理、资源共享，可以使预算管理体制得到进一步的完善和发展。

讨论题：
1. 通过杭州钢铁集团公司全面预算管理案例分析，如何认识预算控制的意义？
2. 通过杭州钢铁集团公司全面预算管理案例资料，你认为应如何构建预算控制体系？
3. 你认为实施预算控制应注意哪些问题？

第十五章 业绩评价与激励系统

【学习目标】
1. 了解业绩评价的概念、构成要素与分类;
2. 了解以企业为主体的业绩评价指标的优缺点,并掌握其与其他评价方法之间的关联关系;
3. 了解责任和责任中心的实质,掌握不同责任中心的业绩评价指标的应用思路和方法;
4. 了解EVA的经济内涵,掌握EVA业绩评价的思路和方法;
5. 了解战略业绩评价的不同模式,并掌握平衡计分卡的评价思路和方法;
6. 了解主要的几种激励制度。

第一节 业绩评价与激励系统概述

不同的委托代理关系的存在,使得现代企业治理结构的优化以及对管理者的业绩评价显得越来越重要。业绩评价与激励系统是内部管理控制的重要组成部分,关于业绩评价与激励系统的研究也是内部管理控制研究的热点,研究主要集中于业绩评价与激励系统的业绩评价主体、客体和目标。

一、业绩评价的概念、构成要素与分类

企业业绩评价与激励系统是将业绩评价与激励结合起来的一种考评制度。它为达到一定的目的,运用特定的指标,比照统一的标准,采取规定的方法,对经营者的业绩作出判断和评价。

企业业绩评价与激励系统由如下几个要素构成[①]:评价主体(评价者)、评价客体(评价对象)、评价目标、评价指标体系(评价指标、评价标准、评价方法)和相关的激励机制。

评价主体是业绩评价的行为主体,它可以是特定的组织机构,也可以是自然人;评价客体是业绩评价的行为对象,随着不同的需要和目的而确定;评价目标是业绩评价的立足点和目的,及通过业绩评价要达到的目标是什么;评价指标体系是业绩评价系统的核心部分,评价指标和评价标准分别是对评价客体实施业绩评价的重要依据和参照系,而评价方

---

① 孙茂竹,文光伟,杨万贵. 管理会计学. 中国人民大学出版社,2009:323.

法是具体实施业绩评价的技术规范;作为评价行为延伸和反馈的激励机制则有利于业绩评价客体行为的改善。

根据不同的标准,企业业绩评价可以进行如下分类:

(一) 以企业的经营性质为标准

根据企业的经营性质的不同业绩评价可以分为工商类业绩评价和金融类业绩评价。工商类企业包括工业企业、商业企业和服务企业,相应的,工商类业绩评价又可分为工业企业业绩评价、商业企业业绩评价和服务企业业绩评价。金融企业业绩评价又可分为银行绩效评价和非银行绩效评价。企业性质的不同造成业绩评价方法等的不同,这体现了业绩评价的科学性。

(二) 以业绩评价的特点为标准

根据业绩评价的特点进行分类,可分为常规评价和特定评价。这两种评价在评价时间、评价年度和评价方式选择方面都具有差异。

(三) 以评价的深入程度为标准

评价也可按照评价的深入程度进行划分,可以分为初步评价、基本评价和综合评价。这三种业绩评价的基本特点是选用不同层次的指标开展评价,它们反映企业绩效的综合程度是逐步深入的。

(四) 以评价对象的性质为标准

根据评价对象的性质,业绩评价可分为企业评价、行为评价、区域评价。

(五) 以评价目的为标准

按照评价的目的,业绩评价可分为单企业评价和多企业评价。前者一般采用综合评价的方式得出企业的经营绩效;后者在对多个企业实施基本评价的基础上,对多个企业的经营绩效进行比较、分析。

(六) 以企业内的层次为标准

在同一个企业内对业绩评价进行分类可分为企业整体层次的业绩评价和企业内部各层级、各子公司、各经营单位的业绩评价。企业整体层次的业绩评价按评价对象的不同又可分为企业业绩评价和管理者业绩评价;而企业内部各层级、各子公司、各经营单位的业绩评价按评价对象的不同则分为分部业绩评价和员工业绩评价。

各种业绩评价的要素都各有特点,但是无论是哪一种类型的业绩评价,评价指标体系的构建和激励机制的选择都是其核心要素。

二、业绩评价的评价主体

业绩评价的组织者和实施者称为评价主体,从管理会计的角度来看,业绩评价的主体分为两个层次:(1) 企业所有者为评价主体的对企业最高管理层进行的业绩评价。(2) 企业上级管理层为评价主体的对下级管理层的业绩评价。第一层次的业绩评价的依据是以产权关系为基础的委托-代理关系,现代企业所有权与经营权的分离使得所有者仅保留重要的表决权,而把大部分决策权委托给董事会,由董事会来对管理者的业绩进行评价和制定奖惩措施。董事会广泛地参与公司的内部治理,对股东的财产负有经营管理责任,其职责不仅要使公司财产保值增值,而且还要维护公司利益相关者的利益。第二层次的业绩评价的依据与第一层次的依据不同，其依据为以管理权关系为基础的委托-代理关系，其关系要比第一层次关系复杂得多，所以是管理会计确定内部责任单位、进行业绩评价的重点。

在选择评价主体的时候，需要注意以下三个方面的基本原则：（1）评价主体必须与公司的利益紧密相关；（2）选择评价主体时要考虑代理成本的降低这一因素；（3）评价主体要有监督的动机和具备相应的能力。

三、业绩评价的评价客体

评价的对象又称评价客体，根据业绩评价的层次，评价客体分为最高管理层和下级管理层。

首先来确定公司的最高管理层的代表。确定公司最高管理层的代表要分两种类型的企业来看，一是股份制企业，二是实行经理负责制的企业。我国《公司法》规定，股份有限公司的组织结构管理模式为：股东通过股东大会选举出他们的董事会和监事会，董事会是公司的经营管理机构，有权决定公司经营计划和投资方案，监事会对董事会和经理人员的行为进行监督，总经理由董事会聘用，负责公司的日常经营管理工具。从这可知，在公司制的企业中，企业经理拥有的权力与董事会分享。董事会是主要的管理者，经理层是分享管理者角色的管理者。在实行经理负责制的企业，从经理所拥有的权力和担负的责任来看，他们是企业最高管理层的代表。

下级管理层是指企业管理组织中的各个层次，从纵向来看，如分厂、车间、工段、班组等，从横向来看，如供应、生产、销售等职能部门和计划、财务、人事等管理部门都属于下级管理层。

四、业绩评价的评价目标

要解决为什么进行评价的问题就需要确定评价目标。目标代表着一种预期的业绩，从当前业绩衡量的结果去评估企业目标的实现情况。

企业存在很多的利益相关者，主要包括股东、职工和债权人等。从股东角度来看，企业的目标可能是股东财富最大化；从企业职工的角度看，企业的目标是自身福利的最大化；从债权人的角度看，企业的目标则应该是利润最大化。可以看出，对于不同的利益相关者，企业的目标是不同的。现代企业的委托-代理问题在很大程度上也是由于管理者与企业目标的不一致产生的，由于管理者的目标函数与企业的目标不完全一致，对管理者进行业绩评价来衡量管理者实现企业目标的程度才有其必要性。

第二节 以企业为主体的业绩评价

以企业为主体的业绩评价历经了最初以考核利润为目标到后来以考核净资产净利润为目标的过程，追求企业利润最大化或股东财富最大化，这种评价主要用于企业所有者对企业最高管理层进行评价，当然也可用于企业上级管理层对下级管理层进行业绩评价。

一、基于利润的业绩评价的评价指标

利润是企业一定期间经营收入和经营成本、费用的差额,反映了当期经营活动中投入与产出对比的结果,在一定程度上体现了企业经济效益的高低。因为追求利润最大化往往能符合企业利益相关者的要求。

基于利润的业绩评价的评价指标需要根据评价的需要而定,主要包括营业利润率、成本费用利润率、资产报酬率、投资报酬率、净资产收益率和总资产报酬率等。针对上市公司则经常采用每股收益、每股股利等指标。

(一) 营业利润率

营业利润率是企业一定时期营业利润与营业收入的比率。其计算公式为:

$$营业利润率 = \frac{营业利润}{营业收入} \times 100\%$$

营业利润率越高,表明企业市场竞争力越强,发展潜力越大,盈利能力越强。在实务中,也经常使用销售毛利润、销售净利润等指标来分析企业经营业务的获利水平。其计算公式为:

$$销售毛利率 = \frac{销售毛利润}{销售收入总额} \times 100\%$$

$$销售净利率 = \frac{净利润}{销售收入} \times 100\%$$

(二) 成本费用利润率

成本费用利润率是企业一定时期利润总额与成本费用总额的比率。其计算公式为:

$$成本费用利润率 = \frac{利润总额}{成本费用总额} \times 100\%$$

成本费用率越高,表明企业为取得利润而付出的代价越小,成本费用控制得越好,盈利能力越强。

(三) 总资产报酬率

总资产报酬率是企业一定时期内获得的报酬总额与平均资产总额的比率,表明企业综合利用效果。其计算公式为:

$$总资产报酬率 = \frac{利润总额}{平均资产总额} \times 100\%$$

一般情况下,总资产报酬率越高,表明企业的资产利用效益越好,整体企业盈利能力越强。

(四) 投资报酬率

投资报酬率是企业某投资项目年平均利润与项目投资总额的比率,表明企业资产的综合利用效果。其计算公式为:

$$投资报酬率 = \frac{年平均利润}{项目投资总额} \times 100\%$$

一般情况下,投资报酬率越高,表明企业的投资效益越好。

(五) 净资产收益率

净资产收益率是企业一定时期净利润与平均净资产的比率,反映企业自有资金的投资收益水平。其计算公式为:

$$净资产收益率 = \frac{净利润}{平均净资产总额} \times 100\%$$

一般认为,净资产收益越高,企业自有资本获取收益的能力越强,运营效益越好,对企业投资人、债权人利益的保证程度越高。

(六) 资产报酬率

资产报酬率是一定时期企业利润总额与平均资产总额之间的比率。计算公式为:

$$资产报酬率 = \frac{利润总额}{平均资产总额} \times 100\%$$

在市场经济条件下,各行业间竞争比较激烈,企业的资产报酬率越高,说明总资产利用效果越好;反之越差。

二、基于净资产收益率的业绩评价的评价体系

杜邦分析法最早由美国杜邦公司使用,所以称为杜邦分析法。杜邦分析法是利用几种主要的财务比率之间的关系来综合地分析企业财务状况的一种方法。它能将有关的指标和报表结合起来,采用适当的标准进行综合性的分析评价,既全面体现企业整体财务状况,又指出指标与指标之间及指标与报表之间的内在联系。

杜邦分析法的基本思路为:

(一) 权益报酬率、资产报酬率和权益乘数之间的关系[①]

作为杜邦分析系统核心的权益报酬率是一个综合性最强的财务分析指标。权益报酬率取决于企业资产报酬率和权益乘数,它反映了股东投入资金的获利能力,及企业筹资、投资和生产运营等各方面经营活动的效率。资产报酬率反映企业运用资产进行生产经营活动的效率高低,而权益乘数则主要反映企业的筹资情况,即企业资金来源结构。

(二) 资产报酬率、销售净利率和资产周转率之间的关系

资产报酬率取决于销售净利率和资产周转率的高低,是影响权益报酬率最重要的指标,也具有很强的综合性。资产周转率反映总资产的周转速度,对影响资产周转的各个因素分析,可以找出影响公司资产周转的主要问题。销售净利率反映销售收入的收益水平,提高企业销售利润率的根本途径是扩大销售收入、降低成本费用,同时,扩大销售也是提高资产周转率的必要条件和途径。

(三) 权益乘数

权益乘数表示企业的负债程度,反映了公司利用财务杠杆进行经营活动的程度。资产负债率越高,说明公司负债程度越高,权益乘数就越大,公司拥有的较多的杠杆利益,但同时风险也高;反之,资产负债率低,说明企业的负债程度低,权益乘数就小,公司拥有较少的杠杆利益,同时风险也较低。

---

① 孙茂竹,文光伟,杨万贵. 管理会计学. 中国人民大学出版社,2009:327.

杜邦分析法在揭示上述几种财务比率之间的关系之后，再将净利润、总资产进行层层分解，这样就可以全面、系统地揭示出企业的财务状况以及财务状况内各个因素之间的关系。杜邦分析法通过揭示主要财务指标之间的关系，可以直观明了地反映出企业的偿债能力、营运能力、盈利能力及相互之间的关系，为经营者提供解决企业财务问题的思路，并为企业提供了财务目标的分解、控制途径。

三、基于利润的业绩评价的缺点

（一）业绩评价依赖的是历史信息，无法体现企业未来的发展状况

从上面各项利润指标的计算可以看出，其依据的是财务报表中的数据，反映的是历史信息，这使得各项指标的相关性和可靠性受到一定程度的限制。历史数据仅能反映过去某段时间的结果，无法体现企业未来发展的状况。

（二）业绩评价仅反映财务数据，无法全面反映企业的经营情况

各项利润评价指标依据的是财务数据，因而其反映的也是财务数据，而单凭财务数据往往无法让人了解管理层实现企业目标的努力结果和公司的内部经营情况。另外，财务报告数据本身也有一定的限制性，比如会受到会计准则和管理层盈余管理的影响，所以仅依赖财务数据将无法做出准确的判断。

（三）业绩评价可能造成短视行为，无法全面反映企业的长远利益

货币时间价值是影响企业管理活动的一个重要因素，但是基于利润的业绩评价却没有考虑这一因素，这会激励管理层的短视行为。此外，管理层为了达到降低成本的目的，不进行技术改造、不开发新产品、不处理积压商品等行为，将会对公司的长远发展极其不利。

（四）业绩评价没有考虑风险，无法正确反映企业目标

基于利润的业绩评价容易使财务人员为了追求最大的利润而不考虑风险因素。很容易理解的是，同样金额的销售收入，应收账款的风险就要比现金收入的风险大得多。

第三节　以责任中心为主体的业绩评价

一、责任会计的建立

责任会计的产生可以追溯到 19 世纪末 20 世纪初，但那时无论是在理论上还是在方法上都不成熟，无法在实践中发挥作用。在 20 世纪 40 年代以后，责任会计在理论上和方法上才达到成熟并在实际中发挥作用。责任会计是管理会计的一项重要内容，它是将庞大的企业组织分而治之的一种做法。现代企业所涉及的业务行业交叉、管理层次多、分支机构遍布，传统的管理模式已不适用或者效率低下。在这样的背景下，责任会计受到了人们的普遍重视，且其方法也被不断改进，最终形成了现代管理会计中的责任会计。

（一）分权管理与责任会计

现代企业面临的内外环境日益复杂，企业的高层管理者要想了解所有的生产经营活动情况是非常困难的，而且也不可能为基层经理人员作出所有决策。于是企业将权力、决策

权、责任、评价、奖惩等问题下放给基层管理人员,许多关键性的决策由接近这些问题的经理人员作出,并制定出相应的业绩评价指标和方法。

1. 信息的专门化

在企业中上下级管理人员在信息沟通方面往往面临着很大的挑战:由于很多信息很难数量化甚至难以用语言表达,下级管理人员想要把所拥有的相关信息都传递给高级管理层非常困难,而高级管理层要想完全了解信息并作出正确判断同样也是非常困难的。

2. 反应的及时化

高度集中的决策机制会造成决策延误或失败,而下级管理部门在制定和实施决策过程中能迅速反应,高级管理层要充分利用下级管理层的这一优势。

3. 调动下级管理人员的积极性

如果下级管理人员只是执行命令,则容易使他们对工作失去兴趣,无法发挥他们的聪明才智。而如果下级管理人员有较多的自主权,则会提高他们的积极性。

(二)责任中心

责任中心是企业内部责任单位,其依据管理权限承担一定的经济责任,而且能够反映其经济履行的情况。凡是在管理上可以分离、责任可以辨认、成绩可以单独考核评价的单位都可以划分为责任中心,如分公司、地区工厂或部门、车间、班组等。责任中心将企业经营体分割成拥有独自产品或市场的多个绩效责任单位,然后将总部的管理责任授权给这些单位后,通过客观性的业绩评价指标体系,实施必要的业绩衡量与奖惩,以期达成企业设定的经营成果的一种管理制度。按照责任对象的特点和责任范围的大小,责任中心可划分为成本(费用)中心、利润中心和考核中心。

1. 成本(费用)中心

成本(费用)中心是指只发生成本(费用)而不取得收入的责任单位。故成本(费用)中心只考核评价责任成本,不考核其他内容。

成本(费用)中心发生的成本,对于成本(费用)中心来说,有些是可控的成本,而有些则是不可控的成本。显然,成本(费用)中心只对可控成本负责。在一般情况下,可控成本应满足如下条件:(1)责任中心能够通过一定的方式了解将要发生的成本;(2)责任中心能够对成本进行计量;(3)责任中心能够通过自己的行为对成本加以调节和控制。不同时符合上述三个条件的成本通常为不可控成本,所以不在成本(费用)中心的责任范围。

对于不同的管理层次、管理权限和控制范围的责任中心,成本的可控与不可控是不相同的。对于整个企业来说,几乎所有的成本都是可控成本;而对于企业内部的各个部门、车间、工段、班组来说,都有自己的专属可控成本,又有各自不同的不可控成本。可以得出的是,一项对于较高层次的责任中心来说是属于可控的成本,对于其下属较低层次的责任中心来说可能是不可控成本;而对于一项对较低层次的责任中心来说是可控的成本,则对于较高层次的责任中心来说也一定是可控成本。例如折旧费用对于车间属于可控成本,而对于班组来说就属于不可控成本。

2. 利润中心

利润中心是指既要发生成本又能取得收入,还能根据收入与成本配比计算利润的责任单位。

对利润中心来说，其成本和收入必须是可控的。可控收入减去可控成本就是利润中心的可控利润。利润中心的关键在于是否存在可控收入，因为企业内部各个单位一般来说都有自己的可控成本（费用）。在制造业中，可控收入一般包括以下几种：（1）对外销售产品而取得的实际收入；（2）按照包含利润的内部结算价格转出本中心的完工产品而取得的内部销售收入；（3）按照成本型内部结算价格转出本中心完工产品而取得的收入。第一类可控收入责任中心有产品销售权，就会取得实际收入，获取的实际收入就可以计算真正实现的利润，因而这类责任中心可以称为自然利润中心。第二类可控收入责任中心的产品不能直接对外销售，而只是提供给企业内部的其他单位，所以取得的收入不是对外销售的实际收入，而只是企业内部销售收入，属于内部利润。由于这种内部利润并非现实的利润，因而这类利润中心可以称为人为利润中心。第三类型的可控收入责任中心的产品也只是提供给企业内部的其他单位，因而也属于人为利润中心。但是这类利润中心转出的产品是按照计划成本计价的，所谓收入实际上就是按照计划成本转出的完工产品的总成本。将按照计划成本转出的完工产品总成本与完工产品实际成本的差额，视为内部利润。此时的内部利润其实就是产品成本差异，所以大多数的成本中心可以转作人为利润中心。

3. 投资中心

投资中心是指既要发生成本又能取得收入、获得利润，还有权进行投资的责任单位。该责任中心不仅要对责任成本、责任利润负责，还要对投资的收益负责。投资中心实际上相当于独立核算的企业，或总公司下属独立核算的分公司或分厂等，其拥有完整的或较大的生产经营权。

（三）内部结算价格

在责任会计体系中，企业内部的每一个责任中心都是作为相对独立的商品生产经营者存在的，为了分清经济责任，各责任中心之间的经济往来，应当按照等价交换的原则实行"商品交换"。各责任中心之间相互提供产品，要按照一定的价格，采用一定的结算方式进行价格结算。这种价格结算没有真正动用企业的货币资金，而是一种观念上的货币结算，是一种资金限额指标的结算，计价结算过程中使用的价格，称为内部结算价格。

为使具有前后"传递性"关系的责任中心在公平、合理、对等的条件下努力工作，内部结算价格的制定应贯彻公平性原则。同时，要考虑到有关责任中心的利益，更要考虑到企业总体的利益，尽量使两者的利益保持一致。

责任会计中的内部结算价格大体上有以下六种类型可供选择。

1. 计划制造成本型内部结算价格

计划制造成本型内部结算价格以制造成本下的计划单位成本作为内部结算单价。其优点在于：将责任成本核算与产品成本核算有机地联系起来，没有虚增成本的现象；各责任中心占用的资金也没有虚增数额，便于资金预算的分解落实；将责任中心完工产品实际成本与按这类内部结算价格计价的"收入"进行比较，可以明确反映责任中心的成本节约或超支。而不足之处在于没有与各责任中心真正创造的利润联系起来。

2. 计划变动成本型内部结算价格

计划变动成本型内部结算价格以单位产品的计划变动成本作为内部结算单价。其具有以下优点：符合成本性态，能够明确揭示成本与产量之间的关系；能够正确反映责任中心的成本节约或超支，便于合理考核各责任中心的工作业绩；有利于企业各责任中心进行生产经营决策，可以根据产品变动成本和售价，决定是否接受订货进行生产。而此种内部结算方式也具有不足之处：产品成本中不包含固定成本，因而不能反映劳动生产率的变化对产品单位成本中固定成本的影响，从而割裂了固定成本与产量之间的内在联系，也不利于调动各责任中心增加产量的积极性。

3. 计划变动成本加计划固定总成本型内部结算价格

计划变动成本加计划固定总成本型内部结算价格的内部结算价格由两部分构成：一部分是产品的计划变动成本，另一部分是计划固定总成本。采用这类内部结算价格进行结算时，相互提供的产品按照数量和单位产品计划变动成本计价结算，计划固定总成本则按月进行结算。其优点在于：具有计划变动成本型内部结算价格的优点外，因将计划固定总成本由提供产品责任中心转移给接受产品的责任中心，从而能合理体现转移产品的劳动耗费，便于各责任中心正确计算产品成本。而不足之处在于较难合理确定计划固定总成本。

4. 计划制造成本加利润型内部结算价格

计划制造成本加利润型内部结算价格以单位产品的计划制造成本加上一定比例的计划单位利润作为内部结算单价。其优点在于包含一定数量的利润额，责任中心在增加产量时，即使没有降低成本，也可以增加利润，有利于调动各责任中心增加产量的积极性，克服前述各种成本型内部结算价格的缺点。不足点：计算的利润不是企业真正实现的利润，表现为扩大了产品成本差异，要作为产品成本差异进行调整，就会增大产品成本差异率，使产品成本核算不够真实；由于产品成本差异进行调整，相应地加大了成本核算工作量，还会虚增各责任中心的资金流入量，也会使各责任中心的资金占用额虚增，不便于进行资金计划的纵向分解。

5. 市场价格型内部结算价格

市场价格型内部结算价格以单位产品的市场销售价格作为内部结算单价，在提供产品责任中心的产品能够对外销售，而接受产品的责任中心所需的产品也可以外购的情况下，以市场价格作为内部结算价格，能够较好地体现公平性原则；各责任中心计算的利润就是企业实现的利润，有利于促使各责任中心参与市场竞争，加强生产经营管理，这就是市场型内部结算价格的优点。而不足点在于市场价格不能合理确定的情况下，可能导致各责任中心之间的苦乐不均。

6. 双重内部结算价格

在双重内部结算价格方法下，提供产品的责任中心转出产品与接受产品的责任中心转入产品，分别按照不同的内部结算价格结算，其差额由会计部门进行调整。例如，成本中心和利润中心之间相互提供产品，成本中心可以采用某种成本型内部结算价格计价，利润中心则可以采用某种包括利润的内部结算价格计价。可以看出，采用双重内部结算价格可以根据各责任中心的特点，在一项往来结算业务中，选用不同的内部结算价格，以满足各自管理的要求。

二、成本中心的业绩评价

成本中心只负责控制和报告成本，并按照这一要求来确定本中心的组织结构和任务。由于成本中心只对所报告的成本或费用承担责任，成本中心业绩评价的主要指标是生产效率、标准成本与成本差异报告等。责任成本差异是指责任成本实际数额与责任成本预算之间的差额，反映了责任成本预算的执行结果。责任成本考核是对责任成本预算指标完成情况所进行的考察、审核，以及对责任成本中心的工作绩效所进行的评价。所以，成本中心业绩评价的主要指标是责任成本及其增减额、升降率和其作业相关的非财务指标等。

成本增减额＝实际成本额－预算成本额

成本升降率＝成本增减额/预算成本额

例 15.1 假设甲公司下面有 A、B、C 三个成本中心，三个成本中心某日的责任成本预算值分别为 50 000 元、60 000 元、70 000 元，其可控成本实际发生额分别为 48 500 元、62 500 元、69 500 元。根据上述公式计算得到表 15-1 内的数据。

表 15-1　　　　　　　　　责任成本预算完成情况表　　　　　　　　　单位：元

成本中心	预算	实际	增减额	升降率（％）
A	50 000	48 500	−1 500	−3
B	60 000	62 500	2 500	4.17
C	70 000	69 500	−500	−0.71

从表 15-1 可以看出，三个成本中心中，A 成本中心的实际成本比预算节约 3%，所以 A 中心的成本预算完成情况最好，而 B 成本中心的成本完成情况最差。应该注意的是，在对成本中心的预算完成情况考核时，如果实际产量与预算产量不一致，应该首先对固定成本和变动成本进行区分，再按照弹性预算的方法调整预算指标，然后进行上述计算、分析和比较。

责任成本评价通过责任成本差异指标评价各个责任成本中心的责任成本预算执行情况。评价时既要评价责任成本预算差异，又要评价责任成本产量差异。而分析责任成本预算完成情况的方法与责任成本核算的内容与方法密切相关。各职能部门主要核算期间费用，因而主要采用差异分析法确定当期期间费用支出总额和各项费用支出的节约或超支，并分析其具体原因。同样的，供应部门主要核算材料采购成本，因而主要采用差异分析法确定当期材料采购成本支出总额和各种材料采购成本支出的节约或超支额，并分析具体原因。

三、利润中心的业绩评价

利润中心管理人员一般要负责产品定价、决定产品组合以及监控生产作业。由于利润中心的管理人员有权制定资源供应决策并自行定价，在对利润中心进行业绩评价时，要充分考虑利润中心经理行使相应决策权所涉及的方面。

对利润中心工作业绩进行考核的重要指标是其可控利润,即责任利润。如果利润中心获得的利润中有该利润中心不可控因素的影响,则必须进行调整。将利润中心的实际责任利润与责任利润预算进行比较,可以反映出利润中心责任利润预算的完成情况。

不同类型、不同层次的利润中心的可控范围不同,用于评价的责任利润指标也不同。主要包含毛利、贡献毛益和营业利润三种不同层次的收益形式。

(一) 毛利

毛利包含了利润中心管理者所能控制的销售收入和销售产品成本两个因素,同时毛利没有包括经营费用因素,因此在评价这一指标时,必须注意由于毛利增加而引起的经营费用的增加。举例如下:

例 15.2 依前例,甲公司下有两个利润中心 D 和 E,以毛利作为评价业绩指标时的收益如表 15-2 所示。

表 15-2　　　　　　　　　利润中心的责任预算表　　　　　　　　　单位:元

利润中心	D	E	合计
销售净额	400 000	3 000 000	3 400 000
期初存货	90 000	600 000	690 000
本期生产	200 000	2 000 000	2 200 000
减:期末存货	50 000	500 000	550 000
销售成本	240 000	2 100 000	2 340 000
毛利	160 000	900 000	1 060 000

(二) 部门贡献毛益

部门贡献毛益的计算公式如下:

$$部门贡献毛益 = 销售净额 - 销售成本 - 部门直接费用$$

考察部门贡献毛益首先要区分直接费用和间接费用。直接费用是指那些由于特定部门的业务引起的、能直接归属于该部门所控制的费用。如生产人员工资、折旧费等。间接费用是指由企业整体收益而不能直接归属于某一部门的费用。举例如下:

例 15.3 依前例,假设甲公司下的利润中心 D 和 E 的直接人员工资、广告费、折旧费为直接费用,可以直接归属于 D 和 E 利润中心;其余各项均为间接费用,不再分配。以部门贡献毛益为评价指标体系,如表 15-3 所示。

表 15-3　　　　　　　　　利润中心的责任预算表　　　　　　　　　单位:元

利润中心	D	E	合计
销售净额	400 000	3 000 000	3 400 000
减:销售成本	240 000	2 100 000	2 340 000

续表

利润中心	D	E	合计
毛利	160 000	900 000	1 060 000
减：部门直接费用	72 870	441 940	514 810
人员工资	44 050	208 000	252 050
租金	11 925	88 950	100 875
折旧费	16 895	144 990	161 885
部门贡献毛益	87 130	458 060	545 190

（三）营业利润

营业利润的计算公式如下：

营业利润＝销售净额－销售成本－部门直接费用－部门间接费用

营业利润是在部门贡献毛益的基础上减去各部门应负担的全部营业费用以后的余额。采用营业利润作为评价指标，克服了毛利指标带来的利润中心目标和企业目标不一致的问题。但是间接费用只能根据企业的具体情况，采用适当的比例进行分配。举例如下：

例 15.4　假设甲公司的间接费用按照 3∶7 的比例进行分配，得到营业利润的评价指标如表 15-4 所示。

表 15-4　　　　　　　　　　利润中心的责任预算表　　　　　　　　　单位：元

利润中心	D	E	合计
销售净额	400 000	3 000 000	3 500 000
毛利	160 000	900 000	1 060 000
部门贡献毛利	87 130	458 060	545 190
减：间接费用	88 935	207 515	296 450
管理人员工资	18 750	43 750	62 500
办公费用	13 350	31 150	44 500
摊销费用	56 835	132 615	189 450
合计	-1 805	250 545	248 740

进行责任利润预算完成情况的分析，主要是将各利润中心的实际责任利润与责任利润预算进行比较，确定责任利润的增收或减收，并进一步分析增收或减收的具体原因。影响责任利润的变动因素主要是销售数量、销售价格、销售品种结构以及销售费用的变动。采用因素分析法可以确定各因素变动对责任利润的影响程度。

四、投资中心的业绩评价

投资中心是最高层次的责任中心,它拥有最大的决策权,也承担着最大的责任。投资中心与利润中心的关系为:投资中心必然为利润中心,但是利润中心并不都是投资中心。投资中心不仅要对成本、利润负责,而且必须对投资中心效益负责。因此在对投资中心进行业绩评价时,既要评价其成本和收益的情况,更要结合其投入资金全面衡量其投资报酬率大小和投资效果的好坏。因而投资中心的业绩评价有两个重要的财务指标:投资报酬率和剩余收益。

(一)投资报酬率

投资报酬率是投资中心一定时期的营业利润和该期的投资占用额之比。其计算公式为:

$$投资报酬率=营业利润/投资占用额$$
$$=(营业利润/销售收入)\times(销售收入/营业资产)$$
$$=销售利润率\times资产周转率$$

投资报酬率反映了通过投资而返回的价值,是企业从一项投资中得到的经济回报。该指标是全面评价投资中心各项经营活动、考评投资中心业绩的综合性质量指标,它既能揭示投资中心的销售利润水平,又能反映资产的使用效果。

例 15.5 依前例,甲公司拥有 X、Y、Z 三个投资中心,各投资中心的投资报酬率计算如表 15-5 所示。

表 15-5　　　　　　　　　　投资报酬率计算表　　　　　　　　　　单位:元

投资中心	X	Y	Z
营业收入	480 000	200 000	400 000
营业利润	40 000	25 000	33 000
投资占用额	500 000	100 000	300 000
投资报酬率(%)	8.00%	25%	10.97%

X 投资中心:

$$投资报酬率=(40\ 000/480\ 000)\times(480\ 000/500\ 000)$$
$$=8.33\%\times0.96=8.00\%$$

Y 投资中心:

$$投资报酬率=(25\ 000/200\ 000)\times(200\ 000/100\ 000)$$
$$=12.5\%\times2=25\%$$

Z 投资中心:

$$投资报酬率=(33\ 000/400\ 000)\times(400\ 000/300\ 000)$$

$$= 8.25\% \times 1.33 = 10.97\%$$

通过投资报酬率的计算过程可以发现，X、Z 两个投资中心的销售利润率都差不多，分别为 8.33% 和 8.25%，但是 Z 投资中心的周转率要高于 X 投资中心，所以最终 Z 投资中心获得了高于 X 投资中心的投资报酬率。

投资报酬率可以用于不同投资中心的横向比较，还可以用于不同规模的企业和同一企业不同时期的比较。作为综合指标，其考虑了企业的相对规模。但投资报酬率作为评价指标也具有以下缺陷：管理者可能会根据此指标而拒绝超出企业平均水平投资报酬率而低于该投资中心现有报酬率的投资项目，有损于企业的整体利益；另外，投资报酬率有可能导致决策的短视行为而损害公司的长远利益。如：管理层会减少必要的研发费用而达到减少经营成本和管理费用的目的。

（二）剩余收益

剩余收益是指投资中心获得的利润，扣减其投资额（或净资产占用额）按规定（或预期）的最低收益率计算的投资收益后的余额，是一个部门的营业利润超过其预期最低收益的部分。计算公式为：

$$剩余收益 = 部门边际贡献 - 部门资产应计报酬$$
$$= 部门边际贡献 - 部门资产 \times 资本成本$$

例 15.6 假设某企业有三个投资中心 A、B、C，预期最低报酬率为 10%，其中三个中心的剩余收益计算如表 15-6 所示。

表 15-6　　　　　　　　　　　剩余收益计算表　　　　　　　　　　　单位：元

投资中心	A	B	C
营业利润	48 000	79 000	65 000
投资占用额	230 000	980 000	580 000
最低投资报酬	23 000	98 000	58 000
剩余收益	25 000	−19 000	7 000

在投资决策方面，剩余收益可以使投资中心利益与企业整体利益取得一致，并且剩余收益允许不同的投资中心使用不同的风险调整资本成本。所以剩余收益可以与投资报酬率起到互补的作用。但是剩余收益最大的不足之处在于，无法在两个规模差别比较大的投资中心之间进行横向比较。

除了财务指标的业绩评价外，还有重要的非财务业绩评价指标。如：商品或劳务的质量、经营周期、顾客满意度、员工满意度和市场占有量等。在不同的责任中心或是同一责任中心的不同部门，这些非财务指标的重要性是各不相同的。所以要基于各责任中心的具体特征进行详细的分析。

第四节 基于 EVA 的业绩评价

一、EVA 的基本理念

管理学之父彼得·德鲁克在《哈佛商业评论》上的一篇文章中指出："作为一种度量全要素生产效率的关键指标，EVA 反映了管理价值的所有方面。"EVA 作为一种度量企业经营业绩的指标，已有两百多年的历史，其理论渊源出自早期的"剩余收益"思想，并在技术方法上进行了以下几个方面的改进：引进了财务经济学的资本定价模型，用以确定企业的资本成本，分析各部门的风险特征；EVA 以对外报告的会计数据为基础进行调整，矫正了传统财务指标的信息失真。从概念上说，EVA 是指扣除产生利润的投资的资本成本后所剩下的利润，即经济学家所称的"剩余收入"或"经济利润"，它与大多数指标的不同之处在于：考虑了带来企业利润的所有资金（债务和股本）的成本，是对真正"经济利润"的评价。

EVA 与传统财务指标的最大不同，就是充分考虑了投入资本的机会成本，所以，EVA 具有如下几个突出的特点：

（一）EVA 度量的是资本利润，而不是通常的企业利润

EVA 从资本提供者角度出发，度量资本在一段时期内的净收益。而传统的企业利润所衡量的是企业一段时间内产出和消耗的差异，没有考虑资本的投入规模、投入时间、投入成本和投资风险等重要因素。

（二）EVA 度量的是资本的社会利润，而不是个别利润

EVA 度量的是资本的社会利润，而不是具体资本在具体环境中的个别利润，这使 EVA 度量有了统一的标尺，体现了企业对所有投资的平等性。

（三）EVA 度量的是资本的超额收益，而不是利润总额

通常我们所说的"最低限度的可以接受的利润"就是资本的正常利润。而 EVA 度量的是高出正常利润的那部分利润，这反映了资本追逐超额收益的天性。

随着我国加入 WTO，我国的企业面临着一个新的市场环境。而传统的会计衡量标准和管理模式日趋落伍，新的经济管理手段和技能越来越重要，此时，EVA 的理念显得尤为重要，要求企业必须摒弃多年来奉行的注重销售额或市场份额、注重总资产和总产出的规模导向战略，认识到价值创造的重要性，逐步从"收益管理-基于会计指标的管理"向"价值管理-EVA 管理"转变，将管理和创造股东（所有者）财富作为企业财务目标并将其贯彻到管理决策的方方面面。

二、EVA 的计算

EVA 是一种以会计为基础期间（年度、季度或月份）经营业绩的衡量标准。EVA 指调整后的税后净营业利润（NOPAT）扣除企业全部资本经济机会成本后的余额：

$$EVA = NOPAT - C \times WACC$$
$$= (RONA - WACC) \times C$$

其中，NOPAT 为调整后的税后净营业利润；C 为全部资本的经济价值（包括权益资本和债权资本）；RONA 为资产收益率；WACC 为企业的加权平均资本成本。

从 EVA 的计算公式中可以看出，EVA 取决于三个变量，企业可以通过增加税后净营业利润、减少资本占用或者降低加权平均资本成本率来提高 EVA。EVA 是超过资本成本的那部分价值，突出反映了股东价值的增量；企业不能单纯追求经营规模，更要注重自身价值的创造。一般来说，EVA 大于零，意味着从经营利润中减去整个公司的资本成本后，股东投资得到净回报，为股东创造了价值。EVA 的值越大，表明管理者的业绩越大。EVA 的管理在于寻找价值创造而使 EVA 增加的有效途径。

三、EVA 的调整

经过以上的计算只能粗略得到企业的经济利润，EVA 需要以传统的会计方法作为基础对一些项目进行调整，增加或扣除某些项目，以消除根据会计准则编制的财务报表对公司真实情况的扭曲。将息税前利润调整为税后经营利润的通常调整如表 15-7 所示。

表 15-7　　　　　　　　　　税后净经营利润的调整①

利润表的调整 EBIT-NOPAT	资产负债表的调整 账面资本-投入资本
加上：后进先出法转回的增加	加上：后进先出法转回的增加
加上：坏账准备的增加	加上：坏账准备的冲回
加上：包括的经营性租赁的利息	加上：未来经营租赁义务的现值
加上：资本化研发费用的增加	加上：资本化的研发投资
加上：计提的少数股东权益（如果之前没有包括在内）	加上：少数股东权益
加上：递延所得税转回的增加	加上：递延所得税负债

这种调整使得 EVA 比会计利润更加接近于企业的经济现实。从经济学的观点来看，凡是对公司未来利润有贡献的现金支出，如研发费用，都应算作投资，而不是费用。从会计学的角度来看，净利润是基于稳健性原则的要求计算的，因而将许多能为公司带来长期利益的投资，如研发费用，作为支出当期的费用来考虑。在经济增加值的计算中，将这些费用项目调整回来，以反映公司的真实获利情况和公司进行经营的长期资本投入。思腾思特咨询公司发现，可以对公认会计准则 GAAT 和企业内部会计做出 160 多项调整，这些调整都有利于改进对经营利润和资金的度量。常见的调整项目有：研发费用、广告营销支出、培训支出、无形资产、战略投资、商誉、资产处置损益、重组费用、其他收购问题、存货估值、坏账准备等准备金、经营租赁、税收等。

---

① 孙茂竹，文光伟，杨万贵．管理会计学．中国人民大学出版社，2009：343．

四、EVA 应用的优缺点

EVA 应用具有以下优点：EVA 的概念简单，因而易于被非财务人员掌握，逐渐成为一种培训员工，甚至培训公司最普通员工的简单而有效的方法；EVA 最直接地联系着股东（所有者）财富的创造，因而，EVA 是唯一能够指导经营者正确行动的业绩衡量指标，它能够连续地度量业绩的改进；EVA 架构下的综合性财务管理系统几乎可以指导公司的每一个决策，这些决策包括年度经营预算、年度资本预算、战略谋划 EVA 收购和公司出售等，纠正了目前财务管理系统指标混乱、决策无所适从的现状。

EVA 应用的缺点：在 EVA 的计算过程中，资本成本是决定性因素，但资本成本的确定方法纷繁众多，难以统一；在计算 EVA 的过程中，对税后净经营利润的调整是一项必不可少的步骤，但在进行调整时要尽量避免主观判断对 EVA 计算的影响；对 EVA 进行的调整可能一方面使 EVA 比其他指标更接近企业真正创造的财富，另一方面也降低了 EVA 指标与股票市场的相关性，使得 EVA 无法解释企业内在的成长性机会。

第五节　基于战略的业绩评价

一、基于战略的业绩评价的产生

财务数据以收益为基础，只能够衡量过去决策的结果，无法评估未来的绩效表现，容易误导企业未来的发展方向。同时财务指标容易使经营者过分注重短期财务结果，使经营者有强烈的动机操纵报表上的数字，而较少关注企业长期策略。如何让业绩评价更多地关注公司的战略计划和未来的发展方向成为业绩评价的重大转折。

如何实施与战略有关的业绩评价？需要注意以下两个问题：

（一）如何将战略计划落实为具体的活动

以低成本战略的实施为例，可以从两个层面来理解：一是战略成本规划层面，旨在帮助企业通过事先的成本规划与控制，从根本上改进其长期的盈利能力。这一层面的方法主要有来源于战略管理的价值链分析以及用于制定成本目标的产品生命周期法、目标成本规划法等。二是经营改进层面，旨在改善企业日常经营活动效率，落实成本规划。方法有竞争对手成本分析法和标杆制度、成本动因分析法等。

（二）如何将战略目标变成可供考评的指标

公司应该对成功起决定作用的某个战略要素进行定性描述。比如对利益企业关键绩效指标（KPI）进行定性描述，通过对组织内部流程的输入端、输出端的关键参数进行设置、取样、计算、分析，得到衡量流程绩效的一种目标式量化管理指标，它是把企业的战略目标分解为可操作的工作目标的工具，是企业绩效管理的基础。KPI 可以使部门主管明确部门的主要责任，并以此为基础明确部门人员的绩效衡量指标。建立明确的、切实可行的、可量化的 KPI 体系，是做好绩效管理的关键。

许多研究者认为，非财务指标能够有效地解释企业实际运行结果与运算之间的偏差，而战略模式的最大特点正是在于引入了非财务指标，非财务指标能够更清晰地解释企业的战略规划以及对战略实施过程进行控制。战略绩效评价模式中，比较有代表性的有绩效金字塔和平衡计分卡两种模式。

二、绩效金字塔

绩效金字塔强调公司总体战略与绩效指标间的重要联系。在绩效金字塔图中，企业分为四个层次：公司的总体战略位于最高层，由此产生企业的具体战略目标，并在企业内部逐级传递，直到最基层的作业中心。有了合理的战略目标，作业中心就可以开始建立合理的经营效率指标，以满足战略目标的要求。然后，这些指标再反馈给企业高层管理人员，作为制定企业未来战略目标的基础。根据企业的四个层次之间的联系可以看出，战略目标的传递过程是多级瀑布式的，首先传递给业务单位层次，由此产生了市场满意度（市场目标）和财务绩效指标（财务目标）；然后继续向下传递给业务经营系统，产生顾客满意度、灵活性、生产效率等指标；最后传递到作业中心层次，产生质量、交货、周转期和成本构成等指标。由此，绩效信息渗透到整个企业的各个层面。这些信息由下而上逐级汇总，最终使高层管理人员可以利用这些信息制定未来的战略目标。

绩效金字塔反映了战略目标和绩效指标的互动性，揭示了战略目标自上而下和经营指标自下而上逐级反复运动的层级结构。这个逐级的循环过程揭示了企业持续发展的能力，为正确评价企业绩效作出了意义深远的重要贡献。

绩效金字塔模型具有以下不足之处：绩效金字塔模型虽然从战略管理角度给出了业绩指标体系之间的关系，对指标体系的设计具有启发性，但没有形成具体可操作性的业绩评价系统；业绩金字塔没有考虑企业的学习创新能力，而在竞争日益激烈的今天，对企业学习和创新能力的正确评价非常重要。

三、平衡计分卡

面对激烈的竞争，企业管理者必须寻找能够引导他们在未来的竞争中获胜的工具，平衡计分卡是绩效管理中的一种新思路，适用于从公司战略的角度对部门的团队进行考核评价。平衡计分卡将企业的愿景和战略转化为一套全面的指标和可执行的行动，这些指标为战略衡量和管理系统提供了框架。

平衡计分卡将战略置于中心地位，并使管理者看到了公司绩效的广度与总额。平衡计分卡主要是通过财务与非财务考核手段之间的相互补充，将绩效考核评价地位上升到组织的战略层面，使之成为组织战略的实施工具，同时使定性与定量评价、客观与主观评价、指标的前馈和后馈控制、组织的短期与长期增长、组织的各个利益相关者之间达到平衡，在达到平衡的过程中完成绩效管理与战略实施。

平衡计分卡从四个平衡层面衡量企业的业绩，包括财务、客户、内部业务过程、学习与创新，这四个层面组成了平衡计分卡的基本框架。

（一）财务维度

尽管财务指标的及时性和可靠性受到质疑，但是财务指标仍然具有其他性质的指标不可替代的方面。财务维度指标通常包括利润、收入、现金流量、投资回报率、经济增加值、增加的市场份额等，主要关注股东对企业的看法，以及企业的财务目标。

（二）客户维度

平衡计分卡要求企业将使命和策略诠释为具体的与客户相关的目标和要点，在这个过程中企业应当关注是否满足核心顾客的需求，而不是企图满足所有客户的偏好。客户维度主要采用的指标有：（1）滞后指标：市场份额、客户保留率、新客户开发率、客户满意度和盈利率（从客户处获得的利润率）。（2）领先指标：时间、质量、价格、可选性、客户关系、企业形象。常用的客户维度指标包括按时交货率、新产品销售占全部销售的百分比、重要客户的购买份额、顾客满意度指数、顾客忠诚度、新客户增加比例、客户利润贡献度等。

（三）内部业务过程维度

内部业务过程维度的业绩评价应以对客户满意度和实现财务目标影响最大的业务流程为核心，一般来说，既包括短期的现有业务的改善，又涉及长远的产品和服务的革新。内部业务过程维度指标包括生产布局与竞争情况、生产周期、单位成本、产出比率、缺陷率、存货比率、新产品投入计划与实际投入情况、设计效率、原材料整理时间或批量生产准备时间、订单发送准确率、货款回收与管理、售后保证等。进行业务流程再造对促进组织改进十分重要，选择目标时应以企业战略和价值定位为依据。

（四）学习与创新维度

学习与创新的目标为其他三个方面的宏大目标提供了基础架构，是驱使平衡计分卡其他三个方面获得卓越成功的动力。企业的学习与成长来自于员工、信息系统和企业程序等。根据经营环境和利润增长点的差异，企业可以确定不同的产品创新、过程创新和生产水平提高指标，如新产品开发周期、员工满意度、平均培训时间、再培训投资和关键员工流失率等。平衡计分卡最大的优点就是能够把创新与学习列为四个维度中的一个。

每个企业都可以根据自身的情况来设计各自的平衡计分卡，一般来说，企业建立平衡计分卡的过程主要包括以下几个步骤：

（一）定义企业战略

企业建立平衡计分卡需以组织的共同愿景与战略为内核，依据组织结构，运用综合与平衡的哲学思想，将公司的愿景与战略转化为下属各责任部门在财务、客户、内部过程、创新与学习四个方面的系列具体目标，并设置相应的四张计分卡。这一步骤是设计一个好的平衡计分卡的基础。

（二）就战略目标取得一致意见

在企业中，尽管管理层会由于各种原因对企业的目标有不同的意见，但是企业的长远目标必须达成一致。另外，应将平衡计分卡的每一个方面的目标数量控制在合理的范围内，仅对那些影响企业成功的关键因素进行测评。

（三）选择和设计测评指标

依据各责任部门分别在财务、客户、内部过程、创新与学习四种计量可具体操作的目标，设置一一对应的绩效评价指标体系，这些指标不仅与公司战略目标高度相关，而且同时兼顾和平衡公司长期和短期目标、内部与外部利益，综合反映战略管理绩效的财务和非财务信息。需要注意的是，在设置指标时，不应采用过多的指标，也不要对那些企业职工无法控制的指标进行评价。一般每一方面使用3~4个指标为宜。

（四）制订实施计划

企业最高管理层在经过上述步骤后可正式决定挑战性目标值并制订实施计划。实施计划应该包括以下几个方面：（1）如何把指标与数据库和信息系统相连接；（2）如何向企业传达平衡计分卡；（3）如何鼓励、协助分权单位开发下层的衡量指标。

平衡计分卡的设计能够详细阐述企业战略并将战略转化为可执行的行动。作为战略管理的一种有效的工具，平衡计分卡可以在以下环节发挥作用：

（一）使目标和战略具体化

平衡计分卡将组织的目标和战略细化为客户、内部过程、学习与创新、财务四个方面，形成一系列为企业各级管理者认可的测评指标和目标值，充分描述了为实现企业的长期战略目标应当注意成功推动因素，这有助于企业各级管理者就组织的使命和战略达成共识。

（二）促进沟通和联系

平衡计分卡使企业管理者能在组织中对战略上下沟通，并把它与各部门的目标联系起来，能使管理者能够确保组织中各个层次都能够理解长期战略，而且使各个部门和个人的目标与之一致。

（三）辅助业务规划

平衡计分卡使公司能够实现业务规划与财务规划的一体化，管理者可以利用平衡计分卡制定的战略目标作为分配资源和确定优先顺序的依据，采用那些能够推动自己实现长期目标的新措施，并加以协调。

（四）促进战略反馈和学习

平衡计分卡赋予公司战略学习的能力，现有的考评和反馈都注重公司及各部门、成员是否达到了预算中的财务目标，当管理者使用平衡计分卡时，公司就能从另外的除了财务角度的三个角度来监督短期结果，并根据最近的业绩评价战略实施情况。这个过程就是公司不断修正战略、随时反映学习所得的过程。

第六节　激励制度

通过实施与业绩评价挂钩的一系列激励报酬，可以促使企业全体员工（包括经理人员和普通员工）的行为符合股东价值最大化的目标。我们从经理人报酬制度、管理层收购及股票期权和员工持股三项激励制度进行阐述。

一、经理人报酬制度

西方国家的经理人报酬制度主要由两大部分及其明细分类组成，已经形成一套比较成熟的经理人报酬制度及其运行机制。现代企业的经理报酬安排趋势是越来越多元化，并且不断有新型的激励方式出现。常见的报酬安排如表15-8所示。

表 15-8　　　　　　　　　　　经理人常见报酬安排①

主要类型	明细分类
短期报酬	基薪
	短期津贴或奖金
长期报酬	经理股票期权
	业绩股份
	股票增值权

（一）基薪

基薪即基本薪金，也称岗位工资，是经理人收入报酬中的固定部分。

（二）奖金

奖金以短期或年度的业绩评价为基础，常见的是业绩奖金，即达到或超过指定业绩标准后获得一定金额的奖励。

（三）经理股票期权（ESO）

企业通常赋予企业最高管理层在某一期限内按预定价格购买本企业股票的一种选择权，其价值等于行权价与赋予期权时的股票市价之差，因而是一种基于市场的激励方式。在一般情况下，公司的股票价格会随着公司业绩的增长而增长，所以这一种激励方式通过股票价格将经理的报酬与公司的业绩联系起来。

（四）业绩股份（PS）

业绩股份即根据不同的业绩表现，奖励不同比例的股票。目的是解决经理的短视问题。业绩股份的目标通常与企业整体业绩衡量标准相联系，比较普遍的标准是几年间企业股票每股盈余的累积增长率是否达到预定的目标。在这种激励方式下，经理获得的股票有一定时间内不得支付等条件的限制，从而增加了经理离开企业的机会成本。

（五）股票增值权（SAR）

股票增值权是一种递延的现金奖励计划，它将股票在奖励日与实际支付日之间的增值部分用现金方式支付给经理，是以现金形式获得期权价差收益，而无需行使期权，因此又称现金增值权。

二、管理层收购及股票期权

（一）管理层收购

管理层收购（MBO），是指目标公司的管理层利用借贷资本关系购买其所经营管理的公司股份，改变本公司的所有权结构和控制权结构，进而达到重组公司的目的，获得预期收益的一种收购行为。

管理层收购会对管理人员的行为和公司的业绩产生积极的影响，原因在于：（1）

---

① 冯巧根．管理会计．中国人民大学出版社，2013：242.

MBO 能够给予管理人员大量的所有者权益，这将促使管理层的目标与股东目标一致；（2）MBO 同时能给管理人员很大的财务激励，使其实现个人利益最大化是建立在实现股东价值最大化的基础之上的。

（二）股票期权

股票期权是公司股东（或董事会）给予公司雇员的一种权利，即持有股票期权的雇员可以在规定的时间内，以事先确定的行权价格购买本公司股票，在行权前，股票期权持有者没有收益，在行权后，股票期权持有者获得潜在收益（股票市价与行权价的差额），公司雇员可以自行选择适当的时机出售股票期权获取现金收益，它比现金方式的奖励有更大的股份激励作用，并把未来的收益与企业发展和股市紧密联系起来。

三、员工持股

员工持股是指企业员工通过持有本企业一部分特殊股权，依此参与企业经营管理和剩余利润分配，员工以劳动者和资本所有者的双重身份与企业连成命运共同体。员工持股有以下特点：

1. 立法和政策支持是员工持股的保证

西方主要发达国家通过立法和税收优惠政策推动了员工持股计划的发展，从而形成了员工持股法律政策框架。立法和政策支持是员工持股的保证。

2. 充分利用信用制度，以非现金性购买为主

员工持股通常以非现金性购买，以信用制度作为基本手段，即员工持股比较通行的做法是建立在预期劳动支付的基础上取得员工股。

3. 建立专门的机构统一管理

一般来说，员工持股会是统一对员工持股进行管理的专门机构。

4. 强调公平性

企业的员工持股计划一般要求企业 70% 以上的员工参与，保证企业绝大多数员工可以从企业的发展中获益。

5. 能够吸引和稳定人才

在人才流动十分普遍的现代经济形势下，如何吸引和留住人才是企业保持竞争力所面临的重要问题，员工持股制度就是比较常用的激励和吸引人才的制度。

【练习题】

一、单项选择题

1. 在国资委对中央企业综合绩效评价指标体系中，资产负债率是评价企业（　　）的指标。

  A. 获利能力 B. 资产质量 C. 债务风险 D. 经营增长

2. 某投资中心的投资额为 10 万元，最低投资利润率为 20%，剩余收益为 1 万元，则该投资中心的投资利润率为（　　）。

  A. 10% B. 20% C. 30% D. 60%

3. 从引进市场机制，营造竞争气氛，促进客观和公平竞争的角度看，制定内部转移

价格最好的依据是（　　）。

　　A. 市场价格　　B. 协商价格　　C. 双重价格　　D. 成本价格

4. 在投资中心的主要考核指标中，能使个别投资中心的利益与整个企业的利益统一起来的指标是（　　）。

　　A. 投资利润率　　B. 可控成本　　C. 剩余收益　　D. 利润总额

5. 具有独立或相对独立的收入和生产经营决策权，并对成本、收入、利润负责的责任中心是（　　）。

　　A. 成本中心　　B. 利润中心　　C. 投资中心　　D. 预算中心

二．多项选择题

1. 不适宜作为考核利润中心负责人业绩指标的是（　　）。
   A. 利润中心边际贡献总额　　　　B. 公司利润总额
   C. 利润中心可控利润　　　　　　D. 利润中心负责人可控利润

2. 甲利润中心常年向乙利润中心提供劳务，在其他条件不变的情况下，如果提高劳务内部的转移价格，可能出现的结果是（　　）。
   A. 甲利润中心内部利润增加　　　B. 企业利润总额增加
   C. 乙利润中心内部利润减少　　　D. 企业利润总额不变

3. 以下各项中，属于可控成本必须具备的条件的有（　　）。
   A. 可以预计　　B. 可以计量　　C. 可以施加影响　　D. 可以落实责任

4. 下列各项中，属于揭示投资中心特点的表述包括（　　）。
   A. 所处的责任层次最高　　　　　B. 具有投资决策权
   C. 承担最大的责任感　　　　　　D. 较高程度的分权管理

5. 经济增加值与会计利润不同，它是指（　　）。
   A. 经济增加值是指从超过投资者所要求的报酬率中得来的价值
   B. 经济增加值=税后营业利润−加权资本成本×投入资本
   C. 经济增加值=净利润−资本费用
   D. 经济增加值=（投资资本收益率−加权资本成本）×投入成本

【案例讨论】

平衡计分卡与预算在管理控制系统内的整合——基于华润集团的案例分析①

　　公司管理控制系统包括组织目标与战略计划、业绩指标、业绩目标、奖惩及信息等五个要素，由于预算能够将这些关键要素融于一身，从而一直在管理控制系统中处于核心位置。我国企业近年来推行的"全面预算管理"更是超越了西方传统财务预算的范畴，成为企业管理控制系统的代名词。平衡计分卡出现之后，其创立者一直将

---

① 本案例改编自《财务与会计》2007年第7期，宋岩和高晨所著《平衡计分卡与预算在管理控制系统内的整合——基于华润集团的案例分析》。

它向一个超越预算的全面战略管理控制系统的方向推进，而且也越来越得到我国企业的青睐，跃跃欲试者不断增加。而摆在我国企业面前的一个现实问题是：平衡计分卡和预算是何关系？替代还是互补？如果是后者，那么应如何整合？

一、基于管理控制系统的平衡计分卡与预算的理论比较

管理控制系统的主要作用是为管理者提供有用的信息，并帮助组织发展和保持可行的行为模式。在现代管理和管理会计实践中，实施管理控制的主要环节包括：（1）确定组织未来的主要目标，这些目标所带来的成果是能够评估的；（2）清晰战略和计划，确定战略和计划对组织流程和作业的要求，这些流程和作业的业绩能够评估；（3）确定组织要达到的业绩水平，并设定适当的业绩目标值；（4）基于预先设定的目标值进行业绩评价并对管理者进行奖惩；（5）为组织提供控制所需要的信息流。

通过表1的比较可以看出，预算所独具的资源配置功能和平衡计分卡的描述、管理战略功能都是其他工具无法替代的，但是在细化战略、确定关键绩效指标和目标、促进组织沟通与协调等方面，预算和平衡计分卡又是相互重复和竞争的，因此企业同时运用预算和平衡计分卡时需要对两种工具进行整合。

表1　　　　　　　　　　　平衡计分卡与预算的比较

关键问题	平衡计分卡	预算
明晰组织目标	多重目标：包括财务和非财务指标。虽然没有正式的战略管理程序，但战略意图隐含在战略执行图的绘制及业绩指标的选择中	多重财务指标：利润、现金流量、投资报酬率等。没有正式考虑手段——结果间的关系，尽管预算也以行动计划为依据
战略和计划	战略地图明晰战略	以传统层级组织结构为基础构建责任中心
目标值	尽管强调"平衡"，但没有述及目标值如何确定	以财务指标为主，有很好的财务计划；为控制体系构建提供了很多目标值设定方法
业绩评价与奖惩	只强调评价而没有涉及如何与奖励计划对接	没有强调，但多数组织根据预算的完成情况实施奖惩
反馈	报告业绩但没有具体指导	对预算差异状况进行短期反馈

二、平衡计分卡与预算的整合模式

平衡计分卡和预算在管理控制系统中究竟该如何整合，不同的理论有不同的解释。如表2所示。传统预算理论并未述及与平衡计分卡的衔接问题，超越预算理论则主张将企业的管理控制系统分为表2中所述的三个相对独立的组成部分，认为各部分之间无需建立过多联系，其目的是减少预算中的讨价还价问题；相对来讲，平衡计分卡在描述和细化战略、分解战略、确定绩效指标等方面独具优势，而预算在规划与资源配置方面又不可或缺，所以平衡计分卡理论认为战略—平衡计分卡—行动计划—预

算是一个比较理想的连接模式，即预算根据平衡计分卡系统内的行动计划分配资源。通过调查发现，在同时运用预算和平衡计分卡的企业中，主要存在以下两种整合模式（见表 3）。

表2

平衡计分卡理论	战略→战略地图→平衡计分卡→（包括目标、指标、目标值）→行动方案→预算（战略预算和经营预算）→评价与奖惩
传统预算理论	战略规划→年度经营计划→预算→评价与奖惩
超越预算理论	预算、预测与财务业绩目标，以平衡计分卡为主的综合业绩评价系统；以相对标杆为基础的相对机制

表3

模式 A	战略→战略地图→平衡计分卡→（包括目标、指标、目标值）→行动方案→预算→评价与奖惩
模式 B	战略→年度经营计划→预算→平衡计分卡→评价与奖惩

模式 A 基本遵循了平衡计分卡理论，用平衡计分卡连接战略和预算；而模式 B 的管理控制程序则既不是平衡计分卡模式也不是超越预算模式，而是在以全面预算为核心的框架内植入以平衡计分卡为主的综合业绩评价。两种模式很难说孰优孰劣，它应该根据公司对管理工具的掌握运用程度、对战略的强调以及管理文化等因素而权变。

三、华润集团预算与平衡计分卡整合模式分析

华润（集团）有限公司（以下简称华润集团）是我国最早开展对外贸易的公司，经过半个多世纪的发展，已成为一个多元化的控股集团。进入 21 世纪以来，华润集团在战略、组织管理等方面实施了一系列改革，在经营战略规划上明确了"有限度的相关多元化"的发展思路，涉足的产业集中在零售、住宅开发、消费类科技产品、石油化工产品以及电力、通信等方面。集团总部作为唯一的投资决策中心，将众多子公司按行业进行资产重组，划分为不同的利润中心。利润中心属下再设立利润点，同时在扁平化管理架构下分别确定业务战略，以此确保多元化控股下的专业化经营。1999 年华润集团开始推行包括预算在内的 6S 管理体系。2003 年，在推进利润中心战略执行力的背景下，6S 将早已萌动的战略管理思想明确体现出来，并将战略管理作为 6S 的主线贯穿始终，同时以战略导向的多维视角完善业绩评价体系，引入了平衡计分卡理念，在 6S 系统内成功地实现了平衡计分卡与预算、绩效评价等子系统的连接和整合。

2006 年华润集团旗下的华润微电子股份有限公司获得了平衡计分卡创始人卡普兰博士亲自颁发的中国第一个"平衡计分卡明星组织"奖。

华润集团平衡计分卡与预算在管理控制系统内的整合包括以下内容：

（1）以平衡计分卡系统为核心构建战略管理系统，使平衡计分卡在战略构建、落实、监控和执行等关键环节发挥重要作用，如图1所示。

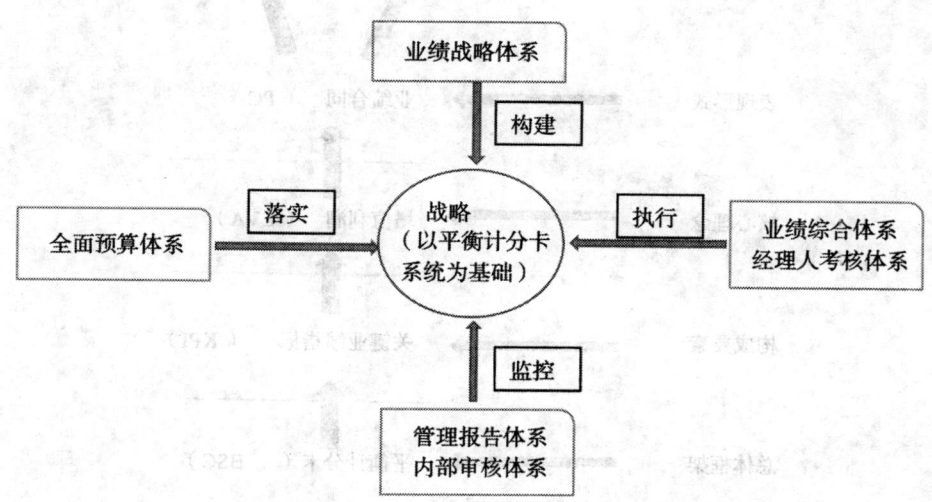

图1 以平衡计分卡系统为核心的战略管理系统

（2）用平衡计分卡驱动预算。作为战略落实工具，利润中心全面预算体系是对整体战略、长期规划的具体化，基于战略地图、平衡计分卡和行动计划的预算使抽象、概括的战略变得可视、可执行，其关系如图2所示。战略地图描述组织创造价值的方式，清楚地显示了创造价值的关键内部流程以及支持关键流程所需的无形资产；平衡计分卡将战略地图转化为指标和目标值，指标和目标值并不会自动实现，企业必须推出一套行动计划促使其实现；最后，企业必须为每个行动计划提供资源保障，包括人力、资金和能力，进行规划和预算，由此战略就转化成了具有资源保障和明确责任归属的可执行的行动计划。

值得一提的是华润集团将预算分为两种类型：内涵型和外延型，类似于卡普兰所分的经营预算和战略预算，通过不同的标准进行审核，以保障战略资源的优先供给。

（3）用平衡计分卡补充、更新过去以预算为主的监控与评价系统预算作为管理控制方式固然重要，但将其作为评价与考核的依据，则容易与企业战略脱节。由于存在尽快完成预算的动机，利润中心在预算编制中难免会有所保留，结果必然形成预算指标松紧不一，而集团一时又难以做到对众多的利润中心进行严格的预算审核，如果完全以预算目标进行评价与考核，不仅将出现较大的不公平，而且还会引导利润中心编制虚假预算，并将精力放在预算指标的讨价还价上。于是，华润集团以平衡计分卡的多维视角进一步补充完善过去以预算为主的监控与考核，形成以平衡计分卡—关键业绩指标—增值利润—业绩合同为线索的奖惩模式，以评价和考核推进战略执行。如在监控过程中强调行业分析和标杆比较；监测业务战略的执行；在业绩评价中建立以战略为导向的多维度评价，既有利于减少预算中行为问题的动机，又能进一步保障战略的有效实施。其框架如图2所示。

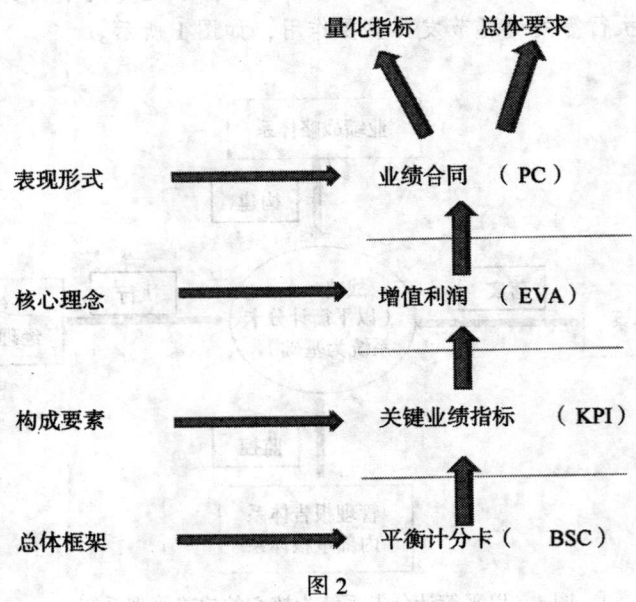

图 2

讨论题：
1. 结合华润集团的案例，讨论有没有一种管理工具能解决组织中的所有问题。
2. 组织实现价值增值、提升管理水平的途径是什么？
3. 平衡计分卡和预算的管理控制体系的整合具备哪些优势？

参考文献

[1] 廖洪. 会计学原理. 武汉大学出版社, 2002.
[2] 阎德玉. 会计学原理（第二版）. 湖北科学技术出版社, 1995.
[3] 谢获宝. 新编会计学原理. 湖北人民出版社, 2008.
[4] 余国杰, 梁瑞红. 会计学. 清华大学出版社, 2007.
[5] 胡玉明. 会计学. 中国人民大学出版社, 2010.
[6] 崔国萍. 成本管理会计（第3版）. 机械工业出版社, 2014.
[7] 孙茂竹, 文光伟, 杨万贵. 管理会计学（第5版）. 中国人民大学出版社, 2009.
[8] 冯巧根. 管理会计. 中国人民大学出版社, 2013.
[9] [美] 罗伯特·N. 安索尼, 等. 会计学——教程与案例（第9版）. 骆珣, 等, 译. 北京大学出版社、科文（香港）出版有限公司, 2000.

21世纪经济学管理学系列教材

- 政治经济学概论
- 政治经济学（社会主义部分）
- 技术经济学
- 财政学
- 计量经济学
- 国际贸易学
- 管理信息系统
- 国际投资学
- 宏观经济管理学
- 创业学
- 统计学
- 经济预测与决策技术
- 会计学
- 人力资源管理
- 物流管理学
- 管理运筹学
- 经济法
- 消费者行为学
- 管理学
- 生产与运营管理
- 战略管理
- 国际企业管理
- 公共管理学
- 税法
- 组织行为学

图书在版编目(CIP)数据

会计学/周亚荣,田娟主编. —武汉:武汉大学出版社,2017.6
 21世纪经济学管理学系列教材
 ISBN 978-7-307-19415-1

Ⅰ.会…　Ⅱ.①周…　②田…　Ⅲ.会计学—教材　Ⅳ.F230

中国版本图书馆 CIP 数据核字(2017)第 143849 号

责任编辑:唐　伟　　责任校对:李孟潇　　版式设计:马　佳

出版发行:武汉大学出版社　　(430072　武昌　珞珈山)
　　　　　(电子邮件:cbs22@whu.edu.cn　网址:www.wdp.com.cn)
印刷:湖北恒泰印务有限公司
开本:787×1092　1/16　　印张:28.75　字数:700 千字　插页:1
版次:2017 年 6 月第 1 版　　2017 年 6 月第 1 次印刷
ISBN 978-7-307-19415-1　　定价:39.00 元

版权所有,不得翻印;凡购我社的图书,如有质量问题,请与当地图书销售部门联系调换。